GUIDE

MICHELIN

2017

PARIS

Sommaire

Engagements 4
Cher Lecteur 5
Mode d'emploi... 6

Index **thématiques**

Index alphabétique des restaurants 10
Les tables étoilées 20
Bib Gourmand 23
Menus à moins de 30 € 25
Restaurants par type de cuisine 28
Tables en terrasse 39
Restaurants avec salons particuliers 42

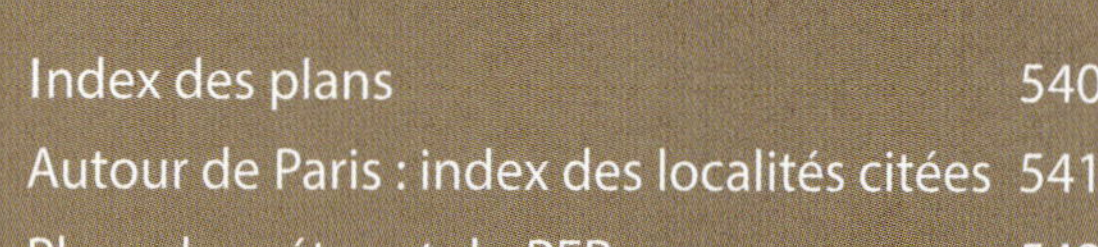

Index des plans 540
Autour de Paris : index des localités citées 541
Plans du métro et du RER 542

Se **restaurer à Paris...**

1er ▶ Palais-Royal • Louvre • Tuileries • Les Halles **50**

2e ▶ Bourse **82**

3e ▶ Le Marais • Beaubourg **106**

4e ▶ Île de la Cité • Île St-Louis • St-Paul **116**

5e ▶ Panthéon • Jardin des plantes • Mouffetard **128**

6e ▶ St-Germain-des-Prés • Quartier latin • Luxembourg **146**

7e ▶ Tour Eiffel • École Militaire • Invalides **176**

8e ▶ Champs-Élysées • Concorde • Madeleine **214**

9e ▶ Opéra • Grands Boulevards **264**

10e ▶ Gare de l'Est • Gare du Nord • Canal St-Martin **284**

11e ▶ Nation • Voltaire • République **300**

12e ▶ Bastille • Bercy • Gare de Lyon **320**

13e ▶ Place d'Italie • Gare d'Austerlitz • Bibliothèque Nationale de France **332**

14e ▶ Montparnasse • Denfert-Rochereau **342**

15e ▶ Porte de Versailles • Vaugirard • Beaugrenelle **360**

16e ▶ Étoile • Trocadéro • Passy • Bois de Boulogne **382**

17e ▶ Palais des Congrès • Wagram • Ternes • Batignolles **418**

18e ▶ Montmartre • Pigalle **444**

19e ▶ La Villette • Cité des Sciences • Buttes-Chaumont **456**

20e ▶ Père Lachaise • Belleville **464**

... et **autour de Paris**

Une sélection de 101 restaurants jusqu'à 40 km autour de la capitale 472

Les engagements du Guide MICHELIN

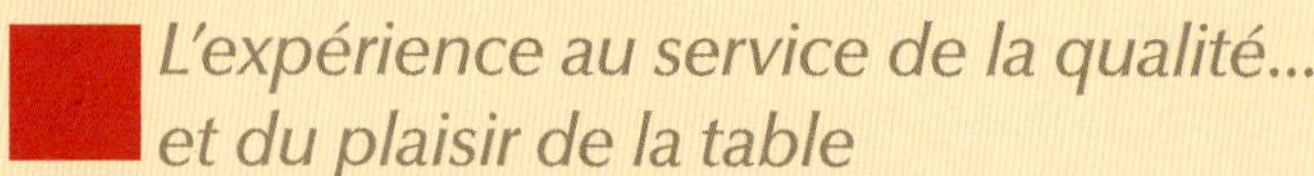

L'expérience au service de la qualité... et du plaisir de la table

Qu'il soit au Japon, aux Etats-Unis, en Chine ou en Europe, l'inspecteur du guide MICHELIN respecte exactement les mêmes critères pour évaluer la qualité d'une table ou d'un établissement hôtelier, et il applique les mêmes règles lors de ses visites. Car si le guide peut se prévaloir aujourd'hui d'une notoriété mondiale, c'est notamment grâce à la constance de son engagement vis-à-vis de ses lecteurs. Un engagement dont nous voulons réaffirmer ici les principes :

→ La visite anonyme

Première règle d'or, les inspecteurs testent de façon anonyme et régulière les tables et les chambres, afin d'apprécier pleinement le niveau des prestations offertes à tout client. Ils paient donc leurs additions ; après quoi ils pourront révéler leur identité pour obtenir des renseignements supplémentaires. Le courrier des lecteurs nous fournit par ailleurs de précieux témoignages, autant d'informations qui sont prises en compte lors de l'élaboration de nos itinéraires de visites.

→ L'indépendance

Pour garder un point de vue parfaitement objectif – dans le seul intérêt du lecteur –, la sélection des établissements s'effectue en toute indépendance, et l'inscription des établissements dans le guide est totalement gratuite. Les décisions sont discutées collégialement par les inspecteurs et le rédacteur en chef, et les plus hautes distinctions font l'objet d'un débat au niveau européen.

→ Le choix du meilleur

Loin de l'annuaire d'adresses, le guide se concentre sur une sélection des meilleurs hôtels et restaurants, dans toutes les catégories de confort et de prix. Un choix qui résulte de l'application rigoureuse d'une même méthode par tous les inspecteurs, quel que soit le pays où il œuvre.

→ Une mise à jour annuelle

Toutes les informations pratiques, tous les classements et distinctions sont revus et mis à jour chaque année afin d'offrir l'information la plus fiable.

→ Une sélection homogène

Les critères de classification sont identiques pour tous les pays couverts par le guide MICHELIN. A chaque culture sa cuisine, mais la qualité se doit de rester un principe universel.

→ Et un seul objectif

Tout mettre en œuvre pour vous aider dans chacun de vos déplacements, afin qu'ils soient toujours sous le signe du plaisir et de la sécurité. « L'aide à la mobilité » : c'est la mission que s'est donnée Michelin.

Cher lecteur,

Cette année encore, Paris nous a réservé de belles surprises ! Nos inspecteurs ont méthodiquement parcouru les arrondissements de la capitale pour en tirer la substantifique moelle… et réaliser pour vous ce guide MICHELIN Paris 2017. 666 restaurants, dont plus de 80 nouveaux inscrits, auxquels s'ajoutent plus d'une centaine de tables de proche banlieue ; parmi eux, 108 étoilés : voici ce que nous avons ramené de nos pérégrinations gourmandes sur les deux rives de la Seine.

Quoi de nouveau sur le front du plaisir ? Des confirmations. Kei Kobayashi, qui s'est imposé en quelques années comme l'un des grands espoirs de la scène parisienne, décroche deux étoiles dans son restaurant Kei ; même distinction pour Christophe Pelé, au Clarence, et Nicolas Sale, redescendu de Courchevel, qui a rapidement trouvé ses repères à la Table de l'Espadon du Ritz.

Le Ritz, justement, parlons-en ! Le célèbre palace, qui, plus que tout autre, incarne l'élégance et le luxe à la parisienne, a rouvert ses portes en 2016. Et fait coup double avec ses restaurants : deux étoiles pour la Table de l'Espadon, une étoile pour les Jardins de l'Espadon. Dans son sillage, d'autres grandes institutions parisiennes évoluent, voire renaissent, comme en témoignent l'arrivée de Philippe Labbé à la Tour d'Argent – une étoile – et la reprise du Divellec, mythique restaurant de poissons, par Mathieu Pacaud – une étoile également.

Qu'on se rassure, les grandes maisons n'ont pas le monopole de nos distinctions. Citons par exemple trois chefs « indépendants » qui nous ont ravi par leur travail et décrochent une nouvelle étoile : Toshitaka Omiya (Alliance, 5e), Hubert Duchenne (Restaurant H, 4e) et Yoshiaki Ito (Archeste, 16e). Un conseil, en passant : n'hésitez pas à profiter des menus déjeuner des restaurants étoilés, souvent plus abordables…

Un mot, pour finir, sur les Bib Gourmand, qui permettent de se régaler à prix raisonnables (menu complet à 36€) : ces 75 adresses – dont 17 nouveautés – sont les vrais bons plans de cette sélection. Elles révèlent, elles aussi, la variété, l'audace, l'inventivité des chefs à Paris : dans tous les arrondissements, une saine émulation pousse chacun à se dépasser, à repousser les limites de son art… pour notre plus grand plaisir à tous.

L'équipe du guide MICHELIN

Suivez-nous sur Twitter : @guideMichelinFR
et écrivez-nous à : leguidemichelin-france@tp.michelin.com

Mode d'emploi...

Catégories de standing (en rouge : les adresses les plus agréables)

- Confort simple
- De bon confort
- Très chic et confortable
- Grand standing
- Grand luxe et tradition

À Paris...

Choisir le quartier

Deux couleurs d'onglets en alternance, pour repérer chaque arrondissement

Numéro de l'arrondissement et principaux quartiers

Les tables étoilées

De ✿✿✿ à ✿ étoiles ...et les plats qui évoquent le mieux leur cuisine.

Situer sur le plan

Coordonnées de l'établissement sur le plan de l'arrondissement

Symboles d'équipements et de services

- Table en extérieur
- Belle carte des vins
- Vue agréable
- Parc ou jardin
- Aménagements pour personnes handicapées
- Air conditionné
- Salon privé
- Voiturier
- Parking
- Cartes de crédit : non acceptées

2e Circonstances

BOURSE • SENTIER

CUISINE TRADITIONNELLE • CONVIVIAL

174 r. Montmartre
01 42 36 17 05
www.circonstances.fr
Grands Boulevards

PLAN : C1
Fermé 3 semaines en août, lundi soir, mardi soir, samedi et dimanche

Formule 30 € – Menu 36/45 €

Tout près du métro Grands Boulevards, ce bistrot a été créé par deux associés expérimentés – passés notamment chez Guy Savoy – et qui tenaient auparavant le restaurant Hier et Aujourd'hui, dans le 17e arrondissement. Leur credo ? La cuisine du marché, qu'ils réalisent avec soin, en utilisant de bons produits – dont une partie en provenance d'Île-de-France. Ravioles de crevettes ... émulsion lait de coco ; brandade de morue à ...

90

1er Restaurant du Palais Royal ✿

PALAIS-ROYAL • LOUVRE • TUILERIES • LES HALLES

CUISINE CRÉATIVE • ÉLÉGANT

110 galerie de Valois
01 40 20 00 27
www.restaurantdupalaisroyal.com
Palais Royal

PLAN : C1
Fermé dimanche et lundi

Menu 48 € (déjeuner)/142 € – Carte 90/115 €

G. de Laubier/Restaurant du Palais Royal

C'est dans le cadre idyllique des jardins du Palais Royal, à deux pas du ministère de la Culture, qu'on trouve cet élégant restaurant qui ne cache pas ses ambitions gastronomiques. Aux fourneaux officie le jeune chef grec Philip Chronopoulos, qui fut notamment chef exécutif de l'Atelier de Joël Robuchon-Étoile.

Avec de superbes produits, il signe ici une cuisine créative, percutante, se fendant de recettes d'une vivifiante maturité – en témoignent ces langoustines justes saisies, girolles et amandes fraîches. On se délecte de ces douceurs dans un cadre contemporain au luxe discret (assiettes en porcelaine, couverts Christofle), qui est un régal pour les yeux. L'été, la terrasse sous les arcades offre à vos agapes un décor à la hauteur de l'assiette. Avis aux amateurs : les petits clafoutis maison aux fruits de saison, offerts avant le café, sont un délice... Royal, c'est le mot !

ENTRÉES	PLATS	DESSERTS
• Poulpe au piment fumé, pommes grenaille caramélisées • Foie gras de canard grillé, melon confit et parmesan	• Grosses langoustines saisies, lait d'amande aux herbes et chou-fleur rôti • Longe de veau cuite au sautoir, girolles et aubergine fumée	• Citron meringué, crémeux à la noix de coco • Chantilly légère, baba aux agrumes et café crème

64

... Et autour de Paris

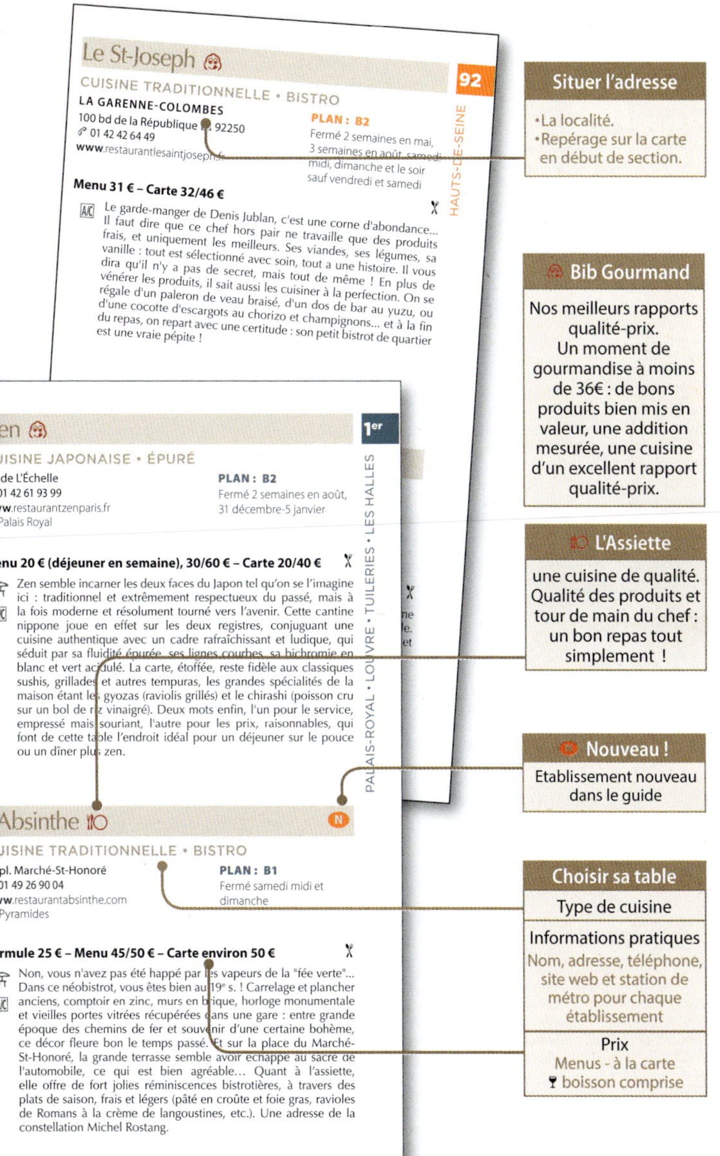

Index **thématiques**

▸ Index alphabétique des restaurants 10

▸ Les tables étoilées 20

▸ Bib Gourmand 23

▸ Menus à moins de 30€ 25

▸ Restaurants par type de cuisine 28

▸ Tables en terrasse 39

▸ Restaurants avec salons particuliers 42

Index alphabétique des restaurants

A

Restaurant		Page
Abbaye des Vaux de Cernay ℹO	(Cernay-la-Ville)	523
L'Abeille ✿✿	(16e)	388
Abri ℹO	(10e)	289
L'Absinthe ℹO	(1er)	67
L'Accolade ℹO	(15e)	370
Achille ℹO	(11e)	308
A et M Restaurant ℹO	(16e)	401
Afaria ℹO	(15e)	371
L'Affable ℹO	(7e)	199
Les Affamés ℹO	(2e)	91
Les Affranchis ℹO	(9e)	272
L'Affriolé ℹO	(7e)	200
Agapé ✿	(17e)	423
AG Les Halles ℹO	(1er)	68
L'Agrume ℹO	(5e)	138
Aida ✿	(7e)	183
Akrame ✿	(8e)	227
À La Biche au Bois ℹO	(12e)	326
À La Coupole ℹO	(Neuilly-sur-Seine)	485
Alain Ducasse au Plaza Athénée ✿✿✿	(8e)	218
Albion ℹO	(10e)	290
Alcazar ℹO	(6e)	157
Allard ℹO	(6e)	157
Alléno Paris au Pavillon Ledoyen ✿✿✿	(8e)	219
Alliance ✿	(5e)	132
L'Altro ℹO	(6e)	158
Amarante ℹO	(12e)	326
Ambassade d'Auvergne ℹO	(3e)	111
L'Ambassade de Pékin ℹO	(Saint-Mandé)	508
L'Ambassade des Terroirs ℹO	(Gennevilliers)	486
L'Ambroisie ✿✿✿	(4e)	120
À mère ℹO	(10e)	290
L'Amourette ℹO	(Montreuil)	503
L'Ancienne Maison Gradelle ℹO	(10e)	291
L'Angélique ℹO	(Versailles)	523
Anicia ℹO	(6e)	158
A Noste ℹO	(2e)	91
Anthocyane ℹO	(14e)	348
Antoine ✿	(16e)	390
L'Antre Amis ☺	(15e)	366
L'Apibo ℹO	(2e)	92
Apicius ✿	(8e)	228
L'Arcane ℹO	(18e)	450
L'Archeste ✿	(16e)	391
L'Ardoise ℹO	(Le Perreux-sur-Marne)	508
L'Ardoise ℹO	(1er)	68
L'Ardoise du XV ℹO	(15e)	371
L'Arôme ✿	(8e)	229
Arpège ✿✿✿	(7e)	180
Aspic ℹO	(9e)	272
L'Assiette ℹO	(14e)	349
Astier ☺	(11e)	306
Astrance ✿✿✿	(16e)	386
AT ℹO	(5e)	138
L'Atelier de Joël Robuchon - Étoile ✿	(8e)	230
L'Atelier de Joël Robuchon - St-Germain ✿✿	(7e)	181
L'Atelier d'Hugo Desnoyer ℹO	(16e)	401
L'Atelier du Parc ☺	(15e)	366
L'Atelier Gourmand ℹO	(Saint-Jean-de-Beauregard)	476

Atelier Maître Albert (5e) 139
Atelier Rodier (9e) 273
Atelier Vivanda - Cherche Midi (6e) 155
Atelier Vivanda - Lauriston (16e) 400
Atelier Vivanda - Marais (3e) 110
Au Bascou (3e) 111
Auberge des Saints Pères (Aulnay-sous-Bois) 502
Auberge du Cheval Blanc (Pontoise) 514
Auberge du Pont de Bry - La Grappille (Bry-sur-Marne) 509
L'Auberge du Roi Gradlon (13e) 336
Auberge Flora (11e) 308
Auberge Pyrénées Cévennes (11e) 309
Auberge Ravoux (Auvers-sur-Oise) 514
Au Bon Accueil (7e) 196
Au Bord de l'Eau (Conflans-Sainte-Honorine) 524
Au Bourguignon du Marais (4e) 123
Au Cœur de la Forêt (Montmorency) 515
L'Audacieux (Levallois-Perret) 486
Au Fulcosa (Fourqueux) 524
Auguste (7e) 184
Au Moulin à Vent (5e) 139
Au Père Lapin (Suresnes) 487
Au Petit Marguery (13e) 338
Au Pouilly Reuilly (Le Pré-Saint-Gervais) 504
Au Trou Gascon (12e) 324
Aux Armes de France (Corbeil-Essonnes) 477
Aux Enfants Gâtés (14e) 347
Aux Lyonnais (2e) 92
Aux Prés (6e) 159
Aux Verres de Contact (5e) 136
Axuria (15e) 372
Azabu (6e) 159

B

Baan Boran (1er) 69
Baffo (4e) 123
Le Baratin (20e) 468
Barbezingue (Châtillon) 484
La Barrière de Clichy (Clichy) 487
Basilic & Spice (13e) 339
Le Baudelaire (1er) 60
Beaucoup (3e) 112
La Belle Époque (Châteaufort) 525
Benkay (15e) 372
Benoit (4e) 121
Beurre Noisette (15e) 367
Bibimbap (5e) 140
Biondi (11e) 309
Bissac (2e) 93
Bistro des Gastronomes (5e) 136
Bistro Paradis (10e) 291
Bistro d'Italie (17e) 429
Bistrot Augustin (14e) 349
Bistrot Belhara (7e) 200
Bistrot Blanc Bec (20e) 468
Le Bistrot d'À Côté Flaubert (17e) 430
Le Bistrot d'Oscar (Levallois-Perret) 488
Le Bistrot du Maquis (18e) 450
Bistrot Mavrommatis (1er) 69
Bistrot Papillon (9e) 273
Bistrot Paul Bert (11e) 310
Bistrotters (14e) 347
Bistro Volnay (2e) 93
Blue Valentine (11e) 310
Bocca Rossa (5e) 137
Bofinger (4e) 124
Le Bon Georges (9e) 274
Bon Kushikatsu (11e) 311

Bonne Franquette 🍴 (Janvry) 477
Le Bon Saint-Pourçain 🍴 (6e) 160
Bonvivant 🍴 (5e) 140
Les Botanistes 🍴 (7e) 201
Le Bouchon et l'Assiette 🍴 (17e) 430
Le Boudoir 🍴 (8e) 246
Bouillon 🍴 (9e) 274
Les Bouquinistes 🍴 (6e) 160
La Bourgogne ☺ (Maisons-Alfort) 507
La Bourse et la Vie 🍴 (2e) 94
La Boutarde 🍴 (Neuilly-sur-Seine) 488
Boutary 🍴 (6e) 161
Braisenville ☺ (9e) 268
Brasserie Gallopin 🍴 (2e) 94
Brasserie Thoumieux by Sylvestre 🍴 (7e) 201
Breizh Café 🍴 (3e) 112

C

Café Constant ☺ (7e) 196
Le Café d'Angel 🍴 (17e) 431
Le Café de la Paix 🍴 (9e) 275
Café de l'Esplanade 🍴 (7e) 202
Café des Abattoirs ☺ (1er) 66
Le Café des Artistes 🍴 (Ville-d'Avray) 489
Café Max 🍴 (7e) 202
Café Trama 🍴 (6e) 161
Caffè Stern 🍴 (2e) 95
La Cagouille 🍴 (14e) 350
Le Caillebotte ☺ (9e) 268
Caïus 🍴 (17e) 431
Caméléon d'Arabian 🍴 (6e) 162
Le Camélia ✿ (Bougival) 518
Camélia 🍴 (1er) 70
Les Canailles ☺ (9e) 269
La Cantine de l'Embuscade 🍴 (11e) 311
La Cantine du Troquet 🍴 (14e) 350
La Cantine du Troquet Daguerre 🍴 (14e) 351
La Cantine du Troquet Dupleix 🍴 (15e) 373
Cap 🍴 (17e) 432
Capucine 🍴 (11e) 312
Carré des Feuillants ✿✿ (1er) 54
Les Cartes Postales 🍴 (1er) 70
Casa Bini 🍴 (6e) 162
La Case de Babette 🍴 (Maule) 525
Le Casse Noix ☺ (15e) 367
La Causerie 🍴 (16e) 402
Caves Pétrissans 🍴 (17e) 432
Cazaudehore 🍴 (Saint-Germain-en-Laye) 526
Le Céladon 🍴 (2e) 95
Les 110 de Taillevent 🍴 (8e) 246
114, Faubourg ✿ (8e) 231
116 🍴 (16e) 402
Le 122 🍴 (7e) 203
Le Cette 🍴 (14e) 351
Chamarré Montmartre 🍴 (18e) 451
Chameleon 🍴 (10e) 292
Champeaux 🍴 (1er) 71
Le Chardenoux 🍴 (11e) 312
Le Chateaubriand 🍴 (11e) 313
Château des Îles 🍴 (La Varenne-Saint-Hilaire) 509
Chatomat 🍴 (20e) 469
Chaumette 🍴 (16e) 403
Le Chefson ☺ (Bois-Colombes) 484
Le Cherche Midi 🍴 (6e) 163
Chez Casimir 🍴 (10e) 292
Chez Frezet 🍴 (18e) 451
Chez Georges 🍴 (2e) 96
Chez Graff 🍴 (7e) 203
Chez les Anges ☺ (7e) 197
Chez Madeleine 🍴 (Boulogne-Billancourt) 490
Chez Mademoiselle 🍴 (15e) 373
Chez Marie-Louise 🍴 (10e) 293
Chez Michel 🍴 (Boulogne-Billancourt) 489

Chez Michel (10e) 288
Le Chiberta (8e) 232
Le Chiquito (Méry-sur-Oise) 513
Le Christine (6e) 163
Ciasa Mia (5e) 141
Le Cinq (8e) 220
Le Cinq Codet (7e) 204
52 Faubourg St-Denis (10e) 288
Circonstances (2e) 90
Citrus Étoile (8e) 247
Clamato (11e) 306
Le Clarence (8e) 223
Claude Colliot (4e) 124
Les Climats (7e) 185
Le Clos de Chevreuse (Chevreuse) 526
Le Clos des Gourmets (7e) 197
Le Clos Y (15e) 374
Le Clou de Fourchette (17e) 433
Clover (7e) 204
Clown Bar (11e) 313
Cobéa (14e) 346
Les Cocottes - Arc de Triomphe (8e) 247
Les Cocottes - Tour Eiffel (7e) 198
Comme Chez Maman (17e) 427
Comptoir Canailles (9e) 275
Le Comptoir du Relais (6e) 164
Les Comptoirs du Médoc (9e) 276
Comptoir Tempero (13e) 336
Le Concert de Cuisine (15e) 374
Conti (16e) 403
La Contre Allée (14e) 352
Le Coq de la Maison Blanche (Saint-Ouen) 504
Le Coq Rico (18e) 452
Coretta (17e) 433
Le Cornichon (14e) 352
Le Corot (Ville-d'Avray) 480
Le Cotte Rôti (12e) 327
La Coupole (14e) 353
La Cour Jardin (8e) 248
Cristal Room Baccarat (16e) 404
Crom'Exquis (8e) 248
Crudus (1er) 71

D

Le Dali (1er) 72
La Dame de Pic (1er) 61
David Toutain (7e) 186
D'Chez Eux (7e) 205
Les Délices d'Aphrodite (5e) 141
Dersou (12e) 327
Les Déserteurs (11e) 314
Des Gars dans la Cuisine (3e) 113
Dessirier par Rostang Père et Filles (17e) 434
Diep (8e) 249
Dilia (20e) 469
Divellec (7e) 187
Le 10 (Saint-Germain-en-Laye) 527
Dix-Huit (17e) 434
XVII sur Vin (17e) 435
Le Dôme (14e) 353
Dominique Bouchet (8e) 233
Le Dorcia (2e) 96
Drouant (2e) 97
Le Duc (14e) 354

E

L'Écailler du Bistrot (11e) 314
Les Écuries de Richelieu (Rueil-Malmaison) 490
Ellsworth (1er) 72
Elmer (3e) 113
Emporio Armani Caffé (6e) 164
Enclos de la Croix (16e) 404
Encore (9e) 276
L'Entredgeu (17e) 427
L'Envie du Jour (17e) 428
Épicure au Bristol (8e) 221

L'Épi Dupin 🍽 (6e) 165
ES ✿ (7e) 188
L'Escarbille ✿ (Meudon) 481
L'Escargot 1903 ✿ (Puteaux) 482
L'Escient 🍽 (17e) 435
L'Escudella 🍽 (7e) 205
L'Esquisse ☺ (18e) 449
L'Essentiel 🍽 (14e) 354
Étude 🍽 (16e) 405

F

Les Fables de La Fontaine ✿ (7e) 189
La Fabrique 🍽 (Brie-Comte-Robert) 500
Faim et Soif 🍽 (La Varenne-Saint-Hilaire) 510
La Ferme de Voisins 🍽 (Voisins-le-Bretonneux) 527
La Ferme St-Simon 🍽 (7e) 206
La Fermette Marbeuf 1900 🍽 (8e) 249
La Ferrandaise 🍽 (6e) 165
Les Fils de la Ferme 🍽 (14e) 355
Le First 🍽 (1er) 73
Fish La Boissonnerie 🍽 (6e) 166
Flandrin 🍽 (16e) 405
Florimond 🍽 (7e) 206
Fogón 🍽 (6e) 166
Fontaine de Mars 🍽 (7e) 207
La Fontaine Gaillon 🍽 (2e) 97
Fontanarosa 🍽 (15e) 375
La Fourchette du Printemps ✿ (17e) 424
Les Fous de l'Île 🍽 (4e) 125
Fraîche 🍽 (10e) 293
Le Frank 🍽 (16e) 406
Frédéric Simonin ✿ (17e) 425
Frenchie 🍽 (2e) 98

G

Le Gabriel ✿✿ (8e) 224
Le Gaigne 🍽 (8e) 250
Le Galopin 🍽 (10e) 294
Garance ✿ (7e) 190
Le Garde-Manger 🍽 (Saint-Cloud) 491
Le Garde Temps 🍽 (9e) 277
Gare au Gorille 🍽 (17e) 436
La Gauloise 🍽 (15e) 375
Gaya Rive Gauche par Pierre Gagnaire ✿ (7e) 191
Le George ✿ (8e) 234
Glou 🍽 (3e) 114
Gordon Ramsay au Trianon ✿ (Versailles) 519
Le Gorille Blanc 🍽 (4e) 125
Graindorge ☺ (17e) 428
GrandCœur 🍽 (4e) 126
La Grande Cascade ✿ (16e) 392
La Grande Ourse 🍽 (14e) 355
Le Grand Pan 🍽 (15e) 376
Le Grand Restaurant - Jean-François Piège ✿✿ (8e) 225
Le Grand Véfour ✿✿ (1er) 55
La Grange aux Dîmes 🍽 (Wissous) 478
La Grange des Halles 🍽 (Rungis) 510
La Gueulardière 🍽 (Ozoir-la-Ferrière) 500
Guy Savoy ✿✿✿ (6e) 150
Gwadar 🍽 (1er) 73
Gwon's Dining 🍽 (15e) 376

H

Haï Kaï 🍽 (10e) 294
L'Hédoniste 🍽 (Vincennes) 511
Helen ✿ (8e) 235
Hélène Darroze ✿ (6e) 151
Hexagone ✿ (16e) 393
Homard & Bœuf 🍽 (17e) 436
Hostellerie du Nord 🍽 (Auvers-sur-Oise) 516
Hostellerie du Prieuré 🍽 (Saint-Prix) 515
Hotaru 🍽 (9e) 277

I

Ida by Denny Imbroisi (15e) 377
I Golosi (9e) 269
Il Carpaccio (8e) 236
Il Goto (12e) 325
Il Gusto Sardo (16e) 406
Il Vino d'Enrico Bernardo (7e) 192
Impérial Choisy (13e) 337
L'Inattendu (15e) 377
L'Inconnu (7e) 207
L'Initial (5e) 142
Intuition Gourmande (15e) 378
Invictus (6e) 167
Isami (4e) 126
Itinéraires (5e) 133

J

Jacques Faussat (17e) 437
Jaïs (7e) 208
Jamin (16e) 407
JanTchi (1er) 74
Les Jardins de l'Espadon (1er) 62
Jarrasse L'Écailler de Paris (Neuilly-sur-Seine) 491
Jean (9e) 278
Jean Chauvel - Le 3 B (Boulogne-Billancourt) 492
Jérémie (16e) 407
Le Jeu de Quilles (14e) 356
Jin (1er) 63
Le Jourdain (20e) 470
Jouvence (12e) 325
Juan (16e) 408
Le Jules Verne (7e) 193
La Jument Verte (Tremblay-Vieux-Pays) 503
Juvia (8e) 250

K

Karl & Erick (17e) 437
Kei (1er) 56
Ken Kawasaki (18e) 452
KGB (6e) 167
Kigawa (14e) 356
Kiku (9e) 278
Kinugawa Vendôme (1er) 74
Kinugawa Matignon (8e) 251
Kohyang (15e) 378
Kokoro (5e) 137
Kunitoraya (1er) 75
Kura (16e) 408

L

La Laiterie Sainte-Clotilde (7e) 198
Lao Lane Xang 2 (13e) 339
Lao Siam (19e) 460
Lasserre (8e) 237
Laurent (8e) 238
Lazare (8e) 251
Lengué (5e) 142
Lescure (1er) 75
Lhassa (5e) 143
Lili (16e) 409
Liza (2e) 98
Loiseau rive Droite (8e) 252
Loiseau rive Gauche (7e) 208
Louis (9e) 279
Loulou (1er) 76
Lou Tíap (20e) 470
Lucas Carton (8e) 239
Le Lulli (1er) 76
Le Lumière (9e) 279

M

Macaille (Suresnes) 492
Macéo (1er) 77
La Machine à Coudes (Boulogne-Billancourt) 493
Ma Cocotte (Saint-Ouen) 505
Les Magnolias (Le Perreux-sur-Marne) 511
Maison Blanche (8e) 252

Restaurant		Page
Maison Courtine 🍴	(14e)	357
La Maison de Charly 🍴	(17e)	438
La Maison de L'Aubrac 🍴	(8e)	253
La Maison des Bois 🍴 (Sainte-Apolline)		528
La Maison du Jardin ☺	(6e)	155
La Maison du Pressoir 🍴	(Crosne)	478
Maison Rostang ✿✿	(17e)	422
Makoto Aoki 🍴	(8e)	253
Maloka ☺	(9e)	270
Mamagoto ☺	(10e)	289
Mamou 🍴	(9e)	280
Mandoobar ☺	(8e)	245
Mangetout 🍴	(6e)	168
Manko 🍴	(8e)	254
Mansouria 🍴	(11e)	315
Manufacture 🍴 (Issy-les-Moulineaux)		493
Le Marché du Lucas 🍴	(8e)	254
Le Marcigny 🍴 (Viry-Châtillon)		479
Marco Polo 🍴	(6e)	168
La Mare au Diable 🍴 (Le Plessis-Picard)		501
La Marée Jeanne 🍴	(2e)	99
La Marée Passy 🍴	(16e)	409
Marius 🍴	(16e)	410
Marius et Janette 🍴	(8e)	255
Marloe 🍴	(8e)	255
La Marlotte ☺	(6e)	156
MaSa ✿ (Boulogne-Billancourt)		483
Mathieu Pacaud - Histoires ✿✿	(16e)	389
Matière à... 🍴	(10e)	295
Matsuhisa 🍴	(8e)	256
Mavrommatis 🍴	(5e)	143
Maxan 🍴	(8e)	256
Le Mazenay 🍴	(3e)	114
La Méditerranée 🍴	(6e)	169
Mee ☺	(1er)	66
Mensae ☺	(19e)	460
Mer de Chine 🍴	(13e)	340
Le Metropolitan 🍴	(16e)	410
Les Mets de Mo 🍴	(Créteil)	512
Le Meurice Alain Ducasse ✿✿	(1er)	57
1728 🍴	(8e)	257
Mini Palais 🍴	(8e)	257
Miroir 🍴	(18e)	453
Le Moderne 🍴	(2e)	99
Moissonnier 🍴	(5e)	144
Mon Bistrot 🍴 (Boulogne-Billancourt)		494
Monsieur Bleu 🍴	(16e)	411
Monsieur K 🍴	(2e)	100
Mon Vieil Ami 🍴	(4e)	127
Le Mordant 🍴	(10e)	295
Mori Venice Bar 🍴	(2e)	100
Moulin d'Orgeval 🍴	(Orgeval)	528
Le Moulin de la Galette 🍴	(18e)	453
Le Mûrier 🍴	(15e)	379

N

Restaurant		Page
Nakatani ✿	(7e)	194
Neige d'Été ✿	(15e)	364
Nina ☺	(14e)	348
Nodaïwa 🍴	(1er)	77
Noglu 🍴	(2e)	101
Nolita 🍴	(8e)	258
Le Nom M'échappe 🍴	(2e)	101
Nomos 🍴	(18e)	454
Nubé 🍴	(8e)	258
N° 41 ☺	(16e)	400

O

Restaurant		Page
L'Office ☺	(9e)	270
Officina Schenatti 🍴	(5e)	144
L'Oiseau Blanc 🍴	(16e)	411
Okuda 🍴	(8e)	259
L'Orangerie ✿	(8e)	240
Ore 🍴	(Versailles)	529
L'Oriental 🍴	(9e)	280
Origin 🍴	(10e)	296
L'Os à Moelle ☺	(15e)	368
L'Ourcine 🍴	(13e)	340

P

Pages (16e) 394
Le Palanquin (17e) 438
Panache (9e) 281
Le Pantruche (9e) 271
Les Papilles (5e) 145
Papillon (17e) 439
Paradis (10e) 296
Le Pario (15e) 368
Pascade (2e) 90
Passage 53 (2e) 86
La Passerelle (Issy-les-Moulineaux) 494
Passerini (12e) 328
Passy Mandarin La Muette (16e) 412
Le Patte Noire (Rueil-Malmaison) 495
Pavillon Henri IV (Saint-Germain-en-Laye) 529
Penati al Baretto (8e) 241
Le Percolateur (8e) 259
Le Pergolèse (16e) 395
Le Petit Boileau (16e) 412
La Petite Marmite (Livry-Gargan) 505
La Petite Sirène de Copenhague (9e) 281
Le Petit Pergolèse (16e) 413
Les Petits Plats (14e) 357
Le Petit Verdot du 17ème (17e) 429
Le Petit Vingtième (20e) 471
Petrossian - Le 144 (7e) 209
Pétrus (17e) 439
Philippe Excoffier (7e) 209
Philou (10e) 297
Pho Tai (13e) 337
Pierre Gagnaire (8e) 222
Pierre Sang in Oberkampf (11e) 315
Pierre Sang on Gambey (11e) 316
Pirouette (1er) 78
La Plancha (Maisons-Laffitte) 530
La Plantxa (Boulogne-Billancourt) 495
Plume (7e) 210
Pollop (2e) 102
Pomze (8e) 245
Porte 12 (10e) 297
Pottoka (7e) 210
Les Poulettes Batignolles (17e) 440
Pramil (3e) 115
Le Pré Carré (17e) 440
Le Pré Catelan (16e) 387
Prémices (9e) 282
Professore (9e) 282
Prunier (16e) 413
Le P'tit Troquet (7e) 211
La Puce (Saint-Ouen) 506
La Pulpéria (11e) 316
Pur' - Jean-François Rouquette (2e) 87

Q

Quai de Meudon (Meudon) 496
Le Quincangrogne (Dampmart) 501
Quincy (12e) 328
Quinsou (6e) 169
Le Quinzième - Cyril Lignac (15e) 365
Qui plume la Lune (11e) 304

R

Le Radis Beurre (15e) 369
Rae's (2e) 102
La Rallonge (18e) 454
Raw (3e) 110
Le Récamier (7e) 211
Rech (17e) 441
Le Réciproque (18e) 449
La Régalade (14e) 358

La Régalade
Conservatoire (9e) 283
La Régalade
St-Honoré (1er) 78
Relais d'Auteuil (16e) 396
Relais Louis XIII (6e) 152
Le Relais Plaza (8e) 260
Le Restaurant (6e) 153
Restaurant
du Palais Royal (1er) 64
Restaurant H (4e) 122
Ribote
(Neuilly-sur-Seine) 496
Richer (9e) 271
La Rigadelle (Vincennes) 507
La Romantica (Clichy) 497
La Rotonde (6e) 170

S

St-James Paris (16e) 397
Le St-Joseph
(La Garenne-Colombes) 485
St-Martin
(Triel-sur-Seine) 530
Les Saisons (9e) 283
Salt (11e) 317
Samesa (17e) 441
Sanukiya (1er) 79
Saperlipopette ! (Puteaux) 497
Saturne (2e) 88
Saudade (1er) 79
Les Saveurs Sauvages
(Gif-sur-Yvette) 479
La Scène (8e) 242
La Scène Thélème (17e) 426
Semilla (6e) 170
Le 7 à Issy
(Issy-les-Moulineaux) 498
750g La Table (15e) 379
Septime (11e) 305
Sequana (1er) 80
Le Servan (11e) 317
Severo (14e) 358
Shang Palace (16e) 398
Shu (6e) 171
Silk & Spice (2e) 103
6 New York (16e) 414
Le 6 Paul Bert (11e) 318
Le 68 - Guy Martin (8e) 260
Sola (5e) 134
Soon Grill (3e) 115
Sormani (17e) 442
Le Sot l'y Laisse (11e) 318
Spring (1er) 80
Stéphane Martin (15e) 380
Sushi B (2e) 89
Sukhothaï (13e) 341
Sur la Braise (6e) 171
Sur Mesure par
Thierry Marx (1er) 58
Le Sushi Okuda (8e) 261
Sylvestre (7e) 182

T

Table - Bruno Verjus (12e) 329
La Table d'Antan
(Sainte-Geneviève-des-Bois) 476
La Table de Botzaris (19e) 461
La Table de Cybèle
(Boulogne-Billancourt) 498
La Table
de l'Espadon (1er) 59
La Table des Blot - Auberge du Château
(Dampierre-en-Yvelines) 520
La Table d'Eugène (18e) 448
La Table du Baltimore (16e) 414
La Table du Lancaster (8e) 243
La Table du 11 (Versailles) 521
La Table du Vietnam (7e) 212
La Table Hugo Desnoyer -
Secrétan (19e) 461
La Table Lauriston (16e) 415
Les Tablettes de Jean-Louis
Nomicos (16e) 399
Le Tablier Rouge (20e) 471
Le Taillevent (8e) 226
Taokan - St-Germain (6e) 172
Taokan - St-Honoré (1er) 81

Le Tastevin 🍴
(Maisons-Laffitte) 531
Tempero ☺ (13e) 338
Teppanyaki Ginza
Onodera 🍴 (6e) 172
Terrasse Mirabeau 🍴 (16e) 415
Le Timbre ☺ (6e) 156
Timgad 🍴 (17e) 442
Tintilou 🍴 (11e) 319
Tipaza 🍴 (15e) 380
Tomy & Co 🍴 (7e) 212
Tondo 🍴 (12e) 329
La Tour 🍴 (Versailles) 531
Tour d'Argent ✿ (5e) 135
La Tour de Marrakech 🍴 (Antony) 499
Le Tournesol 🍴 (16e) 416
Toyo 🍴 (6e) 173
Le 39V ✿ (8e) 244
Le Troquet ☺ (15e) 369
La Truffière 🍴 (5e) 145
Tsé Yang 🍴 (16e) 416
Tsukizi 🍴 (6e) 173

U

Le Un, Bistrot
Gourmand 🍴 (15e) 381
Un Dimanche à Paris 🍴 (6e) 174

V

Le V 🍴 (8e) 261
Le Van Gogh 🍴
(Asnières-sur-Seine) 499
Variations 🍴 (13e) 341
Vaudeville 🍴 (2e) 103
Verre Chez Moi 🍴
(Deuil-la-Barre) 516
Le Versance 🍴 (2e) 104
Victoria 1836 🍴 (16e) 417
Les Vignes Rouges 🍴 (Hérouville) 517
Le Village ✿
(Marly-le-Roi) 522
Villa9Trois 🍴 (Montreuil) 506
Villaret ☺ (11e) 307
Le Vinci 🍴 (16e) 417
20 Eiffel ☺ (7e) 199
24 - Le Restaurant 🍴 (8e) 262
La Violette 🍴 (19e) 462
Le Violon d'Ingres ✿ (7e) 195
Virtus 🍴 (12e) 330
Le Vitis ☺ (15e) 370

W

Wadja 🍴 (6e) 174
Wakaba 🍴 (7e) 213
Le Wauthier by Cagna 🍴
(Saint-Germain-en-Laye) 532
Will 🍴 (12e) 330

Y

Yam'Tcha ✿ (1er) 65
Yanasé 🍴 (15e) 381
Yard ☺ (11e) 307
Yen 🍴 (6e) 175
Youpi et Voilà
en Résidence 🍴 (12e) 331

Z

Zébulon 🍴 (1er) 81
Ze Kitchen Galerie ✿ (6e) 154
Zen ☺ (1er) 67
Zerda 🍴 (10e) 298
Zin's à l'Étape
Gourmande 🍴 (Versailles) 532

Les tables étoilées

Vaut l'étape, vaut le détour, vaut le voyage : la simple définition des étoiles MICHELIN – une, deux ou trois – dit tout… ou presque ! Et ce depuis que le guide a lancé l'idée, il y a de nombreuses décennies, de distinguer les meilleurs restaurants par des « étoiles de bonne table ».

Partant du principe qu'il « n'existe qu'une cuisine, la bonne », tous les styles culinaires peuvent sans restriction prétendre aux récompenses attribuées par les inspecteurs du guide, explorateurs anonymes à la fourchette et aux papilles éprouvées. Leurs invariables critères ? La qualité des produits, la maîtrise des cuissons et des saveurs, la constance de la prestation et la personnalité des préparations.

Parmi les capitales de la gastronomie, Paris occupe une place de choix tant les tentations gourmandes y sont nombreuses. Variées et changeantes, aussi. Vous avez-vous-même apprécié un restaurant, découvert un nouveau talent ? Vous adhérez à nos choix ou, au contraire, restez sceptique ? N'hésitez pas à nous en faire part ; le courrier de nos lecteurs nous est précieux.

▶ **N**… comme "nouveau", pour repérer les établissements bénéficiant d'une nouvelle distinction.

✿✿✿

Trois étoiles Michelin : une cuisine unique. Vaut le voyage !

La signature d'un très grand chef ! Produits d'exception, pureté et puissance des saveurs, équilibre des compositions : la cuisine est ici portée au rang d'art. Les assiettes, parfaitement abouties, s'érigent souvent en classiques.

Alain Ducasse au Plaza Athénée	8e	218
Alléno Paris au Pavillon Ledoyen	8e	219
L'Ambroisie	4e	120
Arpège	7e	180
Astrance	16e	386
Le Cinq	8e	220
Épicure au Bristol	8e	221
Guy Savoy	6e	150
Pierre Gagnaire	8e	222
Le Pré Catelan	16e	387

Deux étoiles Michelin : une cuisine d'exception. Vaut le détour !

Les meilleurs produits magnifiés par le savoir-faire et l'inspiration d'un chef de talent, qui signe, avec son équipe, des assiettes subtiles et percutantes, parfois très originales.

L'Abeille	16e	388
L'Atelier de Joël Robuchon - St-Germain	7e	181
Carré des Feuillants	1er	54
Le Clarence **N**	8e	223
Le Gabriel	8e	224
Le Grand Restaurant - Jean-François Piège	8e	225
Le Grand Véfour	1er	55
Kei **N**	1er	56
Maison Rostang	17e	422
Mathieu Pacaud - Histoires	16e	389
Le Meurice Alain Ducasse	1er	57
Passage 53	2e	86
Sur Mesure par Thierry Marx	1er	58
Sylvestre	7e	182
La Table de l'Espadon **N**	1er	59
Le Taillevent	8e	226

Une étoile Michelin : une cuisine d'une grande finesse. Vaut l'étape !

Des produits de première qualité, une finesse d'exécution évidente, des saveurs marquées, une constance dans la réalisation des plats.

Agapé	17e	423
Aida	7e	183
Akrame **N**	8e	227
Alliance**N**	5e	132
Antoine	16e	390
Apicius	8e	228
L'Archeste **N**	16e	391
L'Arôme	8e	229
L'Atelier de Joël Robuchon - Étoile	8e	230
Auberge des Saints Pères	Aulnay-sous-Bois	502
Auguste	7e	184
Au Trou Gascon	12e	324
Le Baudelaire	1er	60
Benoit	4e	121
Le Camélia	Bougival	518
114, Faubourg	8e	231
Le Chiberta	8e	232
Le Chiquito	Méry-sur-Oise	513
Les Climats	7e	185
Cobéa	14e	346
Le Corot	Ville-d'Avray	480
La Dame de Pic	1er	61
David Toutain	7e	186
Divellec **N**	7e	187
Dominique Bouchet	8e	233
ES	7e	188
L'Escarbille	Meudon	481
L'Escargot 1903 **N**	Puteaux	482
Les Fables de La Fontaine	7e	189
La Fourchette du Printemps	17e	424
Frédéric Simonin	17e	425
Garance	7e	190

Gaya Rive Gauche par Pierre Gagnaire	7e	191
Le George **N**	8e	234
Gordon Ramsay au Trianon	Versailles	519
La Grande Cascade	16e	392
Helen	8e	235
Hélène Darroze	6e	151
Hexagone	16e	393
Il Carpaccio	8e	236
Il Vino d'Enrico Bernardo	7e	192
Itinéraires	5e	133
Les Jardins de l'Espadon **N**	1er	62
Jin	1er	63
Le Jules Verne	7e	193
Lasserre	8e	237
Laurent	8e	238
Lucas Carton	8e	239
MaSa	Boulogne-Billancourt	483
Nakatani	7e	194
Neige d'Été	15e	364
L'Orangerie **N**	8e	240
Pages	16e	394
Penati al Baretto	8e	241
Le Pergolèse	16e	395
Pur' - Jean-François Rouquette	2e	87
Le Quinzième - Cyril Lignac	15e	365
Qui plume la Lune	11e	304
Relais d'Auteuil	16e	396
Relais Louis XIII	6e	152
Le Restaurant	6e	153
Restaurant du Palais Royal **N**	1er	64
Restaurant H **N**	4e	122
St-James Paris	16e	397
Saturne	2e	88
La Scène	8e	242
La Scène Thélème **N**	17e	426
Septime	11e	305
Shang Palace	16e	398
Sola	5e	134
Sushi B **N**	2e	89
La Table des Blot - Auberge du Château	Dampierre-en-Yvelines	520
La Table d'Eugène	18e	448
La Table du Lancaster	8e	243
La Table du 11	Versailles	521
Les Tablettes de Jean-Louis Nomicos	16e	399
Tour d'Argent	5e	135
Le 39V	8e	244
Le Village	Marly-le-Roi	522
Le Violon d'Ingres	7e	195
Yam'Tcha	1er	65
Ze Kitchen Galerie	6e	154

▶ **N**... comme "nouveau", pour repérer les établissements bénéficiant d'une nouvelle distinction.

Repas soignés à prix modérés (menus jusqu'à 36 €).

L'Antre Amis **N**	15e	366
Astier **N**	11e	306
L'Atelier du Parc	15e	366
Atelier Vivanda - Cherche Midi	6e	155
Atelier Vivanda - Lauriston	16e	400
Atelier Vivanda - Marais	3e	110
L'Auberge du Roi Gradlon **N**	13e	336
Au Bon Accueil	7e	196
Aux Enfants Gâtés	14e	347
Aux Verres de Contact	5e	136
Barbezingue	Châtillon	484
Beurre Noisette	15e	367
Bistro des Gastronomes	5e	136
Bistrotters	14e	347
Bocca Rossa **N**	5e	137
La Bourgogne	Maisons-Alfort	507
Braisenville	9e	268
Café Constant	7e	196
Café des Abattoirs	1er	66
Le Caillebotte	9e	268
Les Canailles	9e	269
Le Casse Noix	15e	367
Le Chefson	Bois-Colombes	484
Chez les Anges	7e	197
Chez Michel	10e	288
52 Faubourg St-Denis **N**	10e	288
Circonstances	2e	90
Clamato	11e	306
Le Clos des Gourmets	7e	197
Les Cocottes - Tour Eiffel	7e	198
Comme Chez Maman **N**	17e	427
Comptoir Tempero **N**	13e	336
L'Entredgeu	17e	427
L'Envie du Jour **N**	17e	428
L'Esquisse	18e	449
Graindorge	17e	428
I Golosi	9e	269

Il Goto	12e	325
Impérial Choisy	13e	337
Jouvence **N**	12e	325
La Jument Verte	Tremblay-Vieux-Pays	503
Kokoro	5e	137
La Laiterie Sainte-Clotilde	7e	198
La Maison du Jardin	6e	155
Maloka **N**	9e	270
Mamagoto **N**	10e	289
Mandoobar	8e	245
La Marlotte	6e	156
Mee	1er	66
Mensae **N**	19e	460
Nina	14e	348
N° 41 **N**	16e	400
L'Office	9e	270
L'Os à Moelle	15e	368
Le Pantruche	9e	271
Le Pario	15e	368
Pascade	2e	90
Le Petit Verdot du 17ème	17e	429
Pho Tai	13e	337
Pomze	8e	245
Le Radis Beurre **N**	15e	369
Raw **N**	3e	110
Le Réciproque **N**	18e	449
Richer	9e	271
La Rigadelle	Vincennes	507
Le St-Joseph	La Garenne-Colombes	485
La Table d'Antan	Sainte-Geneviève-des-Bois	476
Tempero	13e	338
Le Timbre	6e	156
Le Troquet	15e	369
Villaret	11e	307
20 Eiffel **N**	7e	199
Le Vitis	15e	370
Yard	11e	307
Zen	1er	67

Menus à moins de 30 €

Restaurant	Arrondissement	Page
Abri	(10e)	289
L'Accolade	(15e)	370
Afaria	(15e)	371
Les Affamés	(2e)	91
AG Les Halles	(1er)	68
L'Agrume	(5e)	138
À La Biche au Bois	(12e)	326
L'Altro	(6e)	158
L'Ambassade de Pékin	(Saint-Mandé)	508
L'Amourette	(Montreuil)	503
L'Ancienne Maison Gradelle	(10e)	291
Anicia	(6e)	158
L'Apibo	(2e)	92
L'Ardoise du XV	(15e)	371
Au Bascou	(3e)	111
Auberge Flora	(11e)	308
Au Moulin à Vent	(5e)	139
Au Petit Marguery	(13e)	338
Azabu	(6e)	159
Baan Boran	(1er)	69
Le Baratin	(20e)	468
Barbezingue	(Châtillon)	484
Basilic & Spice	(13e)	339
Bissac	(2e)	93
Le Bistrot d'À Côté Flaubert	(17e)	430
Le Bistrot d'Oscar	(Levallois-Perret)	488
Le Bistrot du Maquis	(18e)	450
Bistrot Mavrommatis	(1er)	69
Bistrot Paul Bert	(11e)	310
Bistrotters	(14e)	347
Bon Kushikatsu	(11e)	311
Le Bouchon et l'Assiette	(17e)	430
Bouillon	(9e)	274
Braisenville	(9e)	268
Brasserie Gallopin	(2e)	94
Brasserie Thoumieux by Sylvestre	(7e)	201
Café Constant	(7e)	196
Le Café d'Angel	(17e)	431
La Cantine de l'Embuscade	(11e)	311
La Case de Babette	(Maule)	525
Le Casse Noix	(15e)	367
116	(16e)	402
Le 122	(7e)	203
Le Chardenoux	(11e)	312
Chaumette	(16e)	403
Le Chefson	(Bois-Colombes)	484
Chez Casimir	(10e)	292
Chez Frezet	(18e)	451
Chez Graff	(7e)	203
Chez Michel	(Boulogne-Billancourt)	489
Le Christine	(6e)	163
Ciasa Mia	(5e)	141
Le Clos de Chevreuse	(Chevreuse)	526
Le Clos des Gourmets	(7e)	197
Les Cocottes - Tour Eiffel	(7e)	198
Comme Chez Maman	(17e)	427
Comptoir Canailles	(9e)	275
Comptoir Tempero	(13e)	336
Coretta	(17e)	433
Le Cotte Rôti	(12e)	327
Les Déserteurs	(11e)	314
Dilia	(20e)	469
Dix-Huit	(17e)	434
Le Dorcia	(2e)	96

Restaurant	Arrondissement	Page
L'Écailler du Bistrot	(11e)	314
Ellsworth	(1er)	72
Elmer	(3e)	113
Encore	(9e)	276
L'Esquisse	(18e)	449
L'Essentiel	(14e)	354
Florimond	(7e)	206
Fontanarosa	(15e)	375
La Fourchette du Printemps	(17e)	424
Les Fous de l'Île	(4e)	125
Fraîche	(10e)	293
Gare au Gorille	(17e)	436
GrandCœur	(4e)	126
La Grande Ourse	(14e)	355
La Grange des Halles	(Rungis)	510
Gwadar	(1er)	73
Hotaru	(9e)	277
Ida by Denny Imbroisi	(15e)	377
Il Goto	(12e)	325
L'Inattendu	(15e)	377
Le Jeu de Quilles	(14e)	356
Le Jourdain	(20e)	470
Jouvence	(12e)	325
La Jument Verte	(Tremblay-Vieux-Pays)	503
Ken Kawasaki	(18e)	452
Kiku	(9e)	278
Kohyang	(15e)	378
Kokoro	(5e)	137
La Laiterie Sainte-Clotilde	(7e)	198
Lescure	(1er)	75
Lhassa	(5e)	143
Macaille	(Suresnes)	492
Macéo	(1er)	77
La Maison du Pressoir	(Crosne)	478
Mamagoto	(10e)	289
Mangetout	(6e)	168
Mansouria	(11e)	315
Le Marcigny	(Viry-Châtillon)	479
La Marlotte	(6e)	156
Matière à...	(10e)	295
Le Mazenay	(3e)	114
La Méditerranée	(6e)	169
Mer de Chine	(13e)	340
Miroir	(18e)	453
Monsieur K	(2e)	100
Le Mordant	(10e)	295
Le Moulin de la Galette	(18e)	453
Le Mûrier	(15e)	379
Nina	(14e)	348
Nodaïwa	(1er)	77
Le Nom M'échappe	(2e)	101
L'Office	(9e)	270
Origin	(10e)	296
Panache	(9e)	281
Paradis	(10e)	296
Passerini	(12e)	328
Le Percolateur	(8e)	259
Le Petit Vingtième	(20e)	471
Philou	(10e)	297
Pierre Sang in Oberkampf	(11e)	315
Pierre Sang on Gambey	(11e)	316
Plume	(7e)	210
Pollop	(2e)	102
Le P'tit Troquet	(7e)	211
La Pulpéria	(11e)	316
La Rallonge	(18e)	454
Le Réciproque	(18e)	449
Restaurant H	(4e)	122
La Rigadelle	(Vincennes)	507
St-Martin	(Triel-sur-Seine)	530
Les Saisons	(9e)	283
Salt	(11e)	317
Samesa	(17e)	441
Saudade	(1er)	79
750g La Table	(15e)	379
Le Servan	(11e)	317
Silk & Spice	(2e)	103
Le 6 Paul Bert	(11e)	318
Soon Grill	(3e)	115
Le Sot l'y Laisse	(11e)	318

Restaurant	Arr.	Page
Stéphane Martin	(15e)	380
Sukhothaï	(13e)	341
La Table du Vietnam	(7e)	212
La Table Lauriston	(16e)	415
Le Tablier Rouge	(20e)	471
Taokan - St-Germain	(6e)	172
Taokan - St-Honoré	(1er)	81
Tempero	(13e)	338
Le Timbre	(6e)	156
Tintilou	(11e)	319
Tipaza	(15e)	380
Le Un, Bistrot Gourmand	(15e)	381
Un Dimanche à Paris	(6e)	174
Variations	(13e)	341
Villaret	(11e)	307
Wakaba	(7e)	213
Yanasé	(15e)	381
Yard	(11e)	307
Zébulon	(1er)	81
Zen	(1er)	67

Restaurants par type de cuisine

Cuisine argentine

Biondi 🍴	(11e)	309

Cuisine basque

Au Bascou 🍴	(3e)	111
Pottoka 🍴	(7e)	210

Cuisine bourguignonne

Au Bourguignon du Marais 🍴	(4e)	123

Cuisine bretonne

L'Auberge du Roi Gradlon ☺	(13e)	336
Breizh Café 🍴	(3e)	112

Cuisine chinoise

L'Ambassade de Pékin 🍴 (Saint-Mandé)		508
Diep 🍴	(8e)	249
Impérial Choisy ☺	(13e)	337
Lili 🍴	(16e)	409
Mer de Chine 🍴	(13e)	340
Passy Mandarin La Muette 🍴	(16e)	412
Shang Palace ✿	(16e)	398
Taokan - St-Germain 🍴	(6e)	172
Taokan - St-Honoré 🍴	(1er)	81
Tsé Yang 🍴	(16e)	416

Cuisine classique

L'Ambassade des Terroirs 🍴 (Gennevilliers)		486
L'Ambroisie ✿✿✿	(4e)	120
Apicius ✿	(8e)	228
L'Assiette 🍴	(14e)	349
Benoit ✿	(4e)	121
Bonne Franquette 🍴	(Janvry)	477
Cazaudehore 🍴 (Saint-Germain-en-Laye)		526
Chez les Anges ☺	(7e)	197
Le Chiquito ✿ (Méry-sur-Oise)		513
Dominique Bouchet ✿	(8e)	233
La Gueulardière 🍴 (Ozoir-la-Ferrière)		500
Hostellerie du Nord 🍴 (Auvers-sur-Oise)		516
Lasserre ✿	(8e)	237
Laurent ✿	(8e)	238
Loiseau rive Gauche 🍴	(7e)	208
Maison Rostang ✿✿	(17e)	422
La Mare au Diable 🍴 (Le Plessis-Picard)		501
Le Mazenay 🍴	(3e)	114
Moulin d'Orgeval 🍴	(Orgeval)	528
Ore 🍴	(Versailles)	529
Pavillon Henri IV 🍴 (Saint-Germain-en-Laye)		529
Relais Louis XIII ✿	(6e)	152
Le Relais Plaza 🍴	(8e)	260
Le Taillevent ✿✿	(8e)	226
Le Tastevin 🍴 (Maisons-Laffitte)		531

Cuisine coréenne

Bibimbap 🍴	(5e)	140
Gwon's Dining 🍴	(15e)	376
JanTchi 🍴	(1er)	74
Kohyang 🍴	(15e)	378
Mandoobar ☺	(8e)	245
Mee ☺	(1er)	66
Soon Grill 🍴	(3e)	115

Cuisine créative

Restaurant	Lieu	Page
Akrame ✿	(8e)	227
Alain Ducasse au Plaza Athénée ✿✿✿	(8e)	218
À mère 🍴	(10e)	290
Anicia 🍴	(6e)	158
Arpège ✿✿✿	(7e)	180
Astrance ✿✿✿	(16e)	386
AT 🍴	(5e)	138
L'Atelier de Joël Robuchon - Étoile ✿	(8e)	230
L'Atelier de Joël Robuchon - St-Germain ✿✿	(7e)	181
Auberge des Saints Pères ✿	(Aulnay-sous-Bois)	502
L'Audacieux 🍴	(Levallois-Perret)	486
Caïus 🍴	(17e)	431
La Cantine de l'Embuscade 🍴	(11e)	311
116 🍴	(16e)	402
Chamarré Montmartre 🍴	(18e)	451
Le Chiberta ✿	(8e)	232
Le Clos Y 🍴	(15e)	374
Comptoir Tempero ☺	(13e)	336
Le Concert de Cuisine 🍴	(15e)	374
La Dame de Pic ✿	(1er)	61
Dersou 🍴	(12e)	327
Dilia 🍴	(20e)	469
Garance ✿	(7e)	190
Gordon Ramsay au Trianon ✿	(Versailles)	519
Le Grand Véfour ✿✿	(1er)	55
Guy Savoy ✿✿✿	(6e)	150
Jean 🍴	(9e)	278
Ken Kawasaki 🍴	(18e)	452
KGB 🍴	(6e)	167
Les Magnolias 🍴	(Le Perreux-sur-Marne)	511
MaSa ✿	(Boulogne-Billancourt)	483
Mathieu Pacaud - Histoires ✿✿	(16e)	389
Les Mets de Mo 🍴	(Créteil)	512
1728 🍴	(8e)	257
Nina ☺	(14e)	348
Nomos 🍴	(18e)	454
Pages ✿	(16e)	394
Passage 53 ✿✿	(2e)	86
Pierre Gagnaire ✿✿✿	(8e)	222
Le Pré Catelan ✿✿✿	(16e)	387
Pur' - Jean-François Rouquette ✿	(2e)	87
Quinsou 🍴	(6e)	169
Restaurant du Palais Royal ✿	(1er)	64
Restaurant H ✿	(4e)	122
Saturne ✿	(2e)	88
Spring 🍴	(1er)	80
Sur Mesure par Thierry Marx ✿✿	(1er)	58
Tempero ☺	(13e)	338
Tondo 🍴	(12e)	329
Toyo 🍴	(6e)	173
La Truffière 🍴	(5e)	145
Yam'Tcha ✿	(1er)	65
Ze Kitchen Galerie ✿	(6e)	154

Cuisine créole

Restaurant	Lieu	Page
La Case de Babette 🍴	(Maule)	525

Cuisine danoise

Restaurant	Lieu	Page
La Petite Sirène de Copenhague 🍴	(9e)	281

Cuisine du Sud-Ouest

Restaurant	Lieu	Page
Au Trou Gascon ✿	(12e)	324
D'Chez Eux 🍴	(7e)	205
Lou Tiap 🍴	(20e)	470
La Table d'Antan ☺	(Sainte-Geneviève-des-Bois)	476

Cuisine du terroir

Ambassade d'Auvergne	(3e)	111
Auberge Pyrénées Cévennes	(11e)	309

Cuisine espagnole

Fogón	(6e)	166

Cuisine flamande

Graindorge	(17e)	428

Cuisine grecque

Bistrot Mavrommatis	(1er)	69
Les Délices d'Aphrodite	(5e)	141
Mavrommatis	(5e)	143

Cuisine indienne

Gwadar	(1er)	73

Cuisine italienne

L'Altro	(6e)	158
Baffo	(4e)	123
Bistro d'Italie	(17e)	429
Bocca Rossa	(5e)	137
Caffè Stern	(2e)	95
Caméléon d'Arabian	(6e)	162
Capucine	(11e)	312
Casa Bini	(6e)	162
Le Cherche Midi	(6e)	163
Ciasa Mia	(5e)	141
Conti	(16e)	403
Crudus	(1er)	71
Emporio Armani Caffé	(6e)	164
Fontanarosa	(15e)	375
Le George	(8e)	234
I Golosi	(9e)	269
Il Carpaccio	(8e)	236
Il Goto	(12e)	325
Il Gusto Sardo	(16e)	406
Loulou	(1er)	76
Marco Polo	(6e)	168
Mori Venice Bar	(2e)	100
Nolita	(8e)	258
Officina Schenatti	(5e)	144
Passerini	(12e)	328
Penati al Baretto	(8e)	241
Professore	(9e)	282
La Romantica	(Clichy)	497
Samesa	(17e)	441
Sormani	(17e)	442
Le Vinci	(16e)	417

Cuisine japonaise

Aida	(7e)	183
Azabu	(6e)	159
Benkay	(15e)	372
Bon Kushikatsu	(11e)	311
Hotaru	(9e)	277
Isami	(4e)	126
Jin	(1er)	63
Juan	(16e)	408
Kiku	(9e)	278
Kinugawa Vendôme	(1er)	74
Kinugawa Matignon	(8e)	251
Kunitoraya	(1er)	75
Kura	(16e)	408
Lengué	(5e)	142
Matsuhisa	(8e)	256
Nodaïwa	(1er)	77
Okuda	(8e)	259
Sanukiya	(1er)	79
Shu	(6e)	171
Sushi B	(2e)	89
Le Sushi Okuda	(8e)	261
Teppanyaki Ginza Onodera	(6e)	172
Tsukizi	(6e)	173
Wakaba	(7e)	213
Yanasé	(15e)	381
Yen	(6e)	175
Zen	(1er)	67

Cuisine libanaise

Chez Madeleine 🍴 (Boulogne-Billancourt) 490
Liza 🍴 (2e) 98

Cuisine lyonnaise

Aux Lyonnais 🍴 (2e) 92
Moissonnier 🍴 (5e) 144

Cuisine moderne

L'Abeille ✿✿ (16e) 388
Abri 🍴 (10e) 289
L'Accolade 🍴 (15e) 370
Achille 🍴 (11e) 308
A et M Restaurant 🍴 (16e) 401
L'Affable 🍴 (7e) 199
Les Affamés 🍴 (2e) 91
Les Affranchis 🍴 (9e) 272
L'Affriolé 🍴 (7e) 200
Agapé ✿ (17e) 423
AG Les Halles 🍴 (1er) 68
L'Agrume 🍴 (5e) 138
Albion 🍴 (10e) 290
Alcazar 🍴 (6e) 157
Alléno Paris au Pavillon Ledoyen ✿✿✿ (8e) 219
Alliance ✿ (5e) 132
L'Angélique 🍴 (Versailles) 523
A Noste 🍴 (2e) 91
Anthocyane 🍴 (14e) 348
L'Antre Amis ☺ (15e) 366
L'Apibo 🍴 (2e) 92
L'Arcane 🍴 (18e) 450
L'Archeste ✿ (16e) 391
L'Ardoise du XV 🍴 (15e) 371
L'Arôme ✿ (8e) 229
Aspic 🍴 (9e) 272
L'Atelier du Parc ☺ (15e) 366
Atelier Rodier 🍴 (9e) 273
Auberge du Cheval Blanc 🍴 (Pontoise) 514
Auberge du Pont de Bry - La Grappille 🍴 (Bry-sur-Marne) 509
Auberge Flora 🍴 (11e) 308
Au Bon Accueil ☺ (7e) 196
Au Fulcosa 🍴 (Fourqueux) 524
Auguste ✿ (7e) 184
Aux Armes de France 🍴 (Corbeil-Essonnes) 477
Aux Enfants Gâtés ☺ (14e) 347
Aux Prés 🍴 (6e) 159
Axuria 🍴 (15e) 372
Le Baudelaire ✿ (1er) 60
Beaucoup 🍴 (3e) 112
La Belle Époque 🍴 (Châteaufort) 525
Bistro Paradis 🍴 (10e) 291
Bistrot Blanc Bec 🍴 (20e) 468
Bistrot Papillon 🍴 (9e) 273
Bistrotters ☺ (14e) 347
Bistro Volnay 🍴 (2e) 93
Blue Valentine 🍴 (11e) 310
Les Bouquinistes 🍴 (6e) 160
La Bourgogne ☺ (Maisons-Alfort) 507
Boutary 🍴 (6e) 161
Braisenville ☺ (9e) 268
Brasserie Thoumieux by Sylvestre 🍴 (7e) 201
Le Café de la Paix 🍴 (9e) 275
Café de l'Esplanade 🍴 (7e) 202
Le Café des Artistes 🍴 (Ville-d'Avray) 489
Le Caillebotte ☺ (9e) 268
Le Camélia ✿ (Bougival) 518
Camélia 🍴 (1er) 70
Les Canailles ☺ (9e) 269
Cap 🍴 (17e) 432
Carré des Feuillants ✿✿ (1er) 54
La Causerie 🍴 (16e) 402
Le Céladon 🍴 (2e) 95
114, Faubourg ✿ (8e) 231
Le 122 🍴 (7e) 203
Le Chateaubriand 🍴 (11e) 313

Château des Îles 🍽 (La Varenne-Saint-Hilaire) 509
Chatomat 🍽 (20e) 469
Le Christine 🍽 (6e) 163
Le Cinq ✿✿✿ (8e) 220
Le Cinq Codet 🍽 (7e) 204
52 Faubourg St-Denis ☺ (10e) 288
Citrus Étoile 🍽 (8e) 247
Le Clarence ✿✿ (8e) 223
Claude Colliot 🍽 (4e) 124
Les Climats ✿ (7e) 185
Le Clos de Chevreuse 🍽 (Chevreuse) 526
Le Clos des Gourmets ☺ (7e) 197
Le Clou de Fourchette 🍽 (17e) 433
Clover 🍽 (7e) 204
Clown Bar 🍽 (11e) 313
Cobéa ✿ (14e) 346
Comme Chez Maman ☺ (17e) 427
Comptoir Canailles 🍽 (9e) 275
Les Comptoirs du Médoc 🍽 (9e) 276
La Contre Allée 🍽 (14e) 352
Coretta 🍽 (17e) 433
Le Cornichon 🍽 (14e) 352
Le Corot ✿ (Ville-d'Avray) 480
Le Cotte Rôti 🍽 (12e) 327
Cristal Room Baccarat 🍽 (16e) 404
Crom'Exquis 🍽 (8e) 248
David Toutain ✿ (7e) 186
Les Déserteurs 🍽 (11e) 314
Des Gars dans la Cuisine 🍽 (3e) 113
Le 10 🍽 (Saint-Germain-en-Laye) 527
Dix-Huit 🍽 (17e) 434
Le Dorcia 🍽 (2e) 96
Ellsworth 🍽 (1er) 72
Elmer 🍽 (3e) 113
Enclos de la Croix 🍽 (16e) 404
Encore 🍽 (9e) 276
L'Envie du Jour ☺ (17e) 428
Épicure au Bristol ✿✿✿ (8e) 221
L'Épi Dupin 🍽 (6e) 165
ES ✿ (7e) 188
L'Escarbille ✿ (Meudon) 481
L'Escargot 1903 ✿ (Puteaux) 482
L'Escient 🍽 (17e) 435
L'Escudella 🍽 (7e) 205
L'Esquisse ☺ (18e) 449
Étude 🍽 (16e) 405
Les Fables de La Fontaine ✿ (7e) 189
La Fabrique 🍽 (Brie-Comte-Robert) 500
Faim et Soif 🍽 (La Varenne-Saint-Hilaire) 510
La Ferme de Voisins 🍽 (Voisins-le-Bretonneux) 527
La Ferme St-Simon 🍽 (7e) 206
Le First 🍽 (1er) 73
La Fourchette du Printemps ✿ (17e) 424
Fraîche 🍽 (10e) 293
Le Frank 🍽 (16e) 406
Frédéric Simonin ✿ (17e) 425
Frenchie 🍽 (2e) 98
Le Gabriel ✿✿ (8e) 224
Le Gaigne 🍽 (8e) 250
Le Galopin 🍽 (10e) 294
Le Garde Temps 🍽 (9e) 277
Gare au Gorille 🍽 (17e) 436
Glou 🍽 (3e) 114
GrandCœur 🍽 (4e) 126
La Grande Cascade ✿ (16e) 392
La Grande Ourse 🍽 (14e) 355
Le Grand Restaurant - Jean-François Piège ✿✿ (8e) 225
La Grange aux Dîmes 🍽 (Wissous) 478
La Grange des Halles 🍽 (Rungis) 510
Haï Kaï 🍽 (10e) 294
Hélène Darroze ✿ (6e) 151
Hexagone ✿ (16e) 393
Homard & Bœuf 🍽 (17e) 436
Ida by Denny Imbroisi 🍽 (15e) 377

Il Vino d'Enrico Bernardo (7e) 192
L'Inconnu (7e) 207
L'Initial (5e) 142
Itinéraires (5e) 133
Jaïs (7e) 208
Jamin (16e) 407
Les Jardins de l'Espadon (1er) 62
Jean Chauvel - Le 3 B (Boulogne-Billancourt) 492
Jérémie (16e) 407
Jouvence (12e) 325
Le Jules Verne (7e) 193
La Jument Verte (Tremblay-Vieux-Pays) 503
Juvia (8e) 250
Karl & Erick (17e) 437
Kei (1er) 56
Kokoro (5e) 137
Loiseau rive Droite (8e) 252
Louis (9e) 279
Lucas Carton (8e) 239
Le Lulli (1er) 76
Le Lumière (9e) 279
Macéo (1er) 77
La Machine à Coudes (Boulogne-Billancourt) 493
Maison Blanche (8e) 252
Maison Courtine (14e) 357
La Maison du Pressoir (Crosne) 478
Makoto Aoki (8e) 253
Maloka (9e) 270
Mamagoto (10e) 289
Mangetout (6e) 168
Manufacture (Issy-les-Moulineaux) 493
Marloe (8e) 255
Matière à... (10e) 295
Maxan (8e) 256
Mensae (19e) 460
Le Metropolitan (16e) 410
Le Meurice Alain Ducasse (1er) 57
Mini Palais (8e) 257
Le Moderne (2e) 99
Mon Bistrot (Boulogne-Billancourt) 494
Monsieur Bleu (16e) 411
Le Mordant (10e) 295
Nakatani (7e) 194
Neige d'Été (15e) 364
Noglu (2e) 101
Le Nom M'échappe (2e) 101
Nubé (8e) 258
L'Office (9e) 270
L'Oiseau Blanc (16e) 411
L'Orangerie (8e) 240
Origin (10e) 296
Panache (9e) 281
Le Pantruche (9e) 271
Papillon (17e) 439
Paradis (10e) 296
Le Pario (15e) 368
Pascade (2e) 90
La Passerelle (Issy-les-Moulineaux) 494
Le Patte Noire (Rueil-Malmaison) 495
Le Pergolèse (16e) 395
Philippe Excoffier (7e) 209
Pierre Sang in Oberkampf (11e) 315
Pierre Sang on Gambey (11e) 316
Pirouette (1er) 78
La Plancha (Maisons-Laffitte) 530
La Plantxa (Boulogne-Billancourt) 495
Plume (7e) 210
Pollop (2e) 102
Pomze (8e) 245
Porte 12 (10e) 297
Les Poulettes Batignolles (17e) 440
Pramil (3e) 115
Prémices (9e) 282

La Puce (Saint-Ouen) 506
La Pulpéria (11e) 316
Le Quincangrogne (Dampmart) 501
Le Quinzième - Cyril Lignac (15e) 365
Qui plume la Lune (11e) 304
Rae's (2e) 102
La Rallonge (18e) 454
Raw (3e) 110
La Régalade Conservatoire (9e) 283
Relais d'Auteuil (16e) 396
Le Restaurant (6e) 153
Ribote (Neuilly-sur-Seine) 496
Richer (9e) 271
St-James Paris (16e) 397
Saperlipopette ! (Puteaux) 497
Les Saveurs Sauvages (Gif-sur-Yvette) 479
La Scène (8e) 242
La Scène Thélème (17e) 426
Semilla (6e) 170
Septime (11e) 305
Sequana (1er) 80
Le Servan (11e) 317
6 New York (16e) 414
Le 6 Paul Bert (11e) 318
Le 68 - Guy Martin (8e) 260
Sola (5e) 134
Le Sot l'y Laisse (11e) 318
Stéphane Martin (15e) 380
Sylvestre (7e) 182
Table - Bruno Verjus (12e) 329
La Table de Botzaris (19e) 461
La Table de Cybèle (Boulogne-Billancourt) 498
La Table de l'Espadon (1er) 59
La Table des Blot - Auberge du Château (Dampierre-en-Yvelines) 520
La Table d'Eugène (18e) 448
La Table du Baltimore (16e) 414
La Table du Lancaster (8e) 243
La Table du 11 (Versailles) 521
Les Tablettes de Jean-Louis Nomicos (16e) 399
Terrasse Mirabeau (16e) 415
Tintilou (11e) 319
Tomy & Co (7e) 212
Tour d'Argent (5e) 135
Le 39V (8e) 244
Le Un, Bistrot Gourmand (15e) 381
Un Dimanche à Paris (6e) 174
Le V (8e) 261
Le Van Gogh (Asnières-sur-Seine) 499
Verre Chez Moi (Deuil-la-Barre) 516
Le Versance (2e) 104
Victoria 1836 (16e) 417
Le Village (Marly-le-Roi) 522
Villa9Trois (Montreuil) 506
24 - Le Restaurant (8e) 262
La Violette (19e) 462
Virtus (12e) 330
Le Wauthier by Cagna (Saint-Germain-en-Laye) 532
Will (12e) 330
Yard (11e) 307
Youpi et Voilà en Résidence (12e) 331
Zébulon (1er) 81
Zin's à l'Étape Gourmande (Versailles) 532

Cuisine méditerranéenne

La Cour Jardin (8e) 248
Le Dali (1er) 72

Cuisine nord-africaine

La Maison de Charly (17e) 438
Mansouria (11e) 315
L'Oriental (9e) 280
Timgad (17e) 442

Tipaza (15e) 380
La Tour de Marrakech (Antony) 499
Zerda (10e) 298

Cuisine portugaise

Saudade (1er) 79

Cuisine péruvienne

Manko (8e) 254

Cuisine russe

Chez Mademoiselle (15e) 373

Cuisine sud-est asiatique

Lao Lane Xang 2 (13e) 339

Cuisine thaïlandaise

Baan Boran (1er) 69
Basilic & Spice (13e) 339
Lao Siam (19e) 460
Monsieur K (2e) 100
Silk & Spice (2e) 103
Sukhothaï (13e) 341

Cuisine tibétaine

Lhassa (5e) 143

Cuisine traditionnelle

Abbaye des Vaux de Cernay (Cernay-la-Ville) 523
L'Absinthe (1er) 67
Afaria (15e) 371
À La Biche au Bois (12e) 326
À La Coupole (Neuilly-sur-Seine) 485
Allard (6e) 157
Amarante (12e) 326
L'Amourette (Montreuil) 503
L'Ancienne Maison Gradelle (10e) 291
L'Ardoise (Le Perreux-sur-Marne) 508
L'Ardoise (1er) 68
Astier (11e) 306
L'Atelier Gourmand (Saint-Jean-de-Beauregard) 476
Atelier Maître Albert (5e) 139
Auberge Ravoux (Auvers-sur-Oise) 514
Au Bord de l'Eau (Conflans-Sainte-Honorine) 524
Au Cœur de la Forêt (Montmorency) 515
Au Moulin à Vent (5e) 139
Au Père Lapin (Suresnes) 487
Au Petit Marguery (13e) 338
Au Pouilly Reuilly (Le Pré-Saint-Gervais) 504
Aux Verres de Contact (5e) 136
Le Baratin (20e) 468
Barbezingue (Châtillon) 484
La Barrière de Clichy (Clichy) 487
Beurre Noisette (15e) 367
Bissac (2e) 93
Bistro des Gastronomes (5e) 136
Bistrot Augustin (14e) 349
Bistrot Belhara (7e) 200
Le Bistrot d'À Côté Flaubert (17e) 430
Le Bistrot d'Oscar (Levallois-Perret) 488
Le Bistrot du Maquis (18e) 450
Bistrot Paul Bert (11e) 310
Bofinger (4e) 124
Le Bon Georges (9e) 274
Le Bon Saint-Pourçain (6e) 160
Bonvivant (5e) 140
Les Botanistes (7e) 201
Le Bouchon et l'Assiette (17e) 430
Le Boudoir (8e) 246

Bouillon (9e) 274
La Bourse et la Vie (2e) 94
La Boutarde (Neuilly-sur-Seine) 488
Brasserie Gallopin (2e) 94
Café Constant (7e) 196
Le Café d'Angel (17e) 431
Café Max (7e) 202
Café Trama (6e) 161
La Cantine du Troquet (14e) 350
La Cantine du Troquet Daguerre (14e) 351
La Cantine du Troquet Dupleix (15e) 373
Les Cartes Postales (1er) 70
Le Casse Noix (15e) 367
Caves Pétrissans (17e) 432
Les 110 de Taillevent (8e) 246
Le Cette (14e) 351
Chameleon (10e) 292
Champeaux (1er) 71
Le Chardenoux (11e) 312
Chaumette (16e) 403
Le Chefson (Bois-Colombes) 484
Chez Casimir (10e) 292
Chez Frezet (18e) 451
Chez Georges (2e) 96
Chez Graff (7e) 203
Chez Marie-Louise (10e) 293
Chez Michel (Boulogne-Billancourt) 489
Chez Michel (10e) 288
Circonstances (2e) 90
Les Cocottes - Arc de Triomphe (8e) 247
Les Cocottes - Tour Eiffel (7e) 198
Le Comptoir du Relais (6e) 164
Le Coq de la Maison Blanche (Saint-Ouen) 504
Le Coq Rico (18e) 452
La Coupole (14e) 353
XVII sur Vin (17e) 435
Drouant (2e) 97
Les Écuries de Richelieu (Rueil-Malmaison) 490
L'Entredgeu (17e) 427
L'Essentiel (14e) 354
La Fermette Marbeuf 1900 (8e) 249
La Ferrandaise (6e) 165
Les Fils de la Ferme (14e) 355
Fish La Boissonnerie (6e) 166
Flandrin (16e) 405
Florimond (7e) 206
Fontaine de Mars (7e) 207
Les Fous de l'Île (4e) 125
Le Garde-Manger (Saint-Cloud) 491
La Gauloise (15e) 375
Le Gorille Blanc (4e) 125
L'Hédoniste (Vincennes) 511
Hostellerie du Prieuré (Saint-Prix) 515
L'Inattendu (15e) 377
Intuition Gourmande (15e) 378
Invictus (6e) 167
Jacques Faussat (17e) 437
Le Jeu de Quilles (14e) 356
Le Jourdain (20e) 470
Kigawa (14e) 356
La Laiterie Sainte-Clotilde (7e) 198
Lazare (8e) 251
Lescure (1er) 75
Macaille (Suresnes) 492
Ma Cocotte (Saint-Ouen) 505
La Maison des Bois (Sainte-Apolline) 528
La Maison du Jardin (6e) 155
Mamou (9e) 280
Le Marché du Lucas (8e) 254
Le Marcigny (Viry-Châtillon) 479
La Marlotte (6e) 156
Miroir (18e) 453
Mon Vieil Ami (4e) 127

Le Moulin de la Galette (18e) 453
Le Mûrier (15e) 379
N° 41 (16e) 400
L'Os à Moelle (15e) 368
L'Ourcine (13e) 340
Les Papilles (5e) 145
Le Percolateur (8e) 259
Le Petit Boileau (16e) 412
La Petite Marmite (Livry-Gargan) 505
Le Petit Pergolèse (16e) 413
Les Petits Plats (14e) 357
Le Petit Verdot du 17ème (17e) 429
Le Petit Vingtième (20e) 471
Philou (10e) 297
Le Pré Carré (17e) 440
Le P'tit Troquet (7e) 211
Quai de Meudon (Meudon) 496
Quincy (12e) 328
Le Radis Beurre (15e) 369
Le Récamier (7e) 211
Le Réciproque (18e) 449
La Régalade (14e) 358
La Régalade St-Honoré (1er) 78
La Rotonde (6e) 170
Le St-Joseph (La Garenne-Colombes) 485
St-Martin (Triel-sur-Seine) 530
Les Saisons (9e) 283
Le 7 à Issy (Issy-les-Moulineaux) 498
750g La Table (15e) 379
La Table Lauriston (16e) 415
Le Tablier Rouge (20e) 471
Le Timbre (6e) 156
Le Tournesol (16e) 416
Le Troquet (15e) 369
Variations (13e) 341
Vaudeville (2e) 103
Les Vignes Rouges (Hérouville) 517
Villaret (11e) 307
20 Eiffel (7e) 199
Le Violon d'Ingres (7e) 195
Le Vitis (15e) 370
Wadja (6e) 174

Cuisine vietnamienne

Le Palanquin (17e) 438
Pho Tai (13e) 337
La Table du Vietnam (7e) 212

Poissons et fruits de mer

Antoine (16e) 390
La Cagouille (14e) 350
Clamato (11e) 306
Dessirier par Rostang Père et Filles (17e) 434
Divellec (7e) 187
Le Dôme (14e) 353
Le Duc (14e) 354
L'Écailler du Bistrot (11e) 314
La Fontaine Gaillon (2e) 97
Gaya Rive Gauche par Pierre Gagnaire (7e) 191
Helen (8e) 235
Jarrasse L'Écailler de Paris (Neuilly-sur-Seine) 491
La Marée Jeanne (2e) 99
La Marée Passy (16e) 409
Marius (16e) 410
Marius et Janette (8e) 255
La Méditerranée (6e) 169
Petrossian - Le 144 (7e) 209
Pétrus (17e) 439
Prunier (16e) 413
Rech (17e) 441
La Rigadelle (Vincennes) 507
Salt (11e) 317

Viandes

L'Atelier d'Hugo Desnoyer (16e) 401

Restaurant	Arrondissement	Page
Atelier Vivanda - Cherche Midi	(6e)	155
Atelier Vivanda - Lauriston	(16e)	400
Atelier Vivanda - Marais	(3e)	110
Café des Abattoirs	(1er)	66
Le Grand Pan	(15e)	376
La Maison de L'Aubrac	(8e)	253
Severo	(14e)	358
Sur la Braise	(6e)	171
La Table Hugo Desnoyer - Secrétan	(19e)	461
La Tour	(Versailles)	531

Tables en terrasse

Restaurant	Lieu	Page
Abbaye des Vaux de Cernay	(Cernay-la-Ville)	523
L'Absinthe	(1er)	67
A et M Restaurant	(16e)	401
AG Les Halles	(1er)	68
Akrame	(8e)	227
L'Ambassade des Terroirs	(Gennevilliers)	486
L'Amourette	(Montreuil)	503
L'Antre Amis	(15e)	366
L'Apibo	(2e)	92
L'Atelier du Parc	(15e)	366
L'Atelier Gourmand	(Saint-Jean-de-Beauregard)	476
Auberge du Cheval Blanc	(Pontoise)	514
L'Auberge du Roi Gradlon	(13e)	336
Auberge Ravoux	(Auvers-sur-Oise)	514
Au Bourguignon du Marais	(4e)	123
Au Cœur de la Forêt	(Montmorency)	515
Au Fulcosa	(Fourqueux)	524
Au Père Lapin	(Suresnes)	487
La Belle Époque	(Châteaufort)	525
Bissac	(2e)	93
Bistrot Augustin	(14e)	349
Le Bistrot d'À Côté Flaubert	(17e)	430
Le Bistrot d'Oscar	(Levallois-Perret)	488
Le Bon Saint-Pourçain	(6e)	160
Bonvivant	(5e)	140
Les Botanistes	(7e)	201
Café de l'Esplanade	(7e)	202
Le Café des Artistes	(Ville-d'Avray)	489
Café Trama	(6e)	161
La Cagouille	(14e)	350
Camélia	(1er)	70
La Cantine du Troquet Daguerre	(14e)	351
La Cantine du Troquet Dupleix	(15e)	373
Capucine	(11e)	312
La Case de Babette	(Maule)	525
Caves Pétrissans	(17e)	432
Cazaudehore	(Saint-Germain-en-Laye)	526
Chamarré Montmartre	(18e)	451
Chameleon	(10e)	292
Champeaux	(1er)	71
Château des Îles	(La Varenne-Saint-Hilaire)	509
Chaumette	(16e)	403
Le Cherche Midi	(6e)	163
Chez Casimir	(10e)	292
Le Cinq Codet	(7e)	204
Les Climats	(7e)	185
Le Clos de Chevreuse	(Chevreuse)	526
Clown Bar	(11e)	313
Le Comptoir du Relais	(6e)	164
La Contre Allée	(14e)	352
Le Coq de la Maison Blanche	(Saint-Ouen)	504
Coretta	(17e)	433
La Cour Jardin	(8e)	248
D'Chez Eux	(7e)	205
Les Délices d'Aphrodite	(5e)	141
Dessirier par Rostang Père et Filles	(17e)	434
XVII sur Vin	(17e)	435
Drouant	(2e)	97
Enclos de la Croix	(16e)	404
Épicure au Bristol	(8e)	221
L'Escarbille	(Meudon)	481
L'Escargot 1903	(Puteaux)	482

Restaurant	Lieu	Page
L'Essentiel	(14e)	354
Les Fables de La Fontaine	(7e)	189
La Ferme de Voisins	(Voisins-le-Bretonneux)	527
La Fermette Marbeuf 1900	(8e)	249
Le First	(1er)	73
Flandrin	(16e)	405
Fontaine de Mars	(7e)	207
La Fontaine Gaillon	(2e)	97
Fontanarosa	(15e)	375
Le Frank	(16e)	406
Le Gabriel	(8e)	224
La Gauloise	(15e)	375
Gordon Ramsay au Trianon	(Versailles)	519
GrandCœur	(4e)	126
La Grande Cascade	(16e)	392
La Grange aux Dîmes	(Wissous)	478
La Grange des Halles	(Rungis)	510
La Gueulardière	(Ozoir-la-Ferrière)	500
Hostellerie du Nord	(Auvers-sur-Oise)	516
Il Carpaccio	(8e)	236
Les Jardins de l'Espadon	(1er)	62
La Jument Verte	(Tremblay-Vieux-Pays)	503
Juvia	(8e)	250
Kura	(16e)	408
Laurent	(8e)	238
Lazare	(8e)	251
Lescure	(1er)	75
Loulou	(1er)	76
Macaille	(Suresnes)	492
Ma Cocotte	(Saint-Ouen)	505
Maison Blanche	(8e)	252
Maison Courtine	(14e)	357
La Maison des Bois	(Sainte-Apolline)	528
La Maison du Pressoir	(Crosne)	478
Manufacture	(Issy-les-Moulineaux)	493
Marco Polo	(6e)	168
La Mare au Diable	(Le Plessis-Picard)	501
La Marée Jeanne	(2e)	99
Marius	(16e)	410
Marius et Janette	(8e)	255
La Marlotte	(6e)	156
MaSa	(Boulogne-Billancourt)	483
Matsuhisa	(8e)	256
Mavrommatis	(5e)	143
Mini Palais	(8e)	257
Le Moderne	(2e)	99
Monsieur Bleu	(16e)	411
Mori Venice Bar	(2e)	100
Moulin d'Orgeval	(Orgeval)	528
Le Moulin de la Galette	(18e)	453
L'Oiseau Blanc	(16e)	411
L'Orangerie	(8e)	240
L'Oriental	(9e)	280
Origin	(10e)	296
La Passerelle	(Issy-les-Moulineaux)	494
Le Patte Noire	(Rueil-Malmaison)	495
Pavillon Henri IV	(Saint-Germain-en-Laye)	529
La Petite Marmite	(Livry-Gargan)	505
Pétrus	(17e)	439
Philou	(10e)	297
Pirouette	(1er)	78
Prunier	(16e)	413
Quai de Meudon	(Meudon)	496
Le Quincangrogne	(Dampmart)	501
Le Quinzième - Cyril Lignac	(15e)	365
Le Récamier	(7e)	211
Rech	(17e)	441
Restaurant du Palais Royal	(1er)	64
Ribote	(Neuilly-sur-Seine)	496
La Romantica	(Clichy)	497
La Rotonde	(6e)	170
St-James Paris	(16e)	397
Sanukiya	(1er)	79
Saperlipopette !	(Puteaux)	497
Les Saveurs Sauvages	(Gif-sur-Yvette)	479

750g La Table (15e) 379
La Table d'Antan (Sainte-Geneviève-des-Bois) 476
La Table de Botzaris (19e) 461
La Table du Lancaster (8e) 243
La Table Hugo Desnoyer - Secrétan (19e) 461
Le Tastevin (Maisons-Laffitte) 531
Terrasse Mirabeau (16e) 415
La Tour (Versailles) 531
Le Tournesol (16e) 416
Le Van Gogh (Asnières-sur-Seine) 499
Vaudeville (2e) 103
Verre Chez Moi (Deuil-la-Barre) 516
Le Versance (2e) 104
Villa9Trois (Montreuil) 506
La Violette (19e) 462
Yard (11e) 307
Zen (1er) 67
Zerda (10e) 298
Zin's à l'Étape Gourmande (Versailles) 532

Restaurants avec salons particuliers

Restaurant	Localisation	Page
Aida ✿	(7e)	183
Alcazar ǁO	(6e)	157
Alléno Paris au Pavillon Ledoyen ✿✿✿	(8e)	219
Ambassade d'Auvergne ǁO	(3e)	111
L'Ambassade des Terroirs ǁO	(Gennevilliers)	486
L'Ancienne Maison Gradelle ǁO	(10e)	291
L'Angélique ǁO	(Versailles)	523
Antoine ✿	(16e)	390
Apicius ✿	(8e)	228
L'Ardoise ǁO	(1er)	68
L'Arôme ✿	(8e)	229
Arpège ✿✿✿	(7e)	180
AT ǁO	(5e)	138
L'Atelier de Joël Robuchon - Étoile ✿	(8e)	230
L'Atelier de Joël Robuchon - St-Germain ✿✿	(7e)	181
L'Atelier Gourmand ǁO	(Saint-Jean-de-Beauregard)	476
Atelier Maître Albert ǁO	(5e)	139
Auberge Ravoux ǁO	(Auvers-sur-Oise)	514
Aux Armes de France ǁO	(Corbeil-Essonnes)	477
Aux Lyonnais ǁO	(2e)	92
La Barrière de Clichy ǁO	(Clichy)	487
La Belle Époque ǁO	(Châteaufort)	525
Benkay ǁO	(15e)	372
Benoit ✿	(4e)	121
Bibimbap ǁO	(5e)	140
Bissac ǁO	(2e)	93
Bistrot Blanc Bec ǁO	(20e)	468
Bofinger ǁO	(4e)	124
Bonvivant ǁO	(5e)	140
Le Boudoir ǁO	(8e)	246
La Bourgogne ☺	(Maisons-Alfort)	507

Restaurant	Localisation	Page
Boutary ǁO	(6e)	161
Brasserie Gallopin ǁO	(2e)	94
Le Café de la Paix ǁO	(9e)	275
Café des Abattoirs ☺	(1er)	66
Caffè Stern ǁO	(2e)	95
La Cagouille ǁO	(14e)	350
Caïus ǁO	(17e)	431
La Cantine du Troquet ǁO	(14e)	350
Carré des Feuillants ✿✿	(1er)	54
La Case de Babette ǁO	(Maule)	525
Caves Pétrissans ǁO	(17e)	432
Cazaudehore ǁO	(Saint-Germain-en-Laye)	526
Le Céladon ǁO	(2e)	95
Le 122 ǁO	(7e)	203
Chamarré Montmartre ǁO	(18e)	451
Champeaux ǁO	(1er)	71
Château des Îles ǁO	(La Varenne-Saint-Hilaire)	509
Chez les Anges ☺	(7e)	197
Le Chiberta ✿	(8e)	232
Le Chiquito ✿	(Méry-sur-Oise)	513
Le Cinq ✿✿✿	(8e)	220
Le Clarence ✿✿	(8e)	223
Le Clos des Gourmets ☺	(7e)	197
Le Clos Y ǁO	(15e)	374
Le Clou de Fourchette ǁO	(17e)	433
Le Coq de la Maison Blanche ǁO	(Saint-Ouen)	504
La Coupole ǁO	(14e)	353
Cristal Room Baccarat ǁO	(16e)	404
La Dame de Pic ✿	(1er)	61
David Toutain ✿	(7e)	186
Dessirier par Rostang Père et Filles ǁO	(17e)	434
Divellec ✿	(7e)	187
Le Dôme ǁO	(14e)	353
Dominique Bouchet ✿	(8e)	233
Drouant ǁO	(2e)	97
Elmer ǁO	(3e)	113

L'Escarbille ✿ (Meudon) 481
La Ferme de Voisins 🍽
(Voisins-le-Bretonneux) 527
La Ferme St-Simon 🍽 (7e) 206
La Ferrandaise 🍽 (6e) 165
Les Fils de la Ferme 🍽 (14e) 355
Fontaine de Mars 🍽 (7e) 207
La Fontaine Gaillon 🍽 (2e) 97
Le Gaigne 🍽 (8e) 250
Garance ✿ (7e) 190
La Gauloise 🍽 (15e) 375
GrandCœur 🍽 (4e) 126
La Grande Cascade ✿ (16e) 392
La Grande Ourse 🍽 (14e) 355
Le Grand Véfour ✿✿ (1er) 55
La Gueulardière 🍽
(Ozoir-la-Ferrière) 500
Guy Savoy ✿✿✿ (6e) 150
Helen ✿ (8e) 235
Hélène Darroze ✿ (6e) 151
Il Carpaccio ✿ (8e) 236
L'Initial 🍽 (5e) 142
Jacques Faussat 🍽 (17e) 437
Jaïs 🍽 (7e) 208
Jamin 🍽 (16e) 407
Jarrasse L'Écailler de Paris 🍽
(Neuilly-sur-Seine) 491
Jean 🍽 (9e) 278
Jin ✿ (1er) 63
Juvia 🍽 (8e) 250
Karl & Erick 🍽 (17e) 437
Kunitoraya 🍽 (1er) 75
Kura 🍽 (16e) 408
Lasserre ✿ (8e) 237
Laurent ✿ (8e) 238
Lengué 🍽 (5e) 142
Lili 🍽 (16e) 409
Loiseau rive Droite 🍽 (8e) 252
Loiseau rive Gauche 🍽 (7e) 208
Lucas Carton ✿ (8e) 239
Le Lumière 🍽 (9e) 279
Macaille 🍽 (Suresnes) 492
Macéo 🍽 (1er) 77
Ma Cocotte 🍽 (Saint-Ouen) 505
La Maison de Charly 🍽 (17e) 438
La Maison du Pressoir 🍽
(Crosne) 478
Maison Rostang ✿✿ (17e) 422
Mamagoto ☺ (10e) 289
Manko 🍽 (8e) 254
La Mare au Diable 🍽
(Le Plessis-Picard) 501
La Marée Jeanne 🍽 (2e) 99
Mathieu Pacaud - Histoires ✿✿
(16e) 389
Mavrommatis 🍽 (5e) 143
Maxan 🍽 (8e) 256
La Méditerranée 🍽 (6e) 169
Le Metropolitan 🍽 (16e) 410
Le Meurice
Alain Ducasse ✿✿ (1er) 57
1728 🍽 (8e) 257
Mini Palais 🍽 (8e) 257
Moissonnier 🍽 (5e) 144
Mon Bistrot 🍽
(Boulogne-Billancourt) 494
Monsieur Bleu 🍽 (16e) 411
Le Mordant 🍽 (10e) 295
Okuda 🍽 (8e) 259
Ore 🍽 (Versailles) 529
L'Oriental 🍽 (9e) 280
Les Papilles 🍽 (5e) 145
Paradis 🍽 (10e) 296
Le Pario ☺ (15e) 368
Pavillon Henri IV 🍽
(Saint-Germain-en-Laye) 529
Le Percolateur 🍽 (8e) 259
Le Pergolèse ✿ (16e) 395
Petrossian - Le 144 🍽 (7e) 209
Pétrus 🍽 (17e) 439
Pierre Gagnaire ✿✿✿ (8e) 222
Pierre Sang in
Oberkampf 🍽 (11e) 315
Pierre Sang on
Gambey 🍽 (11e) 316
La Plancha 🍽
(Maisons-Laffitte) 530
Pollop 🍽 (2e) 102
Pomze ☺ (8e) 245
Pottoka 🍽 (7e) 210
Le Pré Catelan ✿✿✿ (16e) 387
Prunier 🍽 (16e) 413
Le P'tit Troquet 🍽 (7e) 211
Quai de Meudon 🍽 (Meudon) 496
Le Quincangrogne 🍽 (Dampmart) 501

Restaurant	Arrondissement / Ville	Page
Le Quinzième - Cyril Lignac ✿	(15e)	365
La Régalade Conservatoire 🍽	(9e)	283
La Régalade St-Honoré 🍽	(1er)	78
Relais Louis XIII ✿	(6e)	152
Restaurant du Palais Royal ✿	(1er)	64
La Romantica 🍽	(Clichy)	497
St-James Paris ✿	(16e)	397
Salt 🍽	(11e)	317
Saperlipopette ! 🍽	(Puteaux)	497
Saudade 🍽	(1er)	79
La Scène ✿	(8e)	242
Sequana 🍽	(1er)	80
Shang Palace ✿	(16e)	398
Silk & Spice 🍽	(2e)	103
Le 68 - Guy Martin 🍽	(8e)	260
Sola ✿	(5e)	134
Sormani 🍽	(17e)	442
Stéphane Martin 🍽	(15e)	380
Sylvestre ✿✿	(7e)	182
Table - Bruno Verjus 🍽	(12e)	329
La Table de Botzaris 🍽	(19e)	461
La Table de l'Espadon ✿✿	(1er)	59
La Table des Blot - Auberge du Château ✿	(Dampierre-en-Yvelines)	520
La Table du Baltimore 🍽	(16e)	414
La Table du Lancaster ✿	(8e)	243
Le Taillevent ✿✿	(8e)	226
Taokan - St-Honoré 🍽	(1er)	81
Le Tastevin 🍽	(Maisons-Laffitte)	531
Tintilou 🍽	(11e)	319
Tour d'Argent ✿	(5e)	135
Toyo 🍽	(6e)	173
La Truffière 🍽	(5e)	145
Tsé Yang 🍽	(16e)	416
Un Dimanche à Paris 🍽	(6e)	174
Le V 🍽	(8e)	261
Le Van Gogh 🍽	(Asnières-sur-Seine)	499
Villa9Trois 🍽	(Montreuil)	506
La Violette 🍽	(19e)	462
Le Vitis ☺	(15e)	370
Le Wauthier by Cagna 🍽	(Saint-Germain-en-Laye)	532
Yanasé 🍽	(15e)	381

Se restaurer à Paris

1er ▸ Palais Royal • Louvre • Tuileries • Les Halles 50

2e ▸ Bourse • Sentier 82

3e ▸ Le Haut Marais • Temple 106

4e ▸ Île de la Cité • Île St-Louis • Le Marais • Beaubourg 116

5e ▸ Quartier latin • Jardin des Plantes • Mouffetard 128

6e ▸ St-Germain-des-Près • Odéon • Jardin du Luxembourg 146

7e ▸ Tour Eiffel • École Militaire • Invalides 176

8e ▸ Champs-Élysées • Concorde • Madeleine 214

9e ▸ Opéra • Grands Boulevards 264

10e ▸ Gare de l'Est • Gare du Nord • Canal St-Martin 284

11e ▸ Nation • Voltaire • République **300**

12e ▸ Bastille • Bercy • Gare de Lyon **320**

13e ▸ Place d'Italie • Gare d'Austerlitz • Bibliothèque Nationale de France **332**

14e ▸ Montparnasse • Denfert Rochereau • Parc Montsouris **342**

15e ▸ Porte de Versailles • Vaugirard • Beaugrenelle **360**

16e ▸ Trocadéro • Étoile • Passy • Bois de Boulogne **382**

17e ▸ Palais des Congrès • Wagram • Ternes • Batignolles **418**

18e ▸ Montmartre • Pigalle **444**

19e ▸ Parc de la Villette • Parc des Buttes Chaumont **456**

20e ▸ Cimetière du Père-Lachaise • Gambetta • Belleville **464**

Paris
ST-OUEN
CLICHY
Porte de St-Ouen
D 911
D 909
Porte de Clichy
COURBEVOIE
LEVALLOIS-PERRET
Bd Bessières
Av. de St-Ouen
Bd Berthier
Av. de Clichy
Porte d'Asnières
D 908
LA DÉFENSE
Porte de Champerret
17e
NEUILLY-S-SEINE
Bd
Av. de Villiers
Pl. de Clichy
D 913
PALAIS DES CONGRÈS DE PARIS
Bd Gouvion St-Cyr
Bd de Courcelles
PARC MONCEAU
Malesherbes
GARE ST-LAZARE
R.
Porte Maillot
Av. de la Grde Armée
ARC DE TRIOMPHE
Bd Haussmann
OPÉRA GARNIER
Porte Dauphine
Av. Foch
AV. DES CHAMPS ÉLYSÉES
8e
MADELEINE
Bd Lannes
Av. Marceau
Porte de la Muette
CONCORDE
Rue
BOIS DE BOULOGNE
Av. Mandel
Av. de New-York
MUSÉE DU QUAI BRANLY
Q. d'Orsay
1er
PALAIS DE CHAILLOT
Av. Bosquet
7e
MUSÉE D'ORSAY
Q. des Tuileries
Suchet
16e
TOUR EIFFEL
INVALIDES
Bd
MAISON DE RADIO FRANCE
SEINE
ÉCOLE MILITAIRE
Bd des Invalides
Bd de Grenelle
Q. de Grenelle
Av. de Breteuil
Bd de Sèvres
R. de Rennes
Porte d'Auteuil
Bd
Citroën
A 13
15e
Bd Garibaldi
Bd du Montparnasse
PARC DES PRINCES
Av. de Versailles
Q. A.
R. de la Convention
Lecourbe
R. de Vaugirard
Bd Murat
Av.
GARE MONTPARNASSE
Av. du Maine
Raspail
Q.
Q. d'Issy
Porte de St-Cloud
Bd Victor
R.
Porte de Sèvres
BOULOGNE-BILLANCOURT
PARIS-EXPO
14e
Bd Lefèbvre
R. d'Alésia
Bd Brune
Av. du Gal Leclerc
R.
VANVES
Porte de Châtillon
Bd
ISSY-LES-MOULINEAUX
MALAKOFF
Porte d'Orléans
MONTROUGE

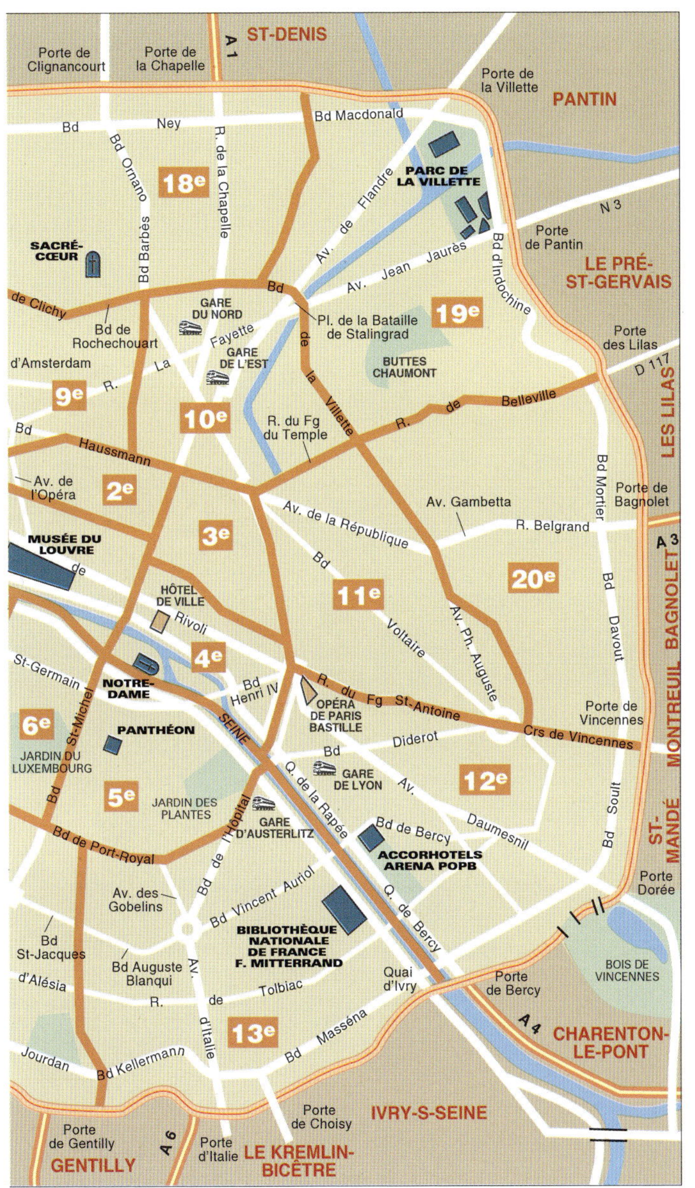

ST-DENIS
A 1
Porte de Clignancourt
Porte de la Chapelle
Porte de la Villette
PANTIN
Bd Ney
Bd Macdonald
Bd Ornano
R. de la Chapelle
18e
PARC DE LA VILLETTE
Av. de Flandre
N 3
Porte de Pantin
LE PRÉ-ST-GERVAIS
SACRÉ-CŒUR
Bd Barbès
Av. Jean Jaurès
Bd d'Indochine
de Clichy
Bd
GARE DU NORD
Bd de Rochechouart
Pl. de la Bataille de Stalingrad
19e
Porte des Lilas
R. La Fayette
GARE DE L'EST
d'Amsterdam
BUTTES CHAUMONT
D 117
9e
R. de la Villette
R. de Belleville
LES LILAS
Bd Haussmann
10e
R. du Fg du Temple
Av. de l'Opéra
2e
Av. Gambetta
Bd Mortier
Porte de Bagnolet
Av. de la République
R. Belgrand
3e
A 3
MUSÉE DU LOUVRE
R. de Rivoli
Bd Voltaire
HÔTEL DE VILLE
11e
20e
Bd Davout
Av. Ph. Auguste
BAGNOLET
4e
St-Germain
NOTRE-DAME
Bd Henri IV
R. du Fg St-Antoine
OPÉRA DE PARIS BASTILLE
Porte de Vincennes
MONTREUIL
6e
Bd St-Michel
PANTHÉON
SEINE
Crs de Vincennes
Bd Diderot
JARDIN DU LUXEMBOURG
GARE DE LYON
Av. Daumesnil
12e
5e
JARDIN DES PLANTES
Q. de la Rapée
Bd Soult
Bd de l'Hôpital
GARE D'AUSTERLITZ
Bd de Bercy
ST-MANDÉ
Bd de Port-Royal
ACCORHOTELS ARENA POPB
Porte Dorée
Av. des Gobelins
Bd Vincent Auriol
Q. de Bercy
Bd St-Jacques
BIBLIOTHÈQUE NATIONALE DE FRANCE F. MITTERRAND
BOIS DE VINCENNES
Bd Auguste Blanqui
d'Alésia
Av. d'Italie
R. de Tolbiac
Quai d'Ivry
Porte de Bercy
A 4
CHARENTON-LE-PONT
13e
Bd Masséna
Jourdan
Bd Kellermann
Porte de Choisy
IVRY-S-SEINE
Porte de Gentilly
A 6
Porte d'Italie
LE KREMLIN-BICÊTRE
GENTILLY

1er

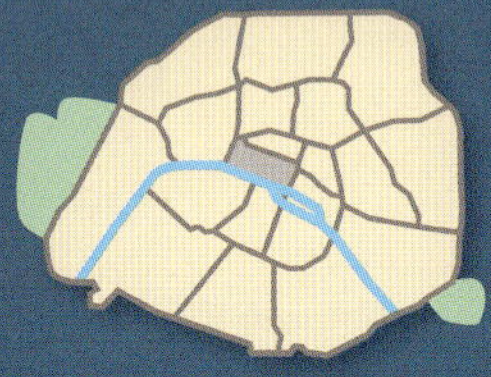

Palais-Royal · Louvre · Tuileries · Les Halles

H. Hughes / hemis.fr

Palais-Royal, Louvre, Tuileries, Les Halles

LA BOURSE
Bourse
Sentier
Bonne Nouvelle
2e
1
PI. des Victoires
Kunitoraya
Macéo
JanTchi
Le Grand Véfour
Baan Boran
Ellsworth
Le Restaurant du Palais Royal
JARDIN DU PALAIS ROYAL
Zébulon
Le Lulli
Kei
PALAIS ROYAL
ST-EUSTACHE
Pirouette
Étienne Marcel
Les Halles
AG Les Halles
Champeaux
FORUM LES HALLES LA CANOPÉE
Châtelet les Halles
2
Palais Royal Musée du Louvre
La Dame de Pic
Yam'Tcha
Spring
La Régalade St Honoré
Louvre Rivoli
Saudade
4e
Pont Neuf
PI. du Châtelet
Châtelet
Hôtel de Ville
Sequana
CONCIERGERIE
PALAIS DE JUSTICE
STE-CHAPELLE
6e
3
PI. de l'Hôtel de Ville
SEINE
Cité
ÎLE DE LA CITÉ
St Michel
C
D

Carré des Feuillants ✿✿

CUISINE MODERNE • ÉLÉGANT

14 r. de Castiglione
01 42 86 82 82
www.carredesfeuillants.fr
Ⓜ Tuileries

PLAN : B1
Fermé août, samedi et dimanche

Menu 60 € (déjeuner)/178 € – Carte 125/160 €

Carré des Feuillants

Il est rare qu'un restaurant marie si parfaitement ambiance et style culinaire. Indéniablement, le Carré des Feuillants réussit cette osmose. Point d'exubérance ou d'élans démonstratifs, tout dans la mesure et la maîtrise : c'est la première impression qui se dégage de cet ancien couvent (bâti sous Henri IV). Conçu par l'artiste plasticien Alberto Bali, ami d'Alain Dutournier, le décor n'est que lignes épurées, presque minimalistes, et matériaux naturels, dans une veine contemporaine.

Un cadre baigné de sérénité, pour un service impeccable et une cuisine à la hauteur. Marquée par la générosité et les racines landaises du chef, elle fait preuve de caractère et d'inventivité. Composées à la manière d'un triptyque – "le basique, son complice végétal et le révélateur" –, les assiettes ont l'art de valoriser l'authenticité du produit tout en sublimant le "futile". Quant à la cave, elle recèle de vrais trésors.

ENTRÉES

- Fines aiguillettes de bar sauvage, copeaux de poutargue, bonbon de tomate et jus de griotte
- Truffe noire cuite entière à l'étouffée dans sa coque

PLATS

- Caneton croisé au foie gras, cuisse poudrée d'olive et sauce bigarade
- Ris de veau en cocotte, jus aux huîtres, girolles étuvées et macaroni forestier

DESSERTS

- Tarte à la rhubarbe caramélisée, gariguette pistachée et crème glacée vanille
- Perles de mangoustan, marrons glacés mont-blanc et pascaline vanillée

Le Grand Véfour ✿✿

CUISINE CRÉATIVE • CLASSIQUE

17 r. de Beaujolais
01 42 96 56 27
www.grand-vefour.com
Palais Royal

PLAN : C1

Fermé 3 semaines en août, samedi et dimanche

Menu 115 € (déjeuner)/315 € – Carte 230/295 €

Le Grand Véfour

Bonaparte et Joséphine, Lamartine, Hugo, Mac-Mahon, Sartre... Depuis plus de deux siècles, l'ancien Café de Chartres est un vrai bottin mondain ! Repaire des rendez-vous galants, des révolutionnaires et des intellectuels, le plus vieux restaurant de Paris (1784-1785) connut, d'un propriétaire à l'autre, grandeur et décadence. Incendie, attentat, fermeture... Il entre dans la légende en 1820 avec Jean Véfour, qui lui donne son nom. Quelques guerres plus tard, en 1948, Raymond Oliver lui rend son éclat en lui apportant ses premières étoiles, que Guy Martin entretiendra à sa suite. Voilà pour l'histoire, tracée à grands traits.

Reste le lieu, unique en son genre, restauré comme à l'origine et classé monument historique. Ouvertes sur le jardin par des arcades, deux magnifiques salles Directoire : miroirs, lustres en cristal, dorures, toiles peintes fixées sous verre inspirées de l'Antiquité. Quant à la cuisine, influencée par les voyages et la peinture – couleurs, formes, textures, le chef atypique "croque" ses plats comme un artiste –, c'est un juste équilibre entre grands classiques et recettes créatives.

ENTRÉES

- Ravioles de foie gras, crème foisonnée truffée
- Foie gras de canard en terrine, artichauts blancs et violets, jus de grenade acidulé

PLATS

- Parmentier de queue de bœuf aux truffes
- Pigeon prince Rainier III

DESSERTS

- Palet noisette et chocolat au lait, glace au caramel brun et sel de Guérande
- Cube manjari, fraises et framboises, sorbet fraise-estragon

Kei ✿✿

CUISINE MODERNE • ÉLÉGANT

5 r. du Coq-Héron
✆ 01 42 33 14 74
www.restaurant-kei.fr
Ⓜ Louvre Rivoli

PLAN : C2

Fermé vacances de printemps, 3 semaines en août, vacances de Noël, jeudi midi, dimanche et lundi

Menu 56 € (déjeuner), 99/195 €

A/C

Kei

La gastronomie, Kei Kobayashi est tombé dedans quand il était petit ! Il passe son enfance à Nagano, dans une famille très sensible au sujet : son père est cuisinier dans un restaurant traditionnel kaiseki. Mais sa véritable vocation naît… en regardant la télévision, grâce à un documentaire sur la cuisine française. Il étudie trois ans au Japon avant de partir pour l'Hexagone, afin de parfaire sa formation chez les plus grands. Le voilà désormais chez lui, dans cet établissement d'une sobre élégance.

Sa cuisine est bien digne d'un passionné : il y a quelque chose de natif dans ses réalisations. L'influence nippone affleure par petites touches délicates – avec une purée d'agrumes, des fleurs, des lamelles de pomme verte... –, tout en préservant les saveurs de produits de qualité. Certaines associations hautes en couleur surprennent, d'autres ravissent par leur harmonie et leur limpidité ; les jeux autour des textures et des ingrédients font mouche. Cerise sur le gâteau : le chef fait évoluer régulièrement ses menus (sans choix) au fil de son inspiration... Inventif et raffiné.

ENTRÉES

- Jardin de légumes croquants, saumon fumé, mousse roquette, émulsion citron
- Langoustines fumées au foin, sauce homardine

PLATS

- Bar de ligne rôti sur ses écailles, marmelade d'algue nori
- Pigeon laqué, condiment miso

DESSERTS

- Vacherin aux fraises et au miso
- Smoothie aux agrumes

Le Meurice Alain Ducasse ✿✿

CUISINE MODERNE • LUXE

Hôtel Le Meurice
228 r. de Rivoli
✆ 01 44 58 10 55
www.alainducasse-meurice.com/fr
Ⓜ Tuileries

PLAN : A1
Fermé 6-20 février, 31 juillet-28 août, samedi et dimanche

Formule 85 € – Menu 110 € (déjeuner), 130/380 € – Carte 230/340 € 

Pierre Monetta

Ce restaurant est le lieu de rencontre entre un célèbre palace (né au début du 19e s. face au jardin des Tuileries) et un chef que l'on ne présente plus, Alain Ducasse. L'endroit, tout bonnement somptueux, mériterait à lui seul un roman : plafond blanc paré de dorures, lustres en cristal, mosaïques... Dans ce décor digne du château de Versailles, les serveurs vont et viennent, véritable éloge de l'esquive, en un ballet parfaitement synchronisé : une vision qui suscite l'admiration des fortunes étrangères venues chercher ici l'âme parisienne !
La griffe Ducasse est aujourd'hui mise en œuvre par Jocelyn Herland, ancien de The Dorchester à Londres, qui ne se montre nullement intimidé par l'aura des lieux : ses assiettes, bien conçues, mettent en valeur de bons produits et rendent un hommage sincère à la tradition française. Un lieu mythique, tout simplement.

ENTRÉES

- Pâté chaud de pintade
- Légumes de saison

PLATS

- Bar, fenouil et citron
- Homard, topinambours

DESSERTS

- Chocolat de notre manufacture
- Baba au rhum

Sur Mesure par Thierry Marx ✿✿

CUISINE CRÉATIVE • DESIGN

Hôtel Mandarin Oriental
251 r. St-Honoré
✆ 01 70 98 71 25
www.mandarinoriental.fr/paris/
Ⓜ Concorde

PLAN : A1
Fermé de fin-juillet à fin-août, dimanche et lundi

Menu 85 € (déjeuner en semaine), 180/210 €

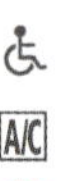

Mandarin Oriental

On a tout dit, ou presque, de Thierry Marx : grand voyageur, alchimiste malicieux, maître d'œuvre plusieurs fois reconnu, hier au Château Cordeillan-Bages à Pauillac (Gironde), aujourd'hui à la tête des cuisines du Mandarin Oriental, palace parisien haute couture qui lui a imaginé un restaurant sur mesure. Ou plutôt à sa démesure ? Passé le sas d'entrée, vous voilà transporté dans un univers inédit, d'un blanc immaculé et presque monacal, qui n'est pas sans évoquer le décor avant-gardiste d'un film de Stanley Kubrick.

"Ma cuisine tient en deux mots : structure et déstructure", confie Thierry Marx ; c'est bien ce que l'on ressent en découvrant ses menus uniques, successions de plats aux saveurs étonnantes. En orfèvre minutieux, il travaille la matière, joue avec intelligence sur les transparences, les saveurs et les textures, assuré à chaque instant du soutien précieux de David Biraud, l'excellent sommelier de la maison. Sans aucun doute, on a bien affaire ici à une cuisine de créateur, pleine de caractère et de finesse... Une véritable expérience.

ENTRÉES

- Soupe à l'oignon en trompe-l'œil
- Semi-pris de coquillages

PLATS

- Bœuf charbon, aubergine grillée, sirop d'érable et vinaigre de feuille de cerisier
- Rouget en écailles soufflées, pulpe de tomate

DESSERTS

- Ylang-ylang
- Saké glacé, fruits confits corses

La Table de l'Espadon

CUISINE MODERNE • ÉLÉGANT

Hôtel Ritz
15 pl. Vendôme
01 43 16 33 74
www.ritzparis.com
Opéra

PLAN : B1
Fermé le midi

Menu 195/330 € – Carte 186/456 €

Matthieu Cellard/La Table de l'Espadon

"La bonne cuisine est la base du véritable bonheur." Ces mots d'Auguste Escoffier en disent long sur la place réservée ici à la gastronomie. De fait, le premier chef des cuisines du Ritz et complice de César Ritz – le fondateur du palace en 1898 – y a érigé la cuisine en symbole de l'art de vivre à la française. Après quatre ans de travaux, le Ritz renaît dans toute sa splendeur, et avec lui, la table de l'Espadon.

Aujourd'hui, Nicolas Sale a remplacé Auguste Escoffier, mais l'émotion des goûts est demeurée intacte. La salle est éblouissante : dorures, velours, superbes compositions florales, ciel en trompe l'œil, etc. Mais ne vous laissez pas distraire, l'assiette étincèle tout autant : ravioles de tourteaux, assorties d'un bouillon tiède au gingembre citronnelle; pomme de ris de veau ; rhubarbe... Goût, personnalité, intensité : la cuisine de Nicolas Sale fait souffler un vent de modernité sur le Ritz. Quant au service, il est encore et toujours irréprochable. Superbe !

ENTRÉES

- Air de foie gras, melon semi-confit, lait d'amande et graines de courge
- Eau prise de langoustine, pamplemousse et caramel d'ail

PLATS

- Saint-pierre rôti au beurre de safran, mousseline et barigoule d'artichaut, émulsion de coquillages
- Selle d'agneau de lait contisée aux poivrons

DESSERTS

- Tablettes crémeuse et sorbet chocolat sambirano
- Ravioli d'ananas, crémeux passion et nage de gingembre frais

Le Baudelaire ✿

CUISINE MODERNE • ÉLÉGANT

Hôtel Le Burgundy
6-8 r. Duphot
✆ 01 71 19 49 11
www.leburgundy.com
Ⓜ Madeleine

PLAN : A1
Fermé le midi en août, samedi midi et dimanche

Formule 54 € – Menu 58 € (déjeuner), 105/210 € – Carte 100/170 €

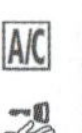

Le Burgundy - Le Baudelaire

Ici, nulle raison d'être envahi par le spleen baudelairien : on se sent si bien dans ce restaurant raffiné, niché au cœur d'un jeune palace arty et feutré célébrant le nouveau chic parisien... La salle s'ordonne autour de la cour intérieure de l'établissement, un beau jardin d'hiver où il fait bon lire *Les Fleurs du mal* devant un thé. Reflets du dehors sur les tables en laque noire, confort douillet des fauteuils, grandes verrières, murs immaculés : un havre de paix... dédié à la gastronomie.

En 2016, on s'est offert ici le concours d'un chef d'expérience : Guillaume Goupil, qui fut (entre autres) le second de Stéphanie Le Quellec au Prince de Galles. Il compose une cuisine au goût du jour bien maîtrisée : poulpe de roche et pommes de terre fondantes au lard, figues de Solliès, crème glacée au miel et crumble de safran...

ENTRÉES

- Foie gras de canard en fines ravioles, bouillon clair, bigorneaux et amarante
- Œuf bio, blanc vaporeux, jaune coulant, poireau-vanille

PLATS

- Lieu jaune de ligne étuvé aux algues, gnocchis de céleri et jus d'arêtes
- Ris de veau doré au sautoir, jeunes carottes et moutarde à l'ancienne

DESSERTS

- Fraises mara des bois, sorbet yaourt et estragon, sablé noisette et meringue craquante
- Figues de Solliès, crème glacée au miel de châtaigniers

La Dame de Pic ✿

CUISINE CRÉATIVE • DESIGN

20 r. du Louvre
☏ 01 42 60 40 40
www.anne-sophie-pic.com
Ⓜ Louvre Rivoli

PLAN : C2
Fermé 7-20 août

Menu 59 € (déjeuner en semaine), 105/135 €

François Goizé / La Dame de Pic

Un bel atout dans la cartographie des bonnes tables parisiennes : Anne-Sophie Pic a créé à deux pas du Louvre, cette table... capitale. À 550 km de Valence, où son nom a tant marqué l'histoire de la cuisine (ses père et grand-père y conquirent eux aussi trois étoiles Michelin), mais au cœur de sa griffe originale.
Un travail en finesse, en précision, doublé d'une inspiration pleine de vivacité : telle est la signature de cette grande dame de la gastronomie. On retrouve son sens de l'harmonie des saveurs, de la fraîcheur et de l'exactitude, avec toujours ces cuissons et assaisonnements au cordeau, à l'image de ces cuisses de grenouilles en fricassée au thé Lapsang Souchong, ou de l'agneau rôti à la chartreuse et légumes primeurs... jusqu'au soufflé chaud au chocolat grand cru, véritable feu d'artifice pour papilles. Éminemment féminin lui aussi, le décor du restaurant mêle tons blancs et motifs de fleurs. De quoi piquer votre sensibilité...

ENTRÉES

- Œuf de poule, champignons de Paris, consommé au gingembre
- Petits rougets de Méditerranée en escabèche et foie gras

PLATS

- Paleron de bœuf Black Angus légèrement fumé au café, girolles au jus
- Mulet à la plancha, betteraves, poutargue, bouillon safrané

DESSERTS

- Poire pochée, crème légère et glace à la vanille de Madagascar
- Ananas Victoria, marmelade d'ananas et crème glacée à la camomille matricaire

Les Jardins de l'Espadon

CUISINE MODERNE • ROMANTIQUE

Hôtel Ritz
15 pl. Vendôme
01 43 16 33 74
www.ritzparis.com
Opéra

PLAN : B1
Fermé samedi, dimanche et le soir

Formule 95 € – Menu 120/145 €

Matthieu Cellard/Les Jardins de l'Espadon

Après quatre ans de travaux, le Ritz renaît de ses cendres. Véritable nouveauté, les Jardins de l'Espadon proposent une expérience gastronomique d'exception au déjeuner. Traversez la galerie fleurie, toute en dorures, et installez-vous sous la véranda rétractable, bordée de verdure, pour déguster une version "simplifiée", si l'on ose dire, de la cuisine fine et savoureuse de Nicolas Sale.

L'ancien chef de la Table du Kilimandjaro (deux étoiles à Courchevel) se montre ici aussi le digne successeur d'Auguste Escoffier, premier chef des cuisines du Ritz ! Voyez plutôt : cannelloni de langoustines, chou pointu, sauce au Meursault ; poitrine de pigeon rôti, lumaconi farci, ricotta acidulée ; mangue au jus de passion, perles du Japon et sorbet coco... La carte est courte et inventive, le service est irréprochable : on passe un bien agréable moment.

ENTRÉES

- Cannelloni de langoustine, chou pointu et sauce au vin de Meursault
- Huître tiède en marinière de curry, carotte, pomme verte et concombre

PLATS

- Merlan de ligne et crème de charlotte grenobloise
- Poitrine de pigeon rôti, lumaconis farcis à la blette et ricotta acidulée

DESSERTS

- Chocolat de Madagascar, textures de meringue et sauce chocolat frappé
- Fenouil, sablé feuillantine et sorbet citron

Jin 

CUISINE JAPONAISE • ÉLÉGANT

6 r. de la Sourdière
01 42 61 60 71 (réservation conseillée)
Tuileries

PLAN : B1
Fermé 2 semaines en août, vacances de Noël, dimanche et lundi

Menu 95 € (déjeuner)/145 €

A/C

Jin

Un écrin pour la gastronomie japonaise en plein cœur de Paris, près de la rue St-Honoré ! Jin, c'est d'abord – et surtout – le savoir-faire d'un homme, Takuya Watanabe, chef originaire de Niseko, ayant d'abord travaillé avec succès au Japon... avant de succomber aux charmes de la capitale française, comme nombre de ses talentueux compatriotes. Comment ne pas être saisi par l'étonnante dextérité avec laquelle il prépare, sous les yeux des clients, sushis et sashimis ? En provenance de Bretagne, d'Oléron ou d'Espagne, le poisson est soigneusement maturé pour être servi au meilleur moment. Des ingrédients de premier ordre pour une cuisine de haut vol : telle est la promesse du repas. De l'entrée – tel ce velouté de potiron aux algues et aux ormeaux – au final – un délicieux bouillon de coquillages et un dé d'omelette aérien et légèrement sucré, à la manière japonaise –, l'interprétation est tout simplement superbe... Jin, c'est aussi un décor très agréable, zen et intime, relayé par un accueil aimable et souriant. Sous le Soleil-Levant exactement !

SPÉCIALITÉS

- Cuisine du marché

Restaurant du Palais Royal ✿

CUISINE CRÉATIVE • ÉLÉGANT

110 galerie de Valois
✆ 01 40 20 00 27
www.restaurantdupalaisroyal.com
Ⓜ Palais Royal

PLAN : C1
Fermé dimanche et lundi

Menu 48 € (déjeuner)/142 € – Carte 90/115 € XX

G. de Laubier/Restaurant du Palais Royal

C'est dans le cadre idyllique des jardins du Palais Royal, à deux pas du ministère de la Culture, qu'on trouve cet élégant restaurant qui ne cache pas ses ambitions gastronomiques. Aux fourneaux officie le jeune chef grec Philip Chronopoulos, qui fut notamment chef exécutif de l'Atelier de Joël Robuchon-Étoile.

Avec de superbes produits, il signe ici une cuisine créative, percutante, se fendant de recettes d'une vivifiante maturité – en témoignent ces langoustines justes saisies, girolles et amandes fraîches. On se délecte de ces douceurs dans un cadre contemporain au luxe discret (assiettes en porcelaine, couverts Christofle), qui est un régal pour les yeux. L'été, la terrasse sous les arcades offre à vos agapes un décor à la hauteur de l'assiette. Avis aux amateurs : les petits clafoutis maison aux fruits de saison, offerts avant le café, sont un délice... Royal, c'est le mot !

ENTRÉES

- Poulpe au piment fumé, pommes grenaille caramélisées
- Foie gras de canard grillé, melon confit et parmesan

PLATS

- Grosses langoustines saisies, lait d'amande aux herbes et chou-fleur rôti
- Longe de veau cuite au sautoir, girolles et aubergine fumée

DESSERTS

- Citron meringué, crémeux à la noix de coco
- Chantilly légère, baba aux agrumes et café crème

Yam'Tcha ✿

CUISINE CRÉATIVE • ÉLÉGANT

121 r. St-Honoré
01 40 26 08 07 (réservation conseillée)
www.yamtcha.com
Ⓜ Louvre Rivoli

PLAN : C2
Fermé août, vacances de Noël, mardi midi, dimanche et lundi

Menu 65 € (déjeuner en semaine)/135 € 

Martin Argyroglo / Yam'Tcha

Ils sont parfois magiques, les linéaments du grand art, où l'incandescence n'est que... simplicité. Adeline Grattard a reçu un don rare, celui du sens – voire de l'omniscience – du produit. Dans sa nouvelle adresse de la rue Saint-Honoré (à cinquante mètres à peine de la précédente), cette jeune chef choisit deux ou trois ingrédients, et ils occupent tout l'espace. Ni démonstration technique ni esbroufe, rien que de subtiles associations, rarement vues, et qui paraissent pourtant très naturelles. Formée auprès de Pascal Barbot (L'Astrance) et installée quelques années à Hong Kong, elle marie des produits d'une extrême qualité, principalement de France et d'Asie : le homard s'unit au tofu et au maïs, le bar s'associe aux huîtres... Le tout se déguste avec une sélection rare de thés asiatiques, autre source d'accords très convaincants (*yam'tcha*, en chinois, c'est "boire le thé"). Ni carte ni menu : de plat en plat, on se laisse surprendre par le marché et l'inspiration du jour. Limpide.

SPÉCIALITÉS

- Cuisine du marché

Café des Abattoirs

VIANDES • BISTRO

10 r. Gomboust
01 76 21 77 60 (réservation conseillée)
www.cafedesabattoirs.com
Pyramides

PLAN : B1

Menu 32/45 € 

Michel Rostang, dont le fief dans le 17e arrondissement est célèbre, joue une nouvelle carte avec ce bistrot à viande, clin d'œil à celui que son aïeul tenait jadis à Pont-de-Beauvoisin, dans l'Isère. Le pari est réussi haut la main : de beaux morceaux de choix, tendres et bien maturés – cochon cul noir, veau du Limousin, agneau de l'Aveyron, bœuf Black Angus –, sont passés au four à bois et légèrement caramélisés. On les accompagne de sauces maison à partager (raifort, moutarde, estragon ou encore barbecue) pour un moment convivial et ô combien goûteux. Le reste du repas est également réjouissant : des délicieux hors-d'œuvre jusqu'aux bons desserts, sans oublier la belle sélection de vins. Le succès est au rendez-vous : réservation indispensable !

Mee

CUISINE CORÉENNE • ÉPURÉ

5 r. d'Argenteuil
01 42 86 11 85
www.mee.paris
Palais Royal

PLAN : B2
Fermé dimanche

Formule 15 € – Carte 22/30 € 

C'est le fils des propriétaires du Gwon's Dining (dans le 15e arrondissement) qui a ouvert, à 26 ans à peine, ce bistrot coréen à deux pas des Tuileries. Son objectif : proposer des plats de qualité à prix serrés, tout simplement ! Les entrées se présentent sous forme de bouchées (ravioles, beignets), et l'on trouve aussi des soupes et de bons plats réalisés avec des produits de qualité : basse-côte de bœuf, échine de porc, seiche... Tout est à la fois goûteux et relevé, à la façon coréenne, et les desserts se révèlent également savoureux, comme en témoigne ce punch gingembre-cannelle avec morceaux de poire.

Zen

CUISINE JAPONAISE • ÉPURÉ

8 r. de L'Échelle
01 42 61 93 99
www.restaurantzenparis.fr
Palais Royal

PLAN : B2
Fermé 2 semaines en août, 31 décembre-5 janvier

Menu 20 € (déjeuner en semaine), 30/60 € – Carte 20/40 €

A/C

Zen semble incarner les deux faces du Japon tel qu'on se l'imagine ici : traditionnel et extrêmement respectueux du passé, mais à la fois moderne et résolument tourné vers l'avenir. Cette cantine nippone joue en effet sur les deux registres, conjuguant une cuisine authentique avec un cadre rafraîchissant et ludique, qui séduit par sa fluidité épurée, ses lignes courbes, sa bichromie en blanc et vert acidulé. La carte, étoffée, reste fidèle aux classiques sushis, grillades et autres tempuras, les grandes spécialités de la maison étant les gyozas (raviolis grillés) et le chirashi (poisson cru sur un bol de riz vinaigré). Deux mots enfin, l'un pour le service, empressé mais souriant, l'autre pour les prix, raisonnables, qui font de cette table l'endroit idéal pour un déjeuner sur le pouce ou un dîner plus zen.

L'Absinthe

CUISINE TRADITIONNELLE • BISTRO

24 pl. Marché-St-Honoré
01 49 26 90 04
www.restaurantabsinthe.com
Pyramides

PLAN : B1
Fermé samedi midi et dimanche

Formule 25 € – Menu 45/50 € – Carte environ 50 €

A/C

Non, vous n'avez pas été happé par les vapeurs de la "fée verte"... Dans ce néobistrot, vous êtes bien au 19e s. ! Carrelage et plancher anciens, comptoir en zinc, murs en brique, horloge monumentale et vieilles portes vitrées récupérées dans une gare : entre grande époque des chemins de fer et souvenir d'une certaine bohème, ce décor fleure bon le temps passé. Et sur la place du Marché-St-Honoré, la grande terrasse semble avoir échappé au sacre de l'automobile, ce qui est bien agréable... Quant à l'assiette, elle offre de fort jolies réminiscences bistrotières, à travers des plats de saison, frais et légers (pâté en croûte et foie gras, ravioles de Romans à la crème de langoustines, etc.). Une adresse de la constellation Michel Rostang.

AG Les Halles

CUISINE MODERNE • CONVIVIAL

14 r. Mondétour
01 42 61 37 17
Les Halles

PLAN : D2
Fermé août, samedi et dimanche

Menu 30/55 € – Carte 34/48 €

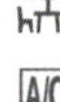

Le chef d'origine libanaise, né au Libéria en 1975, a vécu en Afrique, avant de partir aux quatre coins d'Europe durant plusieurs années. Il en a rapporté des souvenirs, des saveurs, et une furieuse envie de les partager. Installez-vous sous la vaste verrière pour déguster ses plats soignés et goûteux, réalisés à base de beaux produits frais - à l'instar de cette chair de tourteau, avocat, courgette et pomelos; du lieu noir, riz vénéré aux palourdes et pickles, ou du quasi de veau aux pêches, chou kale et céleri. Sans oublier évidemment le dessert signature, le No Cheese cake au yuzu et sirop au basilic ! La carte, très courte, se réinvente au gré du marché, et des saisons. La petite terrasse sur rue, en entrant, se révèle fort agréable aux beaux jours. Sympathique, convivial et chaleureux.

L'Ardoise

CUISINE TRADITIONNELLE • CONVIVIAL

28 r. du Mont-Thabor
01 42 96 28 18
www.lardoise-paris.com
Concorde

PLAN : A1
Fermé dimanche midi

Formule 34 € – Menu 38 €

Avec ses murs recouverts d'ardoise à la manière d'un grand tableau noir, ce restaurant porte bien son nom... Nul doute : voilà un bel hommage contemporain rendu à cette ardoise qui symbolise tant les gargotes parisiennes et leurs recettes incontournables ! On ne s'étonnera donc pas que l'adresse joue résolument la carte du bistrot gourmand. Filet de bœuf sauce bordelaise et pommes anna ; galettes croustillantes d'escargot, poitrine fumée et champignons ; tarte au citron vert meringuée ; mousse au chocolat... Tout est généreux, frais et savoureux ! Le soir, le maître des lieux a la bonne idée d'ouvrir dès 18h30, ce qui ne manquera pas de séduire ceux qui crient famine avant l'heure. Touristes de passage ou habitués sont donc nombreux à se presser dans la petite salle ; il est préférable d'avoir réservé...

Baan Boran

CUISINE THAÏLANDAISE • EXOTIQUE

43 r. Montpensier
01 40 15 90 45
www.baan-boran.com
Ⓜ Palais Royal

PLAN : C1
Fermé samedi midi et dimanche

Formule 15 € – Menu 17 € (déjeuner)/40 € – Carte 28/43 €

A/C

Entre tableaux naïfs et orchidées, le Baan Boran affiche un cadre à la fois contemporain et exotique, tout en sobriété. Destination : la Thaïlande. En cuisine, l'équipe s'affaire autour des woks. Perpétuant un savoir-faire ancestral, elle réalise des plats plus ou moins épicés (selon votre goût), légers ou végétariens. Soupe de crevettes et citronnelle, soupe de poulet épicée, crevettes sautées aux herbes thaïes et sauce au curry rouge, poulet au curry vert et lait de coco, etc. D'alléchants fumets envahissent rapidement la salle. Enfin, les plats arrivent sur les sets de bambou, servis par un personnel charmant et en costume traditionnel. Le voyage peut vraiment commencer...

Bistrot Mavrommatis

CUISINE GRECQUE • CONVIVIAL

18 r. Duphot (1er étage)
01 42 97 53 04
www.mavrommatis.com
Ⓜ Madeleine

PLAN : A1
Fermé 3 semaines en août, samedi, dimanche, fériés et le soir

Formule 23 € – Menu 26 € 🍷 – Carte 32/46 €

Tout près de la Madeleine, ce restaurant est placé sous un heureux patronage : l'église ressuscite l'auguste profil d'un temple grec, tandis qu'il exalte les reliefs de la cuisine hellénique ! Il faut traverser l'épicerie du rez-de-chaussée – laquelle met en appétit – pour rejoindre les deux salles à manger au 1er étage. On découvre alors une petite taverne grecque, fraîche et plaisante, ornée de nombreuses photos évoquant le pays des Dieux, ses vignes et ses oliviers, sa mer si bleue, ses ports si blancs... Les routes du Péloponnèse et des Cyclades se croisent dans l'assiette : moussaka, tzatziki (yaourt au concombre), dolmadès (feuilles de vigne farcies), keftédès (boulettes) d'agneau à la menthe, mahalepi (crème de lait à la fleur d'oranger)... Tout cela avec simplicité et à bon compte.

Camélia

CUISINE MODERNE • ÉLÉGANT

Hôtel Mandarin Oriental
251 r. St-Honoré
01 70 98 74 00
www.mandarinoriental.fr/paris/
Concorde

PLAN : A1

Menu 60 € (déjeuner en semaine)/88 € – Carte 75/130 € 

Faire simple, se concentrer sur la saveur de très beaux produits, s'inspirer des classiques de la gastronomie française et les rehausser d'une touche d'Asie : telle était la volonté de Thierry Marx, chef du très raffiné Sur Mesure au sein de l'hôtel Mandarin Oriental, mais également directeur des cuisines de ce beau Camélia. Dans ce lieu tout en fluidité, apaisant, zen et très élégant, on se régalera par exemple d'une caille croustillante, lentilles beluga, sauce Périgueux, ou d'une canette laquée au gingembre, semoule végétale de carotte, jus quatre épices jusqu'au bavarois pistache, croustillant praliné, suprême et gelée d'orange. L'exécution est soignée, précise, millimétrée ; le service efficace. Une excellente cuisine de palace.

Les Cartes Postales

CUISINE TRADITIONNELLE • ÉPURÉ

7 r. Gomboust
01 42 61 02 93
Pyramides

PLAN : B1
Fermé 3 semaines en août, vacances de Noël, lundi soir, samedi midi et dimanche

Formule 30 € – Menu 50 € – Carte 45/80 € 

Les cartes postales sont bien là : couvrant tout un mur, elles représentent des tableaux d'art moderne, mais c'est bien la seule coquetterie du décor, qui reste fort simple. On le sait, en matière de cartes postales, l'enveloppe ne compte pas ! On se focalisera donc sur l'adresse du chef, Yoshimasa Watanabe, arrivé du Japon voici une trentaine d'années et formé auprès d'Alain Dutournier (Carré des Feuillants). Amateur de produits frais, il écrit un message savoureux, dans un parfait français relevé de quelques idéogrammes nippons : galette de crabe à la vinaigrette de pamplemousse, turbot mi-cuit mi-cru façon japonaise, croustillant de marron glacé... La formule déjeuner offre un bon rapport qualité-prix et, à la carte, on peut opter pour des demi-portions propices à redoubler de plaisir.

Champeaux

CUISINE TRADITIONNELLE • BRASSERIE

La Canopée (Forum des Halles-Porte Rambuteau)
01 53 45 84 50
www.restaurant.champeaux.com
Les Halles

PLAN : D2
Fermé août, samedi et dimanche

Carte 30/66 €

Le restaurant Champeaux, fondé en 1800, était une institution. Situé place de la Bourse, non loin des Halles, il a été immortalisé par Émile Zola. Devenue brasserie contemporaine sous la canopée, il appartient désormais à la galaxie Ducasse. Installez-vous dans la grande salle, moderne et lumineuse, éclairée par des baies vitrées (le soir, la lumière se tamise et devient cuivrée). Levez les yeux : la carte murale reproduit les annonces de départ de train ! Cette ardoise atypique décline une cuisine dans l'air du temps, mêlant plats de tradition et pure (et goûteuse) brasserie, comme le pâté en croûte, les œufs mimosa, la blanquette de veau, la côte de cochon et sauce charcutière, ou l'indispensable quenelle de brochet à la sauce Nantua... le tout à base de jolis produits, et à des prix raisonnables. Attention, soufflé chaud annoncé à 13h15 !

Crudus

CUISINE ITALIENNE • ÉPURÉ

21 r. St-Roch
01 42 60 90 29 (réservation conseillée)
Pyramides

PLAN : B1
Fermé août, samedi, dimanche et fériés

Formule 29 € – Menu 39 € (déjeuner) – Carte 41/64 €

Une recette toute simple, mais aboutie : ce petit restaurant italien cuisine essentiellement des produits issus de l'agriculture biologique. À la carte ou sur l'ardoise du jour, rien que des plats aux saveurs pétillantes et bien relevées, qui donnent envie de deviser sur les bienfaits de la nature : poêlée de calamars et de courgette, risotto au safran et légumes à la truffe, gnocchis à la sauge, linguine aux palourdes, tagliatelles au ragoût de bœuf, tiramisu… Le décor aussi joue la carte des fondamentaux : murs immaculés, vieux parquet, chaises de bistrot, tables en plexiglas (made in Italy), petit buffet rétro – et, sur un panneau, une imposante masse noire qui représenterait une truffe. Une adresse assez discrète, presque pour initiés.

Le Dali

CUISINE MÉDITERRANÉENNE • CHIC

Hôtel Le Meurice
228 r. de Rivoli
01 44 58 10 44
www.dorchestercollection.com/fr/paris/le-meurice/
Tuileries

PLAN : A1

Formule 48 € – Menu 64/78 € – Carte 65/125 €

A/C

La "deuxième" table du Meurice, au centre névralgique de l'établissement, semble autant un restaurant qu'un lieu de rendez-vous très prisé. Les "beautiful people" aiment à se montrer dans ces lieux chargés d'histoire, tout en pilastres et fenêtres miroirs. C'est chic, cosy, luxueux et raffiné. Au plafond, une fresque originale, signée Ara Starck, rend hommage au génie de Salvador Dalí. La carte revisite la cuisine de palace, non sans une touche ludique, aux doux accents méditerranéens : caponata de légumes, bar mariné citron et piment; riz noir, calamari et coquillages; daurade à la plancha, courgette violon et fleur farcie... Même le brunch du dimanche est réputé !

Ellsworth

CUISINE MODERNE • BISTRO

34 r. de Richelieu
01 42 60 59 66
www.ellsworthparis.com
Pyramides

PLAN : C1
Fermé dimanche soir et lundi

Formule 20 € – Menu 26 € (déjeuner en semaine) – Carte 29/47 €

Dans la rue de Richelieu, la devanture discrète mène dans une salle claire et épurée, décorée à la façon d'un bistrot parisien : tables en marbre, chaises en bois... Une simplicité que l'on retrouve dans l'assiette : un jeune chef canadien compose une cuisine aux multiples influences, bien dans l'air du temps, avec une parfaite maîtrise des saveurs et des assaisonnements. Encornet grillé, poivron rouge et poireau ; merlan, tomates anciennes, céleri et beurre noisette ; glace au malt, chocolat et espuma de café... Il dessine le menu du jour selon l'inspiration et les produits du moment, et c'est une réussite ! Pour couronner le tout, les assiettes sont servies avec décontraction et convivialité : on passe un excellent moment. Sympathique brunch le dimanche.

Le First

CUISINE MODERNE • ÉLÉGANT

Hôtel The Westin Paris
234 r. de Rivoli
01 44 77 10 40
www.lefirstrestaurant.com/fr/
Tuileries

PLAN : A1

Menu 51 € – Carte 56/77 €

Une douce lumière baigne le jardin des Tuileries... Après une visite au musée de l'Orangerie, il est légitime de vouloir cultiver encore ce sentiment de quiétude. Au sein de l'hôtel Westin, le First se donne des allures de boudoir – éclairages tamisés, banquettes de velours sombre –, griffé Jacques Garcia. Aux beaux jours, la terrasse, très prisée, investit la cour de l'hôtel et c'est dans ce cadre verdoyant que l'on s'installe pour dîner au calme. La carte de David Real mise sur les bons produits, sans ostentation, pour une cuisine française revisitée dans l'esprit du moment, à l'instar de cette langoustine marinée au citron vert, gaspacho de tomates anciennes au vieux xérès. Enfin, le dimanche, le brunch "b3" impose sa formule : brunch, buffet, bien-être !

Gwadar

CUISINE INDIENNE • EXOTIQUE

39 r. St-Roch
01 42 96 28 24
www.restaurantgwadar.com
Pyramides

PLAN : B1
Fermé dimanche

Menu 16 € (déjeuner), 21/26 € – Carte 25/40 €

Gwadar-Paris ? Pour rejoindre cette ville portuaire du sud-ouest du Pakistan, deux options s'offrent à vous : plusieurs heures d'avion... ou bien un voyage express via de belles saveurs épicées, très évocatrices du pays. Un parfait ticket donc que ce charmant restaurant à la fois cosy et douillet... Du velours, des banquettes, des tons chauds et le doux parfum de bons petits plats indo-pakistanais : butter chicken (poulet grillé et sauce tomatée), poulet tikka masala (dans une sauce aux épices), kulfi (glace à la pistache), etc., le tout accompagné d'un nan, ce petit "pain" incontournable. Bon à savoir : vous pouvez demander à ce que votre plat soit plus ou moins épicé, selon votre goût... Enfin, l'accueil se montre charmant. Ladies and gentlemen, embarquez dès maintenant sur Gwadar Airlines !

JanTchi

CUISINE CORÉENNE • SIMPLE

6 r. Thérèse
01 40 15 91 07 (sans réservation)
www.jantchi.com
Pyramides

PLAN : C1
Fermé 2 semaines en août et dimanche

Formule 13 € – Carte 26/35 €

A/C

Jantchi signifie "fête" en coréen. Dans un quartier réputé pour ses nombreux restaurants asiatiques, cette table coréenne tenue par une famille originaire du pays du matin calme bénéficie de la meilleure des publicités : une file d'attente sur le petit trottoir de la rue Thérèse, qui tient au fait qu'on ne prend pas de réservation... On s'installe pour déguster les grands classiques de la cuisine coréenne : kounmandou (raviolis frits au porc et légumes), hemulpajeun (crêpes aux fruits de mer et ciboulettes), un choix de bibimbap (riz dans une marmite très chaude accompagné de légumes et garnitures diverses), barbecue coréen, soupes en marmite soit au kimchi-porc-tofu, soit piquante au bœuf et légumes... Simple, convivial, authentique. Une fête, vous dit-on !

Kinugawa Vendôme

CUISINE JAPONAISE • DESIGN

9 r. du Mont-Thabor
01 42 60 65 07
www.kinugawa.fr
Tuileries

PLAN : B1
Fermé 2 semaines en août

Formule 36 € – Carte 38/80 €

A/C

Cette table japonaise bien connue – elle fut fondée en 1984 – s'est métamorphosée sous l'égide de ses propriétaires. Le fameux tandem d'architectes parisiens Gilles & Boissier en a repensé le décor, en mêlant caractère contemporain et esthétique nippone : c'est une incontestable réussite, tout en sobres tonalités et lignes épurées... Voilà qui sied bien à la cuisine, qui porte une authentique et élégante signature japonaise. Le chef, Toyofumi Ozuru, est issu d'une longue lignée de restaurateurs nippons. Sashimis, bœuf teriyaki et autres recettes kaiseki – avec un bar à sushis à l'étage – mêlent fraîcheur et saveurs ; les jeux sur les textures, la subtilité des marinades et des fritures (comme celles des tempuras de crevettes) : tout évoque joliment la cuisine japonaise contemporaine.

Kunitoraya

CUISINE JAPONAISE • VINTAGE

5 r. Villedo
01 47 03 07 74
www.kunitoraya.com
Pyramides

PLAN : C1
Fermé 2 semaines en août, vacances de Noël, dimanche soir et lundi

Formule 23 € – Menu 32 € (déjeuner en semaine), 70/100 € – Carte environ 40 €

Un mariage Tokyo-Paname très réussi ! Vieux zinc, boiseries, grands miroirs, murs en faïence façon métro et carrelage à l'ancienne : ça c'est Paris, le parfait Paris des brasseries et des soupers 1900. Le chef japonais, séduit par ce décor "so french", nous y régale d'une cuisine nippone copieuse et soignée, essentiellement à base d'udon, pâtes maison fabriquées avec une farine de blé directement importée du Japon ! Elles se dégustent chaudes, servies dans un bouillon au parfum de poisson séché et de viande, accompagnées de crevettes en tempura et de grandes feuilles de maki (algue verte séchée) ; froides, on les apprécie notamment avec de l'igname, du soja ou des radis… Le pays du Soleil-Levant flamboie en plein cœur de la Ville Lumière, éternelle et gouailleuse !

Lescure

CUISINE TRADITIONNELLE • CONVIVIAL

7 r. Mondovi
01 42 60 18 91
www.lescure1919.fr
Concorde

PLAN : A1
Fermé août, 23 décembre-3 janvier, samedi et dimanche

Menu 26 €  (semaine) – Carte 25/44 €

Planqué derrière l'ambassade des États-Unis, le Lescure fait partie de ces lieux qui se bonifient avec le temps, comme le vin. Depuis sa création en 1919, les patrons, corréziens d'origine, se relaient de père en fils et ont su fidéliser une clientèle d'amis qui se transmettent l'adresse en toute confiance. Il faut dire que l'atmosphère ancienne et "campagnarde" joue beaucoup : tables rustiques – pas plus d'une trentaine de couverts – surplombées par des salaisons et des tresses d'oignon et d'ail. Dans l'assiette, on retrouve les essentiels de la cuisine limousine, copieux et alléchants, ainsi que les traditionnels bœuf bourguignon et poule au pot farcie. Au dessert, craquez pour le fondant aux trois chocolats ! Le service, essentiellement féminin, est agréable.

Loulou

CUISINE ITALIENNE • COSY

107 r. Rivoli (musée des Arts Décoratifs)
01 42 60 41 96
Palais Royal

PLAN : B2

Carte 38/65 €

Le nouveau restaurant italien du musée des arts décoratifs de Paris enchante les jardins du Louvre. On s'installe dans les salons cosy, sur de moelleuses banquettes surplombées d'opulents miroirs, ou sur la superbe terrasse, située au cœur des jardins. A l'étage, une élégante salle dominant le Louvre permet de prendre de la hauteur face aux enchantements du monde, et de ses nombreux sortilèges. Ici, ils apparaissent dès l'entrée, sous la forme de meules de fromages et charcuteries diverses, véritable provocation pour les papilles. La promesse annoncée est tenue : que ce soient le vitello tonnato, le poulpe tiède aux agrumes, l'osso bucco à la milanaise, ou la tarte choco-caramel, tout est frais, savoureux, et réalisé dans la grande tradition italienne. C'est furieusement chic, et le service, stylé et professionnel, ajoute à cette exquise expérience.

Le Lulli

CUISINE MODERNE • ÉLÉGANT

Grand Hôtel du Palais Royal
4 r. de Valois
01 42 96 15 35
www.grandhoteldupalaisroyal.com
Palais Royal

PLAN : C2
Fermé 31 juillet-27 août, samedi, dimanche et fériés

Formule 29 € – Menu 38 € – Carte 58/72 €

On connaît bien ce quartier pour l'incroyable richesse de son patrimoine, auréolé de ces multiples monuments qui ont marqué l'histoire de France... mais il ne faudrait pas en oublier les hôtels et restaurants ! Le Lulli, niché au rez-de-chaussée du Grand Hôtel du Palais-Royal, en est un bel exemple. Décoration végétale, peintures contemporaines et autres sculptures y composent un intérieur très agréable, qui incite à profiter de l'instant. En cuisine, on trouve Clément Le Norcy, chef au beau parcours : il compose une cuisine franche, au plus près des saisons et des produits, qui met son savoir-faire et son expérience en évidence. Quant au service, aimable et professionnel, il rend notre passage encore plus doux : on se promet, au moment de régler l'addition, de revenir bien vite.

Macéo

CUISINE MODERNE • CLASSIQUE

15 r. Petits-Champs
01 42 97 53 85
www.maceorestaurant.com
Bourse

PLAN : C1
Fermé samedi midi, dimanche et fériés

Formule 28 € – Menu 30 € (déjeuner en semaine)/40 € – Carte 50/58 €

En reprenant ce restaurant fondé en 1880, Mark Williamson s'est offert un lieu chargé d'histoire. Tant par son décor Second Empire que par les personnalités qui l'ont fréquenté : Colette, Eisenhower, etc. Rebaptisée Macéo, en hommage au jazzman Maceo Parker, l'adresse reste courue et le nouveau chef, d'origine Thaïlandaise, y réalise une belle cuisine, attentive aux produits comme aux saisons... On se régale d'une canette rôtie et ses mini légumes aux saveurs ibériques, ou des ravioles de bœuf confit, accompagnées de leur bouillon épicé à la citronnelle. À noter, un menu 100 % végétarien, et une incomparable cave – la passion du patron, également propriétaire du Willi's Wine Bar voisin – où s'illustrent quelque 250 vins du monde entier.

Nodaïwa

CUISINE JAPONAISE • ÉPURÉ

272 r. St-Honoré
01 42 86 03 42
www.nodaiwa.com
Palais Royal

PLAN : B2
Fermé 1er-20 août, 30 décembre-10 janvier et dimanche

Formule 20 € – Menu 24/78 €

Je suis la spécialité de ce restaurant. Levée en filets, passée au gril puis cuite à la vapeur, je suis ensuite plongée dans un bain de sauce soja, saké et sucre (auquel s'ajoute le secret du chef...), avant d'être de nouveau grillée et nappée de sauce. On me déguste sur du riz, dans un bol ou une boîte laquée. Les clients me choisissent au poids (à partir de 180 g) et peuvent parfaire mon assaisonnement avec du soja ou du sancho (épice japonaise). On me propose aussi en gelée ou au gingembre. La salle, tout en longueur et minimaliste, me ressemble. Qui suis-je ? L'anguille ! C'est elle, la championne de cette table nippone, filiale d'une maison bien implantée à Tokyo. La grande majorité de la clientèle est japonaise, ce qui dit tout de la qualité.

Pirouette

CUISINE MODERNE • CONVIVIAL

5 r. Mondétour
01 40 26 47 81
www.restaurantpirouette.com
Ⓜ Châtelet-Les Halles

PLAN : D2
Fermé 3 semaines en août et dimanche

Formule 20 € – Menu 45/65 € – Carte 45/52 €

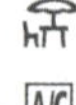

A/C

"Il était un petit homme, Pirouette"... À l'image de la célèbre comptine, voici une table enjouée et un tantinet espiègle ! Créée en 2012 à deux pas de la nouvelle "canopée" des Halles, elle croque la tradition avec gourmandise et liberté. Tout juste arrivé, et voilà que François-Xavier Ferrol (passé par chez Eric Frechon) s'empare des classiques sans faux-semblants ni cabrioles – ainsi cette déclinaison de betteraves cuites et pickles, burrata aérée et bouillon de canard, ou les gnocchis cacahuète croustillants et fondants, chorizo et cèpes... Côté décor règne un sympathique esprit contemporain, avec une devanture traitée à la manière d'une verrière d'atelier, un mur couvert de bouteilles de vin, et du parquet au sol... En bref, une adresse où tradition et invention ne tournent pas en rond.

La Régalade St-Honoré

CUISINE TRADITIONNELLE • VINTAGE

106 r. St-Honoré
01 42 21 92 40 (réservation conseillée)
Ⓜ Louvre Rivoli

PLAN : C2
Fermé août,
24 décembre-4 janvier,
samedi et dimanche

Menu 37 €

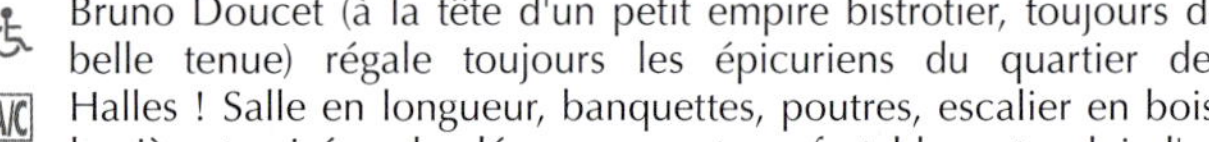

A/C

Bruno Doucet (à la tête d'un petit empire bistrotier, toujours de belle tenue) régale toujours les épicuriens du quartier des Halles ! Salle en longueur, banquettes, poutres, escalier en bois, lumière tamisée : le décor, cosy et confortable, est celui d'un bistrot chic. La carte, assez courte, et des suggestions à l'ardoise, privilégient le terroir et le marché dans un souci d'authenticité. On se régale donc de la terrine du patron en guise d'amuse-bouche, de girolles poêlées au jus de viande et œuf poché, d'un pigeonneau rôti à la broche, lard croustillant, foie gras poêlé et légumes de saison... ou tout simplement d'une belle pièce de bœuf, sans oublier l'emblématique riz au lait. Le "ventre de Paris" apprécie !

Sanukiya

CUISINE JAPONAISE • ÉPURÉ

9 r. d'Argenteuil
01 42 60 52 61
Pyramides

PLAN : B2
Fermé 2 semaines en août et 31 décembre-5 janvier

Carte 12/28 €

Savez-vous ce que sont les *udon* ? Pour le découvrir, rendez-vous chez Sanukiya : ces nouilles japonaises à base de farine de blé sont la spécialité de cette petite table nippone, où l'on se régale au coude-à-coude ! Perché sur l'un des tabourets, face au comptoir, on s'initie aux subtilités de ce plat typiquement nippon : toutes les préparations obéissent à un rituel précis, l'une s'arrosant d'une sauce chaude, l'autre se trempant dans une sauce froide, etc. De quoi devenir incollable sur le sujet... Toutes les nouilles sont confectionnées sur place, avec de la farine importée du Japon, et s'accompagnent au choix de galettes de légumes et crevettes, d'algues, de beignets nature, etc. Simple, bon et authentique.

Saudade

CUISINE PORTUGAISE • EXOTIQUE

34 r. des Bourdonnais
01 42 36 03 65
www.restaurantsaudade.com
Pont Neuf

PLAN : D2
Fermé août et dimanche

Menu 24 € (déjeuner en semaine) – Carte 32/52 €

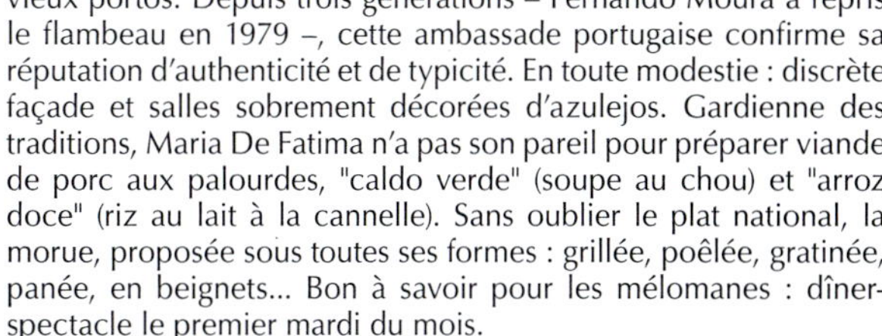

Cette Saudade-là n'a rien de mélancolique ! C'est un puissant remède au "mal du pays" sur fond de fado et à grandes gorgées de vieux portos. Depuis trois générations – Fernando Moura a repris le flambeau en 1979 –, cette ambassade portugaise confirme sa réputation d'authenticité et de typicité. En toute modestie : discrète façade et salles sobrement décorées d'azulejos. Gardienne des traditions, Maria De Fatima n'a pas son pareil pour préparer viande de porc aux palourdes, "caldo verde" (soupe au chou) et "arroz doce" (riz au lait à la cannelle). Sans oublier le plat national, la morue, proposée sous toutes ses formes : grillée, poêlée, gratinée, panée, en beignets... Bon à savoir pour les mélomanes : dîner-spectacle le premier mardi du mois.

Sequana ⑩

CUISINE MODERNE • CONVIVIAL

72 quai des Orfèvres
01 43 29 78 81
www.sequana.paris
Pont Neuf

PLAN : C3
Fermé dimanche et lundi

Formule 24 € – Menu 32 € (déjeuner), 47/67 €

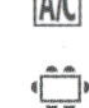

Eugénie est Sénégalaise, et conserve de son enfance le souvenir de plats familiaux, qu'elle aime revisiter comme on retrouve de vieilles photos oubliées au fond d'un coffre. Philippe, diplômé de l'École Centrale de Paris, et passionné de cuisine, a fondé en 2013 le club des "Voyages Gourmets". C'est peu dire que ces deux-là se sont trouvés. Eugénie étincèle en cuisine, tandis que Philippe s'occupe du pain et la pâtisserie. Ils proposent une cuisine de l'instant, attentive aux saisons, obéissant à la seule loi du marché, et de sa maîtresse : la fraîcheur ! Leur carte courte, élaborée à quatre mains, est le fruit d'une ébullition permanente, où l'imagination ne prime jamais sur le goût. Ainsi l'ormeau et l'artichaut, la sole et la fleur d'oranger, la pomme tatin et le thé bleu se révèlent aussi savoureux que poétiques. Le tout en bordure de Seine (ou Sequana, dans la mythologie celte).

Spring ⑩

CUISINE CRÉATIVE • BRANCHÉ

6 r. Bailleul
01 45 96 05 72 (réservation conseillée)
www.springparis.fr
Louvre Rivoli

PLAN : C2
Fermé le midi, dimanche et lundi

Menu 84 €

Daniel Rose, originaire de Chicago, est un jeune chef décontracté, épicurien et inspiré, tout comme son chef Gilles Chesneau. Ce lieu convivial leur ressemble. Si vous vous installez dans la salle principale (il y a aussi une cave voûtée, à l'ambiance tamisée), vous verrez le chef s'activer devant vous, cuisinant sur l'instant et à l'instinct, en toute transparence. Il puise son inspiration au marché, créant en fonction de ses trouvailles un menu unique pour tous les convives. Voyageuse et gourmande, sa cuisine abolit les conventions, sans jamais dérouter, car elle est toujours guidée par le souci des saveurs (poissons et viandes cohabitent en toute liberté). Bref, elle offre un joli aperçu d'une certaine manière de travailler, libérée – mais toujours exigeante –, qui n'est peut-être pas la moindre marque du monde contemporain ! Spring : pour voir la vie en rose... en toute saison.

Taokan - St-Honoré

CUISINE CHINOISE • COSY

1 r. Mont-Thabor
01 42 61 97 88
www.taokan.fr
Tuileries

PLAN : B1
Fermé dimanche midi

Menu 28 € (déjeuner), 38/70 € – Carte 35/67 €

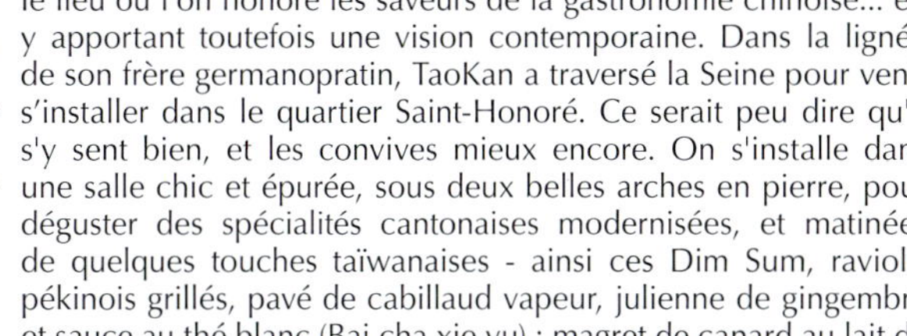

Tao, c'est la voie, le chemin ; Kan, signifie "prendre soin" : TaoKan, le lieu où l'on honore les saveurs de la gastronomie chinoise... en y apportant toutefois une vision contemporaine. Dans la lignée de son frère germanopratin, TaoKan a traversé la Seine pour venir s'installer dans le quartier Saint-Honoré. Ce serait peu dire qu'il s'y sent bien, et les convives mieux encore. On s'installe dans une salle chic et épurée, sous deux belles arches en pierre, pour déguster des spécialités cantonaises modernisées, et matinées de quelques touches taïwanaises - ainsi ces Dim Sum, raviolis pékinois grillés, pavé de cabillaud vapeur, julienne de gingembre et sauce au thé blanc (Bai cha xie yu) ; magret de canard au lait de coco et curry rouge... On se régale.

Zébulon

CUISINE MODERNE • CONVIVIAL

10 r. de Richelieu
01 42 36 49 44
www.zebulon-palaisroyal.com
Palais Royal

PLAN : C2
Fermé 31 juillet-22 août et dimanche

Menu 28 € (déjeuner), 45/60 € – Carte 46/62 €

À deux pas du Palais-Royal et de la Comédie-Française, ce Zébulon est la deuxième adresse des associés à l'origine de Pirouette, dans le 1er arrondissement également. Le chef, Yannick Lahopgnou, a travaillé auprès de Yannick Alléno au Meurice, avant d'aller parfaire ses gammes au Japon ; il en a ramené une incontestable rigueur dans l'exécution des plats, mais aussi cette capacité à aller au plus simple pour conserver l'identité du produit. Il fait mouche avec de bonnes recettes classiques – truite saumonée, maïs et rhubarbe; blanc de seiche et fruits; cèpes et ris de veau; pigeonneau... –, subtilement modernisées, qui sont servies dans une belle salle aux allures de loft contemporain. Une belle découverte.

2e

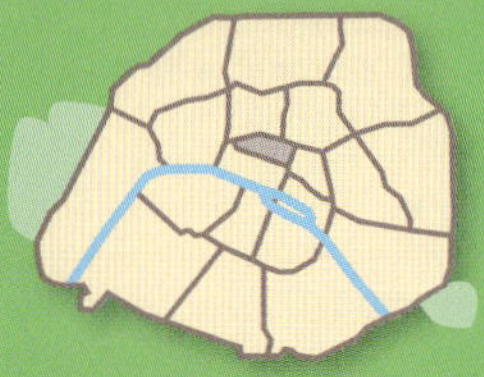

Bourse · Sentier

B. Gardel / hemis.fr

2e
Bourse, Sentier
A
B
9e
1er
Opéra Garnier
Place Vendôme
Jardin des Tuileries
Jardin du Carrousel
Musée du Louvre
Jardin du Palais Royal
Palais Royal
St-Roch
Havre Caumartin
Auber
Chaussée d'Antin
Richelieu Drouot
Opéra
Quatre Septembre
Bourse
Pyramides
Tuileries
Palais Royal Musée du Louvre
Louvre Rivoli
Boulevard Haussmann
Rue La Fayette
Rue de Provence
Bd. des Italiens
Rue du Quatre Septembre
R. D. Casanova
Rue des Petits Champs
Av. de l'Opéra
Rue de la Paix
Rue Saint Honoré
Rue Saint Marc
R. Croix des Petits Champs
Aux Lyonnais
Le Versance
Le Dorcia
Bissac
Vaudeville
A Noste
Mori Venice Bar
Les Affamés
Drouant
La Fontaine Gaillon
Pascade
Le Céladon
Goust- d'Enrico Bernardo
Bistro Volnay
Pur' - Jean-François Rouquette
Sushi B
La Bourse et la Vie
Liza
Pl. des Pyramides
200 m

C
D
10e
1
2
3
3e
Passage 53
Noglu
Caffé Stern
Circonstances
Grands Boulevards
Bonne Nouvelle
Rae's
LA BOURSE
Le Moderne
Brasserie Gallopin
Saturne
Le Nom m'échappe
Frenchie
Sentier
Strasbourg St Denis
Réaumur Sébastopol
Chez Georges
Pollop
Silk & Spice
La Marée Jeanne
Monsieur K
L' Apibo
Pl. des Victoires
ST-EUSTACHE
Étienne Marcel
Les Halles
FORUM LES HALLES LA CANOPÉE
Châtelet les Halles
R. du Grenier St Lazare
Rambuteau
CENTRE G. POMPIDOU
Rue Richer
R. Cadet
Rue Montmartre
R. Ste-Cécile
Rue Bergère
Rue du Faubourg Poissonnière
Rue des Petites Écuries
Rue d'Hauteville
Rue d'Enghien
Rue de l'Échiquier
Rue du Faubourg St-Denis
Bd Poissonnière
Bd de Bonne Nouvelle
Bd St-Denis
R. du Sentier
Rue Poissonnière
Rue d'Aboukir
R. Réaumur
Rue Réaumur
Rue St Denis
Boulevard de Sébastopol
R. Notre-Dame des Victoires
R. du Mail
R. L. Bellan
R. St Sauveur
R. Montorgueil
R. St Denis
Rue Étienne Marcel
Rue du Louvre
R. Montmartre
Rue de Turbigo
R. St Martin
Rue Beaubourg

Passage 53 ✿✿

CUISINE CRÉATIVE • INTIME

53 passage des Panoramas
01 42 33 04 35 (réservation conseillée)
www.passage53.com
Ⓜ Grands Boulevards

PLAN : C1
Fermé 2 semaines en août, dimanche et lundi

Menu 120 € (déjeuner)/180 €

A/C

Passage 53

Alors qu'au 19e s. les coquettes ne juraient que par eux, les passages couverts sont tombés dans une douce désuétude : celui des Panoramas (1800) porte un peu de l'histoire de ce Paris en noir et blanc. Sauf au n° 53. Iconoclaste, ce restaurant offre – tout l'annonce – l'occasion d'une expérience rare. Tel un passage dérobé vers une avant-garde discrète mais pointue, la salle est minuscule, étroite et immaculée (murs chaulés, banquettes et fauteuils crème aux reflets irisés). On s'y installe sans cérémonial, mais avec cérémonie : à la première bouchée, le "menu du marché" (annoncé de vive voix en début de repas) ouvre sur des contrées insoupçonnées. Une gageure soutenue par Shinichi Sato, jeune chef d'origine japonaise, formé notamment auprès de Pascal Barbot (L'Astrance). Il délivre une cuisine d'instinct, où l'épure le dispute à la finesse. Produits de choix, cuissons millimétrées, présentations soignées, associations de saveurs harmonieuses et saisissantes : le passage, assurément, emmène loin.

ENTRÉES

- Langoustines, crème et gelée de kombu, lamelles de radis
- Caviar de Sologne, tuile croustillante, gnocchis, émulsion de mascarpone et noisette

PLATS

- Turbot et déclinaison de cèpes
- Veau de lait, crème de parmesan et pomme de terre confite

DESSERTS

- Dessert autour du citron
- Mirabelles, gelée de riesling et crème glacée miel-verveine

Pur' - Jean-François Rouquette ✿

CUISINE CRÉATIVE • ÉLÉGANT

Hôtel Park Hyatt Paris-Vendôme
5 r. de la Paix
01 58 71 10 60
www.paris-restaurant-pur.fr
Opéra

PLAN : A2
Fermé août et le midi

Menu 145/185 € – Carte 100/230 €

Pur' - Park Hyatt

Deux restaurants contemporains au Park Hyatt : les Orchidées à l'heure du déjeuner et Pur', plus feutré, pour un bien agréable dîner. Ce dernier est évidemment à l'image de l'hôtel de la rue de la Paix, où luxe signifie raffinement, modernité et discrétion. Confiée à l'imagination d'Ed Tuttle, la décoration crée une atmosphère à la fois confortable et confidentielle, avec seulement 38 couverts. Une réussite, incontestablement. Tout est pensé pour concilier majesté et intimité : les harmonies de couleurs claires et foncées, les éclairages indirects diffusant une lumière tamisée... et l'espace lui-même – vaste rotonde surmontée d'une coupole et cerclée d'une colonnade abritant une grande banquette capitonnée. En chef d'orchestre, Jean-François Rouquette (Taillevent, le Crillon, la Cantine des Gourmets, les Muses) trouve ici un lieu à sa mesure pour exprimer la grande maîtrise de son talent. Sa cuisine, créative et inspirée, accorde avec finesse d'excellents produits, sans fausse note. Un "pur" plaisir !

ENTRÉES

- Homard, betterave, groseilles et vinaigrette acidulée au shiso
- Fricassée de girolles, crumble de noisettes et oxalis, mûres au vinaigre

PLATS

- Turbot cuisiné au beurre de colombo, crevettes grises, couteaux et salicornes
- Cochon de lait confit et croustillant, pomme grenaille, jus acidulé de prune et d'hibiscus

DESSERTS

- Calisson glacé de poire et kalamensi, millefeuille caramélisé et crème anglaise
- Le "paquin" au chocolat manjari, mousse lactée et parfait glacé à la coriandre

2e

Saturne ✿

BOURSE • SENTIER

CUISINE CRÉATIVE • BRANCHÉ

17 r. N.-D.-des-Victoires
✆ 01 42 60 31 90
www.saturne-paris.fr
Ⓜ Bourse

PLAN : C2
Fermé août, vacances de Noël, samedi et dimanche

Menu 45 € (déjeuner)/90 € – Carte environ 60 €

A/C

Saturne

Saturne : dieu de l'agriculture et anagramme de "natures"… Une bien jolie enseigne, qui dit tout : le chef, Sven Chartier, formé auprès d'Alain Passard à l'Arpège (7e arrondissement), et son associé, Ewen Le Moigne, sommelier de son état, partagent l'amour du bon produit. Vins naturels, petits producteurs, respect des saisons : Saturne compile tout cela, et bien plus encore !

Huître et maquereau au jus de maïs acidulé ; merlan de ligne, moules, fenouil et eau de tomate ; agneau à l'artichaut, citronnelle, compote d'oignons et mozzarella fumée... Les assiettes sont pleines de saveurs, les accords mets-vins harmonieux… Quant à l'atmosphère, résolument moderne, elle affirme fièrement ses influences scandinaves (mobilier en bois blond, béton ciré). Oui, on peut faire branché et savoureux !

SPÉCIALITÉS

- Cuisine du marché

Sushi B ✿ (N)

CUISINE JAPONAISE • ÉPURÉ

5 r. Rameau
01 40 26 52 87 (réservation conseillée)
www.sushi-b-fr.com
Ⓜ Bourse

PLAN : B2
Fermé 2 semaines en août et mardi

Menu 58 € (déjeuner en semaine), 95/160 € 

Michelin

Aux abords du très agréable square Louvois, ce restaurant de poche (8 places seulement) mérite que l'on s'y attarde. Son cadre, tout d'abord, est zen et dépouillé – fauteuils en tissus, comptoir élégant, verreries fines, serviettes en coton blanc, baguettes d'une belle finesse... Le marbre est omniprésent jusque dans les toilettes – japonaises, évidemment !

Mais on vient surtout ici pour constater par soi-même le grand talent du chef : en excellent artisan, il ne travaille que des produits de qualité et de première fraîcheur, avec une précision chirurgicale. Il faut voir, par exemple, la qualité d'exécution de ses sushis et makis, dont les saveurs cavalent en bouche, sans jamais d'excès de soja ou de wasabi : le sens de la mesure personnifié. Les autres plats sont équilibrés, les textures complémentaires. Une adresse fort agréable.

SPÉCIALITÉS

- Cuisine du marché

Circonstances

CUISINE TRADITIONNELLE • CONVIVIAL

174 r. Montmartre
01 42 36 17 05
www.circonstances.fr
Grands Boulevards

PLAN : C1
Fermé 3 semaines en août, lundi soir, mardi soir, samedi et dimanche

Formule 30 € – Menu 36/45 €

Tout près du métro Grands Boulevards, ce bistrot a été créé par deux associés expérimentés – passés notamment chez Guy Savoy – et qui tenaient auparavant le restaurant Hier et Aujourd'hui, dans le 17e arrondissement. Leur credo ? La cuisine du marché, qu'ils réalisent avec soin, en utilisant de bons produits – dont une partie en provenance d'Île-de-France. Ravioles de crevettes "menthe coriandre", émulsion lait de coco ; brandade de morue à l'huile d'olive; mousse au chocolat noir... Des préparations fines et goûteuses qui témoignent d'un vrai savoir-faire, encore rehaussées par les bons vins à choisir dans une carte taillée sur mesure. Enfin, un mot sur le service, professionnel et décontracté, qui permet de savourer tout cela au maximum !

Pascade

CUISINE MODERNE • BISTRO

14 r. Daunou
01 42 60 11 00
www.alexandre-bourdas.com
Opéra

PLAN : A2
Fermé dimanche et lundi

Menu 32 € – Carte 35/49 € 

A/C

Alexandre Bourdas, chef fameux installé à Honfleur, est l'auteur de ce concept original : à mi-chemin entre Vendôme et Opéra, une "cantine-auberge" revendiquée (déco industrielle façon bistrot chic et contemporain), où il rend hommage à sa région d'origine, l'Aveyron, à travers l'une de ses spécialités emblématiques, la pascade. Cette délicieuse crêpe soufflée, à l'origine préparée pour Pâques, est ici déclinée tout au long du menu en salé et sucré, garnie de bons produits, version gastronomique. Ainsi de celle-ci : queue de lotte marinée au citron vert, tombée d'épinard et émulsion de lait coco ; ou encore de celle-là, en dessert : mousse et glace au café corsé. Les saveurs sont bien équilibrées, marquées, et la crêpe se dévore d'autant mieux que son format prête à se laisser aller à la gourmandise !

Les Affamés 

CUISINE MODERNE • SIMPLE

7 r. St-Augustin
01 42 60 22 80
Bourse

PLAN : B2
Fermé lundi midi, samedi midi et dimanche

Formule 19 € – Menu 22 € (déjeuner en semaine) – Carte 38/75 €

A deux pas de la place de la Bourse, une petite devanture noire et vitrée dissimule ce modeste restaurant de poche, d'une trentaine de couverts, ouvert aux affamés comme aux flâneurs. L'endroit se veut "cantine gastronomique". L'intérieur simple et classique (murs en noir ou blanc, pierres apparentes, en partie) suggère que l'on se concentre sur l'assiette, riche en saveurs. On débute sur la fraîcheur d'un ceviche de cabillaud, agrémenté de petits cubes de betterave, pour poursuivre sur le thon rouge grillé, crumble panko, très visuel et épuré, sans pouvoir résister au baba au rhum, et sa crème montée... le tout, servi à l'assiette par le patron. Décontracté et savoureux.

A Noste

CUISINE MODERNE • ÉPURÉ

6 bis r. du Quatre-Septembre (1er étage)
01 47 03 91 91
www.a-noste.com
Bourse

PLAN : B2
Fermé 29 juillet-23 août et 23 décembre-4 janvier

Formule 29 € – Menu 38/60 €

Julien Duboué – notamment vu à l'Afaria, dans le 15e arrondissement, mais aussi à la télévision, dans l'émission Top Chef – vous invite A Noste ("chez nous", en patois gascon). Il rend hommage à son Sud-Ouest natal avec ce restaurant "2 en 1", où tout le monde trouvera son compte. Au rez-de-chaussée, on trouve un bar à tapas revisités à la landaise (planche de charcuterie, burger de cochon braisé, cœurs de canard en persillade, barbecue de poulet landais...), idéal pour se retrouver entre amis dans une ambiance conviviale et un intérieur façon table d'hôtes ; à l'étage, la Table vous accueille dans une atmosphère plus cosy et donne l'occasion au chef de laisser aller ses élans créatifs... avec aussi quelques viandes cuites à la broche. Selon l'humeur, on opte pour le rez-de-chaussée ou l'étage ; à tous les coups, on se régale !

L'Apibo

CUISINE MODERNE • BISTRO

31 r. Tiquetonne
01 55 34 94 50
www.restaurant-lapibo.fr
Etienne Marcel

PLAN : C3
Fermé lundi midi, samedi midi et dimanche

Formule 20 € – Menu 26 € (déjeuner), 38/55 €

Le chef Anthony Boucher se sent à son aise dans ce petit bistrot sympathique, pas-de-porte du quartier Montorgueil, qui joue la carte de la simplicité : murs chaulés, tomettes, poutres au plafond, petites tables en bois et tableaux colorés... Mais l'essentiel est ailleurs : dans l'assiette, qui révèle le savoir-faire et la finesse du cuisinier. Poitrine de cochon ; joue de veau confite ; pêche pochée à la verveine et mousse mascarpone : voilà une belle cuisine de produits, originale et délicate, qui donne envie de revenir le plus vite possible. Qui plus est, l'accueil est charmant et les prix mesurés. À l'assaut de L'Apibo !

Aux Lyonnais

CUISINE LYONNAISE • BISTRO

32 r. St-Marc
01 42 96 65 04 (réservation conseillée)
www.auxlyonnais.com
Richelieu Drouot

PLAN : B1
Fermé août, samedi midi, dimanche et lundi

Menu 34 € (déjeuner en semaine)/35 € – Carte 46/64 € 

Ouvert en 1890, ce bistrot délicieusement rétro a vraiment belle allure avec ses miroirs, moulures, faïences, tableaux et vieux zinc. Bien calé sur les banquettes, on se sent tout de suite à son aise. 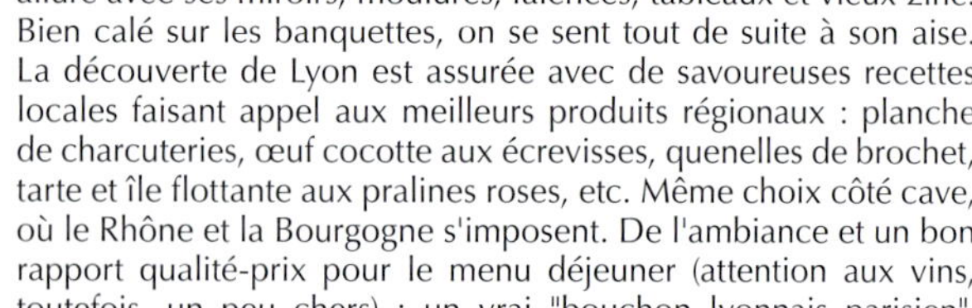
La découverte de Lyon est assurée avec de savoureuses recettes locales faisant appel aux meilleurs produits régionaux : planche de charcuteries, œuf cocotte aux écrevisses, quenelles de brochet, tarte et île flottante aux pralines roses, etc. Même choix côté cave, où le Rhône et la Bourgogne s'imposent. De l'ambiance et un bon rapport qualité-prix pour le menu déjeuner (attention aux vins, toutefois, un peu chers) : un vrai "bouchon lyonnais parisien", membre du groupe Alain Ducasse.

Bissac

CUISINE TRADITIONNELLE • BISTRO

10 r. de la Bourse
01 49 27 01 90
www.bissac.fr
Bourse

PLAN : B2
Fermé 3 semaines en août, samedi midi et dimanche

Formule 24 € – Menu 30 € – Carte 46/66 €

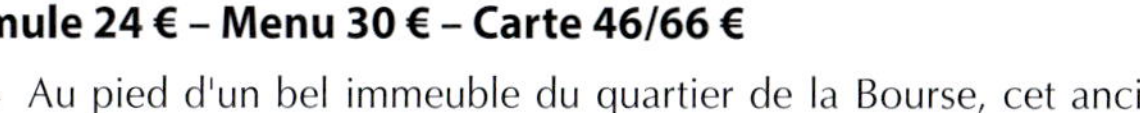

Au pied d'un bel immeuble du quartier de la Bourse, cet ancien bar à vins a été métamorphosé en bistrot de luxe par la volonté de Damien Boudier, ancien chef du restaurant Loiseau Rive Droite, à Paris. Ce passionné réalise une belle cuisine de tradition, déclinée à travers un menu d'un excellent rapport qualité-prix. Têtes de cèpes farcies, jeunes pousses de salade et jambon de Bayonne ; filet de rascasse, "échaudés" à l'encre de seiche et chanterelles ; coing poché au sirop épicé, crème vanillée et sablé au beurre... Des plats réjouissants que l'on déguste dans un élégant intérieur de bistrot, avec son comptoir de service, ses murs en pierre de taille et ses tables de bois brut et d'acier. Un cachet indéniable pour une adresse hautement recommandable !

Bistro Volnay

CUISINE MODERNE • BISTRO

8 r. Volney
01 42 61 06 65
www.bistro-volnay.fr
Opéra

PLAN : A2
Fermé 31 juillet-21 août, 24 décembre-2 janvier, samedi et dimanche

Formule 35 € – Menu 40/65 € – Carte 42/63 €

Miroirs, luminaires, comptoir en bois, murs de bouteilles et banquettes moelleuses… Cet élégant bistrot posté entre Madeleine et Opéra revisite avec bonheur le charme des restaurants des années 1930. Un état d'esprit qui perdure depuis l'arrivée du nouveau propriétaire, ancien sommelier chez Alain Senderens et au Prince de Galles, qui a su conserver la personnalité des lieux tout en apportant du nouveau. En cuisine, le chef compose des recettes dans l'air du temps, goûteuses et bien réalisées, à l'instar du tartare de veau et langoustines, en hommage à M. Senderens. On accompagne son repas d'une belle sélection de vins au verre, avec près de 400 références. Déjà riche d'une longue histoire, le Bistrot Volnay commence un nouveau chapitre... pour notre plus grand plaisir !

La Bourse et la Vie

CUISINE TRADITIONNELLE • BISTRO

12 r. Vivienne
01 42 60 08 83 (réservation conseillée)
www.labourselavie.com
Bourse

PLAN : B2
Fermé août, samedi et dimanche

Carte 35/53 €

Ce bistrot tenu par un chef américain (déjà connu au restaurant Spring, dans le 1er) connaît toujours un franc succès. Sa recette ? Des plats biens français, sagement revisités par le maître des lieux, des portions généreuses, des produits de qualité et des saveurs ô combien plaisantes... En guise d'amuse-bouche, on savoure une généreuse gougère au comté, joufflue et très appétissante. On peut ensuite opter pour des poireaux vinaigrette, un maquereau au vin blanc, une barbue et son jus à la moelle, ou encore un pot-au-feu de veau, sauce ravigote, tête croustillante, herbes et citron vert... Le tout se déguste dans une longue salle étroite, décorée dans un style de bistrot volontairement patiné, avec grands miroirs et banquettes en velours.

Brasserie Gallopin

CUISINE TRADITIONNELLE • BRASSERIE

40 r. N.-D.-des-Victoires
01 42 36 45 38
www.brasseriegallopin.com
Bourse

PLAN : C2

Formule 22 € – Menu 29 € – Carte 40/85 €

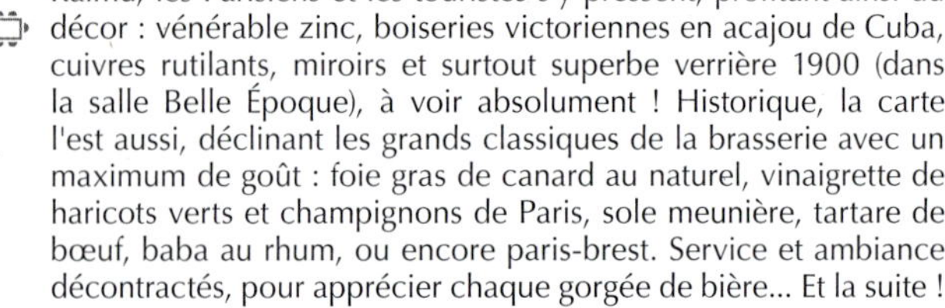

En 1876, Monsieur Gallopin ouvre ici sa première affaire et invente la fameuse chope en métal argenté (20 cl) qui porte son nom. Depuis, les "gallopins" défilent au comptoir. Après Arletty et Raimu, les Parisiens et les touristes s'y pressent, profitant ainsi du décor : vénérable zinc, boiseries victoriennes en acajou de Cuba, cuivres rutilants, miroirs et surtout superbe verrière 1900 (dans la salle Belle Époque), à voir absolument ! Historique, la carte l'est aussi, déclinant les grands classiques de la brasserie avec un maximum de goût : foie gras de canard au naturel, vinaigrette de haricots verts et champignons de Paris, sole meunière, tartare de bœuf, baba au rhum, ou encore paris-brest. Service et ambiance décontractés, pour apprécier chaque gorgée de bière... Et la suite !

Caffè Stern

CUISINE ITALIENNE • ÉLÉGANT

47 passage des Panoramas
01 75 43 63 10
www.caffestern.fr
Grands Boulevards

PLAN : C1
Fermé 6-28 août,
1er-7 janvier et dimanche

Formule 38 € – Menu 95/130 € – Carte 63/114 € 

Difficile de trouver endroit plus typique du Paris d'autrefois que le passage des Panoramas, l'une des rares galeries du centre de Paris à avoir été épargnées par les travaux du baron Haussmann au 19e s. L'ancien atelier de gravure Stern y a été reconverti en trattoria chic, sans rien perdre de son cachet de l'époque : parquet et miroirs, boiseries sculptées, murs ornés de cuir de Cordoue, etc. À la carte, on trouve une cuisine bien troussée, basée sur de beaux produits majoritairement importés d'Italie (et des viandes de chez Hugo Desnoyer). Entre classiques revisités avec brio et créations originales, les assiettes ne manquent pas de caractère : taglionis à l'aneth, foie "alla veneziana" et polenta croustillante, ou encore pizza à la vapeur... à accompagner d'un barbaresco ou d'un barolo !

Le Céladon

CUISINE MODERNE • ÉLÉGANT

Hôtel Westminster
15 r. Daunou
01 42 61 77 42
www.leceladon.com
Opéra

PLAN : A2
Fermé août, samedi,
dimanche et fériés

Formule 45 € – Menu 53 € (déjeuner)/79 € – Carte 85/110 €

Tout en nuances et en raffinement : le restaurant du confidentiel hôtel Westminster, à mi-chemin entre la place Vendôme et l'Opéra Garnier, n'a rien d'un endroit tape-à-l'œil ou branché.

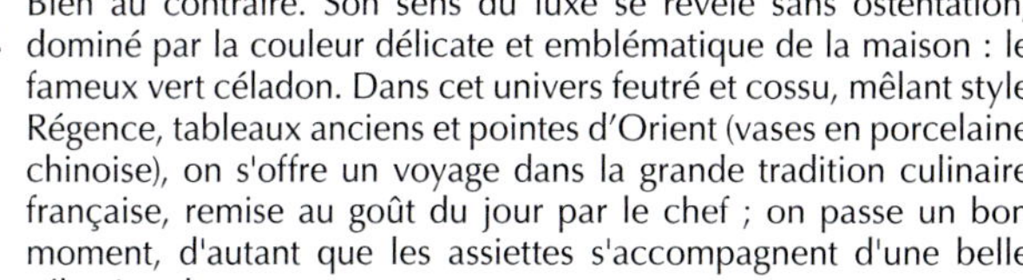

Bien au contraire. Son sens du luxe se révèle sans ostentation, dominé par la couleur délicate et emblématique de la maison : le fameux vert céladon. Dans cet univers feutré et cossu, mêlant style Régence, tableaux anciens et pointes d'Orient (vases en porcelaine chinoise), on s'offre un voyage dans la grande tradition culinaire française, remise au goût du jour par le chef ; on passe un bon moment, d'autant que les assiettes s'accompagnent d'une belle sélection de nectars savoureux...

Chez Georges

CUISINE TRADITIONNELLE • VINTAGE

1 r. du Mail
01 42 60 07 11
Bourse

PLAN : C2
Fermé 8-23 août, vacances de Noël, samedi et dimanche

Carte 37/80 €

Une institution du Sentier, fondée en 1964 et reprise en 2010 par deux jeunes associés (œuvrant déjà au Bistrot de Paris et Chez René). Zinc, banquettes, stucs et miroirs : cet authentique bistrot parisien a conservé son beau décor et toute son atmosphère, très bon enfant. L'assiette est à l'unisson, généreuse, gourmande et... immuable : terrine de foies de volaille, harengs pommes à l'huile, entrecôte grillée, profiteroles au chocolat, etc. Des produits de grande qualité – mention spéciale pour les viandes, dont le succulent pavé de bœuf –, des cuissons maîtrisées et des vins français bien choisis : on comprend que l'adresse (malgré des tarifs un peu élevés) compte de nombreux fidèles ! Accueil et service chaleureux.

Le Dorcia

CUISINE MODERNE • VINTAGE

24 r. Feydeau
01 42 36 09 95
www.ledorcia.fr
Bourse

PLAN : B2

Formule 20 € – Menu 26 € (déjeuner en semaine)/35 € 

À un jet de lingot du palais Brongniart – qui n'abrite plus la Bourse depuis belle lurette ! –, ce restaurant nous replonge dans l'ambiance rétro du Palm Springs des années 1950. Un sympathique esprit vintage qui ravira les nostalgiques de cette époque et les adeptes du genre... Derrière les fourneaux, le chef privilégie les bons produits du marché, respectant ainsi les saisons. Vous pourrez, par exemple, apprécier un carpaccio de daurade, citron vert et mangue ; blanquette de saumon ; ou encore, une pannacotta vanille, cardamome, grenade et ananas... Le tout servi par un personnel aimable et disponible. Une bonne adresse, à la déco résolument différente.

Drouant

CUISINE TRADITIONNELLE • ÉLÉGANT

16 pl. Gaillon
01 42 65 15 16
www.drouant.com
Quatre Septembre

PLAN : B2

Menu 45 € (déjeuner en semaine)/65 € – Carte 70/100 €

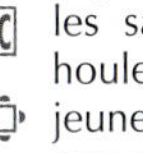

Un hôtel particulier mythique : on y décerne le prix Goncourt depuis 1914 ! Dans cette brasserie chic, les idées comme les saveurs se mêlent dans une atmosphère festive... Sous la houlette d'Antoine Westermann, le Drouant connaît une nouvelle jeunesse : le décor, épuré, feutré et lumineux, donne la priorité aux volumes harmonieux, jouant sur le contraste d'un mobilier sombre et de murs clairs ornés de photos. L'escalier de Ruhlmann mène à l'agréable mezzanine ; l'espace bar est tout paré d'or et les salons privatifs dégagent un beau cachet classique. Dans ce bien bel écrin, on déguste une cuisine associant tradition et touches fusion (la carte se décline notamment par thèmes et par produits). Mention spéciale au choix de vins, joliment étoffé.

La Fontaine Gaillon

POISSONS ET FRUITS DE MER • ÉLÉGANT

pl. Gaillon
01 47 42 63 22
www.restaurant-la-fontaine-gaillon.com
Quatre Septembre

PLAN : A-B2
Fermé 3 semaines en août et dimanche

Menu 55 € (déjeuner en semaine)/110 € – Carte 67/86 €

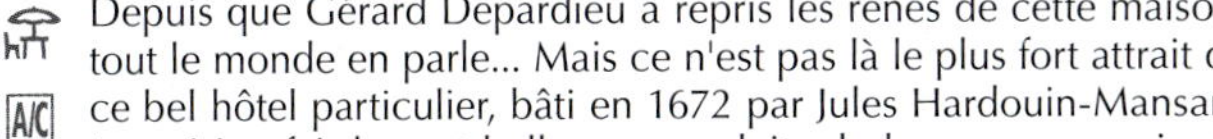

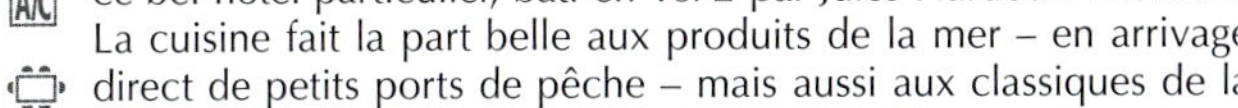

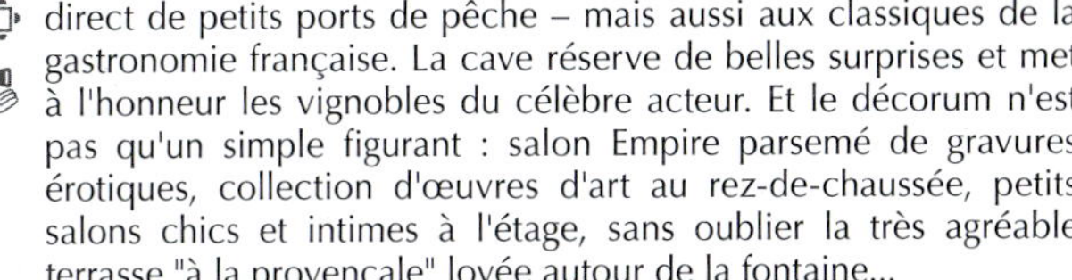

Depuis que Gérard Depardieu a repris les rênes de cette maison, tout le monde en parle... Mais ce n'est pas là le plus fort attrait de ce bel hôtel particulier, bâti en 1672 par Jules Hardouin-Mansart. La cuisine fait la part belle aux produits de la mer – en arrivage direct de petits ports de pêche – mais aussi aux classiques de la gastronomie française. La cave réserve de belles surprises et met à l'honneur les vignobles du célèbre acteur. Et le décorum n'est pas qu'un simple figurant : salon Empire parsemé de gravures érotiques, collection d'œuvres d'art au rez-de-chaussée, petits salons chics et intimes à l'étage, sans oublier la très agréable terrasse "à la provençale" lovée autour de la fontaine...

Frenchie

CUISINE MODERNE • CONVIVIAL

5 r. du Nil
01 40 39 96 19 (réservation conseillée)
www.frenchie-restaurant.com
Sentier

PLAN : D2
Fermé 31 juillet-22 août, 22 décembre-2 janvier, lundi midi, mardi midi, mercredi midi, samedi et dimanche

Menu 45 € (déjeuner)/74 €

Drôlement *Frenchy*, le jeune chef Grégory Marchand, lui qui a fait ses classes dans plusieurs grandes tables anglo-saxonnes (Gramercy Tavern à New York, Fifteen – par Jamie Oliver – à Londres, Mandarin Oriental à Hong Kong...). Il a aujourd'hui pris ses quartiers dans ce restaurant de poche, au cœur du Sentier : la petite salle (briques, poutres, pierres apparentes, vue sur les fourneaux) ne désemplit pas ! La "faute" à sa cuisine, qui partage tout du goût international contemporain, avec des associations de saveurs originales, centrées sur le produit. À la carte, régulièrement renouvelée : truite fumée minute ; purée de rutabaga, choux de Bruxelles et ail confit ; gnocchis maison ; agneau, piquillos et pois chiches ; tarte aux pralines roses, cheesecake. Drôlement *savoury*.

Liza

CUISINE LIBANAISE • ORIENTAL

14 r. de la Banque
01 55 35 00 66
www.restaurant-liza.com
Bourse

PLAN : B2
Fermé samedi midi et dimanche soir

Formule 19 € – Menu 38 € (dîner)/48 € – Carte 35/65 €

La table de Liza Asseily ressemble au Liban d'aujourd'hui : moderne et métissé. Confiée à une équipe de designers du pays du Cèdre, la décoration s'affranchit des clichés en jetant des ponts entre Orient et Occident. Ainsi, les matériaux précieux et ornementaux (panneaux de nacre, bois blanc sculpté, métal martelé, cuivre, éclats de miroirs) agrémentent le mobilier épuré et contemporain. Mais l'atmosphère des lieux doit aussi beaucoup à une bande-son originale mariant oud et jazz oriental. En cuisine, la tradition est judicieusement réinterprétée et permet de découvrir des recettes moins connues : agneau aux cinq épices douces, kebbé méchouiyé (bœuf, sauce betterave et menthe), potiron confit... Le midi, sympathiques plateaux thématiques (végétarien, méditerranéen, etc.). Le soir, les menus dégustation sont servis à la libanaise, c'est à dire avec une générosité proverbiale : un régal !

La Marée Jeanne

POISSONS ET FRUITS DE MER • CONVIVIAL

3 r. Mandar
01 42 61 58 34
www.lamareejeanne.com
Sentier

PLAN : C2

Formule 18 € – Menu 33/50 €

À deux pas de la rue Montorgueil, cette belle devanture bleue et ses quelques tables en terrasse dissimulent un restaurant où les gourmets se sentiront comme poissons dans l'eau. Le bras droit de Jean Nouvel a conçu la cuisine-comptoir en carrelage bleu avec banc d'écailler, murs faussement décrépis, mobilier en bois clair et coloré. Bienvenue à la Marée Jeanne ! Avec un tel nom, on hésite : fumet marin ou fumée de Jamaïque ? Réponse dans l'assiette où poissons et coquillages nagent dans le bonheur, où le saumon gravlax s'acoquine avec quelques olives, et où le fenouil taille le bout de gras avec l'omble chevalier, qui ne prend pas le respect de l'étiquette à la légère. C'est ouvert toute la semaine ; le service, détendu, arbore de jolis bermudas à la belle saison, et ceux qui aiment les tapas seront comblés les dimanche et lundi. Au sous-sol, enfin, les groupes sont les bienvenus dans la salle voûtée.

Le Moderne

CUISINE MODERNE • CONVIVIAL

40 r. N.-D.-des-Victoires
01 53 40 84 10
www.le-moderne.fr
Bourse

PLAN : C2
Fermé 3 semaines en août, samedi et dimanche

Formule 31 € – Menu 38/49 €

Business as usual... À deux pas du palais Brongniart aujourd'hui déserté par les boursicoteurs, ce Café Moderne permet de se replonger dans l'ambiance toujours très affairée du quartier : le midi, l'endroit est bondé ! Le soir venu, la clientèle troque son costume pour un autre, davantage propice aux duos et aux compagnies d'amis... À toute heure en effet, la cuisine proposée fait mouche : les produits de saison bénéficient de toutes les attentions et sont les rois d'assiettes sans chichis, cuisinées dans le souci du bon. Le tout se déguste dans un décor pour le moins... moderne, soigné et chaleureux. À la bourse des petits plaisirs, cette adresse a vraiment la cote !

Monsieur K

CUISINE THAÏLANDAISE • CONVIVIAL

10 r. Marie-Stuart
01 42 36 01 09
www.kapunkaparis.com
Ⓜ Sentier

PLAN : D3
Fermé 1 semaine en août et dimanche

Formule 21 € – Menu 27/42 € – Carte 30/55 €

Voilà un jeune chef-patron, aimable, disponible et véritable passionné de l'Asie, surtout de la Thaïlande : il y a réalisé au moins 16 voyages (demandez-lui, vous verrez !), soit environ deux par an. Là-bas, il hume, il mâche, il goûte à toutes les cuisines du nord au sud, pour reproduire à l'identique les meilleurs plats. Le garçon est un perfectionniste, mais pour la bonne cause : ses plats sont savoureux, son pad thaï parfaitement équilibré en saveurs. La déco tendance, confortable, ne distrait pas nos papilles. Et pour ceux qui n'auraient pas trouvé des places, sachez qu'il possède également deux cantines thaïes sous l'enseigne Kapunka. Goûteux et authentique.

Mori Venice Bar

CUISINE ITALIENNE • ÉLÉGANT

2 r. du Quatre-Septembre
01 44 55 51 55
www.mori-venicebar.com
Ⓜ Bourse

PLAN : B2
Fermé samedi midi et dimanche

Menu 40 € (déjeuner en semaine), 60/70 € – Carte 77/110 €

A/C

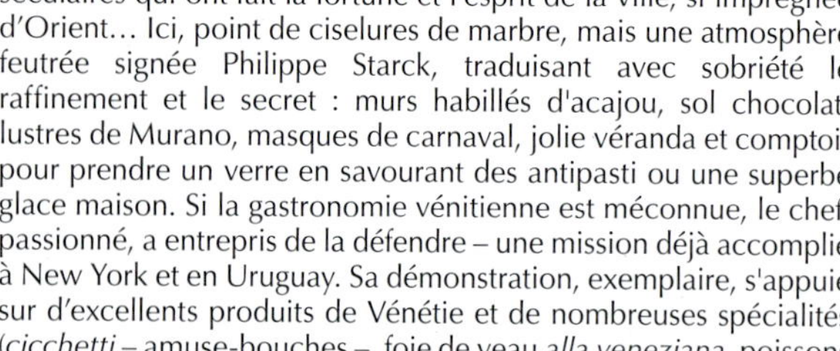

Venise et les Maures : l'enseigne évoque ces liens commerciaux séculaires qui ont fait la fortune et l'esprit de la ville, si imprégnée d'Orient… Ici, point de ciselures de marbre, mais une atmosphère feutrée signée Philippe Starck, traduisant avec sobriété le raffinement et le secret : murs habillés d'acajou, sol chocolat, lustres de Murano, masques de carnaval, jolie véranda et comptoir pour prendre un verre en savourant des antipasti ou une superbe glace maison. Si la gastronomie vénitienne est méconnue, le chef, passionné, a entrepris de la défendre – une mission déjà accomplie à New York et en Uruguay. Sa démonstration, exemplaire, s'appuie sur d'excellents produits de Vénétie et de nombreuses spécialités (*cicchetti* – amuse-bouches –, foie de veau *alla veneziana*, poissons de l'Adriatique, etc.). Des plats… envoûtants, Venise oblige.

Noglu

CUISINE MODERNE • SIMPLE

16 passage des Panoramas
01 40 26 41 24
www.noglu.fr
Grands Boulevards

PLAN : C1
Fermé lundi soir et dimanche

Formule 19 € – Menu 37 € (dîner) – Carte 35/50 €

Gageons que le passage des Panoramas, construit en 1800 et emblématique du quartier des Grands Boulevards, n'avait jamais accueilli de restaurant de ce type. Et pour cause: comme son nom l'indique, Noglu propose une cuisine certifiée "sans gluten" ! Les intolérants et allergiques à la farine de blé seront donc à la fête, mais sans exclusivité : tout le monde peut venir se régaler de cette bonne cuisine du marché, réalisée avec de beaux produits. Asperges blanches et truite fumée, sauté de veau aux champignons ou encore parfait au chocolat et orange confite: autant de préparations soignées que l'on savoure dans un cadre branché et convivial. Et pour les plus pressés, il est même possible d'opter pour le mode "à emporter" !

Le Nom M'échappe

CUISINE MODERNE • BISTRO

28 r. N.D.-des-Victoires
09 82 20 20 41
www.lenommechappe.fr
Bourse

PLAN : C2
Fermé 2 semaines en août, samedi et dimanche

Formule 19 € – Menu 23 € (déjeuner en semaine) – Carte 41/56 € 

A/C

Arrêtez-vous une fois ou deux dans ce sympathique bistrot du quartier de la Bourse : on vous garantit que son nom ne vous échappera plus ! Il est l'œuvre de Damien et Catherine Moeuf, que l'on avait connus au Café qui Parle, rue Caulaincourt. Le couple n'a pas perdu la main : ils proposent à l'ardoise une cuisine au goût du jour, sans chichis ni esbroufe, goûteuse et bien réalisée. Comme il se doit, les produits frais sont à la fête et se succèdent au fil d'un menu bien troussé - ainsi les couteaux croustillants à l'œuf poché ou la fricassée de poulpe fumé. On ne se lasse pas non plus des spécialités maison : côté salé, saumon gravlax, foie gras aux baies de genièvre ; côté dessert, riz au lait avec fruits rouges en été, pistaches et noisettes en hiver... Quant au service, convivial et sans prétention, il colle parfaitement à l'atmosphère des lieux. Si le nom vous échappe encore, on ne peut plus rien pour vous !

Pollop

CUISINE MODERNE • BRANCHÉ

15 r. d'Aboukir
01 40 41 00 94
www.pollop.fr
Sentier

PLAN : C2
Fermé 2 semaines en août, lundi soir, samedi midi et dimanche

Formule 19 € – Menu 22 € (déjeuner)/33 €

Les bonnes adresses à petit prix n'étant pas légion dans le Sentier, on comprend aisément le bel accueil réservé à ce Pollop au décor vintage et sans esbroufe : béton ciré et carreaux de ciment, papier peint et appliques style 1970, mobilier de récup, bibliothèque, etc. À la carte se déploie une bonne cuisine du marché aux influences asiatiques (coques en vapeur de citronnelle, crème de petits pois au lait de coco ; filet de sandre au bouillon de crevettes et navets crus-cuits)... envoyée en salle par la grâce de serveurs souriants et professionnels, qui savent se faire discrets. Sans surprise, donc, l'adresse a déjà été adoptée par une bonne partie de la jeunesse branchée du quartier !

Rae's

CUISINE MODERNE • TENDANCE

39 r. des Jeûneurs
01 47 03 42 07
www.raesparis.fr
Grands Boulevards

PLAN : C2
Fermé dimanche

Formule 28 € – Menu 34 € – Carte 40/55 €

Dans cette rue spécialisée dans le textile, ce restaurant sur deux étages, doté d'une belle façade, avec luminaires en fer forgé ne passe pas inaperçu - et c'est tant mieux. Les salles, parquet et murs aux tons clairs, sont avenantes. La carte, aux touches méditerranéennes, visite aussi bien les "valeurs sûres" françaises et italiennes que les spécialités d'Amérique du Sud (le chef a travaillé un an en Bolivie). On apprécie le côté "voyageur" et les saveurs affirmées, comme ces asperges des landes, et œuf au plat ; l'entrecôte chimichurri (condiment argentin à base de piment) ; et pour la touche sucrée, un semifreddo pistache, et fraise gariguette. A l'étage, un bar invite à prolonger le dîner.

Silk & Spice

CUISINE THAÏLANDAISE • EXOTIQUE

6 r. Mandar
01 44 88 21 91
www.silkandspice.fr
Sentier

PLAN : C2
Fermé samedi midi et dimanche

Formule 20 € – Menu 25 € (déjeuner), 36/45 € – Carte 28/50 €

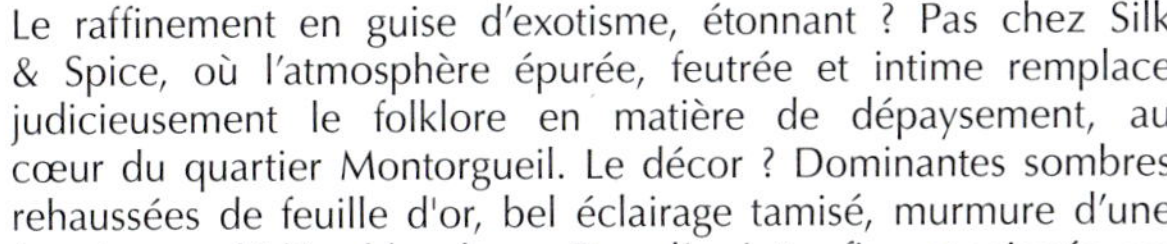

Le raffinement en guise d'exotisme, étonnant ? Pas chez Silk & Spice, où l'atmosphère épurée, feutrée et intime remplace judicieusement le folklore en matière de dépaysement, au cœur du quartier Montorgueil. Le décor ? Dominantes sombres rehaussées de feuille d'or, bel éclairage tamisé, murmure d'une fontaine, orchidées blanches... Dans l'assiette, fine et soignée, un savant mélange de douceurs et d'épices transporte au royaume de Siam : filet de bar sauce au tamarin et légumes sautés, gambas et crevettes dans une réduction à la citronnelle, bœuf mijoté au curry vert, ou encore flan coco et sorbet aux litchis. Service discret et délicat... à l'image du lieu.

Vaudeville

CUISINE TRADITIONNELLE • BRASSERIE

29 r. Vivienne
01 40 20 04 62
www.vaudevilleparis.com
Bourse

PLAN : B2

Formule 25 € – Menu 32/50 € – Carte 35/65 €

À midi, c'est la "cantine" des hommes d'affaires et des journalistes (l'Agence France Presse se trouve à deux pas). Le soir, place à la foule animée débarquant des théâtres voisins. Le cadre Art déco brille alors de tous ses feux, les décibels montent et les serveurs, toujours souriants, slaloment de table en table. Pas de doute, le Vaudeville connaît son rôle sur le bout des doigts : la vraie brasserie parisienne ! À l'affiche, tous les classiques du genre agrémentés de spécialités maison, tels les fruits de mer, l'escalope de foie gras de canard poêlée, l'andouillette, la tranche de morue fraîche à la plancha, ou encore les œufs à la neige. Le tout en formules ou en menus, dont un servi à l'heure du souper – clientèle oblige. Le petit plus aux beaux jours : la terrasse face au palais Brongniart.

Le Versance

CUISINE MODERNE • ÉLÉGANT

16 r. Feydeau
01 45 08 00 08
www.leversance.fr
Bourse

PLAN : B2
Fermé 1er-22 août,
22 décembre-4 janvier,
samedi midi, dimanche et
lundi

Formule 35 € – Menu 38 € (déjeuner) – Carte 74/90 €

Un cadre où poutres, vitraux, mobilier design et tables tirées à quatre épingles font des étincelles. Dans cet écrin gris-blanc épuré, la sobriété le dispute à l'élégance, et le lieu dégage une vraie sérénité. Un coup de maître pour Samuel Cavagnis, dont c'est le premier restaurant. En cuisine, ce jeune globe-trotter formé à bonne école reste fidèle aux saveurs hexagonales. Un retour aux racines françaises illustré par des plats joliment contés et teintés d'exotisme : ceviche de thon et son mi-cuit, bouillon de poule, verveine citron et combawa ; filet de turbot sauvage cuit vapeur, chutney de mangue safranée, ou encore ce joli dessert examinant la pomme sous toutes ses coutures... En face, une épicerie fine propose sandwiches maison, et produits rigoureusement sélectionnés.

B. De Hogues/Photolibrary/Getty Images

3e

Le Haut Marais · Temple

J. Heintz / hemis.fr

3e Le Haut Marais, Temple

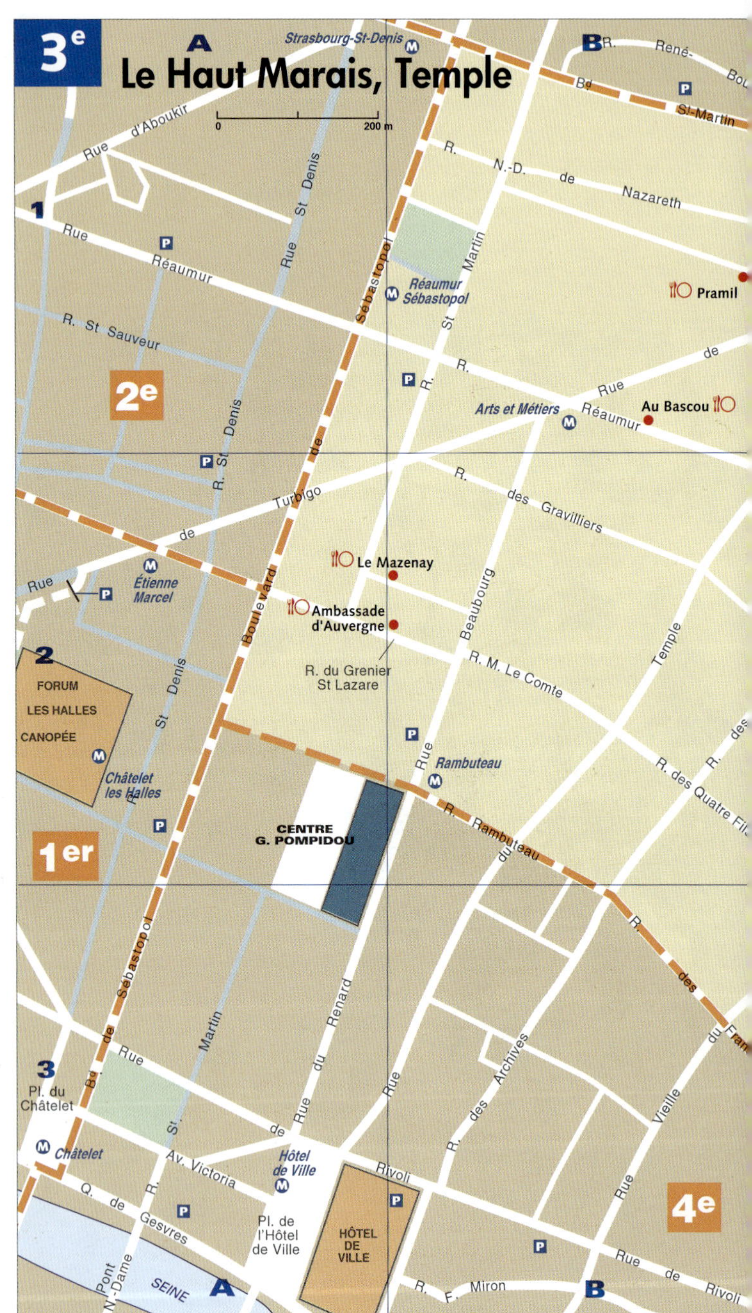

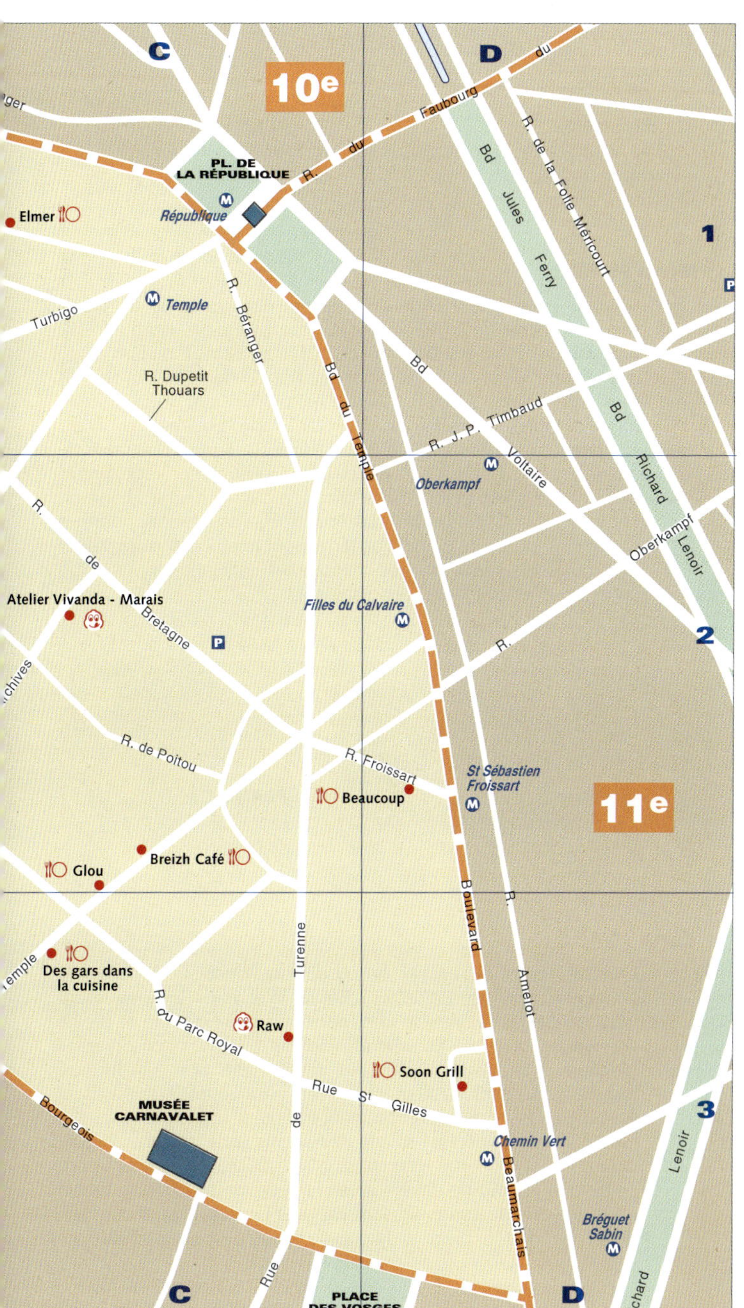

C
D
10e
11e
1
2
3
PL. DE LA RÉPUBLIQUE
République
Elmer
Temple
Turbigo
R. Béranger
R. Dupetit Thouars
R. du Faubourg du
Bd Jules Ferry
R. de la Folie Méricourt
Bd du Temple
Bd Voltaire
R. J. P. Timbaud
Oberkampf
Bd Richard Lenoir
Oberkampf
R. de Bretagne
Atelier Vivanda - Marais
Filles du Calvaire
R. de Poitou
R. Froissart
St Sébastien Froissart
Beaucoup
Breizh Café
Glou
Des gars dans la cuisine
R. du Parc Royal
Raw
Soon Grill
Rue St Gilles
Rue de Turenne
Boulevard Beaumarchais
R. Amelot
Chemin Vert
Bréguet Sabin
Richard Lenoir
MUSÉE CARNAVALET
Bourgeois
PLACE DES VOSGES

Atelier Vivanda - Marais 

VIANDES • BISTRO

82 r. des Archives
01 42 71 48 07 (réservation conseillée)
www.ateliervivanda.com
Arts et Métiers

PLAN : C2
Fermé lundi et mardi

Menu 36/71 €

A/C

Vivanda, troisième ! Situé cette fois-ci dans une rue du Haut-Marais, proche de la mairie du 3e arrondissement, cette adresse propose une carte similaire aux deux autres, à savoir un hommage à la viande, dans un cadre associant boucherie et bistrot (sol en mosaïque, carreaux blancs façon métro parisien, vieux miroirs piqués, tables reproduisant les établis de bouchers...). Dans l'assiette, ça persille, ça caquette (délicieuse terrine de cuisse de canard), ça mugit (en VO, avec ce cœur d'entrecôte Black Angus, provenance USA), et les commensaux se pourlèchent les babines. Les garnitures jouent la fibre classique (gratin dauphinois, pommes dauphines, purée de pomme de terre) pour mieux mettre en valeur la symphonie carnivore des mandibules sollicitées. Réservation conseillée : les 20 places sont disputées...

Raw 

N

CUISINE MODERNE • COSY

57 r. de Turenne
01 77 18 37 50
Chemin Vert

PLAN : C3
Fermé mardi midi, dimanche et lundi

Carte 30/40 €

Qui l'eût cru ? Si l'on ose le jeu de mot, c'est que le nouveau concept de William Pradeleix (chef de Will, Paris 12) joue le cru (*raw*, en anglais) contre le cuit, pour une cuisine saine et pleine de vivacité, métissée de produits exotiques. L'idée : conserver les bienfaits et l'apport en vitamines des aliments non transformés. Installez-vous confortablement dans des banquettes ou fauteuils en tweed, et que le spectacle commence : poulpe brûlé (pas tout à fait cru) et vierge de pêche ; salade de haricots verts ; coques, beurre d'agrumes et rhubarbe en pickles... Avec taillage au moment pour éviter que le goût ne s'altère après la découpe ! Promesse tenue, pour une cuisine goûteuse, sans excès et bien maîtrisée, qui évite de tomber dans le piège de la cuisine fusion des années 2000.

Ambassade d'Auvergne

CUISINE DU TERROIR • CONVIVIAL

22 r. du Grenier-St-Lazare
01 42 72 31 22
www.ambassade-auvergne.com
Rambuteau

PLAN : B2

Formule 23 € – Menu 33 € – Carte 35/65 €

Où mange-t-on l'un des meilleurs aligots de Paris ? À l'Ambassade d'Auvergne, bien sûr, où la cérémonie du filage en salle mérite toute votre attention. Les autres spécialités régionales ne sont pas oubliées : cochonnailles, lentilles vertes du Puy, potée de porc fermier aux choux braisés... Que des bons produits pour des recettes pleines d'authenticité et de générosité. La maison ne se repose cependant pas sur sa réputation : toujours à la recherche de nouveaux produits, comme l'ail noir, ou ce bœuf de Salers maturé 40 jours, elle modernise au fil du temps son programme culinaire. Et en "ambassade" digne de ce nom, elle ne lésine pas non plus sur la sélection de fromages (l'Aveyron est également bien représenté sur le plateau).

Au Bascou

CUISINE BASQUE • SIMPLE

38 r. Réaumur
01 42 72 69 25
www.au-bascou.fr
Arts et Métiers

PLAN : B1
Fermé août, 1 semaine à Noël, samedi et dimanche

Formule 18 € – Menu 25 € (déjeuner), 30/60 € – Carte 36/46 €

Indéboulonnable ! La carte de cette institution basque reste fidèle à ses débuts : Bertrand Guéneron, qui œuvre aujourd'hui à la tête de la maison, aurait bien tort de toucher aux classiques qui ont fait sa réputation et son succès. Ainsi, on retrouve avec plaisir les recettes de toujours, à peine revisitées. Mais si de nombreux produits proviennent du "pays" (piperades, pimientos del piquillo, chipirons sautés au piment d'Espelette, fricassée d'escargots au jambon, soupe de châtaigne, raviole de foie gras, axoa de veau, clafoutis...), on se s'interdit pas des assiettes plus actuelles, ni du gibier en saison (comme ce beau lièvre à la royale). Quand d'authentiques plats aux accents euskariens rencontrent les autres terroirs français, dans un décor de bistrot convivial... On se pourlèche les babines.

Beaucoup

CUISINE MODERNE • TENDANCE

7 r. Froissart
01 42 77 38 47
www.beaucoup-resto.com
St-Sébastien Froissart

PLAN : D2
Fermé le midi du lundi au vendredi

Carte 38/74 €

A/C

L'équipe de Glou (rue Vieille-du-Temple) récidive avec ce Beaucoup qui mérite en effet quelques superlatifs ! L'endroit, d'abord, offre une belle surprise, parfaitement dans le ton de ce Haut Marais aujourd'hui très en vue. Entre rue de Bretagne et boulevard Beaumarchais, il évoque un grand loft post-industriel, intégralement bordé de hautes verrières d'atelier ouvrant sur la cour d'immeuble voisine (avec un bar à cocktails à l'étage). Et si tout est soigneusement designé – fauteuils en bois, suspensions en métal, etc. –, la cuisine adopte le même parti pris ! Dans un registre international qui sied à la clientèle cosmopolite, les recettes respirent la fraîcheur et l'équilibre. Effluves de citronnelle, de galanga, de piment oiseau, etc. : comme le parfum d'une époque...

Breizh Café

CUISINE BRETONNE • SIMPLE

109 r. Vieille-du-Temple
01 42 72 13 77
www.breizhcafe.com
St-Sébastien Froissart

PLAN : C2
Fermé 3 semaines en août, lundi et mardi

Carte 25/38 €

Tout commence en 1996, quand Bertrand Larcher crée à Tokyo la première crêperie bretonne du Japon. Il suffisait d'y penser : la galette de sarrasin sera un vrai sésame. L'entrepreneur fait venir de sa région natale des crêpiers expérimentés, et sélectionne les meilleurs produits (des farines bio et du beurre salé, notamment) : très vite l'affaire tourne rond à travers tout l'archipel nippon... au point qu'elle finit par faire des petits jusqu'en France, à Cancale et à Paris ! Et cette fois, ce sont des crêpiers japonais qui œuvrent au *billig*, défendant le slogan maison : "La crêpe autrement." Un exemple ? La "basquaise" : asperges, tomate, chorizo, basilic, fromage fondu et trait d'huile d'olive. Des garnitures qui ne tombent pas à plat ! Et l'on peut faire des emplettes à l'épicerie attenante...

Des Gars dans la Cuisine

CUISINE MODERNE • TENDANCE

72 r. Vieille-du-Temple
01 42 74 88 26
www.desgarsdanslacuisine.com
Chemin Vert

PLAN : C3

Formule 16 € – Carte 42/54 €

À deux pas du Marais gay, les gars sont aux commandes et c'est tant mieux. Une amitié de plus de vingt ans unit Gil Rosinha, le chef, et son acolyte côté salle, Jean-Jacques Delaval. Aussi enjoué que professionnel, le duo a su hisser sa table au rang des incontournables de l'arrondissement (il convient de réserver...). La qualité de la cuisine de Gil n'est pas étrangère au succès – des recettes bien fraîches, originales et parfumées, qui croquent notre époque avec gourmandise –, mais c'est la totalité du concept qui séduit. Jean-Jacques fait régner la sympathie sur la salle, au décor plutôt branché, voire glamour quand, le soir arrivant, on tamise la lumière. Habitués du quartier, stars d'un jour ou de toujours, et touristes se mêlent en toute simplicité. La belle illustration d'un restaurant fédérateur et plein de vie !

Elmer

CUISINE MODERNE • BRANCHÉ

30 r. Notre-Dame-de-Nazareth
01 43 56 22 95
www.elmer-restaurant.fr
Temple

PLAN : C1
Fermé 3 semaines en août, samedi midi, dimanche et lundi

Formule 24 € – Menu 28 € (déjeuner en semaine) – Carte 45/60 €

Tout près de République, on aime la déco chic et sobre de ce bistrot "nouvelle génération" designé par Aude Gros-Rosanvallon : un mix subtil de parquet en chêne, carreaux de ciment colorés et tables de bois verni... Et c'est tout aussi réjouissant dans l'assiette, grâce à un jeune chef au riche parcours (Oustau de Baumanière, Pierre Gagnaire, voyages en Asie et en Amérique latine) qui sélectionne soigneusement ses producteurs et décline une cuisine inventive et décomplexée. Rôtissoire et braises sont de rigueur pour la cuisson des viandes : en témoignent cette savoureuse poitrine de cochon du Ventoux (pour deux) ou cette réjouissante canette de Challans au panais fumé et chou-fleur grillé... Saveurs bien maîtrisées, cuissons impeccables : le chef sait ce qu'il fait et cela se ressent dans l'assiette. Osons la rime facile : Elmer, c'est super !

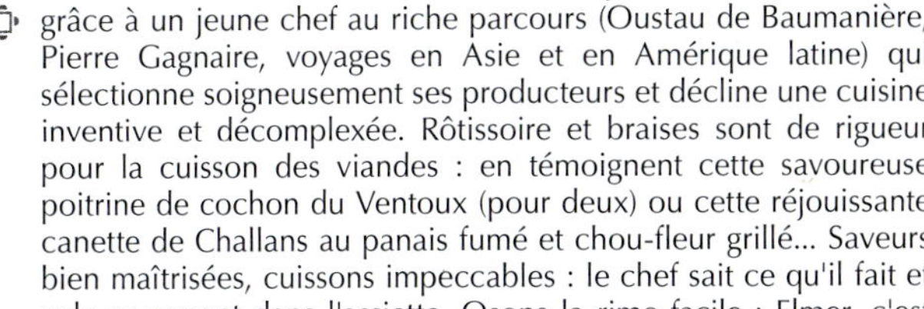

Glou

CUISINE MODERNE • BISTRO

101 r. Vieille-du-Temple
01 42 74 44 32
www.glou-resto.com
St-Sébastien Froissart

PLAN : C2

Formule 18 € – Carte 31/51 €

Deux consonnes, autant de voyelles : tel est fait Glou. Syllabe franche et revigorante, comme un verre de vin qui réchauffe les papilles. L'enseigne nous transporte, fort justement, au cœur du concept de ce bistrot où l'on porte la même attention à l'assiette et au flacon. Dans un cadre au format loft (murs en brique, abat-jour d'usine), assise sur des tabourets, la jeune clientèle décontractée, à l'image des serveurs, se délecte de bons petits plats : burger 100 % Aubrac, thon blanc fumé de l'île d'Yeu et sa crème généreuse, lard italien mariné aux herbes et aux épices, tartelette au caramel... Le tout s'accompagne de belles bouteilles, variées et de qualité, avec un choix intéressant au verre. Une adresse attachante, où être à tu et à toi semble parfaitement naturel, dès le début des agapes.

Le Mazenay

CUISINE CLASSIQUE • BRASSERIE

46 r. de Montmorency
06 42 83 79 52
www.lemazenay.com
Rambuteau

PLAN : B2
Fermé 3 semaines en août, samedi midi, dimanche et lundi

Formule 18 € – Menu 24/39 €

C'est dans une petite rue, à l'abri des palais indiscrets, que prospère ce restaurant à la décoration classique (banquette en cuir crème, cuisine ouverte avec comptoir sur lequel on peut manger), et pour cause : ici, l'accent est mis sur la belle cuisson, le bon jus et le beau produit. Pas de tintamarre inutile, quand on se régale du homard breton en soupe glacée, d'un pigeon rôti entier, condiment citron main de Buddha, ou du mille-feuille à la vanille Bourbon. Mais le chef, au parcours éclectique (passé par des étoilés et des hôtels de luxe en Asie), n'a qu'une hâte : que commence la saison du gibier ! Grouse d'Écosse rôtie, lièvre à la royale, il aime les saveurs prononcées de la viande qui a couru, tout l'automne, dans les sous-bois giboyeux. Une adresse très sérieuse, où l'on mange toujours bien.

Pramil

CUISINE MODERNE • BISTRO

9 r. Vertbois
01 42 72 03 60
www.pramil.fr
Temple

PLAN : B1
Fermé 2-8 mai, 14-28 août, dimanche midi et lundi

Formule 24 € – Menu 33 € – Carte 35/45 €

Des pierres apparentes, un sol en béton ciré, beaucoup de sobriété : ce décor plaisant a l'élégance de se faire oublier... car on vient avant tout ici pour la cuisine d'Alain Pramil. Pour l'anecdote, ce chef autodidacte nourrit une véritable passion pour l'art culinaire, mais il a d'abord été... professeur de physique ! Depuis, il a troqué ses tubes à essai pour des casseroles rutilantes et concocte de bons plats du marché teintés d'influences contemporaines. On ne résiste pas à sa salade de ficoïde glaciale (un légume oublié !), à son onglet de veau poêlé, à son cochon de lait sauce miso ou à ses tartes aux fruits de saison. Quant à la sélection de vins, elle se révèle intéressante. De la générosité, des prix doux et un accueil chaleureux : dans le mille, Pramil !

Soon Grill

CUISINE CORÉENNE • CONVIVIAL

78 r. des Tournelles
01 42 77 13 56
www.soon-grill.com
Chemin Vert

PLAN : D3

Formule 16 € – Menu 21 € (déjeuner en semaine), 49/69 € – Carte 40/65 €

Ouvert en 2015, ce restaurant célèbre la gastronomie coréenne de bien belle manière. Les incontournables sont au rendez-vous – bibimbap servi dans un bol de pierre brûlant, raviolis grillés, bœuf mariné sauce soja – mais on trouve aussi d'autres spécialités relativement méconnues dans nos contrées : les "Moulnaengmion", une soupe de nouilles de sarrasin froides, les "Bibimnaengmion", des nouilles de sarrasin épicées, le "dwenjang tsigué", un pot au feu typique, à la pâte de soja fermentée... sans oublier le "barbecue", où le client fait griller lui-même à table des viandes de belle qualité. Une cuisine fine et parfumée, relativement peu grasse, qui sait sortir des sentiers battus et surprend à bon escient.

4e

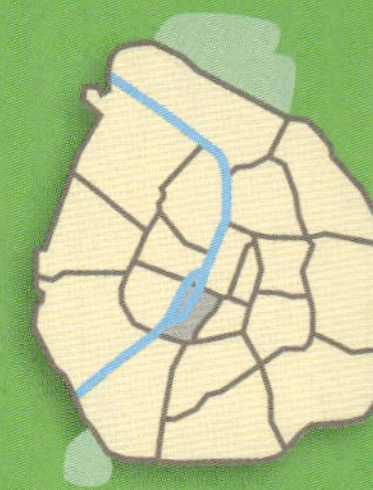

Île de la Cité · Île St-Louis · Le Marais · Beaubourg

R. Mattes / hemis.fr

4e
Île de la Cité, Île St-Louis, Le Marais, Beaubourg
FORUM LES HALLES LA CANOPÉE
Châtelet les Halles
CENTRE G. POMPIDOU
Rambuteau
Baffo
Grand Cœur
Claude Colliot
Benoit
1er
Pont Neuf
Quai de la Mégisserie
Pl. du Châtelet
Châtelet
Hôtel de Ville
Av. Victoria
Rivoli
CONCIERGERIE
PALAIS DE JUSTICE
STE-CHAPELLE
Pl. de l'Hôtel de Ville
HÔTEL DE VILLE
R. F. Miron
SEINE
Cité
ÎLE DE LA CITÉ
St Michel
R. du Cloître Notre-Dame
NOTRE-DAME
Mon Vieil Ami
Les Fous de l'Ile
Isami
6e
Cluny La Sorbonne
THERMES DE CLUNY
Maubert Mutualité
Bd Saint Germain
SORBONNE
5e
UNIVERSITÉS PARIS VI-PARIS VII
Cardinal Lemoine
Jussieu
PANTHÉON
0
200m

C
D
R. de Poitou
R. Froissart
St Sébastien Froissart
R. des Quatre Fils
3e
Turenne
Boulevard
R. Amelot
1
11e
R. du Temple
R. des Francs Bourgeois
R. du Parc Royal
Rue de St Gilles
Rue Vieille
MUSÉE CARNAVALET
Chemin Vert
Lenoir
Bréguet Sabin
Beaumarchais
Richard
Rue de Rivoli
Rue
PLACE DES VOSGES
R. François Miron
L'Ambroisie
Au Bourguignon du Marais
St Paul
Restaurant H
R. Saint Antoine
2
Le Gorille Blanc
Bofinger
Bd
Pl. de la Bastille
Pont Marie
Rue St Paul
Bastille
Q. des Célestins
Pont Marie
Quai d'Anjou
Sully Morland
Bd Henri IV
ÎLE ST-LOUIS
Boulevard Morland
R. de Lyon
OPÉRA DE PARIS BASTILLE
Bd Bourdon
Bd de la Bastille
Pont de Sully
INSTITUT DU MONDE ARABE
Quai Henri IV
3
12e
Quai Saint Bernard
SEINE
Quai de la Rapée
C
D

L'Ambroisie ✿✿✿

CUISINE CLASSIQUE • LUXE

9 pl. des Vosges
01 42 78 51 45 (réservation conseillée)
www.ambroisie-paris.com
Ⓜ St-Paul

PLAN : D2

Fermé 5-20 février, 1er-8 mai, 6-28 août, dimanche et lundi

Carte 205/330 €

L'Ambroisie

Ambroisie : (n. f.) "nourriture des dieux de l'Olympe, source d'immortalité" et, par extension, "nourriture exquise". Tout est dit ! Que peut-on donc ajouter pour décrire la divine cuisine de Bernard Pacaud, qui culmine avec une plénitude qui n'a d'égale que sa légendaire modestie ? Un hymne à la tradition revisitée avec grâce, des produits soigneusement choisis, des cuissons d'une précision horlogère, des alliances de goûts sans faille, etc. Autant de petits détails qui font toute la différence ; l'essentiel se résumant à ceci : un classicisme maîtrisé, point.

Le cadre luxueux du restaurant – une demeure du 17e s. sous les arcades paisibles de l'une des plus belles places de Paris – est à l'unisson : miroirs anciens, immense tapisserie, sol en marbre blanc et noir, orchidées. Un vrai petit palais italien. Et la place des Vosges de devenir quasi florentine ! Conclusion : pour un repas aussi raffiné qu'élégant, un régal des sens à tous points de vue.

ENTRÉES

- Feuillantine de langoustines aux graines de sésame, sauce au curry
- Chaud-froid d'œuf mollet à la moscovite

PLATS

- Escalopine de bar à l'émincé d'artichaut, caviar golden
- Royale de suprêmes de pigeon à la Montmorency

DESSERTS

- Tarte fine sablée au chocolat, glace à la vanille Bourbon
- Boule nacrée aux fruits de saison

Benoit ✿

CUISINE CLASSIQUE • BISTRO

20 r. St-Martin
PLAN : B1
✆ 01 42 72 25 76
www.benoit-paris.com
Ⓜ Châtelet-Les Halles

Menu 39 € (déjeuner) – Carte 70/100 €

A/C

C. Sarramon / Benoit

Pour retrouver l'atmosphère d'un vrai bistrot parisien, poussez donc la porte du 20, rue St-Martin. C'est ici, en plein cœur de Paris, que l'enseigne vit le jour dès 1912, du temps des Halles populaires. À l'origine bouchon lyonnais, le bistrot est resté dans la famille Petit pendant trois générations, lesquelles ont façonné et entretenu son charme si désuet. Belle Époque, plus exactement : boiseries, cuivres, miroirs, banquettes en velours, tables serrées les unes contre les autres... Chaque élément, jusqu'aux assiettes siglées d'un "B", participe au cachet de la maison. Rien à voir avec les ersatz de bistrots à la mode ! Et si l'affaire a été cédée au groupe Ducasse (2005), elle a préservé son âme.

Traditionnelles à souhait, les recettes allient produits du terroir, justesse des cuissons et générosité. Les habitués le savent bien : "Chez toi, Benoît, on boit, festoie en rois." Surtout si l'on pense aux plats canailles que tout le monde connaît, mais que l'on ne mange quasiment jamais... sauf ici.

ENTRÉES

- Foie gras de canard confit, brioche parisienne toastée
- Pâté en croûte, cœur de laitue à l'huile de noix et chapons aillés

PLATS

- Sauté gourmand de ris de veau, crêtes et rognons de coq, foie gras et jus truffé
- Filet de sole sauce Nantua, épinards en feuilles à peine crémés

DESSERTS

- Profiteroles Benoit, sauce au chocolat chaud
- Millefeuille à la vanille

Restaurant H

N

CUISINE CRÉATIVE • COSY

13 r. Jean-Beausire
01 43 48 80 96 (réservation conseillée)
www.restauranth.com
Bastille

PLAN : D2

Fermé 3 semaines en août, 1 semaine vacances de Noël, dimanche et lundi

Menu 30 € (déjeuner), 50/70 €

A/C

razzledazzlephotographie/Restaurant H

À la recherche de belles surprises gastronomiques dans les environs de la Bastille ? On a ce qu'il vous faut : "H", comme Hubert Duchenne, jeune chef passé chez Akrame Benallal, et Jean-François Piège, au Thoumieux. Tout commence par une devanture élégante et engageante, qu'on traverse pour entrer dans cette demeure assez discrète.

Là, c'est le minimalisme même : vingt couverts à peine, pour cette salle à manger du genre intime, au cadre aussi chic que cosy. Puis, très vite, quelle jolie découverte dans l'assiette ! On se régale d'un menu unique sans choix et bien ficelé, dans lequel les recettes, bien maîtrisées, vont toujours à l'essentiel. Vous réclamez des preuves ? Cette alliance de moules, crème de persil et salicorne devrait faire l'affaire, tout comme ce maigre, amarante et sarrasin... C'est inventif et très maîtrisé : on se régale, d'autant que les produits utilisés sont d'excellente qualité.

SPÉCIALITÉS

- Cuisine du marché

Au Bourguignon du Marais

CUISINE BOURGUIGNONNE • BISTRO

52 r. François-Miron
01 48 87 15 40
St-Paul

PLAN : C2

Formule 19 € – Carte 40/64 €

L'enseigne dit tout... ou presque. Dans ce petit restaurant sans chichi, la Bourgogne s'invite dans l'assiette et dans le verre ! On s'installe dans une salle sobre et conviviale pour savourer des petits plats tout en générosité. Œufs pochés en meurette, jambon persillé, andouillette au bourgogne aligoté, escargots à l'ail, incontournable bœuf bourguignon, ou encore baba au rhum et paris-brest : on comprend rapidement que la soirée sera placée sous le thème du beau terroir... L'alléchante carte est complétée par quelques suggestions faites de vive voix ; quant à la cave des vins, elle ravit les amateurs de beaux flacons 100 % bourguignons. Et dès que le temps le permet, on file en terrasse !

Baffo

CUISINE ITALIENNE • TRATTORIA

12 r. Pecquay
01 44 59 86 72
www.baffo.fr
Rambuteau

PLAN : B1
Fermé 6-30 août, 24 décembre-11 janvier, mardi midi, dimanche et lundi

Menu 50 € – Carte 37/98 € 

Originaire de la Maremme (la région la plus méridionale de la Toscane) et passionné de cuisine, Fabien Zannier a décidé de changer de vie pour rendre hommage aux saveurs de son enfance. Le CAP en poche, il a créé au cœur du Marais cette table italienne grande comme un mouchoir de poche. Le moins que l'on puisse dire, c'est que le chef, autodidacte devenu professionnel, a plus d'un tour dans son sac ! Ne jurant que par le produit frais, sélectionné avec soin auprès de petits producteurs – idéalement en bio – en Italie ou en France (ainsi le veau aveyronnais et le bœuf d'Aubrac), il signe de belles spécialités, fortes en goût et accompagnées, pour parfaire la découverte, de crus toscans... Une occasion idéale pour, comme on dit en italien, "un pranzo con i baffi", un repas à s'en lécher les moustaches !

Bofinger

CUISINE TRADITIONNELLE • BRASSERIE

5 r. de la Bastille
01 42 72 87 82
www.bofingerparis.com
Ⓜ Bastille

PLAN : D2

Formule 31 € – Menu 38 € – Carte 40/80 €

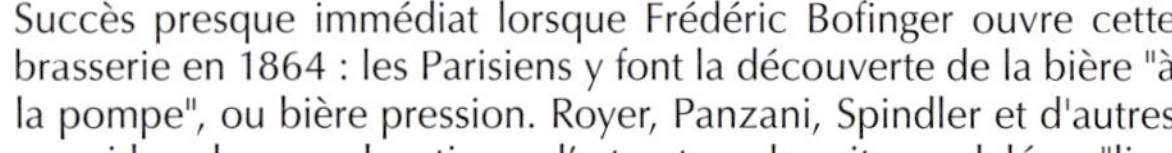

Succès presque immédiat lorsque Frédéric Bofinger ouvre cette brasserie en 1864 : les Parisiens y font la découverte de la bière "à la pompe", ou bière pression. Royer, Panzani, Spindler et d'autres parmi les plus grands artisans d'art ont par la suite modelé ce "lieu de mémoire" gourmand de la capitale. À l'étage, plusieurs salles offrent un cadre remarquable, dont une aux boiseries peintes par Hansi représentant pêle-mêle kougelhopf, bretzel, cigognes, coccinelles et Alsaciennes en costume. L'endroit fascine toujours autant avec sa magnifique coupole en verre à motifs floraux, ses vitraux, marqueteries, vases animaliers, tableaux... Le livre d'or ? Un vrai bottin mondain du 20e s. Au menu : fruits de mer, grillades... et choucroutes bien sûr !

Claude Colliot

CUISINE MODERNE • CONTEMPORAIN

40 r. des Blancs-Manteaux
01 42 71 55 45
www.claudecolliot.com
Ⓜ Rambuteau

PLAN : B1
Fermé 2 semaines en août, dimanche et lundi

Menu 62/79 € – Carte 52/66 €

Chez Claude Colliot, ancien chef du Bamboche (7e arrondissement), point d'énoncés pompeux, mais une cuisine de saison, qui traite les produits avec tous les égards. Les légumes, en provenance directe du potager du chef dans le Loiret, sont excellents (fondants quand il se doit, croquants s'il le faut), les cuissons maîtrisées, les jus bien aromatiques, et le menu "Carte blanche" – en quatre ou sept plats – offre une jolie palette du savoir-faire de notre homme... En trois mots : léger, sain et savoureux ! Côté flacons, Chantal Colliot est aux commandes. Sa courte carte met en avant les jeunes producteurs adeptes de la biodynamie, cette culture misant sur la synergie des sols et des plantations. Quelques pierres apparentes, du parquet blond, tables et banquettes en chêne : le lieu est chaleureux et compte de vrais fidèles... Pour un dîner en ville, réservez !

Les Fous de l'Île

CUISINE TRADITIONNELLE • BISTRO

33 r. des Deux-Ponts
01 43 25 76 67
www.lesfousdelile.com
Pont Marie

PLAN : B2

Formule 20 € – Menu 26 € (déjeuner en semaine), 30/35 €

A/C

Ce restaurant du cœur de l'Île-St-Louis est entièrement dédié à la basse-cour. Finie l'ancienne épicerie, le cadre offre désormais un joli décor de bistrot avec tableaux, affiches et une riche collection de coqs et de poules. Une bonne centaine de bibelots de toutes formes et de toutes couleurs sont perchés sur les grandes étagères qui bordent la longue salle à manger. Dans une ambiance très conviviale, sur de petites tables noires, on mange une sympathique cuisine de bistrot en cohérence avec le cadre : terrine, steak tartare, entrecôte, poule au pot, clafoutis et mousse au chocolat. Enfin, les amateurs apprécieront la proposition de brunch le dimanche.

Le Gorille Blanc

CUISINE TRADITIONNELLE • BISTRO

4 imp. Guéménée
01 42 72 08 45
www.restaurantlegorilleblanc.fr
Bastille

PLAN : D2
Fermé dimanche

Formule 15 € – Carte 34/58 €

Gare au Gorille Blanc, il est si gourmand ! Mais dans ce bistrot parisien pur jus, au décor rustique et rétro en diable, le chef concocte une cuisine bistrotière généreuse et bien troussée parsemée de clins d'œil au Sud-Ouest – la région natale du propriétaire –, ainsi que de bons petits plats ménagers qui savent venir à bout des appétits les plus gargantuesques... Terrine de campagne aux pistaches grillées, petits chipirons sautés à l'huile d'olive et risotto à l'encre, fricassée de lapin aux oignons et aux raisins secs, confit de canard croustillant et pommes de terre sautées, agneau de lait rôti des Pyrénées, croustade aux pruneaux et à l'armagnac... Après ce bon repas, on pousserait presque la chansonnette chère à Brassens !

GrandCœur

CUISINE MODERNE • COSY

41 r. du Temple
01 58 28 18 90 (réservation conseillée)
www.grandcoeur.paris
Rambuteau

PLAN : B1
Fermé dimanche soir et lundi

Formule 23 € – Menu 30 € (déjeuner en semaine) – Carte 43/65 €

Les poutres et la pierre, les grands miroirs et le mobilier éclectique, sans oublier l'incontournable terrasse : cette maison installée dans une jolie cour pavée impose son style d'entrée ! Le concepteur de la carte n'est autre que Mauro Colagreco (chef-patron argentin du restaurant Mirazur, doublement étoilé à Menton et également associé ici), qui agrémente la tradition française de quelques touches méditerranéennes : terrine de canard aux figues ; langue de veau et sucrine, salade de calamars carottes et oignons en pickles ; soupe de poisson de roche ; épaule d'agneau aux échalotes, noix, dattes et sauce au sésame noir... C'est frais et goûteux : un vrai moment de plaisir.

Isami

CUISINE JAPONAISE • ÉPURÉ

4 quai d'Orléans
01 40 46 06 97 (réservation conseillée)
Pont Marie

PLAN : B2
Fermé août, vacances de Noël, dimanche et lundi

Carte 50/85 €

On sert ici probablement l'un des meilleurs poissons crus de Paris. Voilà qui explique la renommée de l'établissement auprès des Japonais, qui savent où se rendre pour manger "comme chez eux"... Quant à la clientèle parisienne et internationale, elle ne s'y est pas trompée non plus ! Derrière son bar, Katsuo Nakamura réalise en effet des merveilles de sushis et de chirashis, démontrant une maîtrise fascinante des couteaux, au service de produits ultrafrais. Pas de folklore suranné dans le décor de la petite salle, juste quelques calligraphies et le mot "Isami" (signifiant ardeur, exaltation), gravé sur un panneau de bois, placé en évidence. Il est impératif de réserver pour pouvoir obtenir une table dans ce restaurant certes confidentiel, mais qui occupe une place à part parmi les adresses nippones de la capitale.

Mon Vieil Ami

CUISINE TRADITIONNELLE • AUBERGE

69 r. St-Louis-en-l'Île
01 40 46 01 35
www.mon-vieil-ami.com
Pont Marie

PLAN : B2
Fermé lundi et mardi

Carte 35/55 €

Ce Vieil Ami-là ne vous veut que du bien, parole d'Antoine Westermann ! Dans son bistrot de chef plutôt chic se pressent la clientèle étrangère et les gourmets de la capitale... preuve que le talentueux Alsacien a su lui donner la "French touch" qui fait – ou non – le succès universel de ces adresses "nouvelle génération". Sous les hauts plafonds de ces anciennes écuries (près de 5 m !), un décor tout en modernité dont les tons marron et noir épousent les murs en verre dépoli ; une longue table d'hôtes sur la gauche, de petites tables en bois joliment dressées sur la droite : des allures d'auberge tendance, en quelque sorte, où le chef vous régale de goûteuses recettes traditionnelles ponctuées de notes actuelles. Goûtez aux spécialités maison, le pâté en croûte et le baba au rhum... et savourez les légumes, rigoureusement sélectionnés.

5e

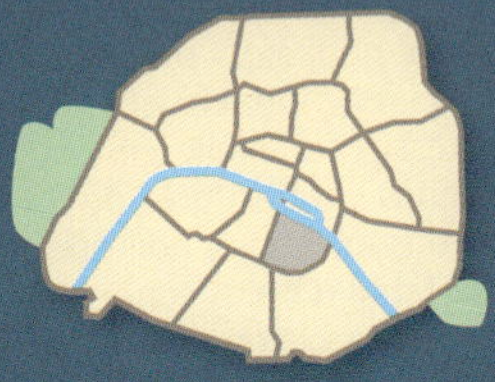

Quartier latin · Jardin des Plantes · Mouffetard

C. Pinheira / Author's Image / Photononstop

5e
A
B
ÎLE DE LA CITÉ
St Michel
R. St-André des Arts
Pont St-Michel
R. du Cloître Notre-Dame
Pont au Double
Quai de Montebello
NOTRE-DAME
Odéon
R. Danton
Bd Saint Germain
Lengué
Cluny La Sorbonne
Sola
Atelier Maître Albert
R. Lagrange
Officina Schenatti
L'Initial
1
6e
R. de l'Odéon
Bd Saint Michel
R. Saint Jacques
THERMES DE CLUNY
Rue des Écoles
Maubert Mutualité
Lhassa
Aux Verres de Contact
SORBONNE
PALAIS DU LUXEMBOURG
R. de Médicis
R. Valette
Ciasa Mia
R. Monge
Rue Soufflot
PANTHÉON
R. Clovis
R. du Cardinal
Luxembourg
JARDIN DU LUXEMBOURG
2
R. Descartes
La Truffière
Les Papilles
R. Gay Lussac
Pl. de la Contrescarpe
R.de l'Abbé de l'Épée
R. d'Ulm
R. Tournefort
Rue Mouffetard
U
Boulevard Saint Michel
R. Vauquelin
Mavrommatis
Rue C. Bernard
Les Délices d'Aphrodite
R. St Jacques
3
Bd de Port Royal
R. Berthollet
14e
Quartier Latin,
Jardin des Plantes, Mouffetard
A
B

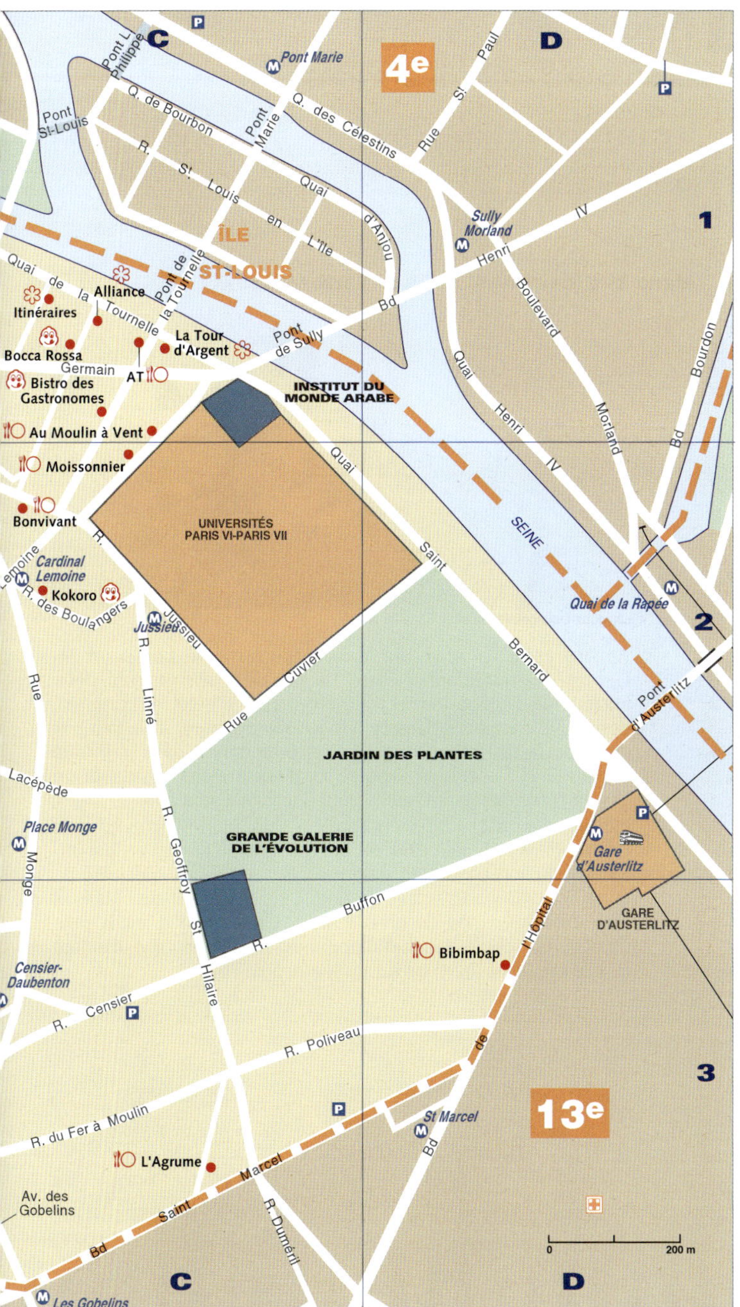

4e
13e
C
D
1
2
3
Pont Marie
Q. des Célestins
Rue St-Paul
Pont L. Philippe
Pont St-Louis
Q. de Bourbon
Pont Marie
R. St-Louis en L'Île
Quai d'Anjou
ÎLE ST-LOUIS
Sully Morland
Bd Henri IV
Boulevard Morland
Quai Henri IV
Bd Bourdon
Quai de la Tournelle
Pont de la Tournelle
Pont de Sully
Alliance
Itinéraires
Bocca Rossa
La Tour d'Argent
Germain
AT
Bistro des Gastronomes
Au Moulin à Vent
Moissonnier
Bonvivant
INSTITUT DU MONDE ARABE
Quai Saint Bernard
SEINE
UNIVERSITÉS PARIS VI-PARIS VII
Cardinal Lemoine
Lemoine
Kokoro
R. des Boulangers
Jussieu
R. Jussieu
R. Linné
Rue Cuvier
Rue Monge
Quai de la Rapée
Pont d'Austerlitz
JARDIN DES PLANTES
Lacépède
Place Monge
GRANDE GALERIE DE L'ÉVOLUTION
R. Geoffroy St Hilaire
R. Buffon
Gare d'Austerlitz
GARE D'AUSTERLITZ
Bd de l'Hôpital
Bibimbap
Censier-Daubenton
R. Censier
R. Poliveau
R. du Fer à Moulin
St Marcel
L'Agrume
Av. des Gobelins
Bd Saint Marcel
R. Duméril
Les Gobelins
0
200 m

Alliance ✿

CUISINE MODERNE • CONTEMPORAIN

5 r. de Poissy
01 75 51 57 54 (réservation conseillée)
www.restaurant-alliance.fr
Maubert Mutualité

PLAN : C1
Fermé 5-28 août,
samedi et dimanche

Menu 39 € (déjeuner), 75/95 € – Carte 65/110 €

Charlotte Defarges/Alliance

Apparu entre les quais de la rive gauche et le boulevard St-Germain, ce restaurant célèbre l'Alliance de Shawn et Toshi, deux anciens de l'Agapé (respectivement maître d'hôtel et cuisinier), désormais complices dans cette nouvelle aventure. Il ne faut pas compter sur Toshitaka Omiya, le chef, pour donner dans l'esbroufe ou l'artificiel : sa cuisine s'appuie sur de beaux produits de saison et va à l'essentiel, tant visuellement que gustativement.

Huître, oignon et citron en entrée ; saint-pierre, petits pois et carotte dans la foulée ; ou encore foie gras, légumes en pot-au-feu et bouillon corsé, qui s'affirme déjà comme la spécialité de la maison... De vrais éclairs de simplicité, des mélanges subtils et bien exécutés : c'est du (très) sérieux. Un mot enfin sur la salle épurée, aux subtiles touches nipponnes : on s'y sent bien, d'autant qu'elle offre une jolie vue sur les fourneaux.

ENTRÉES

- Pommes de terre "Allians", échalote et champignons
- Ceviche de coquillages, gelée, crevettes et coriandre

PLATS

- Homard bleu de l'Île Chausey, maïs et sauge
- Faux-filet de bœuf français, ciboulette et girolles

DESSERTS

- Abricot et romarin
- Framboises et poivron rouge

Itinéraires ✿

CUISINE MODERNE • TENDANCE

5 r. de Pontoise
01 46 33 60 11 (réservation conseillée)
www.restaurant-itineraires.com
Maubert Mutualité

PLAN : C1
Fermé 7-13 février, 6-27 août, samedi midi, dimanche et lundi

Formule 29 € – Menu 49 € (déjeuner), 65/105 € – Carte 60/95 €

A/C

Itinéraires

La cuisine est-elle histoire d'itinéraires ? Sylvain Sendra n'aura pas attendu le nombre des années pour installer son restaurant parmi les bonnes tables de la capitale. Avant de créer cet établissement, le jeune trentenaire avait déjà expérimenté plusieurs concepts, en particulier dans son bistrot Le Temps au Temps, où il a été l'un des premiers à vouloir cuisiner, en toute créativité, pour un nombre limité de couverts. L'esprit d'invention et la capacité à flairer les tendances, voilà sans doute ce qui caractérise le chef, qui n'en néglige pas pour autant les fondamentaux : une chose est sûre, chez lui, on mange fort bien ! Les assiettes révèlent un vrai travail de cuisinier, soucieux des produits (les fournisseurs sont triés sur le volet), des cuissons comme des assaisonnements. Et si les recettes sont originales, elles respectent toujours l'esprit des ingrédients, sans rien laisser au hasard. De même, le décor de la salle a le bon goût d'associer esprit contemporain, luminosité et confort. Élégance, finesse, saveurs : l'itinéraire de clients gâtés.

ENTRÉES

- Tarte à l'oignon doux des Cévennes, foie gras et champignons de Paris
- Salade de légumes, émulsion au lard, amandes torréfiées et huile de noisette

PLATS

- Lieu jaune, purée de navet kabu, salicornes croquantes
- Canard au sang, condiment betterave-framboise, épices douces et purée en deux textures

DESSERTS

- Ganache au chocolat noir, condiment cassis, pousses de betteraves et glace à la vanille
- Jardin méditerranéen au miel, pêche-verveine, sauge et romarin

Sola ✿

CUISINE MODERNE • EXOTIQUE

12 r. de l'Hôtel-Colbert
✆ 01 43 29 59 04
www.restaurant-sola.com
Ⓜ Maubert Mutualité

PLAN : B1
Fermé 2 semaines en août, 30 décembre-7 janvier et dimanche

Menu 65 € (déjeuner)/98 €

© www.tibo.org / Sola

Dans ce très vieil immeuble près des quais, il faut tirer une lourde porte en bois pour entrer dans ce qui ressemble à un vénérable restaurant parisien, avec plafond bas et poutres apparentes. Or, c'est un décor zen qui se présente à vous. Un cadre particulièrement étonnant au sous-sol où, dans la cave voûtée, les tables à même le sol figurent un tatami. La cuisine de Hiroki Yoshitake participe de cette même inspiration, à mi-chemin entre exigence et précision de la gastronomie nippone, richesses du terroir français et saveurs d'Extrême-Orient. On se laisse capter avec plaisir par des menus surprises où le chef imagine des tempura de maïs aux trompettes de la mort, un millefeuille de chou chinois à l'aubergine confite, des pêches au granité de vin rosé et à la gelée de vin rouge… Une cuisine harmonieuse et raffinée, profondément personnelle, que l'on ne saurait réduire à ces simples adjectifs, si élogieux soient-ils.

SPÉCIALITÉS

- Cuisine du marché

Tour d'Argent

CUISINE MODERNE • LUXE

15 quai de la Tournelle
01 43 54 23 31
www.tourdargent.com
Maubert Mutualité

PLAN : C1
Fermé 2 semaines en août, dimanche et lundi

Menu 105 € (déjeuner), 220/350 € – Carte 175/330 €

Herminie Philippe pour la Tour d'Argent

Révolution de velours pour cette institution, dont la saga débute en 1582 ! C'est alors une élégante auberge, qui devient un restaurant en 1780. La légende débute au début du 20e s. lorsque André Terrail l'achète, avec cette idée de génie : élever l'immeuble d'un étage pour y installer la salle à manger, et jouir ainsi d'un panorama unique sur la Seine et Notre-Dame. Le cadre cossu a conservé son lustre d'antan, mais Philippe Labbé y a introduit un vent de modernité : la salle dévoile une sensation d'espace, et de luminosité.

L'âme de la Tour d'Argent demeure donc, mais elle évolue avec son temps : véritable palimpseste, la carte, réactualisée, conserve la mémoire de plusieurs décennies de haute gastronomie française. Ainsi le canard, servi dans son ensemble, mis en avant en cinq plats. Que les puristes se rassurent, le service, parfaitement réglé, assure toujours le spectacle. Et quel panorama – le chevet de Notre-Dame serti dans Paris ! Quant à l'extraordinaire cave du sommelier David Ridgway, elle renfermerait... près de 400 000 bouteilles pour 15 000 références.

ENTRÉES

- Foie gras de canard grillé, tomatillos, tomates anciennes et pourpier
- Grenouilles, orties et couteaux, pickles de poire, héliantis et crumble

PLATS

- Homard bleu de casier en deux services
- Caneton de Challans rôti

DESSERTS

- Crêpes "mademoiselle" préparées au guéridon, sorbet au caillé de lait cru
- Framboises tulameen, sorbet verveine-framboise

Aux Verres de Contact

CUISINE TRADITIONNELLE • BISTRO

33 r. de Bièvre (angle du bd St-Germain)
01 46 34 58 02
www.auxverresdecontact.com
Maubert Mutualité

PLAN : B1
Fermé samedi midi et dimanche

Formule 29 € – Menu 35 €

L'équipe du Jadis – dans le 15e – gère ce sympathique bistrot contemporain et coloré, dont le nom emprunte à l'écrivain et journaliste Antoine Blondin (qui mentionnait "verres de contact" sur ses notes de frais...). Dans ses cuisines ouvertes sur la salle, la chef, Sarah Barandon, cisèle de savoureuses recettes du marché, propres à satisfaire les gourmets d'aujourd'hui ; on les dévore en n'oubliant pas de lever haut son verre. Et l'on conclut par un mot célèbre de Blondin (encore lui !), inscrit sur l'un des murs de la salle : "Quand on meurt de faim, il se trouve toujours un ami pour vous offrir à boire"... À la vôtre !

Bistro des Gastronomes

CUISINE TRADITIONNELLE • BISTRO

10 r. du Cardinal-Lemoine
01 43 54 62 40
Cardinal Lemoine

PLAN : C1
Fermé dimanche et lundi

Formule 27 € – Menu 33 € 

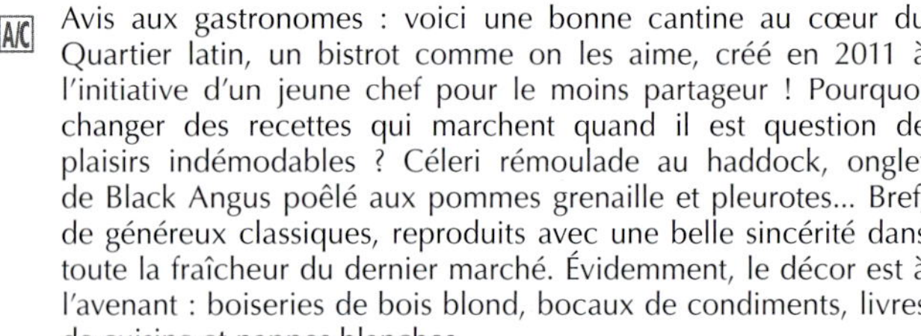

A/C

Avis aux gastronomes : voici une bonne cantine au cœur du Quartier latin, un bistrot comme on les aime, créé en 2011 à l'initiative d'un jeune chef pour le moins partageur ! Pourquoi changer des recettes qui marchent quand il est question de plaisirs indémodables ? Céleri rémoulade au haddock, onglet de Black Angus poêlé aux pommes grenaille et pleurotes... Bref, de généreux classiques, reproduits avec une belle sincérité dans toute la fraîcheur du dernier marché. Évidemment, le décor est à l'avenant : boiseries de bois blond, bocaux de condiments, livres de cuisine et nappes blanches.

Bocca Rossa  N

CUISINE ITALIENNE • TRATTORIA

8 r. de Poissy
09 51 88 52 44 (réservation conseillée)
Maubert Mutualité

PLAN : C1
Fermé dimanche

Formule 14 € – Carte 30/40 €

Cette "bouche rouge", à la devanture engageante, est l'annexe du restaurant Itinéraires, du chef étoilé Sylvain Sendra, situé à proximité : ici, comme là-bas, on célèbre les plaisirs de bouche ! Les beaux produits transalpins se déclinent au fil d'une carte assez traditionnelle – antipasti, carpaccios, salade sicilienne, pasta... –, mais qui comprend aussi quelques plats plus ambitieux, comme ces anchois au vinaigre de pamplemousse, et couscous de chou ; les ravioli maison ricotta épinard parmesan et roquette, ou la torta au chocolat et sorbet laurier. Pâtes fraîches et sorbets sont faits maison. Côté mise en place, des tables et des assiettes dans le plus simple appareil : après tout, on est là pour se régaler, pas pour s'admirer dans une argenterie rutilante ! Une excellente adresse, qui a également pour elle un très bon rapport qualité-prix. Le restaurant fait aussi office d'épicerie et de cave à vin.

Kokoro

CUISINE MODERNE • CONVIVIAL

36 r. des Boulangers
01 44 07 13 29 (réservation conseillée)
www.restaurantkokoro.blogspot.fr
Cardinal Lemoine

PLAN : C2
Fermé 10-24 juillet, mardi midi, dimanche et lundi

Formule 20 € – Menu 25 € (déjeuner), 30/48 € – Carte 38/50 €

Kokoro ? C'est "cœur", en japonais. Cette adresse a en effet un pied au pays du Soleil-Levant, puisqu'elle a été ouverte en août 2013 par un jeune couple franco-japonais, à deux pas du métro Cardinal-Lemoine. Lui, c'est Frédéric Charrier, jeune chef originaire de Vendée qui se charge des préparations salées ; elle, c'est Sakura Mori, native du Japon, qui concocte les desserts. Le duo travaille d'arrache-pied et le résultat est formidable : leur cuisine, réglée sur les saisons, se révèle à la fois intelligente, légère et subtile, tout en réservant de belles surprises. Crevettes légèrement pimentées, melon, lait fermenté et livèche ; gnocchis cuits au foin, sauce aux algues, chips de vitelotte ; cheesecake au chèvre frais, rhubarbe et mélisse... D'un bout à l'autre, un vrai bonheur !

L'Agrume

CUISINE MODERNE • CONVIVIAL

15 r. des Fossés-St-Marcel
01 43 31 86 48
www.restaurantlagrume.fr
M St-Marcel

PLAN : C3
Fermé août, 22 décembre-6 janvier, dimanche et lundi

Formule 22 € – Menu 25 € (déjeuner)/45 € – Carte 45/65 €

A/C

Dans la famille "bistrot de chef", demandez l'Agrume ! Grand comme un mouchoir de poche – il ne peut accueillir qu'une vingtaine de gourmands à la fois, dont quatre au comptoir avec pleine vue sur les fourneaux – et d'une sobriété reposante, il se niche dans une rue résidentielle, à deux pas des Gobelins. Franck Marchesi-Grandi, passé par de grandes maisons avant de fonder la sienne, y exécute une cuisine simple et précise, à base d'excellents produits frais. Le poisson vient de Bretagne, où le patron a officié quelque temps, et pour les primeurs, ce dernier connaît les meilleures adresses... La carte, assez courte, comme le menu, renouvelé chaque jour, sont très vitaminés ! Au déjeuner, l'addition est sans acidité aucune et, le soir venu, place à la dégustation autour de cinq plats. Un beau zeste.

AT

CUISINE CRÉATIVE • DESIGN

4 r. Cardinal-Lemoine
01 56 81 94 08
www.atushitanaka.com
M Cardinal Lemoine

PLAN : C1
Fermé lundi midi et dimanche

Menu 55 € (déjeuner)/95 € 

A/C

Dans une rue proche des quais de Seine, à deux pas du célèbre restaurant La Tour d'Argent, cette façade sans enseigne cultive la discrétion. L'intérieur est à l'avenant ; décor minimaliste, contemporain et élégant, et surtout sans esbroufe ! Le chef, Atsushi Tanaka, formé notamment chez Pierre Gagnaire, aime la fraîcheur et la précision ; armé d'une imagination et d'une créativité sans failles, il compose des assiettes séduisantes et sait nous tenir en haleine tout au long du repas. Au sous-sol, une cave voûtée abrite un bar à vin et délivre des repas commandés. Enfin, pas d'inquiétude s'il vous prend l'envie – ô combien légitime ! – d'y retourner : le menu unique change toutes les semaines (trois formules possibles).

Atelier Maître Albert

CUISINE TRADITIONNELLE • COSY

1 r. Maître-Albert
01 56 81 30 01
www.ateliermaitrealbert.com
Maubert Mutualité

PLAN : B1
Fermé 2 semaines en août, vacances de Noël, samedi midi et dimanche midi

Formule 28 € – Menu 35/70 € – Carte 40/58 €

Quand le chef Guy Savoy et l'architecte Jean-Michel Wilmotte s'unissent pour relancer une maison ancienne face à Notre-Dame, cela donne un restaurant-rôtisserie chic et design qui fait le plein de touristes et d'habitués. Poutres, pierres et tons gris se déploient en trois espaces distincts : un salon aux allures de bar new-yorkais ; une salle à manger nantie d'une grande cheminée médiévale, à laquelle répondent une rôtissoire et des cuisines ouvertes ; et un coin vinothèque, plus intime. Au menu, saladier du moment servi avec des foies de volaille, selle d'agneau à la broche accompagnée d'un tian de courgettes et de tomates, volaille fermière rôtie, fondant au chocolat pralin-feuilleté. Produits, précision des cuissons, mise en scène des assiettes, professionnalisme du service... Tout y est.

Au Moulin à Vent

CUISINE TRADITIONNELLE • BISTRO

20 r. des Fossés-St-Bernard
01 43 54 99 37
www.au-moulinavent.com
Jussieu

PLAN : C1
Fermé août, lundi midi, samedi midi et dimanche

Formule 25 € – Menu 29 € (déjeuner en semaine) – Carte 46/71 €

Ne vous fiez pas à sa modeste devanture : ce bistrot très "atmosphère, atmosphère" cache une jolie petite salle coquille d'œuf qui n'a pas changé depuis sa création, en 1946. Vous êtes au Moulin à Vent, autant prisé des Parisiens que des touristes en quête d'un lieu "frenchy" et authentique. Une longue rangée de tables simplement dressées : à gauche, un groupe d'habitués savoure un bœuf ficelle, un foie de veau ou un magret de canard ; à droite, un couple d'Américains découvre les délicieux escargots de Bourgogne et cuisses de grenouille "à la provençale". Goûtez, vous aussi, à ces plats intemporels sans chichi et ne faites pas l'impasse sur les viandes de race salers, spécialité de la maison, et les gibiers en saison. Desserts et vins au diapason. Classiquement bon !

Bibimbap

CUISINE CORÉENNE • RUSTIQUE

32 bd de l'Hôpital — PLAN : D3
01 43 31 27 42
www.bibimbap.fr
Gare d'Austerlitz

Carte 29/38 €

Êtes-vous plutôt ssambap ou bap ? Pour en décider, faites un tour chez Bibimbap ! Le ssambap est un incontournable de la gastronomie coréenne : un grand bol de riz panaché de légumes – cuisinés avec art – et éventuellement de viande. Quant au bap, il est préparé au barbecue traditionnel : tout juste cuits, bœuf, porc, poulet ou encore fruits de mer sont roulés dans une feuille de salade bien fraîche... Vive, soignée, diététique (pour les initiés : fondée sur l'énergie), cette cuisine est un vrai plaisir ! La carte des boissons permet aussi de continuer la découverte : soju (alcool de céréales), liqueur de riz, vins de framboise ou de prune, thés et bières de Corée, etc. Et l'on se régale en oubliant la modestie du décor (murs en pierre, cave voûtée)...

Bonvivant

CUISINE TRADITIONNELLE • BISTRO

7 r. des Écoles — PLAN : C2
01 43 26 51 34
www.bonvivant.paris
Cardinal Lemoine

Formule 14 € – Carte 28/44 €

Ce restaurant en angle, situé en bas de la rue des Écoles, au décor sobre et lumineux – bois clairs et murs blancs, aux pierres apparentes –, propose un plaisir en deux temps, sur deux étages. A l'entrée, un grand comptoir en bois ravira les amateurs de vins, avec la possibilité d'accompagner les crus de planches de charcuterie et fromage, voire de plats sur le pouce. Quelques marches plus tard, vous retrouvez l'ambiance d'un bistrot parisien, pour déguster une carte traditionnelle, autour d'une cuisine du produit, à l'instar du poulpe, yuzu, pamplemousse, radis ; du filet de bar, céleri, andouille ; ou de la fraise gariguette chantilly. Sans oublier les spécialités maison : la souris d'agneau en sept heures aux épices douces, ou l'entrecôte au jus corsé, et frites maison. Bons vivants, cette maison est la vôtre ! À noter aussi, l'ouverture d'une cave à vins, avec possibilité de table d'hôte.

Ciasa Mia

CUISINE ITALIENNE • AUBERGE

19 r. Laplace
01 43 29 19 77 (réservation conseillée)
www.ciasamia.com
Maubert Mutualité

PLAN : B2
Fermé 2 semaines en septembre, 2 semaines en janvier, samedi midi et dimanche

Formule 25 € – Menu 30 € (déjeuner), 60/82 € – Carte 78/91 €

Dans cette petite rue tranquille près du Panthéon, cette jolie table est une vraie découverte. C'est Francesca, la souriante et pétillante jeune patronne, qui vous reçoit, déjà enthousiaste à l'idée de vous faire découvrir la cuisine de son compagnon, Samuel Mocci. Tous deux originaires du Nord de l'Italie, ils aiment à mettre en valeur un patrimoine gustatif qui s'avère aussi savoureux que surprenant. Tout ici est fait maison, du pain jusqu'aux desserts ! En automne, par exemple, Samuel livre sa version très personnelle des produits de saison. Imaginez un consommé de poulet au foin accompagné de gnocchettis de potiron, un carpaccio de cerf, un "5 minutes" de Saint-Jacques à la fumée de vigne… le tout accompagné de vins italiens, allemands, français. Une vraie maison des délices !

Les Délices d'Aphrodite

CUISINE GRECQUE • EXOTIQUE

4 r. Candolle
01 43 31 40 39
www.mavrommatis.fr
Censier Daubenton

PLAN : B3

Formule 23 € – Carte 36/55 €

A/C

Celle que l'on prend pour l'annexe du restaurant des frères Mavrommatis est en fait leur première adresse, créée en 1981. Plus décontractée que la table gastronomique de la rue Daubenton, cette conviviale taverne régale de spécialités grecques pleines de fraîcheur et de parfums ensoleillés. Feuilleté au fromage de brebis, feuilles de vigne farcies au riz et pignons de pin, caviar d'aubergine servi avec une salade d'aubergines fumées, poêlée de poulpe à l'huile d'olive ou mahalepi (crème de lait à la fleur d'oranger) sont servis avec la générosité et l'amabilité typiques du pays. Le cadre bleu et blanc digne des paysages des Cyclades, le lierre qui dégringole du plafond, un vibrant rébétiko en fond sonore... Vous voilà en Grèce !

L'Initial

CUISINE MODERNE • AUBERGE

9 r. de Bièvre
01 42 01 84 22 (réservation conseillée)
www.restaurant-linitial.fr
Maubert Mutualité

PLAN : B1
Fermé 3 semaines en août, 1 semaine à Noël, mardi midi, dimanche et lundi

Menu 36/48 €

Des Corses, remplacés par des Japonais ? L'intrigue s'est nouée dans une rue discrète du 5e arrondissement : un ancien restaurant corse a laissé place à l'Initial, et sa petite équipe exclusivement japonaise, qui n'a pas eu à jouer des baguettes pour se faire remarquer. Car c'est remarquable. Le chef - japonais donc - au palmarès étincelant (Robuchon Tokyo, Le Relais Bernard Loiseau à Saulieu) propose une cuisine française au goût du jour, attachée aux saisons, d'une remarquable précision. Chair de tourteau, concombre, céleri, poivron ; foie gras, passion, pamplemousse ; cabillaud, pomme de terre, fenouil, citron vert ; pluma jus court épicé ; cheese-cake citron : ici pas de carte mais deux menus... proposés pour un rapport qualité/prix imbattable (notamment pour le 5e arrondissement), même le soir ! Le service est aux petits soins. Nous sommes conquis.

Lengué

CUISINE JAPONAISE • SIMPLE

31 r. Parcheminerie
01 46 33 75 10
www.lengue.fr
St-Michel

PLAN : B1
Fermé 3 semaines en août, dimanche midi et lundi

Formule 19 € – Carte 20/50 €

Du nom d'une petite fleur rose qui pousse dans les rizières... Une jolie appellation pour un charmant restaurant, plus précisément un *izakaya*, ces tables dont la spécialité est, au Japon, de proposer une cuisine en petites portions (à l'image des tapas). La formule fait aujourd'hui florès : le concept incarne bien la délicatesse attachée à l'esprit nippon, son goût de la miniature et des petites touches... Lengué en offre une belle démonstration : à sa tête œuvre un couple de Japonais passionnés, originaires de Nagoya. On est immédiatement séduit par la qualité des ingrédients, la finesse d'exécution et la subtilité des saveurs, rehaussées par une belle sélection de vins de Bourgogne. La chaleur du cadre – une bâtisse du 17e s. proche de la Huchette – et le charme de l'accueil ajoutent à l'agrément de cette jolie fleur du Japon...

Lhassa

CUISINE TIBÉTAINE • EXOTIQUE

13 r. Montagne-Ste-Geneviève
01 43 26 22 19
Maubert Mutualité

PLAN : B1
Fermé lundi

Formule 14 € – Menu 20/26 € – Carte 23/29 €

Pour respirer un peu d'air himalayen sans avoir à prendre trop d'altitude, vous n'avez qu'à escalader... la rue de la Montagne-Ste-Geneviève. Là se trouve l'un des rares bons restaurants tibétains de Paris : Lhassa. Éclairages tamisés, tapis anciens, broderies, poupées, objets de culte, photo du dalaï-lama... On entre ici comme dans un temple sacré, apaisé par l'atmosphère zen et la douce musique d'ambiance. L'accueil attentionné confirme le sentiment de bien-être immédiat. La cuisine ? Elle exhale des parfums d'ailleurs : vapeurs, soupe à base de farine d'orge grillé, d'épinard et de viande, raviolis de bœuf, boule de riz chaud aux raisins dans un yaourt et thé au beurre salé ! Les prix sont dans l'esprit des lieux : pleins de sagesse. Prêt pour le voyage ?

Mavrommatis

CUISINE GRECQUE • ÉLÉGANT

42 r. Daubenton
01 43 31 17 17
www.mavrommatis.com
Censier Daubenton

PLAN : B3
Fermé août, mardi midi, mercredi midi, dimanche et lundi

Formule 34 € – Menu 42 € (semaine)/75 € – Carte 60/75 € 

A/C

Si, pour vous, manger grec se réduit au régime "souvlaki-tzatziki-moussaka", rendez-vous chez Andreas et Evagoras Mavrommatis pour un irrésistible cours de rattrapage. Leur pari ? Marier les terroirs grecs avec la richesse de la tradition culinaire française. Objectif atteint ! Pour débuter en beauté, un verre d'ouzo s'impose, à siroter sur la terrasse bordée d'oliviers et de vignes... Puis vient la cuisine, qui ne mise pas sur le folklore – à l'image du décor, très sobre – mais sur la tradition et une qualité de produits irréprochable. Poulpes marinés, céleri, aubergine fumée, vinaigrette kumquat ; soupe de topinambour à la Mastiha ; dégustation de cochon de lait de Bigorre et ibérique, pomme kolokassi et céleri-rave... Des plats raffinés pour une belle expérience au carrefour des saveurs !

Moissonnier

CUISINE LYONNAISE • BISTRO

28 r. des Fossés-St-Bernard
01 43 29 87 65
Jussieu

PLAN : C2
Fermé en août, dimanche et lundi

Carte 35/64 €

Un typique bouchon lyonnais face à l'Institut du Monde Arabe. L'adresse n'est pas nouvelle, le décor non plus, mais le plaisir reste intact. Ce bistrot "pur jus" met à l'aise avec son zinc rutilant, ses grandes banquettes en moleskine, ses tables en bois, et – touches d'originalité – ses luminaires en forme de cep, ses fûts et sa hotte de vendangeur... Pas de doute, la convivialité et la bonne humeur sont ici la règle. Autour de quelques pots de beaujolais et de vins franc-comtois, Philippe Mayet prépare ses "lyonnaiseries" et autres spécialités avec une réjouissante générosité : queue de bœuf en terrine, tablier de sapeur sauce gribiche, rognons de veau, quenelle de brochet soufflée, poulet au vin jaune et aux morilles... Une adresse tout en tradition, qu'on aurait tort d'oublier.

Officina Schenatti

CUISINE ITALIENNE • BRANCHÉ

15 r. Frédéric-Sauton
01 46 34 08 91
www.officinaschenatti.com
Maubert Mutualité

PLAN : B1
Fermé 3 semaines en août, 24-28 décembre, lundi midi et dimanche

Formule 19 € – Menu 35 € – Carte 56/77 € 

Ivan Schenatti, originaire de Lombardie (et ayant un parcours dans de bons établissements de la péninsule et en France), a choisi cette rue proche de la Seine pour y installer son "officina" – son atelier –, tout à la gloire de la gastronomie à l'italienne. Dans la salle, murs en pierres apparentes, banquettes de velours aux formes langoureuses et mobilier design créent un cadre chaleureux et cosy, parfait pour déguster une savoureuse cuisine où se mêle le meilleur des régions de la Botte : fleurs de courgette farcies au crabe frais en tempura, raviolis maison à la ricotta et à la girolle hachée... entre autres spécialités incontournables, réalisées avec un soin certain, voire un vrai tour de main de *mamma* ! Le tout accompagné de bons vins transalpins...

Les Papilles

CUISINE TRADITIONNELLE • BISTRO

30 r. Gay-Lussac
01 43 25 20 79
www.lespapillesparis.com
Luxembourg

PLAN : A2
Fermé 20 juillet-20 août, vacances de Noël, dimanche et lundi

Formule 28 € – Menu 35 € – Carte 47/54 €

Sur place ou à emporter ? Non, vous n'êtes pas dans un fast-food anonyme – loin de là ! – mais aux Papilles, le restaurant-cave-épicerie fine de Bertrand Bluy, situé à proximité du jardin du Luxembourg. Mode d'emploi... De grands casiers à vins, où l'on se sert soi-même contre un droit de bouchon, des étagères garnies d'appétissantes conserves de terrines, foie gras, confitures et autres produits soigneusement sélectionnés, et, au centre, des tables en bois pour savourer une cuisine bistrotière plutôt contemporaine. Quelques exemples de plats à choisir sur la carte à midi ou le soir au menu : gaspacho froid de concombre à la menthe, magret de canard au madère pommes de terre grenaille, et pour finir crème brûlée au café.

La Truffière

CUISINE CRÉATIVE • INTIME

4 r. Blainville
01 46 33 29 82
www.latruffiere.com
Place Monge

PLAN : B2
Fermé 17-26 décembre, mardi midi en juillet-août, dimanche et lundi

Menu 40 € (déjeuner), 65/195 € – Carte 135/195 € 

A/C

Au cœur du vieux Paris – à deux pas de la truculente rue Mouffetard –, cette maison du 17e s., toute de pierres, de poutres et de voûtes, cultive des plaisirs intemporels. Les préparations, visuellement soignées, regorgent de saveurs et assument une créativité de tous les instants : le chef aime surprendre et cela se sent. On propose toute l'année un menu truffe, dans lequel la célèbre "perle noire" est mise en valeur de façon originale : les amateurs seront ravis. Enfin, disciples de Bacchus, sachez également que la carte des vins est tout simplement remarquable, avec pas moins de... 3 200 références, françaises et mondiales. Cette adresse a assurément du nez.

6e

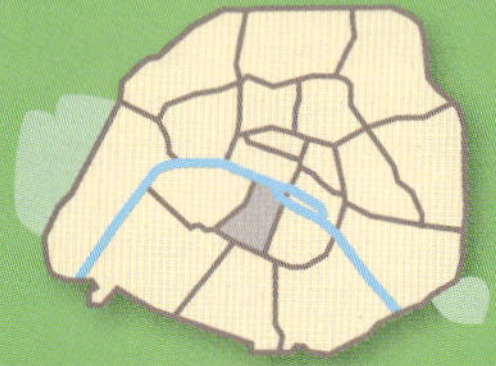

St-Germain-des-Prés · Odéon · Jardin du Luxembourg

J. Loic / Photononstop

6e
St-Germain-des-Prés, Odéon, Jardin du Luxembourg
A
B
0
300 m
ESPLANADE
DES INVALIDES
LES INVALIDES
7e
15e
14e
Varenne
Rue du Bac
Sèvres Babylone
St François Xavier
Vaneau
Rennes
Duroc
St Placide
Falguière
Notre-Dame des Champs
Pasteur
Montparnasse Bienvenue
Vavin
Edgar Quinet
Atelier Vivenda
Le Cherche Midi
L'Épi Dupin
Hélène Darroze
La Marlotte
Quinsou
Café Trama
Anicia
Le Timbre
Invictus
Sur la Braise
Toyo
Wadja
La Rotonde
Pl. du 18 Juin 1940
TOUR
GARE MONTPARNASSE 1
JARDIN ATLANTIQUE

C
D
1er
4e
5e
1
2
3
Pont Neuf
Q. du Louvre
Quai de la Mégisserie
Pl. du Châtelet
Châtelet
Pont du Carrousel
Voltaire
Q. Malaquais
Quai de Conti
Pont des Arts
CONCIERGERIE
PALAIS DE JUSTICE
STE-CHAPELLE
Pont au Change
Pont N.-Dame
Cité
R. de la Cité
Guy Savoy
Le Restaurant
Boutary
Les Bouquinistes
Ze Kitchen Galerie
Fogón
Alcazar
Yen
Fish La Boissonnerie
ST-GERMAIN DES PRÉS
St Germain des Prés
Le Christine
Relais Louis XIII
Mangetout
Semilla
Azabu
St Michel
L'Altro
Emporio Armani Caffé
KGB
Aux Prés
Tsukizi
Mabillon
Un Dimanche à Paris
Allard
Shu
Taokan
Teppanyaki Ginza Onodera
Odéon
Casa Bini
Le Comptoir du Relais
Cluny La Sorbonne
St Sulpice
Marco Polo
Rue Saint Sulpice
ST-SULPICE
THERMES DE CLUNY
Le Bon St-Pourçain
Méditerranée
Maubert Mutualité
La Ferrandaise
SORBONNE
PALAIS DU LUXEMBOURG
La Maison du Jardin
JARDIN DU LUXEMBOURG
Rue Soufflot
PANTHÉON
Luxembourg
R. Auguste Comte
Pl. de la Contrescarp
R. de l'Abbé de l'Épée
U
Caméléon d'Arabian
Montparnasse
Bd Saint Michel
R. St Jacques
R. Vauquelin
R. d'Ulm
R. Gay Lussac
R. de Médicis
Rue de Vaugirard
Rue d'Assas
Rue Guynemer
R. Jacob
Rue Bonaparte
Rue Mazarine
R. de Seine
R. de l'Odéon
R. Danton
R. St-André des Arts
Bd St Germain
Rue des Écoles
R. Lagrange
R. Valette
Rue Notre-Dame des Champs
Rue des Saints Pères
Rennes
Vx Colombier

Guy Savoy ✿✿✿

CUISINE CRÉATIVE • LUXE

11 quai de Conti
01 43 80 40 61
www.guysavoy.com
Ⓜ St-Michel

PLAN : C1
Fermé août, vacances de Noël, samedi midi, dimanche et lundi

Menu 385/490 € – Carte 205/335 €

Laurence Mouton / Guy Savoy

Guy Savoy, acte II ! En 2015, le chef a pris ses nouveaux quartiers dans le cadre exceptionnel de l'Hôtel de la Monnaie, à deux pas de l'Académie française. Il y écrit un nouveau chapitre de cette histoire entamée quelques décennies plus tôt : lorsque, petit garçon, il passait la tête au-dessus des casseroles familiales dans la cuisine de la Buvette de l'Esplanade, à Bourgoin-Jallieu... Aurait-il deviné, ce bambin, le destin qui l'attendait ?

Avec son nouveau restaurant, il a vu les choses en – très – grand : six magnifiques salles parées de toiles contemporaines et de sculptures de premier ordre – dont un grand nombre sont prêtées par François Pinault –, avec de grandes fenêtres à huisseries anciennes donnant sur le quai de Conti et la Seine... Tout cela est la preuve ostensible de la réussite, bien sûr, mais ne détourne pas le grand chef de son œuvre : cette gastronomie vécue comme une fête, ces créations authentiques dans leur expression, inventives mais sans excès, ces saveurs parfois brutes qui ne sont, au fond, que le prolongement naturel de sa main. Peu importe l'adresse, Guy Savoy reste toujours lui-même !

ENTRÉES

- Soupe d'artichaut à la truffe noire, brioche feuilletée aux champignons et aux truffes
- Coquillages dans une marmite éphémère

PLATS

- Autour du veau, jus classique sous la croûte
- Saumon figé sur la glace, consommé brûlant et perles de citron

DESSERTS

- Millefeuille à la gousse de vanille
- Chariot de glaces et de sorbets, bocaux et biscuits d'autrefois

Hélène Darroze ✿

CUISINE MODERNE • COSY

4 r. d'Assas
01 42 22 00 11
www.helenedarroze.com
Ⓜ Sèvres Babylone

PLAN : B2
Fermé dimanche et lundi

Menu 58 € (déjeuner), 98/185 € 

Hélène Darroze

Passé la façade noire de l'enseigne, on oublie tout dans la maison d'Hélène Darroze, à l'atmosphère chic et glamour. On découvre d'abord le Salon d'Hélène au rez-de-chaussée, où l'on peut déguster un assortiment de tapas dans une ambiance décontractée ; pour l'expérience gastronomique, direction la Salle à Manger à l'étage, "lieu de tous les péchés et de toutes les gourmandises"... Un univers tamisé et cosy, dans des tonalités aubergine et orange, propice à la découverte de menus dégustation – 4, 5 ou 7 produits –, avec la possibilité de choisir "l'accord mets et vins".

Hélène Darroze, héritière d'une famille de cuisiniers du Sud-Ouest, n'a pas son pareil pour trouver dans ces terroirs (Aquitaine, Landes, Pays basque...) de quoi nourrir ses intentions culinaires, et c'est ensuite l'acquis qui fait la différence : son expérience, son insatiable curiosité, et ce mélange hautement inflammable de talent et d'intuition qui la caractérise.

ENTRÉES

- Huître, caviar d'Aquitaine et haricots maïs du Béarn
- Foie gras, figue, pistaches et oseille sauvage

PLATS

- Homard tandoori, carotte, agrumes et coriandre fraîche
- Pigeon, betterave et orange sanguine

DESSERTS

- Chocolat et framboises
- Savarin, bas-armagnac, nectarine et baies roses

Relais Louis XIII ✿

CUISINE CLASSIQUE • ÉLÉGANT

8 r. des Grands-Augustins
01 43 26 75 96
www.relaislouis13.com
Odéon

PLAN : D1
Fermé août, 1 semaine en janvier, dimanche et lundi

Menu 60 € (déjeuner), 90/140 € – Carte environ 130 € 

A/C

Relais Louis XIII

Une table chargée d'histoire, bâtie sur les caves de l'ancien couvent des Grands-Augustins : c'est ici que, le 14 mai 1610, une heure après l'assassinat de son père Henri IV, Louis XIII apprit qu'il devrait désormais régner sur la France… La salle à manger semble se souvenir de ces grandes heures du passé : colombages, pierres apparentes, boiseries, vitraux et tentures, tout distille un charme d'autrefois, avec çà et là des objets de collection (tableaux)...
Une atmosphère toute particulière, donc, comme hors du temps, particulièrement propice à la découverte de la cuisine du chef, Manuel Martinez, tenante d'un noble classicisme culinaire. Après un joli parcours chez Ledoyen, au Crillon, à la Tour d'Argent, ce Meilleur Ouvrier de France a décidé de s'installer en ce Relais pour y perpétuer la tradition. Quoi de plus logique ? L'histoire continue donc et les habitués sont nombreux, plébiscitant notamment la formule déjeuner, d'un excellent rapport qualité-prix !

ENTRÉES

- Quenelle de bar, mousseline de champignons et glaçage au champagne
- Ravioli de homard breton et de foie gras, crème de cèpes

PLATS

- Canard challandais rôti aux épices, garniture de saison
- Ris de veau cuisiné au sautoir

DESSERTS

- Millefeuille
- Tarte à la mangue et à l'avocat, gelée au gin et sorbet citron-basilic

Le Restaurant ✿

CUISINE MODERNE • ÉLÉGANT

Hôtel L'Hôtel
13 r. des Beaux-Arts
☎ 01 44 41 99 01
www.l-hotel.com
Ⓜ St-Germain des Prés

PLAN : C1
Fermé août, 19-26 décembre, dimanche et lundi

Formule 45 € – Menu 55 € (déjeuner), 110/190 € 🍷 – Carte 100/130 € 

Le Restaurant

Le Restaurant de l'Hôtel n'a rien d'une table gastronomique conventionnelle. Il doit son atmosphère baroque, anachronique et éclectique au designer Jacques Garcia, adepte du style Empire revisité. Dans un esprit salon privé, le décor rivalise de drapés, banquettes et fauteuils bas, alcôves, moulures dorées et tons fauves, tel un tableau d'Ingres dans sa période orientaliste. Un peu trop chargé pour certains, dépaysant pour d'autres, en tout cas original ! Le tout agrémenté d'une ravissante cour intérieure où la terrasse et la fontaine font oublier que l'on se trouve au cœur de Paris.

Pour satisfaire les exigences de sa clientèle de "happy few" – people et stars sensibles à son intimité et à ses hôtes illustres (Oscar Wilde, Borges, etc.) –, il fallait tout le savoir-faire d'un jeune chef au beau parcours. Autrefois second et seul aux commandes depuis 2011, ce dernier travaille d'excellents produits et aime revisiter les classiques de la gastronomie française ; son épouse Johanna, chef-pâtissière, se charge avec brio de la conclusion des repas. Un duo gagnant !

ENTRÉES

- Tourteau de Loctudy , mousse avocat et yuzu
- Tomates anciennes à huile d'olive

PLATS

- Ris de veau "crousti-moelleux" et petits pois à la française
- Saint-pierre de petit bateau, réduction de vermouth et safran

DESSERTS

- Meringue italienne, biscuit craquant, crémeux et zeste de citron
- Chocolat jivara et caramel à la cacahouète

Ze Kitchen Galerie ✿

CUISINE CRÉATIVE • CONVIVIAL

4 r. des Grands-Augustins
✆ 01 44 32 00 32
www.zekitchengalerie.fr
Ⓜ St-Michel

PLAN : D1
Fermé 2 semaines en août, 1 semaine en décembre, samedi midi et dimanche

Formule 41 € – Menu 48 € (déjeuner), 85/98 € – Carte environ 85 €

Bruno Delessard / Ze Kitchen Galerie

Galerie d'art contemporain, atelier de cuisine, cantine arty à la mode new-yorkaise ? Sous son nom hybride, Ze Kitchen Galerie joue sur les frontières entre art et cuisine, avec pour ambition d'unir ces deux expressions dans le décor et l'assiette. Un dessein visible dès qu'on passe la porte de ce restaurant conçu par Daniel Humair : dans des volumes épurés – sans être froids – cohabitent mobilier et vaisselle design, matériaux bruts, tableaux colorés, autour d'une cuisine vitrée pour suivre en direct le spectacle de la brigade.

Aux fourneaux, William Ledeuil donne libre cours à sa passion pour les saveurs de l'Asie du Sud-Est (Thaïlande, Vietnam, Japon) où il puise son inspiration. Galanga, ka-chaï, curcuma, wasabi, gingembre... Autant d'herbes, de racines, d'épices et de condiments du bout du monde qui relèvent avec brio les recettes classiques françaises. Sa carte – à base de poissons, bouillons, pâtes, plats à la plancha – décline ainsi une palette d'assiettes inventives, modernes et ciselées, pour un voyage entre saveurs et couleurs.

ENTRÉES

- Thon rouge de ligne, condiment kalamensi
- Crabe mou, riz vénéré, bisque thaïe de crustacés

PLATS

- Bœuf Wagyu confit et grillé, condiment tamarin, jus teriyaki
- Turbotin de petit bateau, jus de coquillages au curry vert et condiment sésame noir

DESSERTS

- Glace chocolat blanc et wasabi, jus à la fraise et condiment pistache
- Chocolat gianduja, glace caramel au beurre salé et noix de pécan caramélisées

Atelier Vivanda - Cherche Midi

20 r. du Cherche-Midi
01 45 44 50 44
www.ateliervivanda.com
Sèvres Babylone

PLAN : B2
Fermé dimanche et lundi

Menu 36/71 €

A/C On n'arrête plus Akrame ! Son premier Atelier Vivanda faisait déjà le bonheur des amateurs de belles viandes du 16e arrondissement ; rebelote avec son petit frère, rue du Cherche-Midi, qui rencontre le même succès. Le concept est identique : une petite salle à manger de bistrot avec ses lustres et ses appliques, un imposant billot pour annoncer la couleur... et dans l'assiette, de superbes pièces de boucher ! Hampe et persillé de Black Angus, suprême de volaille, quasi de veau ou côte de porc ibérique sont travaillés avec amour, cuits au cordeau, et accompagnés d'un gratin dauphinois ou encore de délicieuses pommes dauphine. On peut aussi relever le tout avec l'huile d'olive au poivre baptisée "Caractère", made in... Benallal.

La Maison du Jardin

27 r. Vaugirard
01 45 48 22 31 (réservation conseillée)
Rennes

PLAN : C2
Fermé 3 semaines en août, samedi midi et dimanche

Formule 22 € – Menu 35 €

"Servir une cuisine simple réalisée avec des produits frais", voilà le credo de Philippe Marquis, le chef-patron de ce bistrot situé à deux pas du jardin du Luxembourg. Midi et soir, il présente un sympathique menu-carte inspiré du marché, qu'il complète au déjeuner par une ardoise du jour. Petit avant-goût savoureux : terrine de lapin "mémé Coupeau" ; cabillaud juste salé, vinaigrette tomate, polenta aux courgettes ; gaufre façon "Lenôtre"... La carte des vins est plutôt courte, à prix sages. Quant au décor, il marie tons chauds, petits miroirs et photos noir et blanc de monuments parisiens. De quoi ravir la clientèle étrangère, mais aussi les habitants du quartier et les sénateurs gourmands...

La Marlotte

CUISINE TRADITIONNELLE • RUSTIQUE

55 r. du Cherche-Midi
01 45 48 86 79
www.lamarlotte.com
St-Placide

PLAN : B2

Formule 24 € – Menu 29 € (déjeuner en semaine)/34 € – Carte 34/60 €

Ici, plus que pour le cadre, on vient pour l'ambiance ! C'est que cette "auberge d'aujourd'hui", comme aime à l'appeler Gilles Ajuelos, est un véritable concentré de restaurant parisien : au cœur de la rive gauche, l'adresse fait le bonheur des éditeurs, galeristes et hommes politiques du quartier. Les propositions sont simples et ultraclassiques : harengs pommes à l'huile, terrine de foies de volaille, pieds et paquets, île flottante, crème caramel... Vous l'aurez compris, le chef respecte la tradition. Ce qui fait la différence ? De beaux produits de saison et une générosité indéniable !

Le Timbre

CUISINE TRADITIONNELLE • BISTRO

3 r. Ste-Beuve
01 45 49 10 40 (réservation conseillée)
www.restaurantletimbre.com
Notre-Dame des Champs

PLAN : B3
Fermé août, 1er-6 janvier, dimanche et lundi

Formule 23 € – Menu 28 € (déjeuner), 36/45 €

Ce charmant bistrot, grand comme un... timbre-poste, est désormais le repaire de Charles Danet, jeune chef monté tout droit de Montpellier. Il a réussi à conserver tout le charme des lieux – tables en bois, banquettes et ambiance à la bonne franquette – et il y propose une cuisine du marché originale et goûteuse. Ses spécialités parlent pour lui : maquereau mariné au vinaigre d'épices, poitrine de cochon cuite pendant 60 h à 66°C, crémeux au chocolat noir Albinao... Quant à Agnès, sa compagne, elle assure le service avec gentillesse et attention, prodiguant même de précieux conseils en matière de vin... On passe un excellent moment, et l'on a qu'une envie à la fin du repas : revenir !

Alcazar

CUISINE MODERNE • BRANCHÉ

62 r. Mazarine PLAN : C1
01 53 10 19 99
www.alcazar.fr
Odéon

Formule 29 € – Menu 34 € (déjeuner) – Carte 55/65 €

Cet ancien cabaret à forte personnalité a fait peau neuve à l'automne 2015 ; les coups de pinceaux de l'architecte et décoratrice Lola Gonzalez lui ont offert une véritable renaissance ! Nous n'avons malheureusement pas pu vérifier par nous mêmes (bouclage oblige) les lieux post-métamorphose, mais la promesse est alléchante : un décor dans lequel le végétal domine, lui donnant des allures de jardin, la rencontre élégante des artisanats les plus raffinés – marbre, laiton, terrazzo, paille et bois... Côté ambiance, les grandes tablées devraient être de mise, ainsi qu'une mise en avant de la culture, sous la forme d'expositions et de concerts. Quid de la cuisine ? La même équipe devrait être toujours en place sous la direction de Guillaume Lutard (ancien de Taillevent), proposant une carte de brasserie contemporaine mariant le répertoire classique et les recettes du monde.

Allard

CUISINE TRADITIONNELLE • BISTRO

41 r. St-André-des-Arts PLAN : D1
01 43 26 48 23
www.restaurant-allard.fr
St-Michel

Menu 34 € (déjeuner) – Carte 56/104 €

Allard, qui occupe le haut de l'affiche des tables bistrotières depuis 1931, a vu passer de nombreuses personnalités et fidélise de génération en génération les adeptes d'une cuisine franche et sincère. Si l'adresse fait désormais partie du groupe Ducasse, la formule persiste et l'on trouve toujours dans l'assiette des plats généreux et ancrés dans la tradition des recettes de nos grands-mères. Entre les escargots de Bourgogne, la cocotte de cervelas, le canard de Challans aux olives, la blanquette de veau, le paris-brest et le savarin au rhum, c'est tout un pan de notre patrimoine culinaire qui se rappelle à nos papilles. Et le cadre 1900, témoin de l'atmosphère d'antan, joue sur le même registre (zinc, banquettes en cuir, carrelage et gravures). Un charme inégalable.

L'Altro

CUISINE ITALIENNE • TENDANCE

16 r. du Dragon
01 45 48 49 49
www.laltro.fr
St-Germain des Prés

PLAN : C1
Fermé 1 semaine en août

Formule 17 € – Menu 22 € (déjeuner en semaine) – Carte 30/60 €

L'Altro, ou l'autre table branchée de l'équipe qui œuvre également aux Cailloux (13e). Toujours italienne, séduisante et décontractée. La carte – en version originale, comme le service sans chichi – parle d'elle-même : délicieux antipasti (assortiment de charcuteries, mozzarella et légumes grillés), penne à la crème de citron, calamars grillés servis avec salade de trévise et fenouil, et mousse au chocolat à l'italienne. À noter aussi un menu du jour et une dizaine de vins au verre. Quant au décor, associant banquettes noires, carrelage en céramique blanche aux murs et cuisines vitrées, il fait le trait d'union entre le bistrot de quartier et le loft new-yorkais. Le style germanopratin en prime.

Anicia

CUISINE CRÉATIVE • ÉLÉGANT

97 r. du Cherche-Midi
01 43 35 41 50
www.anicia-bistrot.com
St-Placide

PLAN : A2
Fermé en août, 24-30 décembre, dimanche et lundi

Formule 24 € – Menu 29 € (déjeuner en semaine) – Carte 55/64 €

Anicia ? Il s'agit tout simplement du nom que portait le Puy-en-Velay à l'époque romaine... Vous l'avez deviné : ici, la rue du Cherche-Midi – qui ne manque pas de bonnes adresses – prend des allures d'Auvergne ! Natif de Haute-Loire, François Gagnaire sélectionne soigneusement les petits producteurs de là-bas, et s'offre une excellente matière première pour sa cuisine : lentille verte du Puy, limousine des Monts-du-Velay, fin gras du Mézenc, fromage de vache aux artisous, bière Vellavia... Ses assiettes, gourmandes et superbement présentées, témoignent d'une sincérité à toute épreuve : on se régale d'un bout à l'autre du repas. Côté décor, c'est joliment contemporain.

Aux Prés

CUISINE MODERNE • VINTAGE

27 r. du Dragon
01 45 48 29 68
www.restaurantauxpres.com
St-Germain des Prés

PLAN : C1

Formule 35 € – Menu 48 €

A/C C'est un fait : Cyril Lignac a toujours un projet d'avance. Il faut croire que son statut de chef "star" et d'habitué des émissions de TV n'a en rien étanché sa soif de nouveauté ! Changement de nom et de concept, donc, pour rajeunir la clientèle de son bistrot germanopratin : des miroirs fumés sont venus remplacer les portraits des anciens présidents de la République, et le décor joue à fond la carte de la modernité. Mais le changement, c'est aussi et surtout dans l'assiette : il propose désormais une cuisine bistronomique voyageuse et volontiers créative, qui fait la part belle au(x) terroir(s) français et se nourrit des saveurs glanées au fil de ses voyages. Le brunch du dimanche (35€) a toujours autant de succès. Le bonheur est toujours "Aux Prés" !

Azabu

CUISINE JAPONAISE • ÉPURÉ

3 r. André-Mazet
01 46 33 72 05 (réservation conseillée)
www.azabu.fr
Odéon

PLAN : C1
Fermé 2 semaines en août, dimanche midi et lundi

Menu 19 € (déjeuner en semaine), 45/68 € – Carte 41/71 € 

A/C À Tokyo, Azabu est un quartier reconnu pour sa gastronomie. À Paris, près du carrefour de l'Odéon, c'est le nom d'un restaurant japonais sobre et discret, comme le veut l'habitude pour ce genre d'adresses. Le cadre adopte le même minimalisme, et l'on y déguste son repas en toute tranquillité. Au menu, des classiques de la culture culinaire nippone cuits au teppanyaki – tofu sauté et sa sauce au poulet, bar grillé et coulis de petits pois au dashi –, mais aussi quelques poissons crus et le king crab à la plancha. Le chef, tout en restant fidèle à la tradition, s'ouvre aussi aux influences occidentales. Vous pourrez l'admirer en pleine action en vous attablant au comptoir.

Le Bon Saint-Pourçain

CUISINE TRADITIONNELLE • BISTRO

10 bis r. Servandoni
01 42 01 78 24 (réservation conseillée)
Mabillon

PLAN : C2
Fermé dimanche et lundi

Carte 38/67 €

Planqué derrière l'église St-Sulpice, en plein cœur de St-Germain-des-Prés, cet ancien restaurant bougnat a réouvert ses portes au printemps 2015. Tables carrées rapprochées, chaises en bois des années 1970, banquettes en moleskine : on est tout de suite séduit par cet intérieur plein de style ! Quant à la cuisine, elle lorgne – comme bien souvent à Paris ces temps-ci ! – vers la tradition bistrotière revisitée. Poireaux, vinaigrette d'arachide et œuf mollet ; carrelet, asperges blanches, fèves et émulsion au vin jaune... C'est tout simplement délicieux, sans doute grâce à l'utilisation exclusive de bons produits frais. Attention, le restaurant fait souvent salle comble : pensez à réserver à l'avance !

Les Bouquinistes

CUISINE MODERNE • TENDANCE

53 quai des Grands-Augustins
01 43 25 45 94
www.guysavoy.com
St-Michel

PLAN : D1
Fermé 2 semaines en août et vacances de Noël

Formule 29 € – Menu 36 € – Carte 43/73 €

Face à la Seine, à deux pas des célèbres échoppes de bouquinistes, ce restaurant figure au nombre des adresses siglées Guy Savoy. Le décor joue la carte d'une modernité chic et épurée, façon loft new-yorkais, face au spectacle des quais et des collectionneurs en quête du "bouquin" de leurs rêves... Côté cuisine, place à la simplicité, et parfois à l'inventivité. En parlant – pourquoi pas ? – littérature, on apprécie par exemple un cochon de lait confit aux lentilles mijotées et soupe à la truffe ; un cabillaud rôti, ragoût de légumes oubliés et beurre thym citron ; une épaule de veau confite et grillée, jus marengo au curry rouge, ou encore un dessert "pur chocolat"... Tout un roman !

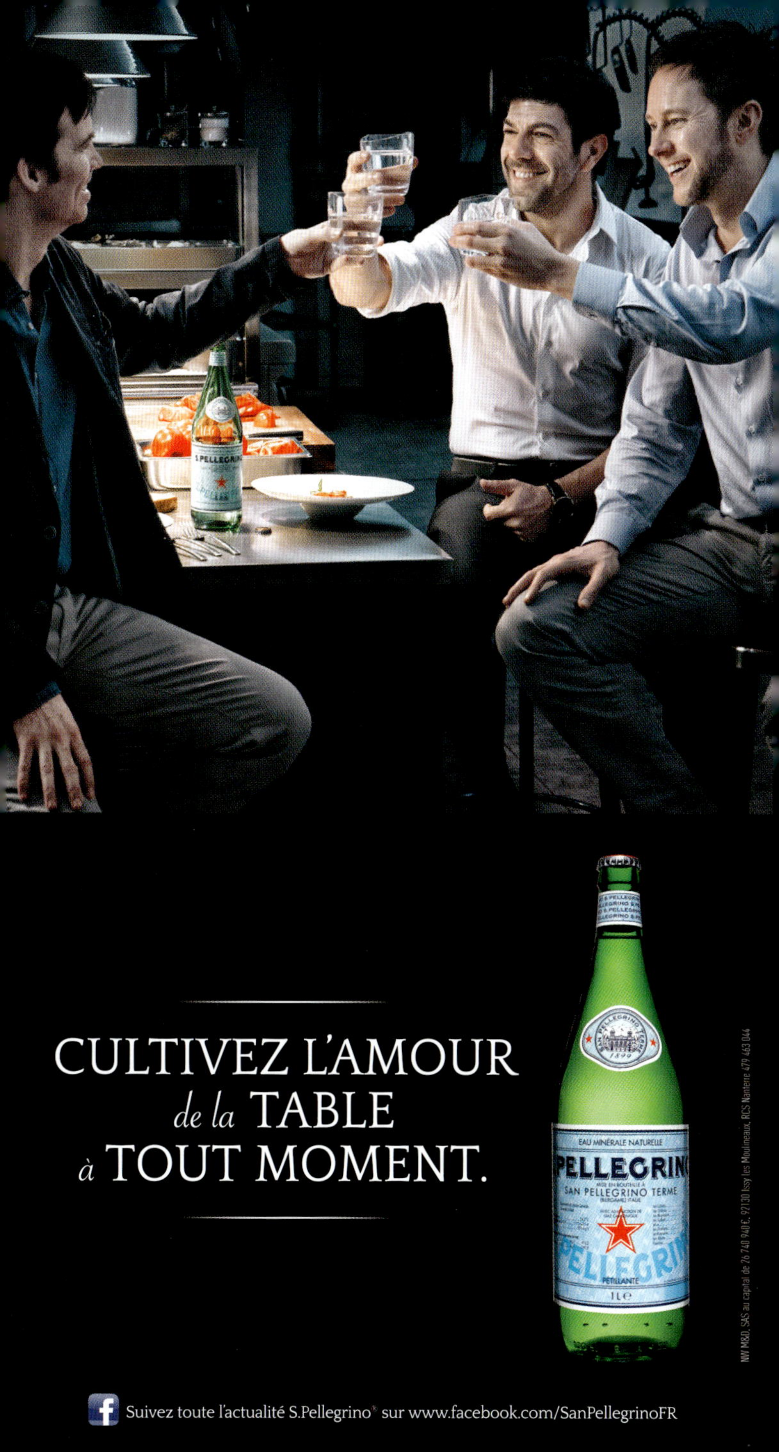

EAU MINÉRALE NATURELLE
S.PELLEGRINO
SAN PELLEGRINO TERME
PÉTILLANTE
1 L e

Boutary

N

CUISINE MODERNE • CONVIVIAL

25 r. Mazarine
01 43 43 69 10 (réservation conseillée)
www.boutary-restaurant.com
Odéon

PLAN : C1
Fermé août, samedi midi, dimanche et lundi

Formule 27 € – Menu 32 € (déjeuner), 69/78 € – Carte 55/75 €

Au milieu de la rue Mazarine, la belle façade rouge vif de cette maison ancienne attire le regard. Poussez donc la porte de ce sympathique restaurant, repris par une famille qui élève depuis plusieurs générations son caviar en Bulgarie du sud, vers Khardjali. On y apprécie, dans un esprit chic, cosy et convivial, le travail d'un chef nippo-coréen au beau parcours. Armé de magnifiques produits, il propose des recettes fines et gourmandes, pleines de couleurs et d'idées : pomme de terre au caviar, beurre d'algue, fumée au bois de hêtre, crème aigrelette... Sans oublier la dégustation du caviar à la royale, sur le dos de la main ! Même les desserts sont raffinés. Le goût a élu domicile ici : on passe un bon moment en compagnie d'un service raffiné et décontracté. Et les tarifs ne sont pas excessifs.

Café Trama

CUISINE TRADITIONNELLE • BRANCHÉ

83 r. du Cherche-Midi
01 45 43 33 71
St-Placide

PLAN : B2
Fermé 3 semaines en août, 24 décembre-3 janvier, dimanche et lundi

Carte 35/50 €

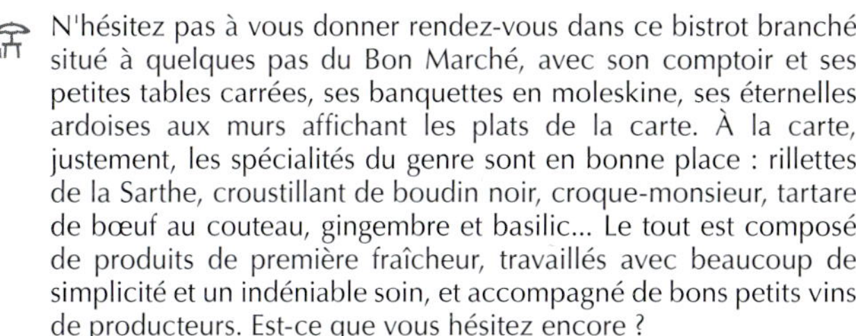

N'hésitez pas à vous donner rendez-vous dans ce bistrot branché situé à quelques pas du Bon Marché, avec son comptoir et ses petites tables carrées, ses banquettes en moleskine, ses éternelles ardoises aux murs affichant les plats de la carte. À la carte, justement, les spécialités du genre sont en bonne place : rillettes de la Sarthe, croustillant de boudin noir, croque-monsieur, tartare de bœuf au couteau, gingembre et basilic... Le tout est composé de produits de première fraîcheur, travaillés avec beaucoup de simplicité et un indéniable soin, et accompagné de bons petits vins de producteurs. Est-ce que vous hésitez encore ?

Caméléon d'Arabian

CUISINE ITALIENNE • CONVIVIAL

6 r. Chevreuse
01 43 27 43 27
Vavin

PLAN : C3
Fermé 8-22 août, samedi midi et dimanche

Formule 33 € – Menu 38 € (déjeuner) – Carte 52/78 €

À deux pas du boulevard Montparnasse, la fameuse adresse du non moins fameux Jean-Paul Arabian a pris un virage d'importance : on y vit désormais à l'heure italienne ! Au menu, des spécialités de la Botte qui respectent les saisons et vouent un culte au marché : linguine aux girolles, vitello tonnato ; saltimbocca de veau a la romana ; pannacotta con caramelo... On ne perd pas au change : cette nouvelle carte est finement exécutée. D'autant que, bonne nouvelle pour les habitués, la grande spécialité de la maison est toujours proposée : on veut bien sûr parler du chateaubriand de foie de veau doré au beurre, déglacé au vinaigre de vin et simplement accompagné d'un gratin de macaronis au parmesan... Le maître des lieux, toujours aussi affable et volubile, se révèle intarissable à son sujet !

Casa Bini

CUISINE ITALIENNE • CONVIVIAL

36 r. Grégoire-de-Tours
01 46 34 05 60
www.casabini.fr
Odéon

PLAN : C2

Formule 25 € – Carte 40/60 €

Une trattoria chaleureuse dans une rue calme de St-Germain-des-Prés... Bini, c'est le nom de jeune fille de la mère du patron, qui selon lui sonne bien mieux que le sien ! Cette "casa" est bien une histoire de racines : la salle arbore les couleurs chaleureuses de la Toscane, avec de belles photos rétro de Florence : c'est de là qu'est originaire la famille. Et l'on peut dire que la cuisine a l'accent gourmand de cette si belle région, à travers des recettes bien ficelées, pleines de couleurs et de saveurs, et en particulier un large choix de carpaccios et de pâtes – excellentes – dont les sauces changent souvent. Chaque jour, on réimprime en effet le menu qui se renouvelle selon l'inspiration du moment et la saison. Et c'est ainsi que le quartier des éditeurs prend des airs de *dolce vita*...

Le Cherche Midi

CUISINE ITALIENNE • BISTRO

22 r. du Cherche-Midi
01 45 48 27 44 (réservation conseillée)
www.lecherchemidi.fr
Sèvres Babylone

PLAN : B2
Fermé 24 décembre-1er janvier

Carte 39/58 €

On cherchait le Midi, on a trouvé l'Italie dans ce bistrot aussi sympathique qu'authentique. Banquettes en moleskine, comptoir en marbre, lampes boules, murs couleur beurre frais... et l'essentiel dans les assiettes : des antipasti tout simplement divins, de superbes charcuteries – dont le jambon de Parme, affiné au moins 24 mois –, des rendez-vous incontournables – soupe de poissons le vendredi soir, escalope milanaise et spaghettis le samedi... La maison possède même son propre atelier de confection de pâtes fraîches (à l'étage), et la mozzarella – bien crémeuse – arrive par avion deux ou trois fois par semaine ! On ne compte plus les épicuriens énamourés de ce bel endroit ; il y a même, parmi eux, quelques grands chefs...

Le Christine

CUISINE MODERNE • CONVIVIAL

1 r. Christine
01 40 51 71 64
www.restaurantlechristine.com
St-Michel

PLAN : D1
Fermé samedi midi et dimanche midi

Formule 22 € – Menu 28 € (déjeuner en semaine), 42/48 €

On peut en témoigner : les hôteliers du quartier plébiscitent cette adresse et la recommandent à leur clientèle sans l'ombre d'une hésitation. Voilà qui est plutôt bon signe ! C'est dans une ruelle plutôt calme que l'on découvre la façade du restaurant, avenante et colorée ; à l'intérieur, on trouve deux salles à manger coquettes séparées par une petite cuisine centrale, visible des clients. Tons orange et chocolat, murs en pierre apparente : l'endroit ne manque pas de charme. Quant à la cuisine, en plein dans l'air du temps, elle se démarque par l'attention portée à chaque plat et par une fraîcheur de tous les instants. La spécialité de la maison ? Le foie gras de canard cuit au torchon... Tout un programme !

Le Comptoir du Relais

CUISINE TRADITIONNELLE • BISTRO

Hôtel Relais St-Germain
5 carr. de l'Odéon
01 44 27 07 50 (réservation conseillée)
www.hotelrsg.com
Odéon

PLAN : C2

Menu 60 € (dîner en semaine) – Carte 26/72 €

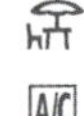

A/C

Bienvenue chez Yves Camdeborde ! Ce chef qui, gamin, dans son Béarn natal, rêvait de rugby, était loin d'imaginer ce parcours gastronomique et parisien... Sa passion pour la cuisine s'affirme auprès de Christian Constant, avec lequel il travaille au Ritz, puis au Crillon. En 1992, il se lance seul dans l'aventure en créant la Régalade (14e arrondissement), devenant alors le chef de file de la tendance "bistronomique". Aujourd'hui, on le retrouve, avec son épouse Claudine, à la tête de cet authentique bistrot Art déco, aux tables serrées et aux grands miroirs faisant office d'ardoises... La table alterne deux concepts complémentaires : une cuisine façon brasserie le midi et des préparations plus élaborées le soir, autour d'un menu unique.

Emporio Armani Caffé

CUISINE ITALIENNE • ÉLÉGANT

149 bd St-Germain
01 45 48 62 15
www.massimomori.com
St-Germain des Prés

PLAN : C1
Fermé dimanche

Menu 90 € – Carte 64/123 €

A/C

Emplacement original pour ce restaurant, situé au 1er étage de l'emporium Armani de St-Germain-des-Prés (non loin de l'église). La salle est épurée et élégante, dans le style du créateur bien sûr : tons noir et chocolat noir, banquettes orange, plateaux en verre, lumière tamisée... N'aurait-on affaire là qu'à un autre type de vitrine ? Au contraire, ce "caffé" compte parmi les bonnes tables italiennes de la capitale ! Le chef, ancien second du Casadelmar, à Porto-Vecchio, accommode des produits de grande qualité dans l'esprit de la cuisine transalpine contemporaine, et plus particulièrement des environs de Milan. C'est frais, goûteux et bien maîtrisé : de la belle ouvrage.

L'Épi Dupin

CUISINE MODERNE • CONVIVIAL

11 r. Dupin
01 42 22 64 56 (réservation conseillée)
www.epidupin.com
Ⓜ Sèvres Babylone

PLAN : B2
Fermé 1er-24 août, lundi midi, samedi et dimanche

Formule 28 € – Menu 39/52 €

Intéressant rapport qualité-prix pour ce petit restaurant situé à deux pas du Bon Marché : sous l'apparence d'un bistrot au cadre rustique, il dissimule une table tout en finesse qui mérite que l'on s'y arrête. Le décor est d'un charme pas si courant à Paris, avec ses murs en pierre et sa massive charpente en bois aux poutres apparentes. Le chef, François Pasteau, a mis en place une démarche écologique et locavore : achat de fruits et légumes en Île-de-France, traitement des déchets organiques, eau filtrée sur place, etc. Sa cuisine, fraîche et savoureuse, revisite la tradition de nos campagnes : velouté froid de chou-fleur au lait de coco, chutney de courgettes et tomates ou encore dos de cabillaud sont les spécialités de la maison, à déguster au coude-à-coude dans une ambiance conviviale.

La Ferrandaise

CUISINE TRADITIONNELLE • BISTRO

8 r. de Vaugirard
01 43 26 36 36
www.laferrandaise.com
Ⓜ Odéon

PLAN : C2
Fermé le soir en août, lundi midi, samedi midi et dimanche

Formule 16 € – Menu 37/55 € 

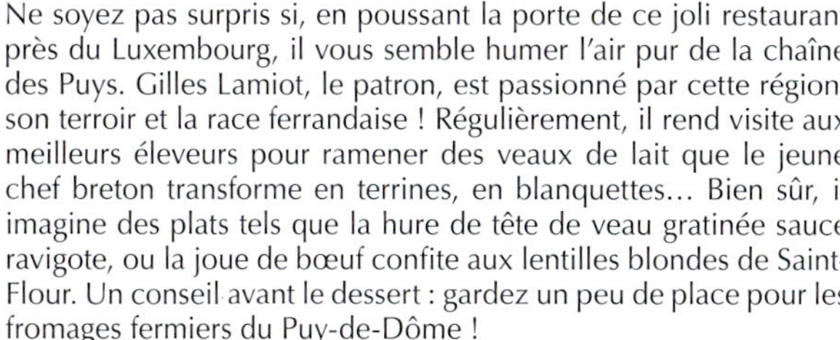

Ne soyez pas surpris si, en poussant la porte de ce joli restaurant près du Luxembourg, il vous semble humer l'air pur de la chaîne des Puys. Gilles Lamiot, le patron, est passionné par cette région, son terroir et la race ferrandaise ! Régulièrement, il rend visite aux meilleurs éleveurs pour ramener des veaux de lait que le jeune chef breton transforme en terrines, en blanquettes… Bien sûr, il imagine des plats tels que la hure de tête de veau gratinée sauce ravigote, ou la joue de bœuf confite aux lentilles blondes de Saint-Flour. Un conseil avant le dessert : gardez un peu de place pour les fromages fermiers du Puy-de-Dôme !

Fish La Boissonnerie

CUISINE TRADITIONNELLE • BISTRO

69 r. de Seine
01 43 54 34 69
www.laboissonnerie.com
Odéon

PLAN : C1
Fermé 1 semaine en août et 23 décembre-2 janvier

Formule 17 € – Carte 37/57 €

Rue de Seine, tout le monde connaît les méandres fantastiques de sa façade en mosaïque Art nouveau. C'est qu'il y a belle lurette que cette ancienne poissonnerie (avec un p !) s'est transformée en restaurant et bar à vins pour mieux vous prendre dans ses filets. Vieux zinc, allusions marines et bons petits crus… Ici, la cuisine de l'océan prend de la bouteille – mais de belles viandes sont aussi à l'honneur. Praires de Normandie servies crues, gelée de limonade et mini-betterave Chioggia ; magret de canard, courgettes, pêche blanche, purée d'oignons rouges et basilic ; etc. : les habitués sont toujours plus nombreux à tomber sous le charme de ces (re-) créations bistrotières ! Il y a même une table de sept places en cuisine, avec menu dégustation unique et vue sur les fourneaux du chef…

Fogón

CUISINE ESPAGNOLE • TENDANCE

45 quai des Grands-Augustins
01 43 54 31 33
www.restaurantfogon.com
St-Michel

PLAN : D1
Fermé 3 semaines en août et lundi

Menu 36 € (déjeuner en semaine)/51 € – Carte 42/67 €

Issu d'une vieille famille de restaurateurs castillans, Juan Alberto Herráiz connaît bien les secrets de la cuisine espagnole, qu'il défend avec passion. Une cuisine vivante, conviviale et authentique. Pour preuve, les charcuteries ibériques et les traditionnelles paellas à déguster seul ou à partager à deux ou plus (aux légumes, à la valencienne, noir aux seiches et calamars, aux langoustines, etc.), les tapas réinterprétées avec originalité, jusque dans le registre sucré… Cette singularité se retrouve dans le décor élégant de la salle habillée de blanc et de mauve. Chaque élément y a été pensé, de l'éclairage au design des tables, imaginées par le chef lui-même, cachant des tiroirs où sont rangés les couverts. Belle carte des vins 100 % espagnole et petite sélection du mois.

Invictus

CUISINE TRADITIONNELLE • BISTRO

5 r. Ste-Beuve
01 45 48 07 22
Notre-Dame des Champs

PLAN : B3
Fermé 1 semaine début janvier, 1 semaine début septembre, dimanche et lundi midi

Menu 38 € – Carte 39/58 €

A/C "Je suis le maître de mon destin / Je suis le capitaine de mon âme" : voilà la magnifique conclusion d'*Invictus,* poème cher à Nelson Mandela, qui a donné son nom au film que Clint Eastwood a consacré au grand homme. Ces mots n'ont pu qu'inspirer Christophe Chabanel, ancien chef de la Dînée (dans le 15e arrondissement), de retour à Paris après six années passées en Afrique du Sud. Il a installé son nouveau bistrot dans une petite rue voisine du jardin du Luxembourg, derrière une belle façade de bois et de verre. À la carte, gambas rôties au soja et sésame, rognon de veau entier cuit au four et jus corsé ; une cuisine sobre et parfumée, qui évolue tous les mois et respecte le rythme des saisons. Un régal ! Assez logiquement, le chef a rapidement retrouvé les suffrages de la clientèle et fait salle comble. Ce n'est que justice...

KGB

CUISINE CRÉATIVE • DESIGN

25 r. des Grands-Augustins
01 46 33 00 85
www.zekitchengalerie.fr
St-Michel

PLAN : D1
Fermé 1er-20 août, dimanche et lundi

Formule 29 € – Menu 55 € (déjeuner)/66 € – Carte 49/60 € 

L'enseigne semble un nom de code pour initiés ; elle est pourtant d'une parfaite – et savoureuse – transparence. KGB, pour Kitchen Galerie Bis, table épigone de la célèbre Ze Kitchen Galerie lancée par l'infatigable William Ledeuil. L'esprit est le même qu'à la maison mère, et l'on s'en réjouit : mobilier minimaliste, touches de couleurs et murs couverts de tableaux contemporains, façon galerie d'art... On découvre les recettes fusion qui ont fait le succès du chef, mêlant tradition hexagonale et assaisonnements asiatiques : gingembre, miso ou coriandre se marient au maquereau, à la joue de veau et aux champignons, pour de délicats mariages de saveurs. Les menus, à midi et le soir, permettent d'accompagner le tout de "zors-d'œuvres", ou la déclinaison maison des hors d'œuvres à la française. "Ze" bonne affaire !

Mangetout

CUISINE MODERNE • DESIGN

82 r. Mazarine
01 43 54 02 11
www.mangetout.fr
Ⓜ Odéon

PLAN : C1
Fermé août, dimanche et lundi

Menu 19 € (déjeuner)/28 € – Carte 36/46 €

Alain Dutournier (Carré des Feuillants) demeure le maître d'œuvre incontesté d'un concept original, celui de tapas à la française. Et c'est ainsi que l'on peut "picorer" des chipirons façon pibales, une terrine pistachée de canard et foie gras des Landes, des chips d'ail et gingembre, ou un cassoulet tout ce qu'il y a d'authentique. Les amoureux du Sud-Ouest apprécieront les clins d'œil à leur région fétiche – Dutournier est né dans les Landes –, et les autres, le côté gourmand et canaille de ces belles préparations... Le cadre, lui, est sobre et un brin arty, avec du mobilier signé Alberto Bali. Dernier atout : des prix plutôt raisonnables. On ne fait qu'une bouchée d'une telle formule !

Marco Polo

CUISINE ITALIENNE • TRADITIONNEL

8 r. de Condé
01 43 26 79 63 (réservation conseillée)
www.restaurant-marcopolo.com
Ⓜ Odéon

PLAN : C2

Formule 21 € – Menu 36 € – Carte 45/65 € 

Sénateurs venus en voisins, éditeurs du quartier et amateurs de cuisine transalpine : les habitués sont nombreux et apprécient l'atmosphère à la fois feutrée et conviviale qui règne au Marco Polo... D'ailleurs, ça ne date pas d'hier, puisque Renato Bartolone a ouvert ce restaurant en 1977. Le chef qu'il a embauché, originaire de la région des Pouilles, concocte une cuisine sans esbroufe, mais franche, solide et soignée. Les antipasti mettent évidemment en appétit, et les pâtes sont travaillées dans les règles de l'art. Raviolis aux cèpes, spaghettis aux vongole : il y en a vraiment pour tous les goûts, sans même parler du risotto du jour... Un conseil : pour suivre Marco Polo dans son voyage, réservez votre traversée !

La Méditerranée

POISSONS ET FRUITS DE MER • BRASSERIE

2 pl. Odéon
01 43 26 02 30
www.la-mediterranee.com
Odéon

PLAN : C2
Fermé 24-31 décembre

Formule 29 € – Menu 29/36 € – Carte 55/73 €

Sur une élégante placette en face du théâtre de l'Europe, ce restaurant assume avec panache son héritage marin : joliment habillée d'un dessin de Cocteau, la façade bleu nuit évoque subtilement les profondeurs mystérieuses de "mare nostrum". Les trois salles à manger composent un décor agréable, très parisien avec ses fresques, et ensoleillé par une plaisante véranda. Sans surprise, la carte fait la part belle aux produits de la mer, préparés avec talent par une équipe bien rodée. Soupe de poissons de roche, bouillabaisse, coquillages et crustacés cuisinés à la minute sont de première fraîcheur, exhibant sans complexe leur accent du Sud, autour de marinades d'huile d'olive, d'herbes parfumées et de saveurs safranées. Il ne manque que la Grande Bleue et le clapotis des vagues !

Quinsou

CUISINE CRÉATIVE • BISTRO

33 r. de l'Abbé-Grégoire
01 42 22 66 09
St-Placide

PLAN : B2
Fermé août, 2 semaines à Noël, dimanche et lundi

Formule 28 € – Menu 35 € (déjeuner), 48/65 €

En face de la fameuse école Ferrandi chante désormais un pinson (Quinsou en occitan), dont les suaves vocalises gastronomiques risquent fort d'influencer les grandes toques de demain ! Le chef s'appelle Antonin Bonnet. Vous le connaissiez au défunt Sergent Recruteur (établissement emporté par la chute de son propriétaire et initiateur du projet "Jeune Rue") : il se réinvente dans le cadre chaleureux d'un bistrot à l'esprit vintage, avec patchwork de carreaux de ciments, parquet en chêne, et luminaires suspendus. Et il n'a rien perdu de son talent ! Dans l'assiette gazouille le produit, d'excellente qualité. On se régale par exemple des légumes du Bec Hellouin ou d'une lotte, potimarron, et sauce curry. Une belle table, animée par un chef passionné.

La Rotonde

CUISINE TRADITIONNELLE • BRASSERIE

105 bd Montparnasse
01 43 26 68 84
www.rotondemontparnasse.com
Vavin

PLAN : B3

Formule 24 € – Menu 44 € – Carte 30/80 €

A/C

À deux pas des nombreux théâtres de la rue de la Gaîté, cette Rotonde incarne depuis plus d'un siècle l'essence même de la brasserie parisienne. Le décor est typique – très marqué par les années 1930 – avec ses cuivres omniprésents et ses banquettes de velours rouge. Quant à la carte, elle combine opportunément les classiques du genre et les plats de facture plus traditionnelle, toujours réalisés avec de bons produits : le tartare de bœuf de race française, par exemple, est la spécialité de la maison. L'équipe en salle est aimable et souriante – c'est toujours appréciable ! – et comme dans toutes les authentiques brasseries de Paris ou d'ailleurs, on vous accueille jusque tard dans la nuit (1h). Un repaire de choix pour les théâtrophiles affamés !

Semilla

CUISINE MODERNE • BRANCHÉ

54 r. de Seine
01 43 54 34 50
www.semillaparis.com
Odéon

PLAN : C1
Fermé 2 semaine en août et 23 décembre-2 janvier

Formule 23 € – Carte 42/66 €

Une bonne "graine" (*semilla* en espagnol) que ce bistrot né à l'initiative des patrons du fameux bistrot Fish La Boissonnerie, situé juste en face. Cette adresse a donc de qui tenir et elle est elle-même emmenée par une équipe passionnée, jeune et ultramotivée : il suffit de regarder la petite brigade en train de s'activer derrière les fourneaux (ouverts sur la salle) pour en mesurer le professionnalisme – mais aussi la décontraction contagieuse... Les fournisseurs sont triés sur le volet, les assiettes ficelées avec soin et inspiration, et accompagnées de jolis petits vins (intéressant choix au verre) – avec aussi de très bons fromages, ce qui n'est plus si courant. Le tout se joue dans un décor plutôt branché et sympathique. Semilla, sémillante adresse !

Shu

CUISINE JAPONAISE • ÉPURÉ

8 r. Suger
01 46 34 25 88 (réservation conseillée)
www.restaurant-shu.com
Ⓜ St-Michel

PLAN : D1
Fermé vacances de printemps, 3 semaines en août, dimanche et le midi

Menu 38/63 €

Une cave du 17e s. dans le quartier St-Michel, à laquelle on accède par une minuscule porte et un escalier périlleux qui imposent de courber l'échine... Ainsi pourrait débuter une messe secrète... Et en effet, on rendrait bien des dévotions à la cuisine d'Ukai Osamu, grand maître de Shu ! Ce jeune chef, formé auprès de quelques grandes tables nippones de la capitale, se montre intraitable sur la qualité des produits. Il excelle notamment dans les kushiage – de petites brochettes frites de légume, viande, tofu et autres, bien croustillantes, légères et parfumées –, mais vous concocte aussi des recettes japonaises variant au gré des saisons, ainsi que les incontournables sushis et sashimis... Précision dans la découpe du poisson, dans le frémissement des bouillons, flaveur des assaisonnements (gingembre, sésame, wasabi, etc.) : on sort converti.

Sur la Braise

VIANDES • TENDANCE

19 r. Bréa
01 43 27 08 80
www.surlabraise.com
Ⓜ Vavin

PLAN : B3
Fermé 1er-21 août et dimanche

Formule 21 € – Menu 49/69 € – Carte 49/86 €

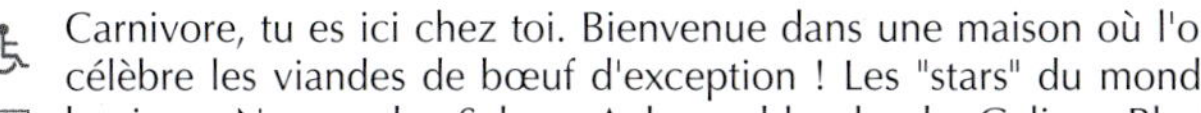

Carnivore, tu es ici chez toi. Bienvenue dans une maison où l'on célèbre les viandes de bœuf d'exception ! Les "stars" du monde bovin – Normande, Salers, Aubrac, blonde de Galice, Black Angus, Hereford, Wagyu – sont maturées pendant 15 ou 30 jours et proposées au client par portions de 200, 300 ou 500g, et grillées dans un four à braise. Quel que soit l'accompagnement que tu auras choisi (frites ou purée maison, wok de légumes), tu verras que la simplicité est de mise : tout le plaisir est dans la qualité des produits et dans la précision des cuissons. Tu apprécieras aussi sûrement le décor, moderne et chaleureux, avec son comptoir, sa cave à vins vitrée et son ambiance sympathique. Je n'ai plus qu'à te souhaiter un bon appétit !

Taokan - St-Germain

CUISINE CHINOISE • TENDANCE

8 r. du Sabot
01 42 84 18 36
www.taokan.fr
Ⓜ St-Germain des Prés

PLAN : C2
Fermé 1er-16 août et dimanche midi

Menu 24 € (déjeuner), 29/37 € – Carte 43/66 €

Au cœur de St-Germain-des-Prés, ce joli restaurant s'est fixé un défi de taille : offrir une vision nouvelle de la gastronomie chinoise (et particulièrement cantonaise, avec quelques détours par Taïwan) en réinventant les codes du genre. La carte offre un large panorama de préparations originales et raffinées : poisson, canard façon Taokan, bœuf spicy ou loc lac, et surtout les incontournables dim-sum maison, pour lesquels on se déplace depuis tous les arrondissements de la ville... L'ensemble se déguste dans un décor actuel avec son parquet clair, son mobilier en ébène, ses plaques translucides aux murs et ses teintes de rouge en clin d'œil aux claustras traditionnels, tandis que la cuisine vitrée, à demi ouverte sur la salle, communique à la clientèle une belle énergie créatrice. Dépaysant !

Teppanyaki Ginza Onodera

CUISINE JAPONAISE • INTIME

6 r. des Ciseaux
01 42 02 72 12 (réservation conseillée)
Ⓜ Mabillon

PLAN : C1-2
Fermé le midi sauf vendredi-samedi et dimanche

Menu 85 € (semaine)/150 € 

Bien loin de Ginza – l'un des quartiers les plus huppés de Tokyo –, on sonne à la porte de cette discrète maison parisienne, dont la façade ne laisse rien deviner de ce qui se trame à l'intérieur... On est accueilli dans une salle intimiste et feutrée et l'on s'installe face au teppanyaki – une plaque chauffante utilisée dans la cuisine japonaise. Bar cuit à la vapeur et sauce au safran, bœuf Simmental et riz à l'œuf, oignons et légumes au vinaigre... La carte fait la part belle à de bons produits ; les assiettes révèlent de belles surprises, tant au niveau des textures que des saveurs.

Toyo

CUISINE CRÉATIVE • DESIGN

17 r. Jules-Chaplain
01 43 54 28 03
www.restaurant-toyo.com
Vavin

PLAN : B3
Fermé 2 semaines en août, lundi midi et dimanche

Menu 39 € (déjeuner), 49/130 €

Dans une autre vie, Toyomitsu Nakayama était le chef personnel du couturier Kenzo ; aujourd'hui, il excelle dans l'art d'assembler les saveurs et les textures, entre France et Japon. Dans son petit restaurant zen et très épuré, pas de carte, mais deux menus le midi et le soir, qui changent selon l'inspiration du moment... Toyo a évidemment quelques plats-signatures, dont la paella japonaise aux fruits de mer, ou cet étonnant cabillaud fumé Ô-cha (au thé). Et que dire du tiramisu au thé vert ? Il résume à lui seul la cuisine du lieu : fraîche, fine et parfumée. Un mariage franco-nippon des plus heureux !

Tsukizi

CUISINE JAPONAISE • ÉPURÉ

2 bis r. des Ciseaux
01 43 54 65 19
St-Germain des Prés

PLAN : C1
Fermé 3 semaines en août, dimanche midi et lundi

Formule 20 € – Carte 28/55 €

Cette minuscule adresse, essentiellement fréquentée par les habitués – des Japonais et quelques touristes –, se fait discrète dans une ruelle entre la rue du Four et le boulevard St-Germain. Elle respire la simplicité avec trois petites tables au fond de la salle. Comme au Japon, on s'installe en priorité au comptoir (une dizaine de places) afin d'observer, aux premières loges, ce qui se joue en cuisine. Là, le chef découpe les poissons du jour, exposés dans de petites vitrines réfrigérées, pour ses sashimis, sushis, makis et autres préparations. Dans le respect de la tradition, évidemment. Le temps d'un repas, on s'imaginerait presque dans un vrai sushi ya de Tokyo.

Un Dimanche à Paris

CUISINE MODERNE • TENDANCE

4 cours du Commerce-St-André
01 56 81 18 18
www.un-dimanche-a-paris.com
Odéon

PLAN : C2
Fermé 1er-22 août, dimanche soir et lundi

Formule 25 € – Menu 29 € (déjeuner en semaine), 37/62 € – Carte 40/64 €

Chocolat addicts, ce "concept store", à la fois restaurant, salon de thé, boutique et école de cuisine, est pour vous ! Ce paradis dédié au cacao sous toutes ses formes est élégant, épuré selon les critères de la décoration contemporaine, et s'enroule drôlement autour des vestiges de la tour Philippe-Auguste. 1210 ! Époque cruelle où l'Europe n'avait pas encore eu vent de l'existence du cacao… Heureusement ces temps sont révolus, et viandes et poissons, grâce à l'inventivité de William Caussimon, sont habilement rehaussés de jus ou de vinaigrette au chocolat noir, de sauce aux effluves épicés, d'émulsion de chocolat blanc, etc. Les rappels sont discrets, les harmonies subtiles et les produits de qualité. Mention spéciale pour les desserts, qui sont de pures délices ! Enfin, n'hésitez pas à faire un détour par la boutique, dans les locaux qui abritaient autrefois l'imprimerie de Marat…

Wadja

CUISINE TRADITIONNELLE • BISTRO

10 r. de la Grande-Chaumière
01 46 33 02 02
www.wadjarestaurant.fr
Vavin

PLAN : B3
Fermé 3 semaines en août, 1 semaine à Noël, samedi, dimanche et fériés

Formule 20 € – Menu 42/48 €

Fondé en 1942 par les Wadja, un couple d'origine polonaise, le Wadja porte non seulement toujours le nom des anciens propriétaires, mais il n'a rien perdu de son âme d'antan… Sol en mosaïque, zinc, miroirs, vieilles affiches, tout ici respire l'authenticité. Y compris l'assiette du chef Mathieu Longchamps : au gré du marché, on se régale d'un carpaccio de céleri, moelle de bœuf, moutarde et estragon, un agneau de lait rôti au citron, ou encore une crêpe fourrée à la compote d'aubergine et à la cardamome… Des délices qui s'accompagnent de vins de petits propriétaires privilégiant la biodynamie. Une adresse pour les amoureux de la tradition bistrotière et de l'ambiance surannée du Montparnasse d'autrefois.

Yen

CUISINE JAPONAISE • TENDANCE

22 r. St-Benoît
01 45 44 11 18
www.yen-paris.fr
St-Germain-des-Prés

PLAN : C1
Fermé 2 semaines en août et dimanche

Formule 45 € – Menu 71 € (dîner) – Carte 24/84 €

A/C

Ce restaurant typiquement japonais est d'une extrême discrétion : sa façade en bois respire une sobriété tout orientale et s'ouvre par une modeste porte latérale. Elle cache deux salles d'inspiration zen (murs blancs, sobre mobilier en bois clair), mais le rez-de-chaussée, ouvert sur la rue, est assez animé : préférez l'étage pour plus d'espace et d'intimité (belles poutres apparentes). La spécialité du chef ? Le soba : des pâtes de sarrasin découpées en fines lamelles et assaisonnées de façon variée. Que les amateurs de sushis se rassurent, les traditionnels poissons crus sont également au menu. L'endroit attire une importante clientèle nippone qui apprécie l'authenticité des mets et la rigueur du service.

7e

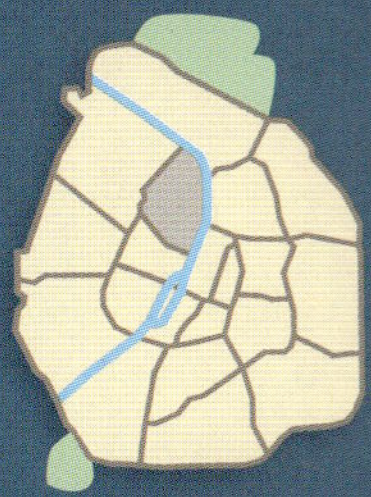

Tour Eiffel · École Militaire · Invalides

Bruno Bernier / Fotolia.com

Tour Eiffel, École Militaire, Invalides

1er
6e
JARDIN DES TUILERIES
ASSEMBLÉE NATIONALE
MUSÉE D'ORSAY
LES INVALIDES
JARDIN DU LUXEMBOURG
Garance
Loiseau rive Gauche
Les Climats
Gaya Rive Gauche par Pierre Gagnaire
Le 122
La Ferme St-Simon
Auguste
Chez Graff
ES
L'Affable
L'Atelier de Joël Robuchon-St-Germain
Laiterie Ste Clotilde
Arpège
Clover
Le Récamier
Les Botanistes
Aida
L'Inconnu
Plume
Nakatani

Arpège ✿✿✿

CUISINE CRÉATIVE • ÉLÉGANT

84 r. de Varenne
✆ 01 47 05 09 06
www.alain-passard.com
Ⓜ Varenne

PLAN : C2
Fermé samedi et dimanche

Menu 145 € (déjeuner), 320/380 € – Carte 225/305 € XXX

Dos Santos Lemone/L'Arpège

Plusieurs décennies déjà qu'Alain Passard a pris ses quartiers près du musée Rodin. Artiste "impressionniste", expert en cuissons et auteur d'une cuisine épurée, aboutie, d'une apparente simplicité, il s'attache depuis de nombreuses années à explorer les possibilités culinaires du légume, apportant toute sa noblesse à ce produit d'ordinaire servi en accompagnement. Très attentif aux saisons, il possède même trois potagers dans l'Ouest de la France. Illustration, si besoin est, du goût pour l'authenticité de cet homme passionné et exigeant...
Son discret restaurant – presque insoupçonnable dans la rue de Varenne – lui ressemble : sérénité et modernité du décor ponctué de bacchanales en cristal Lalique, motifs de vagues sur les vitres, et un unique portrait, celui de Louise, sa grand-mère cuisinière. À la fin du repas, les curieux feront une halte à l'Arrière-Cuisine, pour admirer à loisir les créations graphiques du chef, comme ces collages de fruits et légumes, inspirés... et inspirants !

ENTRÉES

- Fines ravioles potagères multicolores, consommé aux légumes
- Aiguillettes de homard au vin jaune

PLATS

- Corps-à-corps de volaille haute couture
- Jardinière de légumes arlequin et merguez végétale à l'harissa

DESSERTS

- Tarte aux pommes bouquet de roses
- Millefeuille "caprice d'enfant"

L'Atelier de Joël Robuchon - St-Germain ✿✿

CUISINE CRÉATIVE • DESIGN

5 r. de Montalembert
01 42 22 56 56
www.joel-robuchon.net
Rue du Bac

PLAN : D2
Accueil de 11h30 à 15h30 et de 18h30 à minuit. Réservations uniquement pour certains services : se renseigner.

Menu 179 € – Carte 80/170 €

L'Atelier de Joël Robuchon

Restaurant à part dans le paysage gastronomique, qui balaie les conventions sans négliger le goût du raffinement, l'Atelier de Joël Robuchon a de quoi intriguer. Plongés dans une semi-pénombre étudiée, deux bars se répondent autour de la cuisine centrale où les plats sont élaborés sous le regard des hôtes, assis au comptoir sur de hauts tabourets (on peut aussi préférer la petite salle voisine, plus traditionnelle mais tout aussi confidentielle). Laque noire, granit sombre, faisceaux rougeoyants : le travail de l'architecte Pierre-Yves Rochon colle parfaitement à cette première déclinaison du concept imaginé par Robuchon – qui en a essaimé depuis dans le monde entier. Une idée de "cantine chic", version occidentale du teppanyaki et des bars à sushis nippons, avec au menu une cuisine "personnalisable" (sous forme de petites portions et d'assiettes) ciselée avec une précision d'orfèvre et des ingrédients de choix. Et même, en prime, des influences ibériques et une belle sélection de vins au verre ! À noter : pas de réservation hormis pour les services de 11h30 et 18h30.

ENTRÉES

- Langoustine en ravioli truffé à l'étuvée de chou vert
- Caviar sur un œuf de poule mollet et friand au saumon fumé

PLATS

- Agneau de lait en côtelettes à la fleur de thym
- Merlan frit Colbert, beurre aux herbes

DESSERTS

- Ganache onctueuse au chocolat araguani, glace au grué de cacao et biscuit Oréo
- Soufflé passion, fraicheur d'ananas et sorbet piña colada

Sylvestre ✿✿

CUISINE MODERNE • ÉLÉGANT

79 r. St-Dominique (1er étage)
01 47 05 79 00 (réservation conseillée)
www.thoumieux.fr
La Tour Maubourg

PLAN : B1
Fermé 1er-28 août, mardi midi, mercredi midi, samedi midi, dimanche et lundi

Menu 85 € (déjeuner), 175/250 € – Carte 155/195 € 

Alban Couturier / Sylvestre

Nombreux sont ceux, à Paris, qui ont noté dans leurs calepins la date d'arrivée de Sylvestre Wahid dans le 7e arrondissement... et l'on comprend aisément pourquoi. Installez-vous dans la salle à manger feutrée et cosy, boudoir intimiste à la lumière tamisée : la seule mélodie que vous percevrez sera celle de vos papilles. Mes aïeux, quelle partition !

Sylvestre Wahid est un véritable artiste, comme en témoigne cette eau de concombre et cannelloni végétal, une stupéfiante variation de vert comme un clin d'œil aux plantes qui aèrent la salle. Poursuivez la promenade avec les cèpes en trois préparations, et l'impression d'une balade en forêt sous le soleil d'automne. L'agneau de lait, parfaitement rosé, apportera ensuite densité et texture à l'architecture du repas. Le fromage ne s'offrira qu'à ceux qui se lèvent, avant que ne s'achève la symphonie gourmande par des figues rôties au jus de sycomore, comme un adieu à l'été évanoui...

ENTRÉES

- Œuf de poule, céleri et truffe noire en chaud froid
- Fleur de courgettes et céréales torréfiées, caviar oscièttre

PLATS

- Pigeon des Costières à la feuille de sauge, navet glaçon fumé-brûlé
- Agneau de lait, aubergine violette, graines de cumin et jus aux herbes

DESSERTS

- Fine tarte au citron soufflée au chocolat grand cru, sorbet aux agrumes
- Pomme granny smith, crémeux gingembre et yuzu

Aida ✿

CUISINE JAPONAISE • ÉLÉGANT

1 r. Pierre-Leroux
01 43 06 14 18 (réservation conseillée)
www.aida-paris.net
Vaneau

PLAN : C3
Fermé 1 semaine en mars, 3 semaines en août, lundi et le midi

Menu 160/280 €

Aida

La façade blanche de ce petit restaurant niché dans une ruelle se fond si bien dans le paysage qu'on risque de passer devant sans la remarquer. Grave erreur ! Derrière se cache un secret jalousement gardé, celui d'une délicieuse table nippone. L'intérieur se révèle élégant et sans superflu, à l'image des établissements que l'on trouve au Japon. Au choix, attablez-vous au comptoir (seulement neuf places) pour être aux premières loges face aux grandes plaques de cuisson (teppanyaki), ou dans le petit salon privé sobrement aménagé avec son tatami.

Au gré d'un menu dégustation unique, vous découvrirez une cuisine fine et pointue, tissant de beaux liens entre le Japon et la France ; les assaisonnements, les cuissons et les découpes ne font que souligner l'ingrédient principal, servi dans sa plus simple expression. Sashimis, homard de Bretagne, chateaubriand ou ris de veau, cuits au teppanyaki, s'accompagnent de bons vins de Bourgogne, sélectionnés avec passion par le chef. Service très attentif et prévenant.

ENTRÉES	PLATS	DESSERTS
• Sashimi	• Teppanyaki	• Wagashi

Auguste ✿

CUISINE MODERNE • ÉLÉGANT

54 r. de Bourgogne
✆ 01 45 51 61 09 (réservation conseillée)
www.restaurantauguste.fr
Ⓜ Varenne

PLAN : C2
Fermé 1er-15 août, samedi et dimanche

Menu 37 € (déjeuner), 88/154 € 🍷 – Carte 85/113 € ✗✗

A/C

Auguste

Ambiance zen du côté des ministères ! La petite maison de Gaël Orieux – à peine une trentaine de couverts – offre un calme inattendu dans son élégant cadre contemporain, aux lignes faussement simplistes. L'ambiance se révèle feutrée et élégante, avec banquette sombre, miroirs, murs blancs sculptés et jolis fauteuils confortables...

Un espace chic et "classe" où l'on déguste une cuisine d'une sage modernité : huîtres creuses perles noires, gelée d'eau de mer, mousse de raifort, poire comice ; bar de ligne à la compotée de tomates, écume d'orange fleurée à la cannelle... La carte, courte mais très souvent renouvelée, séduit par sa variété et la qualité des produits. Gaël Orieux s'approvisionne au marché et a fait notamment le choix de ne servir que des poissons dont l'espèce n'est pas menacée (mulet noir, maigre, tacaud). Quant au choix de vins, il invite à d'agréables découvertes à prix étudiés.

ENTRÉES

- Croustillant de langoustine à la verveine, bavarois de céleri branche et réduction de kumquat
- Huîtres creuses, gelée d'eau de mer, raifort et poire comice

PLATS

- Ris de veau, pralin de cacahouètes, girolles, abricots secs et vin du Jura
- Turbot, raviole au vieux parmesan, bouillon au lait de coco et citron vert

DESSERTS

- Soufflé au chocolat pur Caraïbe, glace au miel
- Baba au rhum, agrumes confits, chantilly au chocolat ivoire et infusion de vanille

Les Climats ✿

CUISINE MODERNE • VINTAGE

41 r. de Lille
✆ 01 58 62 10 08
www.lesclimats.fr
Ⓜ Rue du Bac

PLAN : D2
Fermé 12-20 février, 3 semaines en août, 25 décembre-2 janvier, dimanche et lundi

Menu 45 € (déjeuner), 110/180 € 🍷 – Carte 95/130 €

Les Climats

Le restaurant est installé dans le cadre atypique de l'ancienne Maison des Dames des Postes, Télégraphes & Téléphones, qui hébergea à partir de 1905 les opératrices des PTT. Disons-le tout de go : l'intérieur, d'un style Art nouveau assumé, est somptueux. Mosaïque ancienne au sol, plafond dont les arches sont égayées de motifs fleuris, luminaires originaux en laiton, vitraux, gros fauteuils rouges, etc.
Côté assiette, Julien Boscus, jeune chef ayant fait ses classes chez Yannick Alléno et Pierre Gagnaire, compose des assiettes qui n'ont rien de... téléphoné. Sa signature ? Une alliance raffinée de recettes d'inspiration française et d'une créativité distillée avec tact. Beaux produits et accords gustatifs reconnectent tous les sens !
Et n'oublions pas les deux grandes caves vitrées, offrant une vue sur de belles bouteilles, et notamment l'une des plus riches sélections de vins de Bourgogne à Paris – la région étant précisément connue pour ses fameux "climats"...

ENTRÉES

- Tourteau, daurade royale, couteaux et légumes de saison assaisonnés d'une sauce tosazu
- Foie gras de canard cuit en terrine au naturel

PLATS

- Poitrine de pigeonneau rôtie, caillette de cuisse au chou et sauce salmis
- Selle d'agneau fermier rôtie, côte façon milanaise et jus à la marjolaine

DESSERTS

- Biscuit soufflé chaud parfumé à l'amaretto et sucs de cerises noires
- Dôme chocolat guanaja au cœur mentholé, sorbet à la menthe poivrée

David Toutain ✿

CUISINE MODERNE • DESIGN

29 r. Surcouf
01 45 50 11 10
www.davidtoutain.com
Invalides

PLAN : B1
Fermé samedi et dimanche

Menu 55 € (déjeuner), 80/110 €

David Toutain

Le voici chez lui, David Toutain, qui s'était fait connaître dans de bien belles tables (Arpège, Agapé Substance...). Il s'est récemment établi dans cette rue discrète du quartier des ministères, que l'on n'est pas habitué à voir comme un tel carrefour de tendances. De fait, derrière ce nom de David Toutain, c'est toute une mouvance culinaire qui s'agite : le jeune chef est la coqueluche des "foodistas" parisiens, il convient de réserver très à l'avance pour obtenir une place...

La table réserve en effet une expérience délicieuse, exemplaire du goût contemporain ! L'espace, d'abord : une forme de loft, tout en matériaux bruts (bois, béton), aux lignes scandinaves. L'assiette également n'est pas sans évoquer cette Europe du Nord aujourd'hui si en vue. Goût du végétal, associations inédites, légèreté et graphisme épuré : la parenté est palpable, et pourtant, la finesse, la créativité, la palette d'expressions du chef révèlent une vraie singularité et même une forme de sagesse. S'inscrire pleinement dans une génération tout en étant soi-même : un bel équilibre !

SPÉCIALITÉS

- Cuisine du marché

Divellec 

POISSONS ET FRUITS DE MER • CHIC

18 r. Fabert
01 45 51 91 96
www.divellec-paris.fr
Invalides

PLAN : B1

Menu 55 € (déjeuner en semaine), 90/190 € – Carte 60/110 € 

Michelin

Le célèbre restaurant de Jacques Le Divellec (de 1983 à 2015) change légèrement de nom, prétexte à une nouvelle naissance. La maison est désormais tenue par Mathieu Pacaud, fils de Bernard Pacaud, mais totalement émancipé de la tutelle paternelle après les ouvertures des restaurants Hexagone et Histoires, à Paris. La thématique culinaire est toujours orientée vers le grand large : carte et menus, composés au gré de la marée, sacralisent de très beaux produits.
On se régale par exemple d'une langoustine juste pochée en tropézienne anisée ; d'un minestrone d'écrevisses, nage montée au beurre de basilic ; d'un saint-pierre à l'oseille ; d'une aiguillette de sole au vin jaune, salsifis braisés. On conclut par le soufflé du moment, dernière respiration d'un moment privilégié, fait de saveurs et d'embruns. Bien installé sur le pont, on profite de la jolie vue sur l'esplanade des Invalides. On a même récupéré une ancienne librairie pour agrandir le lieu et créer une salle d'inspiration jardin d'hiver. Le vent du large souffle à nouveau sur cette maison : le signe d'une renaissance réussie !

ENTRÉES

- Minestrone d'écrevisses, nage montée au beurre de basilic
- Calque de bar, bonbons de pomme verte et baie rose

PLATS

- Saint-pierre à l'oseille et cocos de Paimpol à la moutarde de Cremone
- Aiguillette de sole au vin jaune, salsifis braisés

DESSERTS

- Soufflé au chocolat et glace à la vanille Bourbon
- Blanc-manger aux fruits exotiques

ES ❀

CUISINE MODERNE • ÉPURÉ

91 r. de Grenelle
✆ 01 45 51 25 74 (réservation conseillée)
www.es-restaurant.fr
Ⓜ Solférino

PLAN : C2
Fermé 3 semaines en août, mardi midi, dimanche et lundi

Menu 42 € (déjeuner en semaine)/105 € XX

A/C

Kojlma Yosuke/ES

Une adresse créée en 2013 par Takayuki Honjo, jeune chef japonais adepte, comme nombre de ses compatriotes, de cuisine et de culture françaises. Ancien de plusieurs grandes maisons (Astrance à Paris, Quintessence à Tokyo, Mugaritz au Pays basque), il a pensé son restaurant dans les moindres détails : une salle blanche et très épurée, presque monacale, où le mobilier moderne ne cherche pas à attirer l'attention ; contre la baie vitrée, un léger voilage permet d'isoler la salle de la rue. Dans ce contexte, le repas peut s'apparenter à une forme de cérémonie...
Dès les premières bouchées, le talent du chef saute aux papilles ! Foie gras et oursins, ou pigeon et cacao : les associations fonctionnent sans fausse note, les saveurs se mêlent intimement, et l'harmonie des compositions est toujours subtile, avec un sens de l'économie qui rappelle les racines nippones du jeune homme – bien que les fondamentaux de la cuisine française soient parfaitement maîtrisés. Enfin, la carte des vins rend un vibrant hommage à la Bourgogne. Encore un bel apport du Japon à la France !

SPÉCIALITÉS

- Cuisine du marché

Les Fables de La Fontaine ✿

CUISINE MODERNE • BISTRO

131 r. St-Dominique **PLAN : B2**
01 44 18 37 55 (réservation conseillée)
www.lesfablesdelafontaine.net
Ⓜ École Militaire

Formule 25 € – Menu 70 € – Carte 45/65 €

A/C

Les Fables de La Fontaine

"Rien ne sert de courir, il faut partir à point". À l'encontre de la morale du *Lièvre et la Tortue*, courez découvrir ces Fables gourmandes ! La salle à manger, lumineuse et épurée, a des airs de bistrot contemporain, où les murs en pierre apparente côtoient des fenêtres de style industriel… Aux commandes de la brigade, Julia Sedefjian, ancienne seconde du restaurant. La jeune femme compose une cuisine résolument moderne, parfumée et pleine de couleurs, et fait preuve d'une impressionnante maturité dans ses préparations. Textures et saveurs tombent toujours pile-poil, que ce soit ce croustillant de langoustines au basilic et émulsion d'agrumes ; le turbot en vapeur de foin, laitue de mer aux coquillages ou la sole meunière. Des plats que l'on savoure dans une ambiance chic et jeune, elle aussi parfaitement délicieuse.

ENTRÉES

- Jaune d'œuf croustillant, poireau croquant, vinaigrette d'algues, haddock cru et cuit
- Huîtres fumées au foin, gelée d'eau de mer, yuzu et salicornes

PLATS

- Aïoli de lieu, petits légumes de saison glacés et huile d'olive
- Bourride niçoise

DESSERTS

- Sablé breton, crème et sorbet citron, meringue au poivre
- Soufflé à la banane, cœur coulant coco et glace coco

Garance ✿

CUISINE CRÉATIVE • DESIGN

34 r. St-Dominique
✆ 01 45 55 27 56 (réservation conseillée)
www.garance-saintdominique.fr
Ⓜ Invalides

PLAN : C1
Fermé samedi et dimanche

Menu 39 € (déjeuner), 68/88 € – Carte 77/90 €

A/C

Garance

Qu'elle est jolie et sympathique, cette Garance née de l'association de deux anciens de l'Arpège, Guillaume Muller (en salle) et Guillaume Iskandar (aux cuisines). À deux pas de l'esplanade des Invalides, leur bistrot contemporain semble faire souffler un vent de fraîcheur sur tout l'arrondissement. Un vent porteur de délicieux parfums !

Le chef signe en effet une belle cuisine, aux accents assez personnels et mettant toujours en avant le produit : de là des recettes sans fioritures, qui varient au gré des saisons et dévoilent à la fois une vraie modernité et un authentique savoir-faire de cuisinier. Le plaisir est au rendez-vous, le soir, où la carte est plus ambitieuse, comme le midi, où le menu proposé offre un excellent rapport qualité-prix.

Côté décor, le choix est donné entre le rez-de-chaussée, où un petit comptoir ouvrant sur les cuisines permet d'assister en direct à la réalisation des plats, et l'étage qui évoque un petit appartement haussmannien revu à la sauce contemporaine. Dans les deux cas, le service est charmant. Garance ? Celle des Enfants du Paradis ?

SPÉCIALITÉS

- Cuisine du marché

Gaya Rive Gauche par Pierre Gagnaire ✿

POISSONS ET FRUITS DE MER • COSY

44 r. du Bac
01 45 44 73 73
www.pierre-gagnaire.com
Ⓜ Rue du Bac

PLAN : D2
Fermé 2 semaines en août, vacances de Noël, lundi et dimanche

Formule 48 € – Menu 65 € (déjeuner) – Carte 55/100 €

A/C

Jacques Gavard / Gaya Rive Gauche par Pierre Gagnaire

Sa seconde adresse à Paris, Pierre Gagnaire – qui possède plusieurs antennes dans le monde (Londres, Tokyo, Hong Kong) – l'a souhaitée "élégante, joyeuse et décalée". Un restaurant quotidien plus accessible, donc, où la cuisine se veut à la fois "bonne et un peu drôle". Pari gagné avec son Gaya, niché au cœur de Saint-Germain, quartier rive gauche s'il en est. Sous l'impulsion de la décoratrice Violaine Jeantet, les deux salles ont été réaménagées dans un style cosy, raffiné et intime, grâce notamment à des boiseries murales en sapelli...

Ambiance détendue et astucieuse cuisine très iodée sont toujours au rendez-vous : on ne se lasse pas de ces préparations délicates et créatives, à l'image de ce crémeux d'araignée de mer, pousses d'épinards et sorbet pamplemousse, ou de cette fricassée de lotte de petits bateaux en tandoori, chou cœur-de-bœuf et pâte de citron... Dans la mythologie grecque, Gaïa n'était-elle pas mère des divinités marines ?

ENTRÉES

- Carpaccio de daurade royale, avocat, céléri branche et groseille
- Terrine de raie et oreille de cochon aux câpres, glace à la moutarde

PLATS

- Fine tranche de maigre pimentée, mousseline de maïs et mousse de concombre
- Fricassée de volaille fermière aux fines herbes, gratin de macaronis

DESSERTS

- Parfait à la Chartreuse verte, poire et raisins pochés au vin doux
- Biscuit soufflé framboise à l'eau-de-vie de framboise

Il Vino d'Enrico Bernardo ✿

CUISINE MODERNE • ÉLÉGANT

13 bd La Tour-Maubourg
01 44 11 72 00
www.enricobernardo.com
Invalides

PLAN : B1
Fermé samedi midi, dimanche et lundi

Formule 29 € – Menu 38 € (déjeuner en semaine)/95 € – Carte environ 75 €

A/C

Enrico Bernardo

Connaissez-vous Enrico Bernardo ? Élu Meilleur Sommelier d'Italie à deux reprises et Meilleur Sommelier du Monde en 2004, l'homme a le chic pour faire partager sa passion du vin. C'est la raison d'être d'Il Vino ! Épaulé par le chef espagnol José Manuel Miguel, il fait découvrir à la clientèle ses coups de cœur viticoles du moment, autour de deux menus aux noms évocateurs : "Sur les routes du monde" et "Sur les routes de France et d'Italie". On adhère bien vite à ce concept "vins & mets", notamment grâce à une partition culinaire sans fausse note, à l'image de cet émietté de tourteau aux fines lamelles de légumes d'hiver, dés de pomme verte et espuma de daïkon, ou de ce filet de canard rôti aux girolles sautées et son risotto au blé...

Quant au décor, il est très chic et tout à fait dans le ton avec ses murs blancs et ses sarments de vigne peints. Les sommeliers amateurs – et les autres – seront ravis !

SPÉCIALITÉS

- Menu surprise

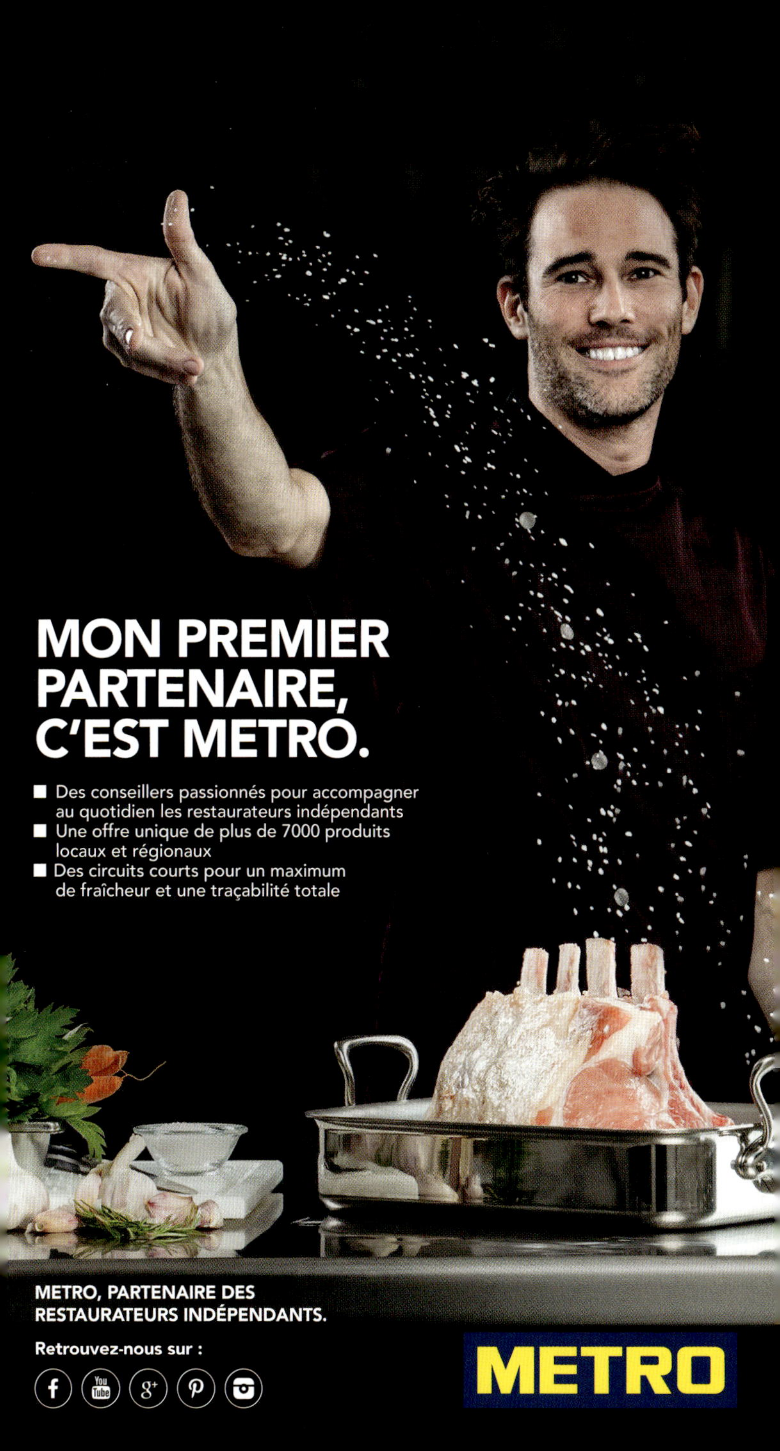
MON PREMIER PARTENAIRE, C'EST METRO.
Des conseillers passionnés pour accompagner au quotidien les restaurateurs indépendants
Une offre unique de plus de 7000 produits locaux et régionaux
Des circuits courts pour un maximum de fraîcheur et une traçabilité totale
METRO, PARTENAIRE DES RESTAURATEURS INDÉPENDANTS.
Retrouvez-nous sur :
METRO

MES FRUITS
ET LÉGUMES,
C'EST METRO.
Des arrivages journaliers pour garantir la fraîcheur des produits
Des producteurs locaux et régionaux respectueux de l'environnement
Des produits constamment contrôlés par nos services qualité
METRO, PARTENAIRE DES RESTAURATEURS INDÉPENDANTS.
Retrouvez-nous sur :
METRO

Le Jules Verne ✿

CUISINE MODERNE • DESIGN

2ème étage Tour Eiffel
(Ascenseur privé pilier sud)
01 45 55 61 44
www.lejulesverne-paris.com
Ⓜ Bir-Hakeim

PLAN : A2

Menu 105 € (déjeuner en semaine), 190/230 €

Pierre Monetta / Le Jules Verne

Sans vous sentir obligé de gravir les 704 marches qui conduisent au 2e étage de la tour Eiffel, rendez-vous au pilier sud et laissez faire l'ascenseur privé qui mène directement au Jules Verne, à 125 m au-dessus du sol. Ce lieu emblématique dirigé par Alain Ducasse offre un cadre unique : le midi comme le soir, la vue sur Paris à travers les poutrelles métalliques de la tour est tout simplement spectaculaire ! Pensez à réserver très à l'avance (uniquement par Internet) votre table près des baies vitrées. Le décor contemporain signé Patrick Jouin (parois en nid-d'abeilles, fauteuils en cuir et fibre de carbone) est à la hauteur, de même que la cuisine classique revisitée façon Ducasse, réalisée ici par le chef Éric Azoug. Les pâtisseries sont quant à elles signées Christophe Devoille, pâtissier-chocolatier et glacier de formation. Enfin, la carte des vins, remarquable, compte plus de 400 références de l'Hexagone, dont quelques crus d'exception. Une adresse au sommet du patrimoine français !

ENTRÉES

- Foie gras de canard confit, melon et poivre
- Dorade marinée aux agrumes

PLATS

- Volaille jaune aux champignons des bois, sauce Albufera
- Blanc de bar au plat, jeunes poireaux et caviar gold

DESSERTS

- Écrou croustillant au chocolat de notre manufacture à Paris
- Figues rôties, cassis et glace au pain d'épice

Nakatani ✿

CUISINE MODERNE • INTIME

27 r. Pierre-Leroux
01 47 34 94 14
www.restaurant-nakatani.com
Ⓜ Vaneau

PLAN : C3
Fermé 3 semaines en août, dimanche et lundi

Menu 40 € (déjeuner)/135 € – Menu unique XX

Michelin Travel Partner

Après dix années passées auprès d'Hélène Darroze, Shinsuke Nakatani a décidé de faire le grand saut. Le voici aujourd'hui à la tête de cette table feutrée et reposante, habillée de douces couleurs et de matières naturelles. En cuisine, ce Japonais pétri de talent peut enfin, en toute liberté, montrer ce dont il est capable ! Avec un sens aigu de l'assaisonnement, des cuissons et de l'esthétique des plats, il compose une belle cuisine française au gré des saisons ; les saveurs et les textures s'entremêlent avec harmonie et l'ensemble dégage une belle cohérence. On se régale d'un menu unique (3 ou 5 plats le midi, 5 ou 7 le soir), servi par un personnel discret et efficace. Étant donné le nombre de places (18 couverts), il faudra penser à réserver à l'avance.

ENTRÉES

- Caviar et anguille fumée, mousseline de chou-rave et purée de navet
- Foie gras de canard confit, gelée et condiment de poivron rouge

PLATS

- Ris de veau, fèves, aubergine grillée et huile de pépins de courge
- Canard de Challans au sang et galette de pomme de terre

DESSERTS

- Pannacotta au laurier, fraises, rhubarbe, thym citron et huile d'olive
- Chocolat, mousseline d'avocat, fruit de la passion, éclats de cacao et banane

Le Violon d'Ingres ✿

CUISINE TRADITIONNELLE • ÉLÉGANT

135 r. St-Dominique **PLAN : B2**
✆ 01 45 55 15 05
www.maisonconstant.com
Ⓜ École Militaire

Formule 35 € – Menu 45 € (déjeuner en semaine)/110 € – Carte 75/90 € XX

A/C

Q photography / Le Violon d'Ingres

Une enseigne au sens double pour Christian Constant : elle évoque à la fois sa passion pour la cuisine, héritée de sa grand-mère, et sa fascination pour le peintre éponyme, originaire comme lui de Montauban. Le nom de son premier restaurant était donc tout trouvé, quand il a décidé de voler de ses propres ailes après une brillante carrière dans les palaces et les grandes maisons (Ledoyen, Ritz, Crillon). Mais ici, fini les grosses brigades, les ambiances très huppées et les recettes qui subjuguent au-delà de tout. Christian Constant s'exprime avec simplicité, faisant confiance à une équipe réduite, dans ce qui ressemble à une néobrasserie de luxe. La salle, entièrement repensée en 2013, se pare désormais de teintes taupe, brun et beige, avec de grands miroirs muraux pour en agrandir l'espace. On y déguste de belles recettes traditionnelles – où le Sud-Ouest tient une bonne place –, d'une parfaite maîtrise technique, mais joliment modernisées et toujours concoctées à base de produits de grande qualité. Un détail : pensez à réserver, c'est souvent complet. La rançon du succès.

ENTRÉES

- Œuf de poule mollet roulé à la mie de pain, toast de beurre truffé
- Fine gelée d'araignée de mer, crémeux de tourteau à l'infusion d'herbes

PLATS

- Suprême de bar croustillant aux amandes, huile de curry et piquillos
- Véritable cassoulet montalbanais

DESSERTS

- Tarte au chocolat de Christian Constant
- Soufflé chaud au Grand Marnier

Au Bon Accueil

CUISINE MODERNE • BISTRO

14 r. Monttessuy
01 47 05 46 11
www.aubonaccueilparis.com
Ⓜ Pont de l'Alma

PLAN : A1
Fermé 3 semaines en août, samedi et dimanche

Formule 28 € – Menu 36/55 € – Carte 69/96 €

A/C

Ce bistrot gastronomique a plus d'un tour dans son sac pour conquérir le cœur du public. À commencer par son emplacement, à deux pas de la tour Eiffel. Sous les auspices de la grande dame, on se réfugie avec bonheur dans la salle au décor soigné, à l'élégance discrète. Question cuisine, le marché et les produits de qualité dictent au quotidien les intitulés du menu. Les plats au goût du jour, enrichis de gibier en saison, expriment des saveurs nettes et simples, rehaussées par des crus du Rhône ou de Bourgogne : saumon français mariné puis fumé, écrasé de pomme de terre au beurre noisette ; brioche perdue au caramel, à la sauce mangue et passion...

Café Constant

CUISINE TRADITIONNELLE • BISTRO

139 r. St-Dominique
01 47 53 73 34 (sans réservation)
www.maisonconstant.com
Ⓜ École Militaire

PLAN : B2

Formule 17 € – Menu 24 € (déjeuner en semaine) – Carte 36/60 € 

A/C

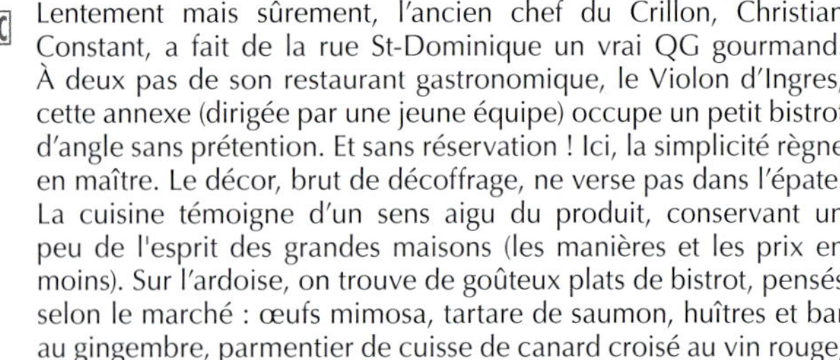

Lentement mais sûrement, l'ancien chef du Crillon, Christian Constant, a fait de la rue St-Dominique un vrai QG gourmand. À deux pas de son restaurant gastronomique, le Violon d'Ingres, cette annexe (dirigée par une jeune équipe) occupe un petit bistrot d'angle sans prétention. Et sans réservation ! Ici, la simplicité règne en maître. Le décor, brut de décoffrage, ne verse pas dans l'épate. La cuisine témoigne d'un sens aigu du produit, conservant un peu de l'esprit des grandes maisons (les manières et les prix en moins). Sur l'ardoise, on trouve de goûteux plats de bistrot, pensés selon le marché : œufs mimosa, tartare de saumon, huîtres et bar au gingembre, parmentier de cuisse de canard croisé au vin rouge, pommes gaufrettes... Constamment épatant, le Constant !

Chez les Anges

CUISINE CLASSIQUE • ÉLÉGANT

54 bd de la Tour-Maubourg
01 47 05 89 86
www.chezlesanges.com
La Tour Maubourg

PLAN : B2
Fermé 3 semaines en août, samedi et dimanche

Menu 36/55 € – Carte 70/85 €

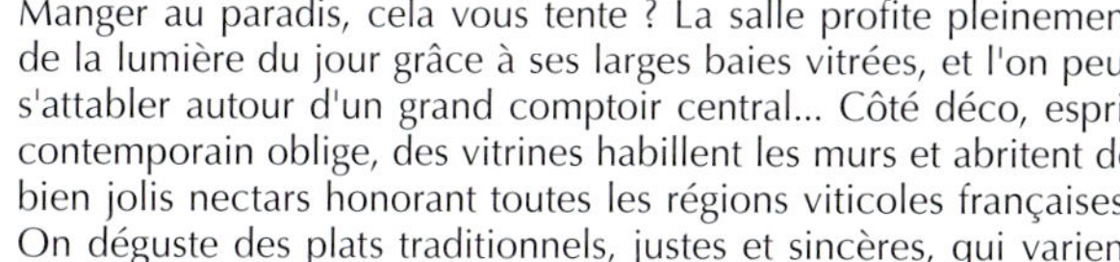

Manger au paradis, cela vous tente ? La salle profite pleinement de la lumière du jour grâce à ses larges baies vitrées, et l'on peut s'attabler autour d'un grand comptoir central... Côté déco, esprit contemporain oblige, des vitrines habillent les murs et abritent de bien jolis nectars honorant toutes les régions viticoles françaises. On déguste des plats traditionnels, justes et sincères, qui varient en fonction du marché : assiette de légumes de Joël Thiébault et son coulis de citron jaune, pintade fermière, aubergine à l'orange et épeautre au curry, ou encore tarte au chocolat noir Venezuela 72 %... Et en accompagnement, une belle carte de vins et whiskys.

Le Clos des Gourmets

CUISINE MODERNE • TENDANCE

16 av. Rapp
01 45 51 75 61
www.closdesgourmets.com
Alma Marceau

PLAN : B1
Fermé 1er-25 août, dimanche et lundi

Menu 30 € (déjeuner), 35/39 € – Carte 44/60 € déjeuner

L'adresse n'a pas volé son nom ! Côté clos, une belle salle habillée de boiseries peintes en blanc, relevée de panneaux gris ou bruns, avec des tables bien dressées et une véranda. Simplicité, élégance, chaleur : de tels clos, on en cultiverait beaucoup ! Côté gourmets, le style du chef, Arnaud Pitrois, se reconnaît sans hésitation. Tirant profit des leçons de ses maîtres (Guy Savoy, Christian Constant, Éric Frechon, etc.), il élabore une cuisine personnelle, inventive et pleine de parfums : persillé de lapin en gelée parfumée à l'estragon, poulette du Gers rôtie et ses pommes grenaille, tête de cochon croustillante à la vinaigrette d'herbes, fenouil confit aux épices douces et son sorbet citron. Et le chapitre n'est pas clos...

Les Cocottes - Tour Eiffel

CUISINE TRADITIONNELLE • TENDANCE

135 r. St-Dominique
PLAN : B2
01 45 50 10 28
www.maisonconstant.com
École Militaire

Formule 23 € – Menu 28 € (déjeuner en semaine) – Carte 35/67 €

Le concept imaginé par Christian Constant, dans le sillage des autres adresses de son fief gourmand (entendez par là la rue St-Dominique) ? Des cocottes ! Version Staub, en fonte gris anthracite, servies dans un décor à part : ni resto ni bistrot, le lieu s'organise autour d'un comptoir tout en longueur, très stylé avec ses tabourets haut perchés et son design épuré. À la carte de ce concept de "snacking" convivial, de bons petits plats mijotés : velouté de légumes d'autrefois, terrine de campagne, pommes de terre caramélisées farcies au pied de porc, pigeon fermier rôti à l'ail... Côté vins, une grande ardoise située au-dessus du bar annonce les réjouissances. L'adresse n'a pas de téléphone : on s'invite sans réserver, à la bonne franquette.

La Laiterie Sainte-Clotilde

CUISINE TRADITIONNELLE • VINTAGE

64 r. de Bellechasse
01 45 51 74 61 (réservation conseillée)
Solférino

PLAN : C2
Fermé 30 juillet-24 août, vacances de Noël, samedi midi et dimanche

Formule 22 € – Menu 25 € (déjeuner) – Carte 35/45 €

Une photo ancienne trône sur le comptoir et nous parle d'un temps où ces lieux faisaient office de laiterie de quartier, au début du siècle passé… Un véritable pedigree pour cette adresse qui entend creuser un sillon original au milieu des ministères, celui de la nostalgie, sans prétention et de manière informelle – façon bobo ! On y cultive donc le goût d'hier à travers une collection de chaises en formica (dépareillées, évidemment) et… une jolie cuisine ménagère et bistrotière. Soupe de betterave au hareng fumé et estragon, merlu rôti à la sauce à l'oseille, gâteau au chocolat, etc. : l'ardoise respire l'évidence ! En prime, un choix bien pensé d'une vingtaine de bouteilles (de vin) et une addition qui ne vous prend pas pour… une vache à lait. À déguster d'une traite.

20 Eiffel

CUISINE TRADITIONNELLE • CLASSIQUE

20 r. de Monttessuy
01 47 05 14 20
www.restaurant20eiffel.fr
Alma Marceau

PLAN : A1
Fermé 14-31 août et dimanche

Formule 24 € – Menu 31 € – Carte 47/55 €

A/C Le cadre a beau être sobre (teintes de gris, banquettes), l'emplacement est imprenable. À deux pas de la Tour Eiffel, mais à l'écart des autoroutes touristiques, ce restaurant propose une cuisine au goût du jour enlevée, exécutée à quatre mains. On se régale par exemple de la tomate façon bavarois, anchois et olives, ou d'un beau filet de lieu jaune sauvage et potimarron, dont on appréciera la justesse de la cuisson. En dessert, la meringue surprise aux fraises, sorbet et mousse légère à la violette devrait aussi vous séduire. Une nouvelle adresse bienvenue au cœur du 7e arrondissement, quartier résidentiel s'il en est ! À noter que le menu, élaboré à partir de produits du marché, change tous les mois.

L'Affable

CUISINE MODERNE • BISTRO

10 r. de St-Simon
01 42 22 01 60
www.laffable.fr
Rue du Bac

PLAN : D2
Fermé 3 semaines en août, 25 décembre-1er janvier et dimanche

Formule 29 € – Carte 55/75 €

Dans une rue résidentielle non loin du boulevard Saint-Germain, cet Affable vous accueille, évidemment, avec grande amabilité ! L'ambiance est conviviale dans ce bistrot plutôt élégant, qui joue une jolie carte rétro (comptoir en zinc, carrelage ancien, banquettes rouges...) et régale avec savoir-faire. Au menu, par exemple, langoustines, légumes verts et passion ; œuf parfait, girolles et fritons de veau ; ris de veau, céleri et anguille fumée ; cheesecake concombre et verveine... Les produits sont de qualité et de saison, les saveurs bien marquées dans les assiettes. Dans ces conditions, comment s'étonner que les riverains soient si nombreux à y avoir pris des habitudes ? Pensez à réserver, c'est très souvent complet...

L'Affriolé

CUISINE MODERNE • TENDANCE

17 r. Malar
01 44 18 31 33
www.laffriole.fr
Invalides

PLAN : B1
Fermé 3 semaines en août, dimanche et lundi

Menu 39 € – Carte environ 47 €

A/C

Mobilier moderne et esprit contemporain (carrelage multicolore, chaises en plexiglas) : le bistrot de Thierry Verola est charmant ; quant à sa cuisine, elle réserve de vraies bonnes surprises... À l'écoute du marché et de ses envies, le chef propose une ardoise quotidienne dont les généreuses assiettes flirtent avec la modernité : thon au fenouil cuit à la plancha, pâté Pantin en hiver et ceviche de dorade aux beaux jours... Et pour les hommes (et les femmes) pressés, on propose aussi une formule "bento", dans laquelle tous les plats sont servis ensemble. On vient ici pour un repas à la fois décontracté et soigné, où les attentions ne manquent pas (radis en amuse-bouche, pots de crème en mignardises). Le tout à prix doux. Affriolant, non ?

Bistrot Belhara

CUISINE TRADITIONNELLE • BISTRO

23 r. Duvivier
01 45 51 41 77
www.bistrotbelhara.com
École Militaire

PLAN : B2
Fermé 31 juillet-25 août, 24-29 décembre, dimanche et lundi

Formule 24 € – Menu 34 € (déjeuner)/52 € – Carte 43/54 € 

Belhara ? Ce haut fond proche de St-Jean-de-Luz est bien connu des surfeurs car il donne naissance à des vagues superbes. C'est par ce clin d'œil que le chef de ce bistrot rend hommage à ses origines basques... mais on ne saurait leur résumer son parcours – impressionnant (Guérard, Loiseau, Ducasse, etc.) – et son savoir-faire : converti à la mode bistrot, Thierry Dufroux fait des merveilles en revisitant les classiques du genre ! Ainsi ce velouté de potimarron crémeux à souhait, ou encore ce délicieux petit pâté chaud de canard et foie gras accompagné d'une sauce rehaussée à la cerise. Le tout à apprécier dans un joli décor rétro : vieux comptoir, moulures, banquettes rouges, etc. Entre Invalides et École militaire, cette nouvelle adresse tient le haut de la vague !

Les Botanistes

CUISINE TRADITIONNELLE • BISTRO

11 bis r. Chomel
01 45 49 04 54
www.lesbotanistes.com
Sèvres-Babylone

PLAN : D2
Fermé août, dimanche et fériés

Carte 36/60 €

Les Botanistes ? Cela fait tout simplement référence à la profession de Pierre-Jean-Baptiste Chomel (1671-1740), membre de l'Académie des sciences qui a donné son nom à la rue. Pourtant, on va le voir, la cuisine de cette petite adresse ne se résume pas à de la verdure, loin s'en faut ! Foie gras de canard mi-cuit au torchon, chipirons au piment d'Espelette et leur risotto d'épeautre au chorizo, filet de bœuf poêlé et son gratin de pomme de terre, baba au rhum, financier... Ouf ! À l'ardoise, on retrouve la fine fleur de la cuisine bistrotière, dans un décor qui ne fait pas plante verte : carrelage en damier, buffet en bois clair, banquettes douillettes, appliques florales d'esprit Art déco, herbiers et natures mortes distillant leur charme champêtre, si joliment suranné.

Brasserie Thoumieux by Sylvestre

CUISINE MODERNE • BRASSERIE

Hôtel Thoumieux
79 r. St-Dominique
01 47 05 79 00
www.thoumieux.fr
La Tour Maubourg

PLAN : B1

Formule 22 € – Menu 29 € (déjeuner en semaine) – Carte 42/81 €

A/C

Fondée en 1923, cette brasserie mythique, marquée du sceau de la Belle Époque, continue de tracer son sillon sous la houlette des fameux frères Costes. Modernisé, le décor flamboie : grands miroirs, moulures, lampes boules et longues banquettes rouges. Avec le ballet des people et aficionados attirés par la renommée de la table, les lieux ont même renoué avec toute la théâtralité de ces brasseries autrefois capitales, où s'encanaillaient bourgeois, hommes du monde et actrices. Quant à la carte, signée Sylvestre Wahid, elle fait de jolies œillades à l'esprit des lieux. De midi à minuit, on propose cœur de thon rouge cuit-cru et condiments d'une niçoise, big burger XXL, ris de veau doré au sautoir et jus de veau à la graine de moutarde...

Café de l'Esplanade

CUISINE MODERNE • DESIGN

52 r. Fabert
01 47 05 38 80
La Tour Maubourg

PLAN : B2

Carte 44/112 €

Les frères Costes peuvent se vanter de transformer tout ce qu'ils touchent en or. À savoir en endroits branchés, comme cette Esplanade, alchimie réussie d'un lieu, d'une ambiance et d'une cuisine résolument tendance. Démonstration en quatre points. La superbe vue sur les Invalides, notamment en terrasse. La griffe "Jacques Garcia", qui a signé un décor en phase avec le monument voisin. La carte, qui oscille entre plats de brasserie chic et recettes du monde, avec une certaine influence asiatique : petits nems, club sandwich, tom yam chili sea bass, belle tranche de foie de veau et sa réduction de vinaigre de cidre, millefeuille framboise du dimanche... Enfin, le personnel looké, avec voiturier, au service d'une clientèle people et politique. Verdict : y courir pour voir et être vu, après avoir réservé.

Café Max

CUISINE TRADITIONNELLE • BISTRO

7 av. de la Motte-Picquet
01 47 05 57 66
École Militaire

PLAN : B2
Fermé 3 semaines en août, vacances de Noël, samedi et dimanche

Carte 34/69 €

Tout près des Invalides, ce discret restaurant semble presque enveloppé d'une aura de mystère. Les habitués – dont de nombreux hommes politiques – s'installent à toute heure de la journée dans cet intérieur de bistrot chic, presque rococo ; des tableaux classiques et des photos anciennes tapissent les murs, d'un noir de jais, et, assis sur les banquettes en velours rouge, on devise doucement sous un éclairage tamisé... La carte joue fièrement la tradition : œuf mayonnaise, oreilles de cochon sur salade de lentilles, rognon de veau grillé entier et sa sauce moutarde, parmentier de bœuf aux parfums de truffes, boudin... avec, pour finir, si vous conservez de l'appétit, les fameuses crêpes Suzette. De quoi mettre d'accord tous les politiques, de quelque bord qu'ils soient !

Le 122

CUISINE MODERNE • DESIGN

122 r. de Grenelle
01 45 56 07 42
www.le122.fr
Solférino

PLAN : C2
Fermé août, samedi et dimanche

Formule 22 € – Menu 29 € (déjeuner)/72 € – Carte 50/62 €

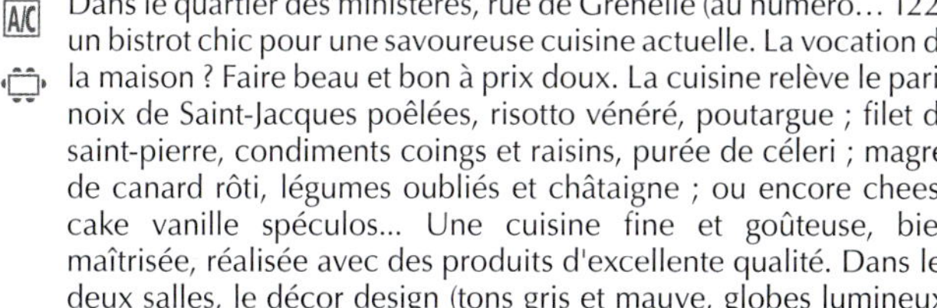

Dans le quartier des ministères, rue de Grenelle (au numéro… 122), un bistrot chic pour une savoureuse cuisine actuelle. La vocation de la maison ? Faire beau et bon à prix doux. La cuisine relève le pari : noix de Saint-Jacques poêlées, risotto vénéré, poutargue ; filet de saint-pierre, condiments coings et raisins, purée de céleri ; magret de canard rôti, légumes oubliés et châtaigne ; ou encore cheese cake vanille spéculos... Une cuisine fine et goûteuse, bien maîtrisée, réalisée avec des produits d'excellente qualité. Dans les deux salles, le décor design (tons gris et mauve, globes lumineux, chaises Ghost signées Starck) se marie parfaitement à ces assiettes bien dans leur époque.

Chez Graff

CUISINE TRADITIONNELLE • BISTRO

62 r. de Bellechasse
01 45 51 33 42
Solférino

PLAN : C2
Fermé dimanche

Formule 22 € – Menu 25 € (déjeuner en semaine) – Carte 35/45 €

Tables en bois massif, grand miroir et vieilles photos : un bistrot dans l'esprit des années 1960, relooké façon 2013 ! L'équipe de la Laiterie Sainte Clotilde (dans la même rue) a ouvert cette nouvelle adresse, qui doit son nom au grand-père de Thomas, l'un des trois associés. Dans la lignée de la maison mère, ils proposent ici une bonne cuisine française – ceviche de bar, poulpe à la coriandre ; carré de porc aux girolles ; mousse au chocolat – et des assiettes de charcuterie et fromage. La carte, volontairement courte, assure une belle rotation des produits, et l'ambiance est certifiée conviviale à toute heure !

Le Cinq Codet

CUISINE MODERNE • ÉLÉGANT

Hôtel Le Cinq Codet
5 r. Louis-Codet
01 53 85 15 60
www.le5codet.com
Ⓜ École-Militaire

PLAN : B2
Fermé dimanche soir

Formule 30 € – Carte 44/62 €

A/C

L'hôtel occupe un ancien bâtiment France Télécom, datant des années 1930 : sa façade arrondie et vitrée, en angle de rue, rappelle la proue d'un navire... Quant à la carte, courte et efficace, elle est entièrement installée dans le présent et nous met l'eau à la bouche : tataki de thon, vinaigrette à l'orange et au sésame ; carpaccio de maigre mariné, jeunes pousses... On profite de ces belles (et bonnes !) assiettes dans un intérieur design et chaleureux ; on peut également aller s'installer dans les agréables fauteuils du patio, au calme.

Clover

CUISINE MODERNE • CONVIVIAL

5 r. Perronet
01 75 50 00 05 (réservation conseillée)
www.clover-paris.com
Ⓜ St-Germain-des-Près

PLAN : D2
Fermé 8-22 août, dimanche et lundi

Menu 35 € (déjeuner en semaine), 45/73 €

Vingt couverts (grand maximum !) en enfilade dans une mini-salle sobre et épurée, au fond de laquelle trois cuisiniers s'agitent aux fourneaux : bienvenue dans la nouvelle adresse de poche de Jean-François Piège, en plein cœur de St-Germain-des-Prés. Autour de soi, une clientèle branchée – c'est un euphémisme –, installée au coude-à-coude, disserte joyeusement ; sur une étagère, quelques légumes en cagettes et quelques bouteilles de vin attendent leur tour. Au fil d'un menu rondement mené, on se régale d'une cuisine fine et colorée, forte en saveurs et parfois aventureuse : "Chef Piège" a trouvé ici un écrin idéal (proximité, convivialité) pour exprimer de façon simple ses intuitions culinaires. Depuis son ouverture, l'adresse est littéralement prise d'assaut : pensez à réserver.

D'Chez Eux

CUISINE DU SUD-OUEST • RUSTIQUE

2 av. Lowendal
01 47 05 52 55
www.chezeux.com
Ⓜ École Militaire

PLAN : B2

Formule 29 € – Menu 34 € (déjeuner en semaine) – Carte 46/111 €

A/C

D'Chez Eux, c'est une petite adresse avec un accent bien de là-bas. Dans la charmante salle aux airs d'auberge de carte postale, où ne manquent ni les meubles rustiques ni les nappes à carreaux rouge et blanc, on retrouve les terres du Sud-Ouest dans leur débordant appétit. D'Chez Eux, tout fleure bon la tradition : produits régionaux, assiettes généreuses, cave imposante – axée en partie sur les bordeaux et les bourgognes – et serveurs en tablier de bougnat. Pas étonnant que la recette séduise depuis plus de 50 ans, en restant invariablement sourde aux appels de la mode ! Laissez-vous tenter par le chariot de hors-d'œuvre, le panier de charcuteries, l'œuf mayonnaise et sa macédoine de légumes, le poulet rôti "coucou de Rennes" aux girolles ou encore le confit de canard, tous irrésistibles...

L'Escudella

CUISINE MODERNE • CONVIVIAL

41 av. de Ségur
09 82 28 70 70
Ⓜ Ségur

PLAN : B3
Fermé 2 semaines en août, 24 décembre-4 janvier, samedi et dimanche

Carte 36/55 €

A/C

L'Escudella, c'est évidemment... l'assiette, en occitan ! Paul-Arthur Berlan, le jeune et sympathique chef, est originaire de Carcassonne. Vous connaissez peut-être son visage : il a été demi-finaliste de l'émission Top Chef en 2011... Et, plus important, il est passé par les cuisines de certains grands noms (Michel Sarran, Yannick Alléno). La carte est courte, accompagnée d'un menu du jour bon marché, et se base sur d'excellents produits. L'objectif affiché du jeune chef est de faire la liaison entre le terroir francilien et les saveurs languedociennes de son enfance : il peut aussi bien rendre hommage à un plat de sa grand-mère, que se lancer dans des créations contemporaines réjouissantes – l'œuf mollet croustillant, fricassée de cèpes en persillade, en est un bon exemple. Des plats goûteux et bien ficelés : il s'en sort avec les honneurs !

La Ferme St-Simon

CUISINE MODERNE • COSY

6 r. St-Simon
01 45 48 35 74
www.fermestsimon.com
Rue du Bac

PLAN : D2
Fermé 2 semaines en août, samedi midi et dimanche

Formule 39 € – Menu 52 € (dîner) – Carte 61/107 €

On s'étonnerait presque de ne pas sentir la fumée des cigares, et de ne pas voir de chapeaux melons sur les fauteuils en cuir, tant cette vénérable institution (créée en 1933) a accompli avec grâce sa mue. La salle feutrée, les banquettes capitonnées : tout ici a le parfum suave du passé, et l'on y baigne dans une irrésistible atmosphère de club de gentlemen. Rien d'étonnant à ce qu'elle séduise la clientèle des ambassades voisines et de l'Assemblée nationale ! Dans ce cadre en tout point original, on se régale d'une cuisine de saisons qui allie fraîcheur et créativité. Un exemple ? En voici deux : ce ragoût de champignons et gnocchis aux herbes, et cette pêche du jour, accompagnée de sa sauce bagna cauda... Une réussite !

Florimond

CUISINE TRADITIONNELLE • BISTRO

19 av. de La Motte-Picquet
01 45 55 40 38
www.leflorimond.com
École Militaire

PLAN : B2
Fermé samedi midi et dimanche

Formule 20 € – Menu 25 € (déjeuner)/38 € – Carte 42/69 €

Florimond – du nom du jardinier de Monet à Giverny – a l'esprit bistrotier et convivial... Pour faire honneur à ce prénom chantant, le chef, Pascal Guillaumin, signe une goûteuse cuisine du terroir avec des produits tout droit venus de Corrèze, sa région d'origine. Ce digne fils et petit-fils de charcutier fait d'ailleurs lui-même ses saucisses, boudins et autres conserves. Et si sa carte fait la part belle à la viande, les amateurs de poisson ne sont pas oubliés pour autant. Le tout agrémenté des légumes du maraîcher Joël Thiébault ou encore de céréales cuisinées au wok. Rien que de belles impressions...

Fontaine de Mars

CUISINE TRADITIONNELLE • BISTRO

129 r. St-Dominique
01 47 05 46 44
www.fontainedemars.com
École Militaire

PLAN : B2

Carte 35/98 €

Quand Barack Obama choisit d'y dîner en 2009, le buzz fut énorme... Ce parfait bistrot des années 1930 (restauré à l'identique) est une véritable institution du 7e arrondissement. Dans les deux salles joliment rétro, où dominent les incontournables et délicieuses nappes à carreaux rouge et blanc, ou sur la terrasse qui fait face à la fontaine de Mars (d'où l'enseigne), il règne une atmosphère décontractée qui doit beaucoup à la gentillesse de la patronne. On s'y régale donc, à la bonne franquette, de plats traditionnels au parfait esprit bistrotier : foie gras, sole meunière, boudin, andouillette, filet de bœuf sauce béarnaise, magret de canard, terrine et cassoulet maison... Pas besoin d'être le président des États-Unis pour pouvoir en profiter !

L'Inconnu

CUISINE MODERNE • ÉPURÉ

4 r. Pierre-Leroux
01 53 69 06 03 (réservation conseillée)
www.restaurant-linconnu.fr
Vanneau

PLAN : C3
Fermé en août, dimanche soir et lundi

Menu 40 € (déjeuner)/70 €

Cette adresse, tenue par un couple japonais, anime une petite rue résidentielle du 7e arrondissement. Le chef s'est formé plusieurs années auprès de Shinichi Sato, comme second au Passage 53 : il vole désormais de ses propres ailes, mais pas question de reproduire la cuisine de son mentor. Il a opté pour une cuisine d'inspiration italienne sans renier une touche française, avec des clins d'œil au Japon, sa terre natale (il a fait ses classes au Japon dans un restaurant italien, avant un passage par Venise). Ici, on ne travaille que le meilleur (légumes de chez Joël Thiebault, viande de chez Hugo Desnoyer, poisson en direct de l'atlantique, etc.) pour imaginer une cuisine inédite, créative et faisant preuve d'une grande liberté. Ainsi le carpaccio de maquereau, gelée de concombre et granny-smith ; le cabillaud poêlé, consommé de crevettes, courgette ; ou les tagliatelles, ragoût d'agneau et artichaut... Le menu évolue au gré du marché et des saisons. Une chose est sûre : L'Inconnu ne le restera pas longtemps...

Jaïs

CUISINE MODERNE • BISTRO

3 r. Surcouf
01 45 51 98 16
La Tour Maubourg

PLAN : B1

Formule 27 € – Carte 45/62 €

Non loin des quais de cet arrondissement résidentiel, en lieu et place du Petit Thiou, on trouve cet établissement tenu par deux frères d'origine tunisienne, Jaïs (en cuisine) et Yacine (en salle). On s'installe dans un cadre agréable de bistrot parisien, avec comptoir et luminaires Art déco, pour déguster une partition maîtrisée et savoureuse, qui confie aux saisons les sources de ses humeurs et de son inspiration. Ainsi ce poulpe rôti, carpaccio de tomate noire de Crimée, sauce vierge ; ou le ris d'agneau à la poudre de fenouil, petits pois à la française, jusqu'à l'omelette norvégienne. Certains signes ne trompent pas : on sent ici que l'esprit bistronomie n'est pas un vain mot, que la convivialité est réelle, décomplexée, jamais surjouée. Une chaleur humaine que viennent soutenir quelques sympathiques vins nature.

Loiseau rive Gauche

CUISINE CLASSIQUE • ÉLÉGANT

5 r. Bourgogne
01 45 51 79 42
www.bernard-loiseau.com
Assemblée Nationale

PLAN : C1
Fermé 3 semaines en août, dimanche et lundi

Formule 29 € – Menu 39 € (déjeuner), 45/88 € – Carte 91/136 €

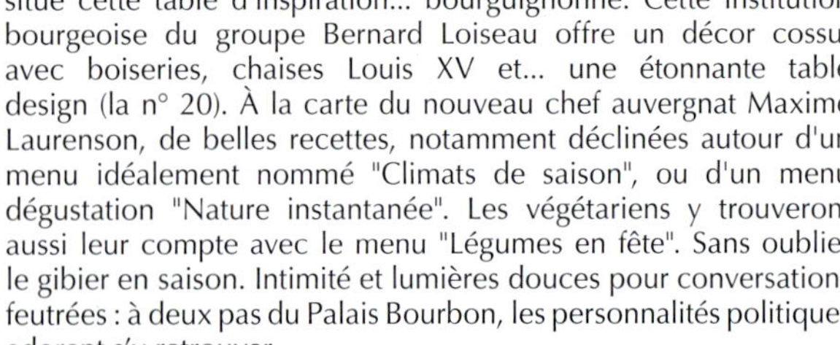

Par une heureuse coïncidence, c'est rue de Bourgogne que se situe cette table d'inspiration... bourguignonne. Cette institution bourgeoise du groupe Bernard Loiseau offre un décor cossu, avec boiseries, chaises Louis XV et... une étonnante table design (la n° 20). À la carte du nouveau chef auvergnat Maxime Laurenson, de belles recettes, notamment déclinées autour d'un menu idéalement nommé "Climats de saison", ou d'un menu dégustation "Nature instantanée". Les végétariens y trouveront aussi leur compte avec le menu "Légumes en fête". Sans oublier le gibier en saison. Intimité et lumières douces pour conversations feutrées : à deux pas du Palais Bourbon, les personnalités politiques adorent s'y retrouver...

Petrossian - Le 144

POISSONS ET FRUITS DE MER • CHIC

144 r. de l'Université
01 44 11 32 32
www.petrossian.fr
Invalides

PLAN : B1
Fermé août, dimanche et lundi

Menu 39 € (déjeuner), 95/150 € – Carte 56/96 €

Petrossian... Le nom occupe une place à part dans la mythologie des amateurs de caviar – mais aussi de saumon – depuis des décennies : plus exactement depuis les années 1920, quand deux frères d'origine arménienne, Melkoum et Mouchegh Petrossian, se lancent dans l'importation en France de ces mets de prestige, avec le succès que l'on sait... Presque un siècle plus tard, les œufs d'esturgeon sont toujours à l'honneur au restaurant situé au premier étage de la boutique, à deux pas de l'esplanade des Invalides. Aujourd'hui comme hier, on s'y régale des spécialités de la maison : caviar, saumon fumé, coupes du tsar, tartare de bœuf en Napoléon, œuf Petrossian… Une valeur sûre pour les habitués, et une belle découverte pour tous les autres !

Philippe Excoffier

CUISINE MODERNE • COSY

18 r. de l'Exposition
01 45 51 78 08
www.philippe-excoffier.fr
École Militaire

PLAN : B2
Fermé 3 semaines en août, lundi midi et dimanche

Formule 24 € – Menu 35 € (déjeuner en semaine), 40/62 € – Carte 55/70 €

Philippe Excoffier, chef d'origine savoyarde, a passé onze ans au service de l'ambassadeur des États-Unis à Paris ; il est amusant de constater qu'il a posé sa toque dans un arrondissement où les ambassades sont partout... Le lieu est à son image : devanture discrète dans une rue calme, mais salle à manger chaleureuse – en dépit de la proximité des tables –, qui permet d'espionner le chef aux fourneaux. Ce dernier concocte une cuisine gourmande et canaille, à l'instar de ce ris de veau aux champignons des bois ou de cette cassolette de homard et tatin d'artichauts. En dessert, le choix de soufflés devrait convaincre même les plus réticents aux taux de glycémie élevés. Bon rapport qualité-prix – un élément non-négligeable dans ce quartier où les prix s'envolent volontiers !

Plume

(N)

CUISINE MODERNE • CONVIVIAL

24 r. Pierre-Leroux
01 43 06 79 85 (réservation conseillée)
www.restaurantplume.com
Ⓜ Vanneau

PLAN : C3
Fermé en août, dimanche et lundi

Formule 21 € – Menu 25 € (déjeuner en semaine) – Carte 48/70 €

Bistrot de poche mais grand talent ! Après une solide formation à l'institut Paul Bocuse et divers stages dans de grandes maisons auprès de chefs de renom (dont Yannick Alléno), le jeune chef vient d'ouvrir son bistrot de poche chic, non loin du Bon Marché. On s'amuse de voir Youssef Gastli, né à Tunis, s'implanter dans cette petite rue très appréciée des chefs nippons (Aida, Nakatani et L'Inconnu) ; mais la cuisine n'est-elle pas le premier vecteur de la diversité ? On s'installe dans une petite salle à l'élégance contemporaine, où les tables, au coude-à-coude, deviennent de vrais relais de convivialité. Depuis sa petite cuisine ouverte sur la salle, le chef réalise une cuisine bien troussée, dans l'air du temps, très bistronomie. Un régal.

Pottoka

CUISINE BASQUE • CONVIVIAL

4 r. de l'Exposition
01 45 51 88 38
www.pottoka.fr
Ⓜ École Militaire

PLAN : B2
Fermé 3 semaines en août

Formule 23 € – Menu 37/65 € 

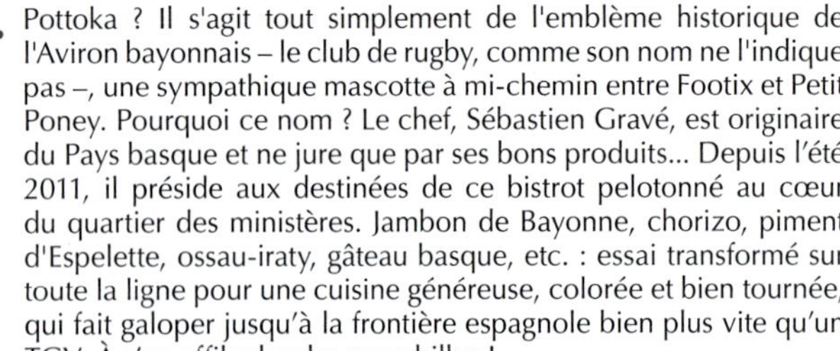

Pottoka ? Il s'agit tout simplement de l'emblème historique de l'Aviron bayonnais – le club de rugby, comme son nom ne l'indique pas –, une sympathique mascotte à mi-chemin entre Footix et Petit Poney. Pourquoi ce nom ? Le chef, Sébastien Gravé, est originaire du Pays basque et ne jure que par ses bons produits... Depuis l'été 2011, il préside aux destinées de ce bistrot pelotonné au cœur du quartier des ministères. Jambon de Bayonne, chorizo, piment d'Espelette, ossau-iraty, gâteau basque, etc. : essai transformé sur toute la ligne pour une cuisine généreuse, colorée et bien tournée, qui fait galoper jusqu'à la frontière espagnole bien plus vite qu'un TGV. À s'en effilocher les espadrilles !

Le P'tit Troquet

CUISINE TRADITIONNELLE • BISTRO

28 r. de l'Exposition
01 47 05 80 39
École Militaire

PLAN : B2
Fermé 2 semaines en janvier, 3 semaines en août, samedi midi et dimanche

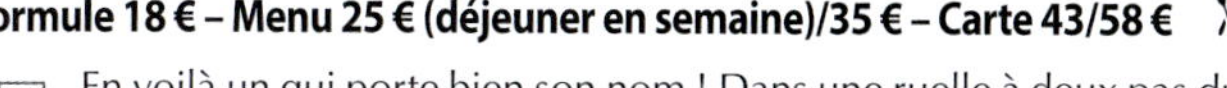

Formule 18 € – Menu 25 € (déjeuner en semaine)/35 € – Carte 43/58 €

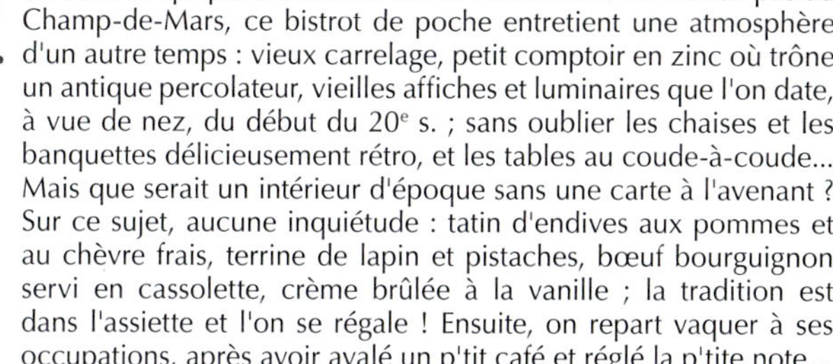

En voilà un qui porte bien son nom ! Dans une ruelle à deux pas du Champ-de-Mars, ce bistrot de poche entretient une atmosphère d'un autre temps : vieux carrelage, petit comptoir en zinc où trône un antique percolateur, vieilles affiches et luminaires que l'on date, à vue de nez, du début du 20e s. ; sans oublier les chaises et les banquettes délicieusement rétro, et les tables au coude-à-coude... Mais que serait un intérieur d'époque sans une carte à l'avenant ? Sur ce sujet, aucune inquiétude : tatin d'endives aux pommes et au chèvre frais, terrine de lapin et pistaches, bœuf bourguignon servi en cassolette, crème brûlée à la vanille ; la tradition est dans l'assiette et l'on se régale ! Ensuite, on repart vaquer à ses occupations, après avoir avalé un p'tit café et réglé la p'tite note...

Le Récamier

CUISINE TRADITIONNELLE • CONVIVIAL

4 r. Récamier
01 45 48 86 58
Sèvres Babylone

PLAN : D2
Fermé dimanche

Carte 35/50 € 

Une bonne partie du tout-Paris politique et médiatique, version rive gauche, ne jure que par les soufflés de ce sympathique restaurant, installé dans une discrète rue piétonne à deux pas du Bon Marché et de l'hôtel Lutétia. Installez-vous dans la salle au ton chocolat ou sur la belle terrasse d'été pour déguster une cuisine traditionnelle, goûteuse et maîtrisée. Ce jour-là, au menu : soufflé au fromage, filet de bœuf sauce au poivre, soufflé au Grand Marnier. On apprécie l'espace entre les tables (de plus en plus rare), qui autorise l'intimité. Sucré ou salé, ici le soufflé est roi, et la gourmandise sa compagne !

La Table du Vietnam

CUISINE VIETNAMIENNE • TRADITIONNEL

6 av. Bosquet
01 45 56 97 26
www.tableduvietnam.fr
Pont de l'Alma

PLAN : B1
Fermé août, 24 décembre-1er janvier samedi midi et dimanche

Formule 19 € – Menu 25/65 € – Carte 35/58 €

A/C L'ancien restaurant Nabuchodonosor est désormais une table entièrement dédiée aux saveurs... du Vietnam ! Madame My, l'une des associées, s'est fixé un objectif de taille : faire découvrir les recettes de son pays natal, aussi bien le nord (région de Hanoï) que le centre (Hué) et le sud (Saigon). Dans un cadre sobre et confortable, on multiplie donc les découvertes : banh cuon (raviolis de pâte de riz fourrés aux crevettes), noix de Saint-Jacques à la mode de la baie d'Along, ou encore le "Saigon ardent", filet de bœuf grillé relevé à la citronnelle. Un conseil : pour une dégustation conviviale – et à la façon du Vietnam –, optez pour les entrées et les plats à partager !

Tomy & Co

N

CUISINE MODERNE • CONVIVIAL

22 r. Surcouf
01 45 51 46 93
Invalides

PLAN : B1
Fermé en août, 23-30 décembre, 1 semaine en février, samedi et dimanche

Formule 25 € – Menu 45/65 €

A/C À deux pas de la rue Saint-Dominique (la plus gourmande des rues du 7e arrondissement), cette adresse porte l'empreinte de Tomy Gousset, jeune chef au look rebelle, affichant ses tatouages avec ostentation. Le garçon, passé par le Meurice, le Taillevent et Boulud à New York, révélation de l'année 2012 aux Gastronomades d'Angoulême, est dorénavant seul maître à bord de son nouveau navire, mais toujours accompagné de son fidèle second, Jérôme Favan. Ici, il joue une partition gastro-bistrot ancrée dans son temps, et met toute son expérience au service du goût et du produit, dont les légumes de son potager, situé non loin de Paris. Son crédo ? "Simplicité et sophistication", comme avec ce canard façon Apicius. On se régale dans une atmosphère de bistrot chic avec parquet et banquette.

Wakaba

CUISINE JAPONAISE • ÉPURÉ

20 r. de l'Exposition
01 45 51 90 81
École Militaire

PLAN : B2
Fermé dimanche midi et lundi

Formule 22 € – Menu 28 € (déjeuner)/35 € – Carte 41/52 €

Wakaba ? Ce nom pourrait se traduire par "jeune pousse", mais aussi "débutant". Voilà qui illustre parfaitement l'humilité de M. Yamada, le patron de ce restaurant japonais, qui s'est lancé sur le tard dans la restauration après une carrière de conseiller commercial et une expérience de trois ans au Kinugawa (1er arrondissement). Avec l'aide d'un chef expérimenté, il permet à ses hôtes de découvrir de délicieuses spécialités nippones, et plus particulièrement de la région de Kyoto. Le midi, le petit menu offre un excellent rapport qualité-prix ; le soir, le choix est plus large et l'on pioche dans des compositions réalisées au gré des saisons. On accompagne le tout de saké, d'un vin français ou de thé vert... Simplicité, authenticité et humilité : une petite adresse qui a tout pour plaire !

8e

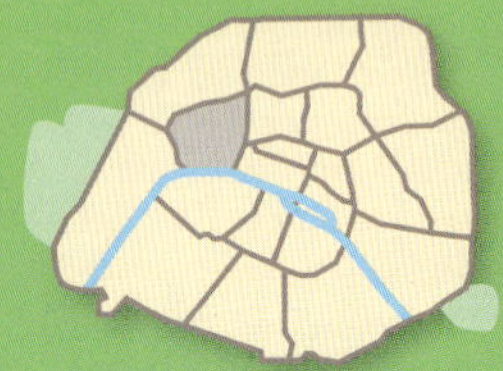

Champs-Élysées · Concorde · Madeleine

B. Rieger / hemis.fr

8e
Champs-Élysées, Concorde, Madeleine
A
B
1
2
3
0
200 m
17e
16e
Malesherbes
Pl. du Gal Catroux
R. Cardinet
R. de Prony
Bd de Courcelles
Monceau
PARC MONCEAU
Courcelles
Niel
R. Rennequin
R. Poncelet
Av. Bayen
R. Wagram
R. T. Ribot
R. de Courcelles
Pl. des Ternes
Ternes
Rue Daru
R. Hoche
Av. Mac Mahon
Av. Carnot
R. Troyon
Av. de Wagram
Matsuhisa
Il Carpaccio
Les 110 de Taillevent
Les Cocottes - Arc de Triomphe
Helen
Ch. de Gaulle Étoile
Av. de Friedland
Taillevent
Bd Haussmann
ARC DE TRIOMPHE
Pl. Charles de Gaulle
Le Chiberta
Citrus Étoile
Penati al Baretto
Pierre Gagnaire
R. Washington
Apicius
Faubourg
Berri
L'Arôme
Rue d'Artois
Marloe
Avenue
Courcelles
St Philippe du Roule
L'Atelier de Joël Robuchon-Etoile
Le V
La Table du Lancaster
Rue de La Boétie
Kléber
Av. Kléber
Galilée
George V
AV. DES
Av. Marceau
Le Boudoir
Le 68 - Guy Martin
Rue de Ponthieu
Franklin
Bassano
Charron
Le 39V
Diep
Rue Pierre
Marbeuf
Franklin D. Roosevelt
Nolita
Av. d'Iéna
R. Dumont d'Urville
La Scène
Maxan
L'Orangerie
La Maison de l'Aubrac
La Fermette Marbeuf 1900
Nubé
Pl. des États-Unis
Le Cinq
Le George
Rue de Chaillot
Av. George V
R. François 1er
Montaigne
Delano
Le Clarence
Okuda
Sushi Okuda
La Trémoille
La Cour Jardin
R. de Serbie
Alain Ducasse au Plaza Athénée
Goujon
Maison Blanche
Manko
Le Relais Plaza
Lasserre
Av. Pierre 1er de Serbie
Marius et Janette
Rue Jean
Roosevelt
Pl. d'Iéna
Av. du Président Wilson
Iéna
PALAIS DE TOKYO
Alma Marceau
Cours Albert 1er
Pont de l'Alma
SEINE
Pont des Invalides

C
D
Place de Clichy
Rome
Bd des Batignolles
Le Percolateur
R. Clapeyron
R. de St-Pétersbourg
Villiers
Villiers
R. d'Amsterdam
R. de Clichy
1
R. de Constantinople
Liège
Liège
Mandoobar
Europe
R. de Madrid
R. de Vienne
R. du Rocher
Bd Malesherbes
Monceau
9e
R. de Londres
Lisbonne
Rue Portalis
GARE ST-LAZARE
Treilhard
Dominique Bouchet
Av. de Messine
Miromesnil
Le Gaigne
Rue de Rome
Lazare
St Lazare
Rue Saint Lazare
R. du Havre
ST-AUGUSTIN
Haussmann
Pomze
R. de la Pépinière
Bd St Augustin
Bd Haussmann
Havre Caumartin
2
La Boétie
Crom'Exquis
d'Astorg
d'Anjou
Pasquier
l'Arcade
Rue des Mathurins
Auber
Rue Miromesnil
Juvia
24 - Le Restaurant
Saint
114, Faubourg
Épicure
Mermoz
Makoto Aoki
Pl. Beauvau
Akrame
R. Tronchet
Caumartin
R. de la Ville l'Evêque
Rue de Surène
Malesherbes
Pl. de la Madeleine
Kunigawa Matignon
Matignon
Le Grand Restaurant-Jean-François Piège
Loiseau riveDroite
STE-MARIE-MADELEINE
Le Gabriel
Honoré
Marigny
PALAIS DE L'ÉLYSÉE
1728
Bd de la Madeleine
Av. Gabriel
Laurent
Le Marché du Lucas
Lucas Carton
R. du Faubourg St-Honoré
Madeleine
Royale
St-Florentin
Cambon
CHAMPS
Av. de Marigny
Av. Gabriel
R. B. d'Anglas
PLACE VENDÔME
Champs-Élysées Clemenceau
ÉLYSÉES
Concorde
1er
3
GRAND PALAIS
PALAIS DE LA DÉCOUVERTE
PETIT PALAIS
Av. W. Churchill
Alléno Paris - Pavillon Ledoyen
OBÉLISQUE
R. de Castiglione
Mini Palais
PL. DE LA CONCORDE
Cours la Reine
Pont Alexandre III
Pont de la Concorde
Quai des Tuileries
Quai d'Orsay
JARDIN DES TUILERIES

Alain Ducasse au Plaza Athénée ✿✿✿

CUISINE CRÉATIVE • LUXE

Hôtel Plaza Athénée
25 av. Montaigne
01 53 67 65 00 (réservation conseillée)
www.alain-ducasse.com
Ⓜ Alma Marceau

PLAN : B3
Fermé 22 juillet-30 août, 22-31 décembre, lundi midi, mardi midi, mercredi midi, samedi et dimanche

Menu 210 € (déjeuner)/390 € – Carte 245/350 €

Pierre Monetta / Plaza Athénée

La magnificence de la salle – dont le décor Régence a été revu et corrigé par Patrick Jouin et Sanjit Manku – subjugue ! Alain Ducasse jouit ici d'un superbe écrin (avec celui du Meurice, où il œuvre également) pour faire découvrir sa cuisine. Une cuisine qui a elle aussi évolué, car le grand chef a repensé cette table autour du concept de "naturalité", qui représente une forme d'aboutissement de ses recherches : atteindre la vérité même du produit.

Choix audacieux et... tout naturel : la carte est fondée sur la trilogie poisson-légumes-céréales. Un terrain d'investigation qui permet des mariages de saveurs inédits – avec certaines recettes d'anthologie – et porte toute une philosophie : du producteur (tels les jardiniers du Potager du Roi, à Versailles, qui sont mis à l'honneur) au cuisinier, le respect des ingrédients est total, et la virtuosité technique semble devoir s'effacer devant la recherche des saveurs. Une manière de délivrer la quintessence de la haute cuisine ; un graal de cuisinier, une quête infinie...

ENTRÉES

- Lentilles vertes du Puy et caviar, délicate gelée d'anguille
- Légumes des jardins du château de Versailles, épeautre fermenté

PLATS

- Turbot du golfe de Gascogne, maïs grand roux et huître de l'étang de Thau
- Bar de l'Atlantique, concombres de terre et de mer, lait végétal

DESSERTS

- Chocolat et café de notre manufacture, badiane et praliné
- Citron niçois et algues kombu à l'estragon

Alléno Paris au Pavillon Ledoyen ✿✿✿

CUISINE MODERNE • LUXE

8 av. Dutuit (carré Champs-Élysées)
☏ 01 53 05 10 01
www.yannick-alleno.com
Ⓜ Champs-Elysées Clemenceau

PLAN : C3
Fermé 2 semaines en août, samedi midi et dimanche

Formule 72 € – Menu 135 € (déjeuner), 295/380 € – Carte 170/290 € 

Philippe Vaurès Santamaria / Alléno Paris au Pavillon Ledoyen

On ne présente plus cette prestigieuse institution parisienne, dont le décor Second Empire, dans les jardins des Champs-Élysées, incarne l'image même du grand restaurant à la française : le luxe du décor, la culture des arts de la table, le service orchestré avec élégance, tout dessine un écrin unique à la gloire de la gastronomie !

Un écrin qui a écrit en 2014 une nouvelle page – largement médiatisée – de son histoire, en ayant été repris par Yannick Alléno. Disons-le tout de go : le grand chef a réalisé un tour de force en y imprimant d'emblée sa signature, offrant des repas aussi délicieux que marquants. La richesse de la carte, la magnificence des produits sélectionnés, le caractère des recettes qui s'imposent avec évidence comme autant de compositions parfaitement abouties : voilà bien l'œuvre d'un cuisinier au faîte de son art... Mention spéciale pour ses jus et ses sauces, magnifiés à travers de savantes extractions : ou comment mettre des techniques d'avant-garde au service de la grande cuisine française. Brio et maestria !

ENTRÉES

- Avocat en millefeuille de céleri, extraction coco aux éclats de chia
- Soupe improbable de poissons fins, sardines marinées, mayonnaise aux algues

PLATS

- Bœuf Wagyu en aiguillettes, onigiri iodé, langues d'oursin et anguille fumée
- Caneton rôti en croûte de sucre

DESSERTS

- Charlotte norvégienne moderne aux pommes
- Bogue de noix de coco meringuée en surprise

Le Cinq ✿✿✿

CUISINE MODERNE • LUXE

Hôtel Four Seasons George V
31 av. George V
✆ 01 49 52 71 54
www.fourseasons.com/paris
Ⓜ George V

PLAN : A3

Menu 145 € (déjeuner), 210/310 € – Carte 195/395 € 

A/C

Grégoire Gardette/Le Cinq

Après de magnifiques années passées chez Ledoyen, Christian Le Squer a repris les rênes de cette maison de renom. Quel parcours sans faute pour ce fils d'agriculteurs bretons qui s'est forgé lui-même et est déjà passé par Le Divellec, Lucas Carton, Taillevent ou encore le Ritz !

De sa Bretagne natale, il a conservé avant tout le goût du large – signant de superbes hommages au poisson – mais aussi des plats terriens. Riche d'un savoir-faire d'exception, il démontre une connaissance peu commune des préparations et des produits, toujours sélectionnés parmi les meilleurs. Pour autant, cette science et cette virtuosité ont l'art de savoir se faire oublier... pour mieux laisser place au plaisir de la dégustation. Du grand art !

Quant à l'élégance du décor, inspiré du Grand Trianon et réinterprété par l'architecte Pierre-Yves Rochon, elle reste entière : harmonie de tons ivoire, dorés et gris, colonnes altières, moulures, tableaux, hautes gerbes de fleurs, etc. Sans oublier la douce lumière provenant du jardin intérieur...

ENTRÉES

- Gratinée d'oignons à la parisienne
- Langoustine bretonne raidie, mayonnaise tiède

PLATS

- Bar de ligne au caviar et lait ribot
- Noix de ris de veau gratinée, épinard et oseille cuisinés au jus

DESSERTS

- Givré laitier au goût de levure
- Croquant de pamplemousse confit et cru

Épicure ✿✿✿

CUISINE MODERNE • LUXE

Hôtel Bristol
112 r. du Faubourg-St-Honoré
01 53 43 43 40
www.lebristolparis.com
Miromesnil

PLAN : C2

Menu 145 € (déjeuner)/320 € – Carte 171/365 €

Hôtel Le Bristol

Depuis sa métamorphose, la célèbre table du Bristol continue d'offrir des moments d'exception. Dans ce qui était autrefois la salle d'été du restaurant, face au jardin de l'hôtel particulier, on découvre une salle d'un classicisme brillant, signée Pierre-Yves Rochon. L'esprit du 18e siècle s'y exprime avec sobriété et élégance : mobilier de style Louis XVI, pierre blonde, miroirs, etc., le tout scandé par de grandes portes-fenêtres ouvertes sur la verdure. Sachez qu'aux beaux jours la terrasse extérieure offre un luxe rare au cœur de Paris...

Le palace a choisi le nom d'Épicure pour enseigne : un philosophe grec, chantre du plaisir dans la tempérance. Presque une devise pour Éric Frechon ! La cuisine de ce Meilleur Ouvrier de France impressionne par la subtilité et l'harmonie de ses associations de saveurs, la finesse de ses sauces. Si le chef reste dans le droit fil de la plus belle tradition culinaire, en valorisant notamment de magnifiques produits du terroir, il détourne également les classiques avec talent et créativité. La liberté dans l'exigence, les délices dans la mesure !

ENTRÉES

- Macaronis farcis de truffe noire, artichaut, foie gras gratinés au vieux parmesan
- Caviar de Sologne, mousseline de pomme de terre ratte fumée au haddock

PLATS

- Sole farcie aux girolles et persil plat, sucs des arêtes au vin jaune
- Poularde de Bresse en vessie, écrevisses et girolles

DESSERTS

- Chocolat nyangbo, cacao liquide et sorbet doré à l'or
- Citron de Menton givré au limoncello et citron confit

Pierre Gagnaire ✿✿✿

CUISINE CRÉATIVE • ÉLÉGANT

6 r. Balzac
✆ 01 58 36 12 50
www.pierregagnaire.com
Ⓜ George V

PLAN : A2
Fermé 3 semaines en août, 1 semaine à Noël, samedi et dimanche

Menu 85 € (déjeuner)/310 € – Carte 325/405 €

Francis Amiand / Pierre Gagnaire

Chef "surbooké" jonglant d'une adresse à l'autre, entre Paris, Londres, Tokyo, Hong Kong, Séoul et Dubaï, Pierre Gagnaire trace sa voie en solitaire. Comme personne, il réalise une cuisine d'auteur exploratrice, entière, excessive. Car cet équilibriste de talent – également grand amateur de jazz et d'art contemporain – cherche sans cesse : selon lui, l'excellence se joue sur le détail. Pour autant, il sait quand s'arrêter. "J'essaie d'épurer, d'éviter les fausses bonnes idées", souligne-t-il à l'envi. Lui qui ne rédige jamais de recettes compose une carte de mets qui ressemble à un poème, mettant l'imagination en branle et les papilles en émoi avant même le début du repas. Préparez-vous à un festival de saveurs ! Une avalanche de mets qui n'attend de vous que curiosité et ouverture d'esprit...

Un mot, enfin, sur le cadre du restaurant de la rue de Balzac – l'enseigne mère de Gagnaire : moderne et sobre, il joue la note du raffinement discret, ton sur ton avec le service délicat.

ENTRÉES

- Gambas de Palamos coraillées raidies au four, pistes, casserons et poulpitos à l'omiza
- Homard et huiles d'olives d'origine

PLATS

- Saint-pierre pimenté saisi à la poêle, compote de concombre, tomate et txistorra
- Côte de veau du Limousin parfumée aux herbes à curry

DESSERTS

- Le grand dessert Pierre Gagnaire
- Soufflé à la vanille de Tahiti, crème glacée

Le Clarence ✿✿ Ⓝ

CUISINE MODERNE • LUXE

31 av. F.-D.-Roosevelt
01 82 82 10 10 (réservation conseillée)
www.le-clarence.paris
Ⓜ Franklin D. Roosevelt

PLAN : B3
Fermé dimanche et lundi

Menu 65 € (déjeuner), 130/320 € – Carte 120/175 €

Le Clarence

Ce somptueux hôtel particulier de 1884 situé à proximité des Champs-Elysées accueille le talent singulier de Christophe Pelé (ancien chef de la Bigarrade, à Paris) dans un cadre qui rend hommage au luxe à la française (murs tendus de tissus, boiseries murales dans la bibliothèque...). Prenez l'apéritif dans le grand salon, au deuxième étage, dont le décor s'inspire du Château Haut-Brion.

Aux fourneaux, ça swingue avec un artiste de l'association terre et mer ! Ainsi ce petit tartare de bœuf surpris en grande conversation avec une huître, ou la lotte accompagnée de pied de porc. Quant à la somptueuse carte des vins, elle donne le vertige... avant même de boire un verre ! Demandez à visiter la superbe cave voûtée qui abrite les grands crus.

ENTRÉES

- Saint-Jacques, épinards et anchois
- Rouget, lard de Colonnata et raviole de lièvre

PLATS

- Saint-pierre, ris de veau et cocos de Paimpol
- Canard sauvage, cèpes et jus aux olives

DESSERTS

- Soufflé à la fève de cacao, crème glacée au cognac
- Poire Mont Blanc

Le Gabriel ✿✿

CUISINE MODERNE • ÉLÉGANT

Hôtel La Réserve
42 av. Gabriel
01 58 36 60 50
www.lareserve-paris.com
Ⓜ Champs Elysées Clemenceau

PLAN : C2-3
Fermé samedi midi

Menu 105 € (déjeuner en semaine)/220 € – Carte 145/255 €

Le Gabriel - La Réserve

À deux pas des Champs-Élysées, ce restaurant est installé dans le décor élégant et luxueux de la Réserve, un ancien hôtel particulier du 19e s. rouvert en 2015. Parquet Versailles, cuir de Cordoue patiné à l'or... le décor impose son élégance racée, sans ostentation. En cuisine, on trouve Jérôme Banctel, chef au très beau parcours, habitué des grandes maisons parisiennes – dix ans passés au Lucas Carton, huit ans à l'Ambroisie –, qui éblouit avec une cuisine aussi solide techniquement que franche au niveau des saveurs.

Il élabore ses assiettes avec de superbes produits, ne s'éloignant jamais de ses solides bases classiques, et sait porter le regard au-delà si cela se justifie – on trouvera, par exemple, par-ci, par-là, quelques touches asiatiques savamment dosées. Un coup de cœur particulier ? Avouons un faible pour ce homard, carbonara d'oignons et chorizo, un plat tout simplement succulent et parfaitement maîtrisé... Une deuxième assiette n'aurait pas été de refus !

ENTRÉES

- Saumon de Norvège, raviole de daïkon et aubergine fumée
- Cœur d'artichaut de Macau en impression de sakura et coriandre fraîche

PLATS

- Cabillaud de ligne, curry et riz japonais, avocat bio
- Pigeon de Vendée, cacao et tagliatelles de sarrasin

DESSERTS

- Grains de café meringués, crème glacée au sirop de merisier
- Millefeuille à la framboise, pistache de Bronte sablée

La Galerie
De Dietrich
Plongez dans l'odysée en découvrant nos
GALERIES
DE DIETRICH
PARIS - SHANGHAI - SINGAPOUR - SYDNEY

Le Grand Restaurant - Jean-François Piège ✿✿

CUISINE MODERNE • ÉLÉGANT

7 r. d'Aguesseau
01 53 05 00 00 (réservation conseillée)
www.jeanfrancoispiege.com
Ⓜ Madeleine

PLAN : C2
Fermé 31 juillet-22 août, 24 décembre-4 janvier, samedi et dimanche

Menu 85 € (déjeuner), 195/255 € – Carte 165/220 €

Khanh Renaud / Le Grand Restaurant

Jean-François Piège a trouvé ici l'écrin parfait pour concevoir le "laboratoire de grande cuisine" dont il rêvait depuis tant d'années : une salle minuscule – 25 couverts maximum – surplombée d'une verrière tout en angles et en reflets, une grande cuisine construite autour d'un piano ovale et entièrement dessinée par le chef *himself*... qui peut y exprimer librement toute l'étendue de son expérience et de son savoir-faire.
Quelques exemples : ce homard bleu de Bretagne et son mijoté de carapaces, ce ris de veau de lait mijoté sur des coques de noix, ou encore cette relecture du gâteau de foie blond selon Lucien Tendret, d'une délicatesse et d'un raffinement à se damner... Loin des caméras de télévision, maître dans cet endroit qu'il a rêvé puis conçu, Jean-François Piège montre sa capacité à créer, d'un geste, l'émotion culinaire, sans jamais donner dans la démonstration. Voilà amplement de quoi traverser la Seine pour aller le trouver dans sa nouvelle maison !

ENTRÉES

- Pomme de terre agria soufflée craquante en chaud-froid, pulpe de crustacés, nage concentrée et caviar
- Fleur de céleri-rave cuite à la flouve odorante

PLATS

- Mijoté moderne de ris de veau de lait cuit sur des coques de noix, mousseline de noix
- Mijoté moderne de homard cuit en feuille de cassis, amandes fraîches et foie gras

DESSERTS

- Blanc à manger
- Glace persil, banane, poivre noir, ravioli

Le Taillevent ✿✿

CUISINE CLASSIQUE • LUXE

15 r. Lamennais
01 44 95 15 01 (réservation conseillée)
www.taillevent.com
Ⓜ Charles de Gaulle-Etoile

PLAN : B2
Fermé 29 juillet-28 août, samedi, dimanche et fériés

Menu 88 € (déjeuner), 178/218 € – Carte 155/250 €

Taillevent

Cette adresse qu'on ne présente plus porte fièrement les couleurs de la tradition. Par ses propriétaires, en premier lieu : la famille Vrinat qui, depuis trois générations, a fait la réputation de ce restaurant incontournable et est désormais associée à la famille Gardinier (Les Crayères à Reims). Par son nom : référence à l'auteur du "Viandier", le plus ancien manuscrit de recettes rédigé en français (vers 1379). Par son cadre, enfin : l'ancien hôtel particulier du duc de Morny (19e s.), classique, feutré et propice aux rendez-vous politiques et aux repas d'affaires. L'éclairage tamisé et l'harmonie de tons bruns, rouges et beiges favorisent un climat d'intimité, enrichi depuis 2004 par des œuvres d'art contemporain. Une façon d'entretenir des liens avec l'air du temps. Comme en cuisine, où le sixième chef de la maison, Alain Solivérès, mêle l'ancien au moderne, les recettes empruntées à la haute gastronomie à des touches méditerranéennes et actuelles. Et, cerise sur le gâteau : les caves, pléthoriques en vins rares, qui comptent parmi les plus belles de la capitale.

ENTRÉES

- Rémoulade de tourteau à l'aneth, sauce fleurette citronnée
- Épeautre du pays de Sault en risotto, cuisses de grenouilles dorées

PLATS

- Bar de ligne étuvé, caviar osciètre, poireau et champagne
- Tournedos de bœuf Rossini, pomme de terre Anna

DESSERTS

- Soufflé chaud au Chocolat
- Crêpes Suzette

Akrame ✿ (N)

CUISINE CRÉATIVE • DESIGN

7 r. Tronchet
✆ 01 40 67 11 16 (réservation conseillée)
www.akrame.com
Ⓜ Madeleine

PLAN : D2
Fermé 2 semaines en août, 1 semaine vacances de Noël, samedi et dimanche

Menu 60 € (déjeuner), 115/145 €

Ekaterina Gt Photography/Akrame

À deux pas de la Madeleine, Akrame Benallal a posé ses valises et ses couteaux dans un lieu bien protégé des regards, derrière une immense porte cochère. La cour, déjà, est ornée de quelques œuvres d'art ; dans l'entrée trône un babyfoot, entouré d'étagères garnies d'épices. Puis vient l'intérieur : en bon amateur du travail de Pierre Soulages, Akrame l'a voulu dominé par le noir et résolument contemporain – on y trouve plusieurs photographies, et, au plafond, une étonnante sculpture d'un homme qui tombe... Voilà pour le décor.

Dans l'assiette, le chef assume son statut d'"aubergiste contemporain", et l'on retrouve ici une bonne partie de ce qui avait fait le succès de sa précédente adresse, rue Lauriston. Au fil d'un menu unique bien troussé, il fait preuve d'une grande inventivité pour donner le meilleur de produits d'excellente qualité ; les assiettes sont travaillées avec beaucoup de soin. Comme on l'imagine, le succès est au rendez-vous !

SPÉCIALITÉS

- Cuisine du marché

Apicius ✿

CUISINE CLASSIQUE • ÉLÉGANT

20 r. d'Artois
01 43 80 19 66
www.restaurant-apicius.com
Ⓜ St-Philippe du Roule

PLAN : B2
Fermé août,
samedi, dimanche et fériés

Menu 140 € (déjeuner), 180/220 € – Carte 125/215 €

Sandrine Fournier/Apicius

Aux fourneaux depuis plus de quarante ans, Jean-Pierre Vigato séduit les plus blasés en élaborant la cuisine qu'il aime : une "cuisine vérité", personnelle et limpide, qui valorise le produit – prédilection pour les plats canailles – et la tradition bourgeoise, entre classicisme et invention.

En 2004, son Apicius (hommage à cet épicurien de l'Antiquité romaine qui aurait écrit le premier livre culinaire) a investi le rez-de-chaussée d'un hôtel particulier classé, impressionnant par ses airs de petit palais et son parc. L'espace (trois salles en enfilade côté jardin, deux salons côté cour) profite d'une ampleur qui fait rêver, d'autant qu'il a été rénové dans un beau style contemporain où le gris domine. Quant au service, il est tout bonnement impeccable : décidément, tout ici est très réussi !

ENTRÉES

- Foie gras de canard poêlé et grillé en aigre-doux
- Cuisses de grenouilles cuisinées à la poêle

PLATS

- Ris de veau rôti, feuilles et jeunes pousses
- Pigeon rôti, sucs de betterave réduits

DESSERTS

- Soufflé au chocolat guanaja, chantilly sans sucre
- Glace à la pistache, framboises fondues

L'Arôme ✿

CUISINE MODERNE • CHIC

3 r. St-Philippe-du-Roule
✆ 01 42 25 55 98
www.larome.fr
Ⓜ St-Philippe-du-Roule

PLAN : B2
Fermé 1 semaine en février, 3 semaines en août, samedi et dimanche

Menu 59 € (déjeuner), 99/155 € – Carte 85/110 € XXX

L'Arôme

Humer un arôme, un parfum, un bouquet : un beau programme proposé par Éric Martins, grand professionnel de l'accord mets et vins, qui sélectionne minutieusement chaque bouteille de sa cave. Il mène de main de maître cette table délicate qui séduit tout de suite par son décor élégant et chaleureux. Touches contemporaines, vue sur les cuisines et espace dédié à la sommellerie au sous-sol (avec quelques tables) : l'ensemble est plaisant, à l'unisson de l'assiette.
Grand amoureux des produits de saison, le jeune chef, Thomas Boullault – ancien du Royal Monceau et du George V –, élabore une cuisine raffinée, contemporaine et inventive. Les menus changent chaque jour au gré du marché... Vous tomberez sous le charme de la délicatesse et de l'équilibre des saveurs : chair de tourteau à l'avocat, riz japonais et gelée de tomates ; cabillaud au speck et au riesling façon baeckeofe ; pigeonneau rôti et ses légumes de saison, ou encore vacherin aux fruits exotiques.

ENTRÉES

- Pressé de tourteau, avocat, riz koshihikari, eau de tomate au piment
- Raviole foie gras-poutargue, crevette gambero rosso, bouillon de pot-au-feu

PLATS

- Filet de biche rôti aux baies de genièvre, coing poché au romarin et sauce Périgueux
- Saint-pierre des côtes bretonnes et girolles à la réglisse

DESSERTS

- Fruits rouges aux parfums d'agrumes et de citronnelle, croustillant aux amandes
- Parfait glacé à la menthe poivrée et son opaline

L'Atelier de Joël Robuchon - Étoile ✿

CUISINE CRÉATIVE • DESIGN

133 av. des Champs-Élysées (Publicis Drugstore niveau -1) **PLAN : A2**
01 47 23 75 75
www.joel-robuchon.com
Ⓜ Charles de Gaulle-Étoile

Menu 49 € (déjeuner), 99/199 € – Carte 95/205 €

Gourmet TV Productions / L'Atelier de Joël Robuchon

Paris, Londres, Las Vegas, Tokyo, Taipei, Hong Kong, Singapour… et encore une fois Paris. Avec deux pieds dans la capitale française, les célèbres Ateliers du grand chef font, au sens propre, le tour du monde. Beau symbole, cet opus est né fin 2010 à deux pas de l'Arc de Triomphe, au niveau - 1 du Publicis Drugstore des Champs-Élysées (également une entrée avec voiturier rue Vernet).

Destin franco-international, donc, pour ce concept qui colle à l'époque et à la tendance, version planète mondialisée – dans ce qu'elle a de plus chic. Un décor tout en rouge et noir ; un grand comptoir autour duquel on prend place sur de hauts tabourets, face à la brigade à l'œuvre ; une ambiance feutrée et à la fois décontractée : l'enseigne incarne une approche contemporaine de la haute cuisine. Sans se départir de la plus grande exigence, la carte laisse au client le choix entre petites portions dégustation ou portions normales.

ENTRÉES

- Langoustine en ravioli truffé à l'étuvée de chou vert
- Œuf de poule mollet, mousse de parmesan aux saveurs ibériques

PLATS

- Caille caramélisée au foie gras, pomme purée
- Agneau de lait en côtelettes à la fleur de thym

DESSERTS

- Chocolat tendance, crémeux onctueux au chocolat araguani, sorbet cacao et biscuit Oréo
- Sphère de sucre soufflé aux framboises fraîches

114, Faubourg ✿

CUISINE MODERNE • ÉLÉGANT

Hôtel Bristol
114 r. du Faubourg-St-Honoré
✆ 01 53 43 44 44
www.lebristolparis.com
Ⓜ Miromesnil

PLAN : C2
Fermé 3 semaines en août, samedi midi et dimanche midi

Formule 56 € – Menu 114 € – Carte 85/170 €

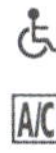

A/C

114, Faubourg

Au sein du Bristol, une brasserie unique, assurément ! La salle interpelle au premier coup d'œil : traversée d'imposantes colonnes dorées, elle arbore sur ses murs orangés de grands motifs de dahlias luminescents… En son cœur s'ouvre un grand escalier, qui dessert le niveau inférieur où les tables côtoient les cuisines ouvertes. Chic, chatoyant, à la fois animé et confidentiel, ce lieu est une réussite.

Jean-Charles Cauquil, le chef, n'est nullement impressionné par ce cadre d'exception : à la suite de son prédécesseur, il revisite les grands classiques hexagonaux avec ce qu'il faut d'originalité : pâté en croûte, œufs king crab et mayonnaise au gingembre et citron ; tartare de bœuf aux huîtres de Marennes ; merlan frit à la sauce tartare ; ou encore millefeuille à la vanille Bourbon. Les assiettes sont soigneusement dressées et les saveurs s'y marient joliment. Une prestation dans les règles de l'art, aux tarifs certes élevés... mais ne sommes-nous pas dans un palace ?

ENTRÉES

- Soupe d'artichaut, escalope de foie gras poêlée, émulsion truffe noire
- Pâté en croûte de canard et légumes au vinaigre

PLATS

- Merlan frit, sauce tartare, tétragones à l'huile d'olive et citron
- Sole, pousses d'épinard, huile vierge aux câpres

DESSERTS

- Millefeuille à la vanille Bourbon, caramel au beurre demi-sel
- Fraises gariguette, jus de fraise et sorbet mascarpone

Le Chiberta ✿

CUISINE CRÉATIVE • ÉPURÉ

3 r. Arsène-Houssaye
01 53 53 42 00
www.lechiberta.com
Ⓜ Charles de Gaulle-Etoile

PLAN : A2
Fermé 2 semaines en août, samedi midi et dimanche

Menu 49 € (déjeuner), 110/165 € 🍷 – Carte 90/140 € XXX

Le Chiberta

Le Chiberta version Guy Savoy s'est choisi le noir comme couleur, le vin comme symbole et l'inventivité comme fil conducteur. En entrant, on est plongé dans un autre univers, tamisé, calme et feutré. Parfait pour les repas d'affaires comme pour les rencontres plus intimes. L'aménagement intérieur, conçu par l'architecte Jean-Michel Wilmotte, surprend par son minimalisme radical, tout en chic discret et design. La grande originalité du lieu reste indéniablement la "cave à vins verticale" : de grands crus habillant les murs à la manière d'une bibliothèque ou d'œuvres d'art. Entre deux alignements de bouteilles, des tableaux modernes et abstraits colorent ponctuellement l'espace. Confortablement installé à table, on apprécie toute l'étendue de la cuisine, supervisée par le "patron", qui revisite joliment la tradition. Bon à savoir : le menu du marché est revu chaque semaine, une carte d'huîtres est disponible au comptoir, et la cave, évidemment, est parfaitement composée.

ENTRÉES

- Salade de homard, vinaigrette de corail
- Carpaccio de bœuf Black Angus au citron vert, condiments et vieux parmesan

PLATS

- Filet de bœuf charolais à la truffe, girolles et pommes noisette, jus truffé
- Sole de Noirmoutier meunière, sabayon iodé et parmentier au beurre d'algue

DESSERTS

- Terrine d'orange et de pamplemousse, tuile au thé earl grey
- Le citron jaune-noisette

Dominique Bouchet ✿

CUISINE CLASSIQUE • ÉLÉGANT

11 r. Treilhard
01 45 61 09 46 (réservation conseillée)
www.dominique-bouchet.com
Miromesnil

PLAN : C1
Fermé 3 semaines en août, 1 semaine en décembre, samedi et dimanche

Formule 48 € – Menu 55 € (déjeuner en semaine), 105/140 € – Carte 80/115 €

Yulliko Saito/Dominique Bouchet

Du palace au bistrot. Dominique Bouchet a choisi. Lui qui dirigea les brigades du Crillon et de la Tour d'Argent (participant même à l'aventure japonaise de celle-ci) aspirait à plus de légèreté, et peut-être plus de liberté. Plus rien à prouver en matière de haute gastronomie, l'envie de laisser la place aux générations montantes pour ouvrir enfin un restaurant à son nom, la volonté aussi de ne plus courir après la perfection absolue ou les récompenses…
Toutes ces raisons l'ont poussé à s'installer "chez lui" et à revenir à l'essentiel : une belle cuisine classique mise au goût du jour et incontestablement maîtrisée. C'est l'avantage de la sagesse que de ne pas s'égarer ! À noter, la belle sélection de vins au verre... et la très élégante rénovation.

ENTRÉES

- Carpaccio de Saint-Jacques, mangue et pomme verte
- Ravioles de petit-gris charentais et artichaut

PLATS

- Gigot d'agneau mitonné au vin rouge, sauce aux fèves de cacao et pomme purée
- Gros macaronis de homard et purée de champignons

DESSERTS

- Pêche pochée sur un granité de champagne, gelée de groseille
- Soufflé chaud au Grand Marnier

Le George ✿

CUISINE ITALIENNE • ÉLÉGANT

Hôtel Four Seasons George V
31 av. George-V
01 49 52 72 09
www.legeorge.com
Ⓜ George V

PLAN : A3

Formule 65 € – Menu 110/140 € – Carte 70/100 €

Amara Becirovski/Le George

Magistral lustre Baccarat, blancheur immaculée du décor et délicates compositions florales... Le décor chic et décontracté, signé Pierre-Yves Rochon, ne laisse aucun doute : on est bien au sein du prestigieux hôtel Four Seasons George V ! Aux fourneaux du George depuis septembre 2016, Simone Zanoni y imprime sa patte culinaire – dont l'empreinte a évidemment la forme de la botte transalpine.

La cuisine garde de jolis accents méditerranéens, mais c'est plus précisément l'Italie qui remporte la mise ; on est sous le charme de cette cuisine aérienne, qui mise toujours sur la légèreté et les petites portions, avec un respect particulier des saveurs et des méthodes de cuisson propres à la Méditerranée. À déguster à l'intérieur ou sous la haute véranda, pour profiter de la cour par tous les temps.

ENTRÉES

- Consommé de bœuf, tortellini au parmesan
- Poulpe au feu de bois

PLATS

- Côte de veau à la milanaise
- Risotto au safran et sot-l'y-laisse caramélisés

DESSERTS

- Dessert caramel au beurre salé
- Crème brûlée au fromage, sorbet mandarine

Helen ✿

POISSONS ET FRUITS DE MER • ÉLÉGANT

3 r. Berryer
✆ 01 40 76 01 40
www.helenrestaurant.com
Ⓜ George V

PLAN : B2
Fermé 3 semaines en août, 24 décembre-2 janvier, samedi midi, dimanche et lundi

Menu 48 € (déjeuner)/130 € – Carte 76/162 € XXX

Janine Gebran / Helen

Créé en 2012, Helen est aujourd'hui une valeur sûre parmi les restaurants de poisson des beaux quartiers. Au menu : uniquement des pièces sauvages issues de la pêche quotidienne de petits bateaux, travaillées avec grand soin et simplicité. Dans l'assiette, en effet, pas de fioritures, une seule règle compte : mettre en valeur les saveurs naturelles – et iodées – du poisson (cru, grillé, à la plancha, à la vapeur, etc.). Les amateurs sont aux anges ! De plus, la carte varie au gré des arrivages, proposant par exemple un carpaccio de daurade royale au citron caviar, des sardines à l'escabèche, un turbotin rôti à la sauge et pancetta, des rougets barbets meunière... Tout cela est servi avec précision et savoir-faire : certains poissons sont même découpés directement en salle. Salle qui épouse également ce parti pris de sobriété, en faisant montre d'une épure toute contemporaine et d'une belle élégance... Helen, ou le raffinement dans la simplicité.

ENTRÉES
- Carpaccio de daurade royale au citron caviar
- Le poulpe à notre façon

PLATS
- Bar de ligne aux olives taggiasche
- Langoustines royales au soufflé d'aïoli

DESSERTS
- Paris-brest
- Dessert tout à la vanille

Il Carpaccio ✿

CUISINE ITALIENNE • ÉLÉGANT

Hôtel Le Royal Monceau
37 av. Hoche
01 42 99 88 12
www.leroyalmonceau.com
Ⓜ Charles de Gaulle-Etoile

PLAN : A2
Fermé 1er-21 août, dimanche et lundi

Formule 59 € – Menu 120/145 € – Carte 100/185 €

Il Carpaccio - Royal Monceau Raffles Paris

Au cœur du Royal Monceau, palace exclusif s'il en est, on accède à Il Carpaccio par un couloir nacré, orné de milliers de coquillages. Une belle évocation des nymphées du baroque italien ! Le ton est donné : vous voilà transporté en Italie, version artiste et raffinée. Dans le décor de la salle, le soleil de la Botte peut bien resplendir : c'est un véritable jardin d'hiver, entièrement ceint de verrières, aux couleurs printanières.
Un bel écrin, donc, pour une cuisine qui joue avec subtilité la carte de la gastronomie transalpine. Nulle sophistication inutile, point de fioritures : dans l'esprit du pays, les assiettes cultivent avant tout le goût des bons produits et des saveurs naturelles, autour d'ingrédients phares sélectionnés avec soin. Même esprit du côté des vins, principalement en provenance du Piémont et de la Toscane. Enfin, les desserts sont signés Pierre Hermé, qui revisite avec le talent qu'on lui connaît les classiques de la péninsule. Au final, voilà une belle évocation de l'Italie...

ENTRÉES

- Tartelette d'artichaut, épinard, céleri et vinaigrette de truffe
- Carpaccio de bœuf, caponata sicilienne au vinaigre d'amarone

PLATS

- Noix de veau cuite en calzone, millefeuille de légumes d'automne et fromage
- Farfalle à l'encre de seiche, rascasse rouge, tomates cerises et basilic

DESSERTS

- Biscuit cuillère imbibé au café et à l'amaretto, crème de mascarpone
- Pannacotta, fruits rouges écrasés et granité au chocolat blanc

Lasserre

CUISINE CLASSIQUE • LUXE

17 av. F.-D.-Roosevelt
01 43 59 02 13
www.restaurant-lasserre.com
Franklin D. Roosevelt

PLAN : B3
Fermé août, dimanche et lundi

Menu 90 € (déjeuner en semaine), 195/375 € – Carte 190/435 €

Lasserre

Tout près des Champs-Élysées, cet hôtel particulier de style Directoire marque immanquablement les esprits. René Lasserre (disparu en 2006), monté à Paris pour apprendre le métier alors qu'il était adolescent, a élevé son restaurant au rang de symbole. Située à l'étage, la salle à manger arbore un luxueux décor : colonnes, jardinières d'orchidées et de plantes vertes, vaisselle et bibelots en argent, lustres en cristal, porcelaines de Chine…

Autre élément propre à la magie de l'endroit, un étonnant toit ouvrant, devenu célèbre, illumine les tables au gré des saisons. La partition culinaire est composée sous la houlette de Michel Roth, chef au parcours varié et prestigieux – l'Espadon au Ritz, le Bayview à Genève –, et dont le travail est parfaitement en phase avec ce prestigieux héritage.

ENTRÉES

- Macaroni, truffe noire et foie gras de canard
- Homard bleu, vinaigrette framboise, jeunes pousses et avocat grillé

PLATS

- Bœuf Rossini, pommes soufflées
- Canard de Challans frotté aux épices douces

DESSERTS

- Crêpes Suzette
- Soufflé au chocolat, glace à la vanille

Laurent ✿

CUISINE CLASSIQUE • ÉLÉGANT

41 av. Gabriel
✆ 01 42 25 00 39
www.le-laurent.com
Ⓜ Champs Elysées Clemenceau

PLAN : C3
Fermé vacances de Noël, samedi midi, dimanche et fériés

Menu 95/180 € – Carte 165/250 €

Laurent

Personne ne sait vraiment pourquoi le nom de Monsieur Laurent, qui devint propriétaire de ce restaurant en 1860, a perduré jusqu'à consacrer définitivement l'ancien Café du Cirque édifié par Hittorff – auquel on doit aussi le Ledoyen – en 1842. Cela fait partie du mythe de cette vieille maison, située au cœur des jardins du rond-point des Champs-Élysées. Ancien pavillon de chasse de Louis XIV ou guinguette sous la Révolution – là encore, la légende varie –, Laurent conserve son cadre néoclassique et bourgeois, très en vogue à l'époque de sa création. Pilastres, colonnes, frontons et chapiteaux antiques, associés à de confortables banquettes, font toujours l'élégance et le charme – un brin désuet – des salles à manger et des salons particuliers.

La cuisine d'Alain Pégouret s'inscrit à merveille dans cet écrin. Classique, elle respecte et valorise les codes de la tradition bleu-blanc-rouge. On comprend que le Tout-Paris politique et des affaires apprécie cette institution. Encore plus aux beaux jours, quand on peut profiter de sa terrasse ouverte sur la verdure. Un lieu privilégié.

ENTRÉES

- Araignée de mer dans ses sucs en gelée, crème de fenouil
- Foie gras de canard poêlé, mangue rôtie

PLATS

- Tronçon de turbot nacré à l'huile d'olive, bardes, légumes verts dans une fleurette iodée
- Pièce de bœuf en aiguillettes et pommes soufflées

DESSERTS

- Glace vanille minute
- Soufflé chaud de saison

Lucas Carton ✿

CUISINE MODERNE • HISTORIQUE

9 pl. de la Madeleine
✆ 01 42 65 22 90
www.lucascarton.com
Ⓜ Madeleine

PLAN : D3

Fermé 3 semaines en août, dimanche et lundi

Menu 89 € (semaine), 132/182 € 🍷 – Carte 125/190 €

Fred Laurès/Lucas Carton

D'entrée, le nom interpelle... Il évoque une longue histoire : Robert Lucas et sa "Taverne Anglaise" en 1732 ; Francis Carton en 1925 qui accole les deux patronymes et crée cette identité très sonore, "Lucas Carton", où il fera briller trois étoiles dans les années 1930 ; Alain Senderens, enfin, qui porte de nouveau l'adresse au firmament au milieu des années 1980, avant de choisir, en 2005, de lui donner son propre nom pour la repenser librement.

Une nouvelle page s'ouvre fin 2013 : l'enseigne Lucas Carton renaît ! L'adresse endosse avec tact les nouveaux codes de la gastronomie contemporaine. Le jeune chef, Julien Dumas, sait rendre le meilleur de beaux produits – mention spéciale pour l'agneau de lait ! – et ses assiettes, bien équilibrées, sont portées par un irrésistible souffle méditerranéen... L'histoire continue pour cette vénérable institution.

ENTRÉES

- Chou-fleur croustillant
- Betterave, foie gras de canard

PLATS

- Noix de ris de veau, jeunes carottes
- Merlan croustillant et sarrasin

DESSERTS

- Île flottante aux pistaches
- Dessert chocolat

L'Orangerie ❀ (N)

CUISINE MODERNE • ÉLÉGANT

Hôtel Four Seasons George V — **PLAN : A3**
31 av. George-V
✆ 01 49 52 72 24 (réservation conseillée)
www.fourseasons.com/paris
Ⓜ George V

Menu 95/125 € – Carte 90/150 € 

Jean Claude Amiel/L'Orangerie

Ce nouvel espace de poche (18 couverts seulement), aménagé au sein de l'hôtel George V, accueille le travail d'un "ancien" de la maison : David Bizet, qui a accompagné l'évolution du Cinq pendant 17 ans auprès de Legendre, de Briffard et de Le Squer. Autant dire que l'homme est ici chez lui ! Il forme avec son directeur de salle et son chef-pâtissier, Maxime Frédéric, un trio de Normands hors-pair ; cette complicité suffirait déjà à faire de cette Orangerie un lieu attachant.

Mais, bien entendu, c'est surtout par son travail en cuisine que le chef Bizet retient l'attention. Il se fend ici d'une carte courte, de saison, inspirée de la tradition française ; de jolies notes parfumées viennent créer dans les plats quelques harmonies inattendues. Des préparations savoureuses, complétées à merveille par des desserts en tout point excellents, et par une carte des vins déclinée de celle, impressionnante, du Cinq : au final, une table remarquable.

ENTRÉES

- Œuf de poule fumé, caviar impérial et cresson
- Langoustines à la nage, agrumes et écume de riz

PLATS

- Poulette du Perche, girolles, citronnelle et Chartreuse
- Sole et coquillages, pomme verte et verveine

DESSERTS

- Fines feuilles et soufflé, chocolat noir et cardamome
- Fleur de vacherin aux fruits de saison

Penati al Baretto ✿

CUISINE ITALIENNE • CLASSIQUE

9 r. Balzac
✆ 01 42 99 80 00
www.penatialbaretto.eu
Ⓜ George V

PLAN : A2
Fermé samedi midi et dimanche

Formule 39 € – Menu 45 € (déjeuner) – Carte 75/120 €

Penati Al Baretto

Alberico Penati aura d'emblée imposé sa table italienne parmi les meilleures de la capitale ! Il s'est installé début 2014 au sein de l'Hôtel de Vigny, à deux pas de l'Arc de Triomphe, dans cette rue Balzac déjà bien connue des gastronomes (Pierre Gagnaire y a sa table). Un heureux augure ? Le fait est que sa cuisine honore la plus belle tradition transalpine – et donc la gastronomie mondiale, qui lui doit tant ! –, avec cette alliance de raffinement et de générosité qui est sa marque la plus frappante. On ne trouve rien de trop sophistiqué dans ses recettes, où règne même une forme de simplicité ; toutes rendent surtout hommage aux terroirs de la Botte, dont elles explorent le large éventail de spécialités. On sent la touche d'un homme qui sait travailler et porte avec aisance son héritage culinaire, toujours enraciné dans ces régions si riches de produits emblématiques. Les assiettes ne mentent pas : elles débordent de saveurs… Quant au décor, il distille une ambiance feutrée et élégante, dans un beau camaïeu de bois et de tons beige et chocolat. *Eleganza e semplicità*, encore et toujours !

ENTRÉES

- Pressé de lapin de Carmagnola en escabèche aux gambas rouges sautées
- Seiche à la plancha, purée d'aubergine, câpres et orange

PLATS

- Spaghettis di Verrigni aux sardines à la sicilienne
- Poulpe de Méditerranée rôti aux oignons rouges, pancetta et brocoli

DESSERTS

- Tiramisu
- Framboises et mûres à l'amaretto, parfait glacé au citron de Sicile

La Scène ✿

CUISINE MODERNE • ÉLÉGANT

Hôtel Prince de Galles
33 av. George V
01 53 23 78 50
www.restaurant-la-scene.fr
Ⓜ George V

PLAN : A3

Fermé août, samedi midi et dimanche

Formule 50 € – Menu 65 € (déjeuner), 110/195 € – Carte 125/165 € déjeuner 

Hôtel Prince de Galles

Au cœur de l'élégant hôtel Prince de Galles, situé à deux pas de l'avenue des Champs-Élysées, cette Scène braque tous les projecteurs sur les cuisines, séparées de la salle par un simple comptoir de marbre blanc. Celles-ci sont le domaine de Stéphanie Le Quellec, habituée des feux de la rampe car victorieuse de l'émission télévisée Top Chef en 2011.

On ne saurait cependant réduire son parcours à ce succès : la jeune chef justifie d'une formation des plus académiques et d'un solide parcours à travers des maisons de renom, qui ont sans doute répondu à une soif naturelle pour l'exigence et la rigueur. De là, des réalisations très techniques, précises et délicates, mais qui savent aussi oser l'invention et refuser la banalité, sans jamais se perdre dans des accords hasardeux. Sur cette Scène où tout se joue en direct, les assiettes révèlent de vives saveurs et... crèvent l'écran !

ENTRÉES

- Caviar impérial, pain mi-perdu et mi-soufflé, pomme Pompadour
- Œuf fermier d'Île-de-France, jaune tiède acidulé, topinambour et truffe noire

PLATS

- Ris de veau, pomme dorée, morilles et café
- Petit pois à la française

DESSERTS

- Vanille en crème glacée, esprit d'une omelette norvégienne
- Chocolat du Venezuela, praliné noisette et dentelle croustillante

La Table du Lancaster ✿

CUISINE MODERNE • ÉLÉGANT

Hôtel Lancaster
7 r. de Berri
✆ 01 40 76 40 18
www.hotel-lancaster.fr
Ⓜ George V

PLAN : B2
Fermé 3 semaines en août, samedi, dimanche et fériés

Formule 65 € – Menu 75 € (déjeuner), 175/205 € – Carte 155/185 €

La Table du Lancaster

Toute l'atmosphère exclusive et confidentielle d'un restaurant de grand hôtel – et quand il s'agit du Lancaster, ce mythique établissement au charme si particulier... Le chef signe dans ce cadre une cuisine étonnante, tout en présentations soignées et en jeux de textures, concoctée avec la complicité de beaux produits. Ses assiettes révèlent une large palette d'expression, mettant aussi bien en valeur les terroirs, les marées que les influences lointaines. Ou comment revisiter la gastronomie française tout en redessinant une géographie des saveurs ! Dernier conseil : aux beaux jours, n'hésitez pas à profiter de la terrasse aménagée dans la cour-jardin, à l'abri des regards.

ENTRÉES

- Foie gras de canard poêlé, verveine et amertume d'abricot
- Langoustines royales nacrées au shiso et caviar

PLATS

- Grillon de ris de veau français aux cèpes et sureau maison
- Homard bleu rôti au beurre de carcasse, cerises rouges et girolles

DESSERTS

- Cylindre de chocolat et mélilot glacé
- Cœur d'ananas poché à peine fumé et coriandre

Le 39V

CUISINE MODERNE • DESIGN

39 av. George V (6ème étage - entrée par le 17 r. Quentin-Bauchart)
01 56 62 39 05
www.le39v.com
George V

PLAN : A2
Fermé août, samedi et dimanche

Formule 40 € – Menu 50 € (déjeuner), 95/195 € – Carte 75/145 €

A/C

Le 39V

La température monte au 39… de l'avenue George-V ! Franchissez donc le porche de ce discret immeuble haussmannien : de là, un ascenseur vous mène directement au 6e étage. Dans les hauteurs, sur les toits de Paris, niche cette petite cité pour gastronomes... D'abord le bar, habillé de noir, où l'on peut siroter quelque cocktail avant de rejoindre sa table. Puis la grande salle, coiffée de verre et dont les larges baies ouvrent sur une délicieuse petite terrasse.

Les lieux sont raffinés ; l'assiette n'est pas en reste. Le chef, Frédéric Vardon, propose une belle relecture de la cuisine de tradition. Très attaché à la qualité des ingrédients, il met un point d'honneur à rendre visite à ses fournisseurs sur leur domaine de production. Un travail aux origines et une véritable clef de voûte pour des assiettes raffinées et démontrant de solides bases classiques. On s'enfièvre pour ce 39V plein de saveurs !

ENTRÉES

- Macaronis gratinés, fin ragoût de truffe noire
- Gros œuf fermier cuit à basse température, royale et émulsion de champignons, mouillettes

PLATS

- Saint-pierre de Bretagne aux artichauts cuits et crus en tempura, sucs persillés
- Volaille aux écrevisses et aux champignons blancs

DESSERTS

- Paris-brest
- Soufflé au chocolat, sauce au piment d'Espelette

Mandoobar

CUISINE CORÉENNE • SIMPLE

7 r. d'Edimbourg
01 55 06 08 53
www.mandoobar.fr
Europe

PLAN : D1
Fermé août, 1 semaine à Noël, dimanche, lundi et fériés

Carte 24/30 €

Les bonnes tables coréennes n'étant pas forcément légion à Paris, on est heureux de dénicher celle-ci dans une petite rue au-dessus de la gare Saint-Lazare. Dans une petite salle, le chef, Kim Kwang-Loc, aussi agile que précis, réalise directement sous vos yeux les *mandu* (des ravioles coréennes) et les tartares de thon et de bœuf qui constituent l'essentiel de la courte carte ; des préparations fines, goûteuses, qui regorgent de parfums et que les herbes et autres condiments asiatiques relèvent de la plus élégante manière. Tout cela pour une addition très mesurée... On se pince !

Pomze

CUISINE MODERNE • ÉPURÉ

109 bd Haussmann (1er étage)
01 42 65 65 83
www.pomze.com
St-Augustin

PLAN : C2
Fermé 22 décembre-2 janvier, samedi sauf le soir de septembre à juin et dimanche

Formule 31 € – Menu 36 € – Carte 48/70 €

Adresse originale que cette Pomze, qui invite à un "voyage autour de la pomme" ! La maison comporte trois espaces différents : une épicerie au rez-de-chaussée (vente de cidre, calvados, etc.), une saladerie au sous-sol et un restaurant au 1er étage. Derrière les fourneaux, c'est une équipe japonaise qui œuvre, proposant une cuisine créative, voyageuse et soignée... avec un excellent rapport qualité-prix, ce qui ne gâche rien ! À noter que tout l'établissement – de la cuisine à la salle à manger – a bénéficié d'un sérieux lifting à l'été 2016 : on se sent décidément très à l'aise dans cet intérieur contemporain, lumineux et confortable.

Le Boudoir

CUISINE TRADITIONNELLE • BISTRO

25 r. du Colisée
01 43 59 25 29
www.boudoirparis.fr
Franklin D. Roosevelt

PLAN : B2
Fermé 1er-15 août, samedi et dimanche

Formule 32 € – Menu 35 € (déjeuner en semaine)/62 € – Carte 47/66 €

Meilleur Ouvrier de France en charcuterie à l'âge de 24 ans, Arnaud Nicolas exprime aujourd'hui dans ce Boudoir son amour du... boudin. Oui, la charcuterie cuisinée peut être un art : voyez son pâté en croûte de volaille et foie gras ! Terrines et autres saucisses sont évidemment créées sur place, mais on ne saurait leur résumer le savoir-faire du jeune homme, qui a travaillé de longues années au Louis XV d'Alain Ducasse, à Monaco. De là son goût pour les beaux produits et les saveurs franches dans l'assiette – ce qu'illustre par exemple son baba au rhum... Bref, sa table est fort gourmande. Côté décor, on découvre un sympathique bistrot coloré autour d'un comptoir en zinc au rez-de-chaussée, et trois petites salles cosy à l'étage (dont un fumoir à cigares). Comment bouder un tel Boudoir ?

Les 110 de Taillevent

CUISINE TRADITIONNELLE • COSY

195 r. du Faubourg-St-Honoré
01 40 74 20 20
www.taillevent.com/les-110-de-taillevent-brasserie.com
Charles de Gaulle-Etoile

PLAN : B2
Fermé 3-24 août

Menu 44 € – Carte 45/95 €

Sous l'égide de la prestigieuse maison Taillevent, cette brasserie très chic joue la carte des associations mets et vins. Une vraie réussite... appuyée sur un choix exceptionnel de 110 vins au verre ! Sur le menu, chaque plat est associé à quatre suggestions originales : autant de correspondances susceptibles de ravir les amateurs comme les néophytes. On boude d'autant moins son plaisir que la cuisine elle-même ne manque pas de panache : le pâté en croûte est toujours aussi bon, de même que ce tourteau en rémoulade avec aneth et fenouil, ce vol au vent à la financière accompagné de béatilles de volaille, de ris de veau et d'écrevisses, ou encore en dessert ces "délices de votre enfance" (mousse au chocolat, riz au lait, crème caramel et île flottante). Des recettes soignées, concoctées avec des produits de qualité. Enfin, le cadre, élégant et chaleureux, convainc que l'on a là tiré le bon numéro...

Citrus Étoile

CUISINE MODERNE • TENDANCE

6 r. Arsène-Houssaye
01 42 89 15 51
www.citrusetoile.com
Charles de Gaulle-Étoile

PLAN : A2
Fermé vacances de Noël, samedi, dimanche et fériés

Menu 49/120 € – Carte 83/133 €

Le chef, Gilles Épié, continue de tenir la barre de cette maison avec la complicité de son épouse, Élizabeth. Elle en a supervisé la décoration (lignes épurées, atmosphère feutrée) et s'occupe de l'accueil, charmant. Lui invente en cuisine de nouvelles associations de saveurs, influencées par ses expériences américaine et asiatique. Quelques exemples de plats : salade de homard et pommes de terre à l'huile de crustacés, beignet de foie gras, poulpe aux cocos de Paimpol... mais aussi, en dessert, le « Citrus » (meringue, agrumes, gingembre et crème à la vanille). À voir aussi : la cave vitrée et, sur chaque table, un poisson rouge dans son aquarium. Insolite et plutôt agréable !

Les Cocottes - Arc de Triomphe

CUISINE TRADITIONNELLE • DESIGN

Hôtel Sofitel Arc de Triomphe
2 r. Bertie-Albrecht
01 53 89 50 53
www.lescocottes-arcdetriomphe.com
Charles de Gaulle-Etoile

PLAN : A2

Formule 28 € – Menu 34 € (déjeuner en semaine) – Carte 39/60 €

Après la Tour Eiffel, les Cocottes de Christian Constant ont traversé la Seine et trouvé un nid douillet au sein de l'hôtel Sofitel - Arc de Triomphe, près de l'avenue de Friedland. Le chef décline ce concept de bons petits plats mijotés dans des cocottes en fonte : salade césar, ravioles de langoustine, pommes de terre

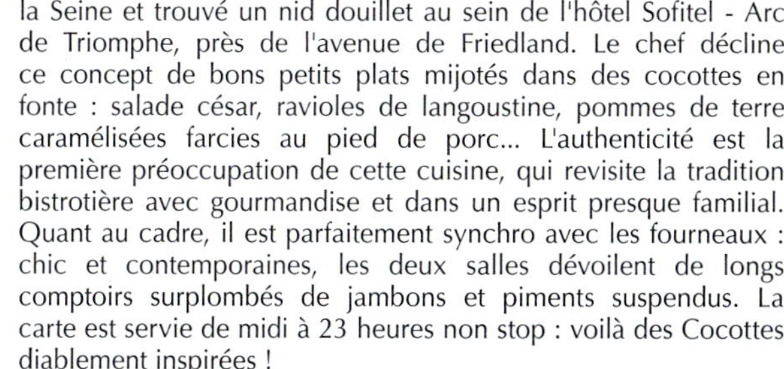

caramélisées farcies au pied de porc... L'authenticité est la première préoccupation de cette cuisine, qui revisite la tradition bistrotière avec gourmandise et dans un esprit presque familial. Quant au cadre, il est parfaitement synchro avec les fourneaux : chic et contemporaines, les deux salles dévoilent de longs comptoirs surplombés de jambons et piments suspendus. La carte est servie de midi à 23 heures non stop : voilà des Cocottes diablement inspirées !

La Cour Jardin

CUISINE MÉDITERRANÉENNE • ÉLÉGANT

Hôtel Plaza Athénée
25 av. Montaigne
01 53 67 66 20 (réservation conseillée)
www.dorchestercollection.com/paris/hotel-plaza-athenee
Alma Marceau

PLAN : B3
Ouvert de mi-mai à mi-septembre

Menu 64 € – Carte 85/130 €

Ce restaurant d'été, installé dans la cour-jardin du Plaza Athénée, est un exceptionnel havre de paix et d'élégance... et semble avoir hérité du célèbre palace de l'avenue Montaigne son sens du luxe sans ostentation, de la distinction discrète. On est d'abord émerveillé de découvrir cette cour somptueusement fleurie et arborée, dont les murs se parent de lierre, vigne vierge et géraniums... Puis vient l'assiette : la cuisine, signée par Alain Ducasse, est à la fois estivale, légère et parfumée ; les produits sont d'une grande fraîcheur et les saveurs sont au rendez-vous. Homard bleu rafraîchi, légumes grillés ; tomates anciennes, brousse du Rove ; rouget à l'unilatéral, caponatina et basilic... Un repas très plaisant, d'autant que le service est irréprochable.

Crom'Exquis

CUISINE MODERNE • COSY

22 r. d'Astorg
01 42 65 10 74
www.cromexquis.com
St-Augustin

PLAN : C2
Fermé 2 semaines en août, samedi midi et dimanche

Menu 39 € (déjeuner), 55/79 € – Carte 55/92 €

A la tête de ce Crom'Exquis œuvre Pierre Meneau, fils de Marc – chef fameux de L'Espérance, trois étoiles près de Vézelay. La grande cuisine se transmet-elle par les gènes ? Il n'est pas question d'en juger ici, car l'adresse s'attache à valoriser les bons produits plutôt qu'à tutoyer la très haute gastronomie. Au menu : cette langoustine juste rôtie à l'huile d'olive et au vinaigre de Xérès, ou les fameux cromesquis façon Marc Meneau. En dessert, l'ananas "Marie-Antoinette" arrivera-t-il décapité ? Réponse à la table de cette jolie adresse, qui conjugue avec gourmandise références classiques et clins d'œil actuels. Quelques tables avec banquettes, face au bar, pour plus d'intimité...

Diep

CUISINE CHINOISE • EXOTIQUE

55 r. Pierre-Charon
PLAN : B3
01 45 63 52 76
www.diep.fr
George V

Carte 40/80 €

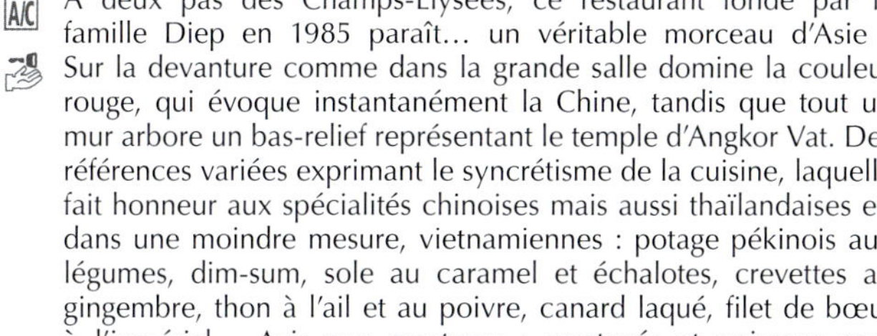

À deux pas des Champs-Élysées, ce restaurant fondé par la famille Diep en 1985 paraît... un véritable morceau d'Asie ! Sur la devanture comme dans la grande salle domine la couleur rouge, qui évoque instantanément la Chine, tandis que tout un mur arbore un bas-relief représentant le temple d'Angkor Vat. Des références variées exprimant le syncrétisme de la cuisine, laquelle fait honneur aux spécialités chinoises mais aussi thaïlandaises et, dans une moindre mesure, vietnamiennes : potage pékinois aux légumes, dim-sum, sole au caramel et échalotes, crevettes au gingembre, thon à l'ail et au poivre, canard laqué, filet de bœuf à l'impérial... Avis aux amateurs : crustacés et poissons sont nombreux à la carte.

La Fermette Marbeuf 1900

CUISINE TRADITIONNELLE • ÉLÉGANT

5 r. Marbeuf
PLAN : B3
01 53 23 08 00
www.fermettemarbeuf.com
Alma Marceau

Formule 25 € – Menu 35 € (déjeuner)/52 € – Carte 48/92 €

Volutes, femmes fatales, motifs floraux aux ondulations souples, paons bijoux... L'architecte Émile Hurté et le peintre Wielorski ont conçu en 1898 cette éblouissante salle à manger, avec tous les matériaux emblématiques de l'Art nouveau : verre, céramique, fonte, etc. Quant à l'assiette, elle nous récite la glorieuse histoire de la cuisine bourgeoise française : ravioles de homard et champignons, fricassée de rognon et ris de veau, ou encore soufflé au Grand Marnier... voilà pour les incontournables de la maison, qui sont accompagnés de jolies propositions selon la saison. Fermez les yeux et imaginez : à la table voisine, Sarah Bernhardt et Courteline rient à gorge déployée ; en tendant l'oreille, vous entendez résonner au loin les coups de marteau des ouvriers qui terminent la construction du Grand Palais... Quelle Belle Époque !

Le Gaigne

CUISINE MODERNE • ÉLÉGANT

2 r. de Vienne
01 45 22 23 62
www.restaurantlegaigne.fr
St-Augustin

PLAN : D2
Fermé août, 24 décembre-1er janvier, samedi et dimanche

Formule 33 € – Menu 42/65 € – Carte 64/96 €

Mickaël Gaignon, formé auprès de Frédéric Anton et de Pierre Gagnaire, avait quitté le Bois de Boulogne et la rue Balzac pour le Marais... avant de se réinventer dans sa nouvelle adresse du 8e arrondissement, derrière l'église Saint-Augustin, à deux pas de la gare Saint-Lazare. Ce chasseur (qui adore les légumes !) aime faire avouer aux produits leurs saveurs les plus intimes. Cela donne une belle cuisine actuelle, teintée de classicisme, qui évolue au gré des saisons ; pour preuve, la carte change tous les mois. De bons produits de la terre et de la mer, une exécution soignée : on est conquis !

Juvia

CUISINE MODERNE • ÉLÉGANT

105 r. du Faubourg-St-Honoré
09 66 82 41 08
www.restaurant-juvia.com
St-Philippe-du-Roule

PLAN : C2
Fermé dimanche soir

Formule 29 € – Menu 38 € – Carte 43/71 €

Dans une rue du 8e arrondissement très chic et commerçante, cette adresse se découvre d'abord par sa terrasse animée. Place ensuite aux deux plaisantes salles à manger, parsemées de touches campagnardes chic : sol en tomettes, tables en bois brut irrégulier, luminaires en rotin, murs verts garnis de miroirs, de cadres vides et de plantes... Bref, en un mot : on s'y sent bien. Et l'on se sent encore mieux lorsqu'on découvre cette bonne cuisine dans l'air du temps, réalisée par le chef Guillaume Delage – qui tenait précédemment le Jadis, dans le 15e arrondissement. Ses assiettes, originales, sont servies par de bons produits frais. Il y a du soin et de la franchise là-dedans, si bien que l'on passe un très bon moment.

Kinugawa Matignon

CUISINE JAPONAISE • ÉLÉGANT

1 bis r. Jean-Mermoz
01 42 25 04 23
www.kinugawa.fr
Franklin D. Roosevelt

PLAN : C2
Fermé 2 semaines en août, samedi et dimanche

Formule 45 € – Menu 65/89 € – Carte 55/100 €

La seconde adresse du restaurant Kinugawa Vendôme n'a rien à envier à son aînée : on retrouve ici le même souci de précision, la cuisine d'inspiration japonaise – presque fusion – servie dans un cadre intimiste. Toute l'âme nippone s'exprime avec ce maguro no taruto : un émincé de thon servi avec une galette de blé croquant, un tarama à la truffe blanche, accompagné d'une sauce yuzukosho... peut-être le seul plat qu'on met plus de temps à prononcer qu'à déguster ! Côté dessert, la mousse au chocolat, rehaussée de yuzu achèvera de vous convaincre de la toute puissance gastronomique de l'empire du Soleil Levant. Les bobos, les dandys et les hommes d'affaires, forcément pressés, raffolent de cette adresse élégante. Les puristes, eux, s'installeront au bar à sushis. Aussi bon que tendance.

Lazare

CUISINE TRADITIONNELLE • BRASSERIE

parvis de la gare St-Lazare, r. Intérieure
01 44 90 80 80
www.lazare-paris.fr
St-Lazare

PLAN : D2

Carte 35/90 €

Éric Frechon, chef fameux du Bristol, a plus d'un tour dans son sac ! Voici sa dernière trouvaille, qui a mis en émoi le Tout-Paris gourmand à la rentrée 2013 : une brasserie ferroviaire en plein cœur de la gare St-Lazare, fraîchement rénovée. Le succès ne s'est pas fait attendre : depuis l'ouverture, l'endroit accueille tous les jours (de 7h30 à 23h) une clientèle variée, allant du cadre en pause déjeuner au voyageur entre deux correspondances. Si la greffe a pris, c'est bien grâce à cette cuisine française et traditionnelle, qui respecte les canons du genre (œuf mimosa, maquereaux au vin blanc, filet de sole dieppoise, quenelles de brochet etc.) en s'autorisant quelques variantes salutaires, toujours avec goût. Quant au décor, il se montre convivial et chaleureux, et met à l'aise. Voilà un établissement sur les rails !

Loiseau rive Droite

CUISINE MODERNE • COSY

41 r. Boissy-d'Anglas
01 42 65 06 85
www.bernard-loiseau.com
Madeleine

PLAN : D2
Fermé 2 semaines en juillet-août, dimanche et lundi

Formule 29 € – Menu 39 € (déjeuner), 45/85 € – Carte 65/85 €

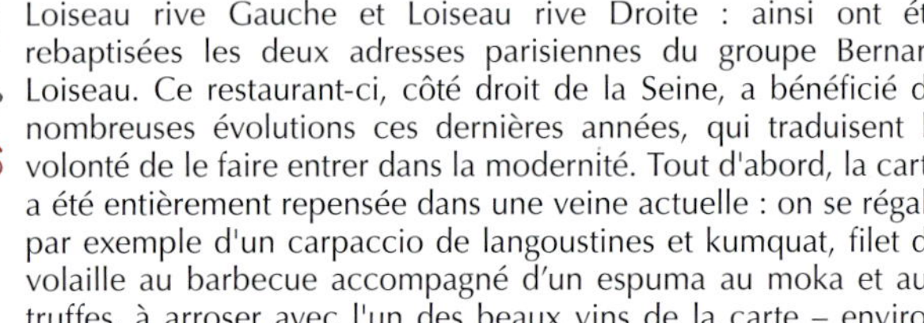

Loiseau rive Gauche et Loiseau rive Droite : ainsi ont été rebaptisées les deux adresses parisiennes du groupe Bernard Loiseau. Ce restaurant-ci, côté droit de la Seine, a bénéficié de nombreuses évolutions ces dernières années, qui traduisent la volonté de le faire entrer dans la modernité. Tout d'abord, la carte a été entièrement repensée dans une veine actuelle : on se régale par exemple d'un carpaccio de langoustines et kumquat, filet de volaille au barbecue accompagné d'un espuma au moka et aux truffes, à arroser avec l'un des beaux vins de la carte – environ 300 références, dont de nombreux bourgognes. Ensuite, le décor a été revu et joue désormais la carte du confort et de l'espace, sans renier son histoire... la preuve : la belle façade Art déco est toujours en place !

Maison Blanche

CUISINE MODERNE • DESIGN

15 av. Montaigne
01 47 23 55 99
www.maison-blanche.fr
Alma Marceau

PLAN : B3
Fermé 2 semaines en août, samedi midi et dimanche midi

Formule 49 € – Menu 58 € (déjeuner), 69/125 € – Carte 78/209 €

Un cadre grandiose ! Tel un cube posé sur le toit du théâtre des Champs-Élysées – un pont suspendu soutient cette étonnante Maison perchée –, la salle semble toiser la capitale à travers son immense baie vitrée... Quant à la terrasse, elle offre une vue tout simplement époustouflante sur la tour Eiffel. Si bien qu'on ne sait plus où poser le regard en entrant dans ce loft ultradesign ! Lové dans l'une des banquettes-alcôves ou installé sur la mezzanine, on ne se lasse pas du spectacle... Côté carte : une cuisine contemporaine bien réalisée, imprégnée d'influences méditerranéennes, et de l'âme voyageuse du chef. Avec une belle sélection de vins venus du Languedoc et de la vallée du Rhône... juste là-bas, derrière les toits de Paris.

La Maison de L'Aubrac

VIANDES • CONTEMPORAIN

37 r. Marbeuf
01 43 59 05 14
www.maison-aubrac.com
Franklin D. Roosevelt

PLAN : B3

Carte 34/117 €

A/C

Cette maison ne pouvait pas mieux porter son nom ! Depuis 1997, Christian Valette, éleveur de bovins à Laguiole, tient à deux pas des Champs-Élysées cette ambassade des produits de l'Aubrac. Il y sert la viande issue de son élevage aveyronnais, pour lequel il se fixe des règles très strictes : alimentation saine des bêtes, pas de traitements antibiotiques, etc. Il en résulte de superbes pièces de bœuf (dont certaines parties rares, comme la poire ou l'onglet) que l'on déguste sous toutes les formes possibles : carpaccio, tartares, burgers, ou selon des recettes de l'Aveyron, de Lozère ou du Cantal. L'aligot est également de la partie toute l'année, et l'on arrose son repas d'un bon vin du Languedoc ou du Roussillon. Un mot enfin sur le décor, clair et moderne, et sur l'ambiance éminemment conviviale... voire survoltée, par moments !

Makoto Aoki

CUISINE MODERNE • BISTRO

19 r. Jean-Mermoz
01 43 59 29 24
Mirosmenil

PLAN : C2
Fermé août,
25 décembre-8 janvier,
samedi midi, lundi soir
et dimanche

Formule 24 € – Menu 38/68 € – Carte 65/85 €

Ne vous fiez pas aux apparences ! L'enseigne de ce petit bistrot contemporain a beau être japonaise, sa cuisine n'en est pas moins typiquement française – et de bonne tenue. Avant d'ouvrir son propre restaurant (à quelques minutes des Champs-Élysées, s'il vous plaît), Makoto Aoki a travaillé pour de belles maisons parisiennes (Palais Royal, Senderens...). C'est avec une application et une exigence toutes nippones qu'il se consacre depuis aux usages et techniques de la gastronomie hexagonale ! Parmi les spécialités proposées sur la courte carte : brioche aux morilles et ventrêche du Pays basque, filet de bœuf de l'Aubrac et poêlée de légumes de saison, baba au rhum... La formule déjeuner présente un excellent rapport qualité-prix.

Manko

CUISINE PÉRUVIENNE • ÉLÉGANT

15 av. Montaigne
01 82 28 00 15
www.manko-paris.com
Alma Marceau

PLAN : B3
Fermé samedi midi et dimanche

Menu 65 € – Carte 40/80 €

Scoop aux Champs-Elysées ! Le chef star péruvien Gaston Acurio et le chanteur Garou ont eu un enfant : il s'appelle Manko, et il se porte bien, merci pour lui. Ce restaurant, bar lounge et cabaret du sous-sol du Théâtre des Champs-Elysées, propose des recettes péruviennes mâtinées de touches asiatiques et africaines. Dit comme ça, on s'interroge... à tort ! Cette cuisine de partage se révèle diablement bien ficelée, avec un joli choix de ceviche, d'anticuchos (morceaux de cœur de bœuf marinés, piqués sur des brochettes), de grillades à la péruvienne, de caceroles (plats à base de riz). Même les desserts s'avèrent originaux. Un petit lexique culinaire s'adresse à ceux qui ne connaissent pas la cuisine péruvienne. Soirées cabaret les vendredi et samedi, parce qu'il n'y a pas que les gosiers qu'il s'agit de satisfaire...

Le Marché du Lucas

CUISINE TRADITIONNELLE • CLASSIQUE

Restaurant Lucas Carton
9 pl. de la Madeleine
01 42 65 56 66
www.lucascarton.com
Madeleine

PLAN : D3
Fermé 3 semaines en août, dimanche et lundi

Menu 49 €

C'est le plan B du Lucas Carton, pour ceux qui aiment satisfaire leurs papilles sans torturer leur porte-monnaie. Situé à l'étage du restaurant Lucas Carton, dans un plaisant décor Art nouveau (somptueux luminaires !), l'autre table du chef Julien Dumas joue la simplicité et la gourmandise, autour d'un menu du jour annoncé verbalement. Côte de porc fermier aux olives noires, boudin noir aux pommes, mais aussi pâté lorrain et sa salade, ou cocotte de bœuf mijoté 48 heures : une autoroute de gourmandise, jusqu'au final sucré – ce jour-là, un vacherin au citron. L'équation du Marché du Lucas ? Un jeune chef dans une maison historique.

Marius et Janette

POISSONS ET FRUITS DE MER • MÉDITERRANÉEN

4 av. George-V
PLAN : B3
01 47 23 41 88
www.mariusjanette.com
Alma Marceau

Menu 48 € (déjeuner en semaine) – Carte 91/180 €

Une référence à l'Estaque et aux films de Robert Guédiguian ? Plutôt un petit coin de St-Tropez, à en juger par le décor de la salle à manger évoquant un yacht... et par la clientèle sélecte attablée au milieu des cannes à pêche, filets, espadons en plastique accrochés aux murs et autres hublots en cuivre. Dès les premiers rayons de soleil, changement de décor : lunettes tendance et bronzages dorés filent s'afficher en terrasse, installée sur l'avenue George-V. Côté cuisine naturellement, on a aussi le pied marin : poissons, coquillages et crustacés règnent sans partage sur la carte, qui évolue au gré des marées.

Marloe

CUISINE MODERNE • BISTRO

12 r. du Cdt.-Rivière
01 53 76 44 44
www.marloe.fr
St-Philippe-du-Roule

PLAN : B2
Fermé 1 semaine en février, 3 semaines en août, samedi et dimanche

Carte 45/67 €

Dans ce quartier huppé dessiné par les Champs-Élysées et l'avenue Roosevelt, à l'angle de deux jolies rues, Marloe est la nouvelle création de l'équipe de l'Arôme voisin. L'endroit a des allures de bistrot chic et cosy (tons rouge, blanc et noir, miroirs anciens, chaises et tables en formica) et fait déjà office de cantine – haut de gamme ! – pour la clientèle du quartier. De fait, la cuisine séduit : queues de gambas en panko, cœur de saumon fumé impérial et beurre aux algues, bœuf Black Angus au jus de cassis, croque-monsieur du grand-père Leroy au jambon de Paris... C'est cuisiné nettement et sans esbroufe, à partir de produits d'excellente qualité, et la carte évolue avec les saisons. Séduisant !

Matsuhisa

CUISINE JAPONAISE • DESIGN

Hôtel Le Royal Monceau
37 av. Hoche
01 42 99 98 80
www.leroyalmonceau.com
Charles de Gaulle-Etoile

PLAN : A2
Fermé samedi midi et dimanche midi

Formule 45 € – Menu 130/170 € – Carte 80/200 €

Le nouveau restaurant japonais du Royal Monceau remplace la "Cuisine", mais c'est toujours de cuisine dont il est question, et pas n'importe laquelle. Le chef Nobu Matsuhisa, inventeur du style péruvo-japonais (si, si) a confié au maître sushi Hideki Endo le soin de sublimer les produits japonais – mais aussi français –, comme ces huîtres croustillantes au caviar, wasabi et sauce aïoli, ou cette salade de sashimi de thon et vinaigrette Matsuhisa. La brigade s'active devant un immense mur éclairé et décoré de bouteilles de saké. Un comptoir rouge permet d'accueillir ceux qui désirent assister aux premières loges à l'élaboration des plats. Un ensemble vivant, en phase avec la tendance nipponne du 21e s. Attention, le restaurant est fermé samedi et dimanche midi – "brunch" oblige.

Maxan

CUISINE MODERNE • ÉLÉGANT

3 r. Quentin-Bauchart
01 40 70 04 78
www.rest-maxan.com
George V

PLAN : A3
Fermé 14-19 août, samedi midi et dimanche

Formule 32 € – Menu 40 € – Carte 48/82 €

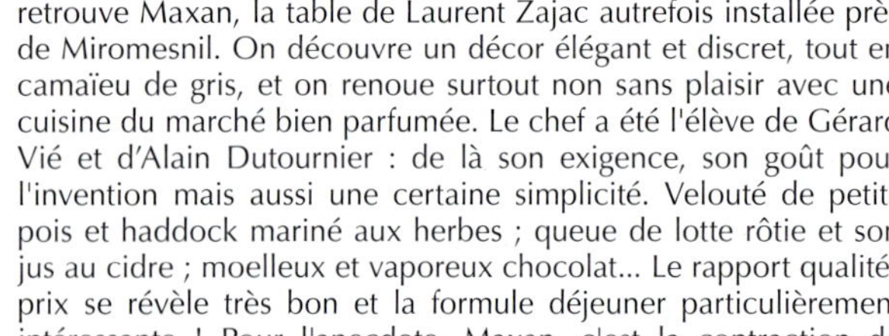

C'est donc ici, à deux pas de l'avenue Georges-V, que l'on retrouve Maxan, la table de Laurent Zajac autrefois installée près de Miromesnil. On découvre un décor élégant et discret, tout en camaïeu de gris, et on renoue surtout non sans plaisir avec une cuisine du marché bien parfumée. Le chef a été l'élève de Gérard Vié et d'Alain Dutournier : de là son exigence, son goût pour l'invention mais aussi une certaine simplicité. Velouté de petits pois et haddock mariné aux herbes ; queue de lotte rôtie et son jus au cidre ; moelleux et vaporeux chocolat... Le rapport qualité-prix se révèle très bon et la formule déjeuner particulièrement intéressante ! Pour l'anecdote, Maxan, c'est la contraction de Maxime et Andrea, les prénoms des enfants du chef.

1728

CUISINE CRÉATIVE • ROMANTIQUE

8 r. d'Anjou
01 40 17 04 77
www.1728-paris.com
Madeleine

PLAN : D2
Fermé samedi midi et dimanche

Formule 35 € – Menu 45 € (déjeuner), 70/130 € – Carte 61/95 € 

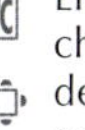
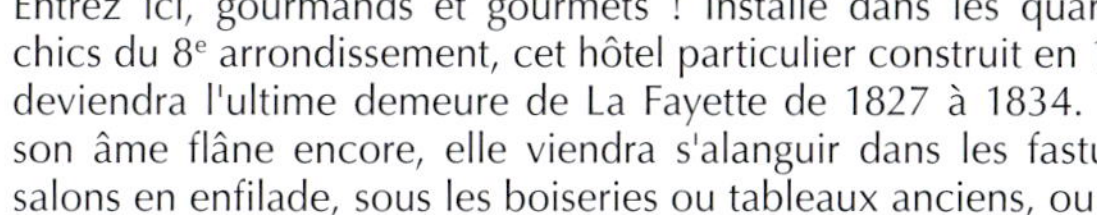

Entrez ici, gourmands et gourmets ! Installé dans les quartiers chics du 8e arrondissement, cet hôtel particulier construit en 1728 deviendra l'ultime demeure de La Fayette de 1827 à 1834. Et si son âme flâne encore, elle viendra s'alanguir dans les fastueux salons en enfilade, sous les boiseries ou tableaux anciens, ou s'en ira humer les délicats fumets évadés des cuisines de Gaëtan Joly. Cet ancien de Ze Kitchen Galery compose ici une partition créative et inventive : poulpe mariné et grillé, gaspacho de betterave rouge, chips de riz au charbon végétal ; foie gras de canard en basse température aux noix, algues nori, wasabi et miso... La Fayette, nous voilà !

Mini Palais

CUISINE MODERNE • TENDANCE

Au Grand Palais - 3 av. Winston-Churchill
01 42 56 42 42
www.minipalais.com
Champs-Elysées Clemenceau

PLAN : C3

Formule 29 € – Carte 35/77 €

Au Grand Palais se cache ce Mini Palais, dédié aux plaisirs du... palais ! Le cadre est superbe, laissant apparaître la structure métallique du bâtiment, mais son plus grand atout est la terrasse sous les immenses colonnes de la façade, avec ses mosaïques et sa vue sur le Petit Palais. On y croirait la Belle Époque ressuscitée ! Sous les rayons du soleil, l'endroit est plaisant, et l'après-midi il y fait bon goûter d'un thé et d'une petite pâtisserie... Même plaisir à l'heure du repas, avec une cuisine soignée, pensée sous la houlette d'Éric Fréchon (du Bristol) : œuf mollet frit, brioche en pain perdu au lard fumé, jus de volaille ; cabillaud en croûte de tamarin, bouillon thaï et cocos de Paimpol ; baba au rhum géant à partager... Et pour les petits creux, on sert aussi quelques en-cas (tartines, planches, etc.), de midi à minuit.

Nolita

CUISINE ITALIENNE • DESIGN

1 av. Matignon (Motor Village - 2ème étage)
01 53 75 78 78
www.nolitaparis.fr
Franklin D. Roosevelt

PLAN : B2
Fermé 2 semaines en août, samedi midi et dimanche soir

Menu 39 € (déjeuner en semaine) – Carte 58/85 €

Sa localisation peut étonner – au sein du MotorVillage, le showroom d'un grand groupe automobile italien – mais ce restaurant est une vraie réussite ! Le décor, très urbain, a été conçu par Jean-Michel Wilmotte : noir et blanc, avec des lignes contemporaines et... une vitrine mettant en scène un bolide transalpin, pour les amateurs de belle mécanique. Pour autant, la cuisine ne fait pas figuration, avec des saveurs qui démarrent au quart de tour ! Le chef, passé par de belles maisons, sait magnifier l'esprit de la Botte : la carte puise dans l'authenticité de ses régions, tout en se teintant d'une belle modernité. Sélection de mozzarella, linguine aux sardines, risotto au jambon italien et champignons, foie de veau à la vénitienne, sans oublier bien sûr un excellent tiramisu et une carte des vins qui compte environ 150 références... Vrombissements de plaisir !

Nubé

CUISINE MODERNE • DESIGN

Hôtel Marignan Champs-Elysées
12 r. de Marignan
01 40 76 34 56
www.hotelmarignanelyseesparis.com
Franklin D. Roosevelt

PLAN : B3
Fermé dimanche soir

Formule 39 € – Menu 60/80 € – Carte 50/66 €

Ce restaurant, dissimulé à l'intérieur de l'hôtel Marignan Champs Elysées, a la discrétion d'un nuage. On découvre deux étonnantes salles à manger contemporaines : l'une, intimiste et aveugle ; l'autre, sous verrière, entourée de murs blancs décorés de fresques à la craie évoquant une végétation luxuriante et équipée de six petits box compartimentés par des cloisons en bois. En suspension, un nuage stylisé : nube signifie "nuage", en espagnol. Nous y voilà ! Le chef Juan Arbelaez, colombien, qualifie sa cuisine de "salsa cancan" : ses recettes, métissées, empruntent autant à ses racines sud-américaines qu'à la tradition culinaire française, qu'il adore également. Le résultat est cette cuisine sans frontières, haute en couleurs et franchement inventive, qu'on déguste dans un décor moderne et plutôt original.

Okuda

CUISINE JAPONAISE • ÉLÉGANT

7 r. de la Trémoille
01 40 70 19 19 (réservation conseillée)
www.okuda.fr
Ⓜ Alma Marceau

PLAN : B3
Fermé 2 semaines en août, mardi midi et lundi

Menu 85 € (déjeuner)/198 €

Vingt-trois couverts, un décor sobre et élégant, des hôtesses en kimono traditionnel et un silence d'or : c'est dans cet écrin que l'on déguste depuis 2013 les créations "kaiseki" (un menu dégustation sans choix, constitué de nombreux petits plats) du célèbre chef japonais Toru Okuda, déjà couronné d'étoiles à Tokyo. Chaque assiette révèle des qualités indéniables : les meilleurs produits de saison, importés du Japon ou originaires de France, sont préparés avec un soin méticuleux, et s'associent dans le plus strict respect des traditions nippones. Une bonne adresse.

Le Percolateur

CUISINE TRADITIONNELLE • BISTRO

20 r. de Turin
01 43 87 97 59
www.lepercolateur.fr
Ⓜ Rome

PLAN : D1
Fermé 2 semaines en août, samedi midi et dimanche

Formule 16 € – Menu 30 € – Carte 35/59 € 

Un bistrot tendance, cool et un rien arty ! On le doit à la belle inspiration de deux frères, David et Philippe Madamour, anciens patrons du "7-15" dans le 15e arrondissement. C'est à New York que Philippe, travaillant alors au célèbre Bilboquet, a commencé sa collection de percolateurs. Brillant de mille feux chromés, ils trônent désormais derrière le comptoir ; l'enseigne leur rend un juste hommage. Curiosité, goût du voyage, éclectisme : des traits de caractère qui résument plutôt bien la carte. Terrine maison, dos de saumon "Whis.Er.So.Se", pour whisky, sirop d'érable, soja et sésame... les habitués en redemandent ! Bonnes formules à petits prix au déjeuner en semaine.

Le Relais Plaza

CUISINE CLASSIQUE • ÉLÉGANT

Hôtel Plaza Athénée
21 av. Montaigne
01 53 67 64 00
www.dorchestercollection.com/paris/hotel-plaza-athenee
Alma Marceau

PLAN : B3
Fermé de fin juillet à fin août

Formule 54 € – Menu 64 € – Carte 80/135 €

C'est la cantine chic et intime des maisons de couture voisines ; la brasserie où le Tout-Paris a ses habitudes. Il faut dire que le Relais Plaza a vu et voit passer du beau monde : Grace Kelly, Charles Aznavour, Liza Minelli, Yves Saint Laurent, John Travolta, Albert de Monaco ou encore Junko Koshino. Le cadre original et superbe de cette institution – un élégant intérieur Art déco inspiré du paquebot Normandie – a largement contribué à son succès ; il a bénéficié de la rénovation complète de l'hôtel en 2014, qui a su préserver tout son cachet. On ne se lassera donc sans doute jamais de cette adresse si attachante, de tous les classiques de la carte qui ont fait sa réputation, de même que des fameuses soirées "Swing'in Relais" menées par le directeur de salle, Werner Küchler, fameux crooner à ses heures !

Le 68 - Guy Martin

N

CUISINE MODERNE • ÉLÉGANT

68 av. des Champs-Élysées
01 45 62 54 10
www.le68guymartin.com
Franklin D. Roosevelt

PLAN : B2
Fermé dimanche et lundi

Formule 35 € – Menu 48 € – Carte 58/70 €

Le 68 est né de la rencontre de deux hommes : Guy Martin, chef du Grand Véfour à Paris, et Thierry Wasser, parfumeur de la maison Guerlain. Entre le "nez" suisse et le cuisinier savoyard, le courant semble être passé ; il n'en fallait pas plus pour que naisse ce restaurant, à l'intérieur de la boutique du parfumeur sur les Champs-Élysées. Les recettes, proposées dans un court menu, mettent en avant les produits de la saison, et intègrent même à l'occasion des ingrédients utilisées dans le monde des cosmétiques – hibiscus, mélisse, vanille, tonka, gingembre, épices, etc. Côté décor, attention les yeux : la petite salle est parée de dorures, faux miroirs et autres tentures colorées, dans un style passablement tape-à-l'œil. Ce n'est qu'un détail, bien sûr : l'essentiel est dans l'assiette.

Le Sushi Okuda

CUISINE JAPONAISE • ÉPURÉ

18 r. Boccador
01 47 20 17 18 (réservation conseillée)
www.sushiokuda.com
Alma Marceau

PLAN : B3
Fermé 2 semaines en août, mardi midi et lundi

Menu 95 € (déjeuner), 125/155 €

A/C

Avis aux amoureux de la gastronomie japonaise – dont certains diront qu'elle est la meilleure du monde. Ce bar à sushis attenant au restaurant étoilé Okuda rappelle les izakayas (les bars) japonais, tant par le cèdre du Japon qui habille les murs que par l'étroitesse du lieu et la fraîcheur des poissons. Rien d'étonnant à cela : Monsieur Okuda possède une poissonnerie dans le 16e arrondissement, où il veille à la qualité de ses bars, turbots, dorades, lottes ou anguilles... Une élégante escale au pays du Soleil Levant, qui ne donne qu'une envie : s'y rendre et mordre la fraîcheur aux origines !

Le V

CUISINE MODERNE • ÉLÉGANT

Hôtel Vernet
25 r. Vernet
01 44 31 98 00
www.hotelvernet.com
Charles de Gaulle-Etoile

PLAN : A2
Fermé août, samedi midi et dimanche

Formule 39 € – Carte 58/106 €

A/C

D'abord, il y a le hall de l'hôtel Vernet, le petit salon fleuri d'orchidées, puis la salle à manger coiffée d'une superbe verrière ouvragée de la fin du 19e s., signée Gustave Eiffel, typique du charme Belle Époque... d'où perce parfois un rayon de soleil. Difficile dès lors de garder les yeux dans l'assiette. Ce serait dommage : la cuisine, de belle facture, s'inspire de l'air du temps, sans négliger les classiques, à l'instar de l'indémodable carpaccio de langoustines, agrumes et avocat aux fruits de la passion, ou de la lotte rôtie au beurre noisette, aubergine à la flamme, fromage de brebis et tomates confites. Le service est souriant et attentionné.

24 - Le Restaurant

CUISINE MODERNE • TENDANCE

24 r. Jean-Mermoz
01 42 25 24 24
www.24lerestaurant.fr
Franklin D. Roosevelt

PLAN : C2
Fermé août, samedi et dimanche

Formule 29 € – Menu 33 € (déjeuner), 70/100 € – Carte 55/82 €

À deux pas du rond-point des Champs-Elysées, cet établissement imaginé par deux anciens du restaurant Auguste (dans le 7e arrondissement) propose des assiettes joliment travaillées qui n'ont pas besoin d'en mettre plein la vue pour égayer notre gourmandise : en témoigne l'œuf poché et son émincé de haddock, mousseline de brocolis et tapioca, beurre monté au basilic ; mais aussi le filet de bœuf charolais, accompagné de sa viennoise à la moelle, ou en dessert, la crème citron et mascarpone, en coque meringuée... Lisibilité des goûts, produits de qualité, cuisine sans chichis : on apprécie la sobriété de l'assiette, comme celle du cadre, dans cette salle oblongue aux murs gris ardoise et au parquet de chêne. En salle, l'accueil est aussi souriant que professionnel (le directeur est passé par Taillevent). Une réussite.

V. Ponti/Getty Images

9e

Opéra · Grands Boulevards

A. Chicurel / hemis.fr

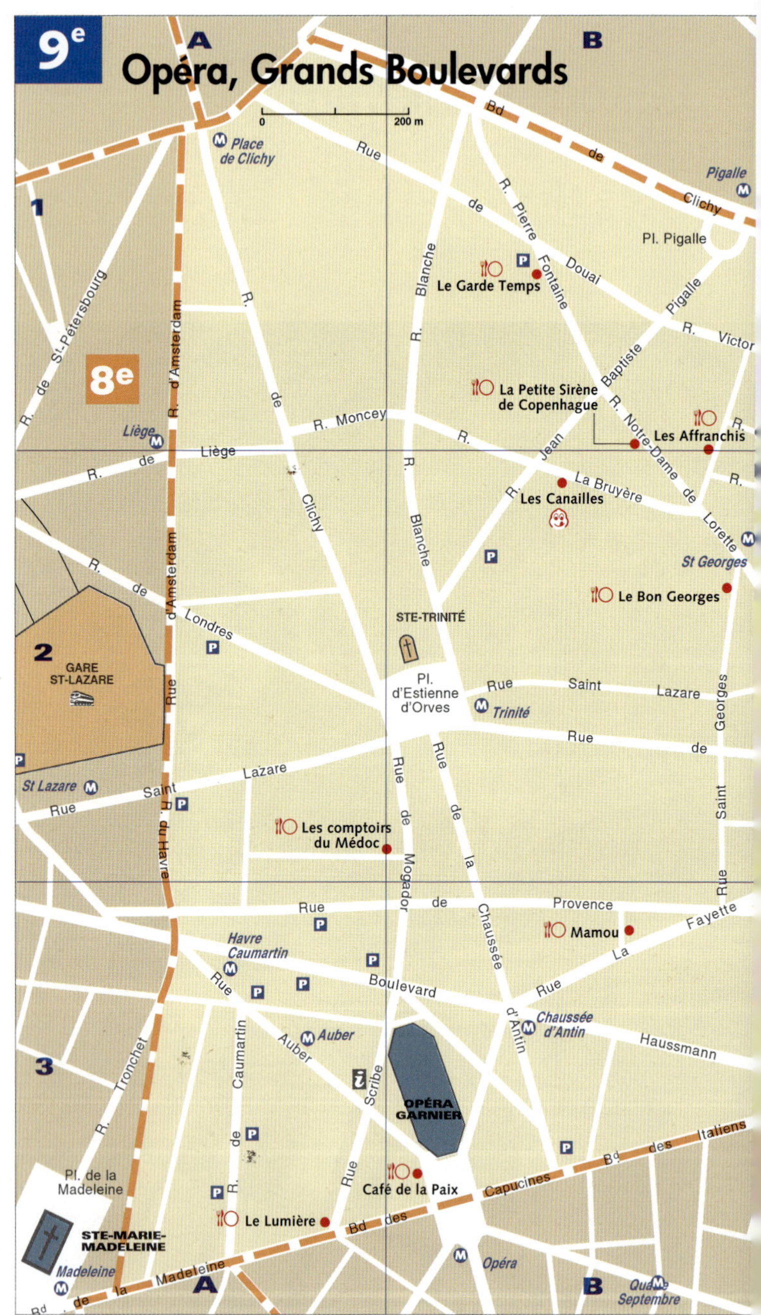

9e
Opéra, Grands Boulevards
A
B
1
2
3
8e
0
200 m
Place de Clichy
Pigalle
Pl. Pigalle
Liège
St Georges
Trinité
St Lazare
GARE ST-LAZARE
STE-TRINITÉ
Pl. d'Estienne d'Orves
Havre Caumartin
Auber
Chaussée d'Antin
OPÉRA GARNIER
Opéra
Quatre Septembre
Madeleine
Pl. de la Madeleine
STE-MARIE-MADELEINE
Le Garde Temps
La Petite Sirène de Copenhague
Les Affranchis
Les Canailles
Le Bon Georges
Les comptoirs du Médoc
Mamou
Café de la Paix
Le Lumière
Bd de Clichy
Rue de Douai
R. Pierre Fontaine
R. Blanche
R. de Clichy
R. d'Amsterdam
R. de St-Pétersbourg
R. Moncey
R. de Liège
R. La Bruyère
R. Jean Baptiste Pigalle
R. Victor
R. Notre-Dame de Lorette
R. de Londres
Rue Saint Lazare
Rue de Châteaudun
Rue Saint Georges
Rue de Mogador
Rue de la Chaussée d'Antin
Rue de Provence
Rue La Fayette
Boulevard Haussmann
Rue Auber
R. de Caumartin
Rue Scribe
R. Tronchet
R. du Havre
Bd des Capucines
Bd des Italiens
Bd de la Madeleine

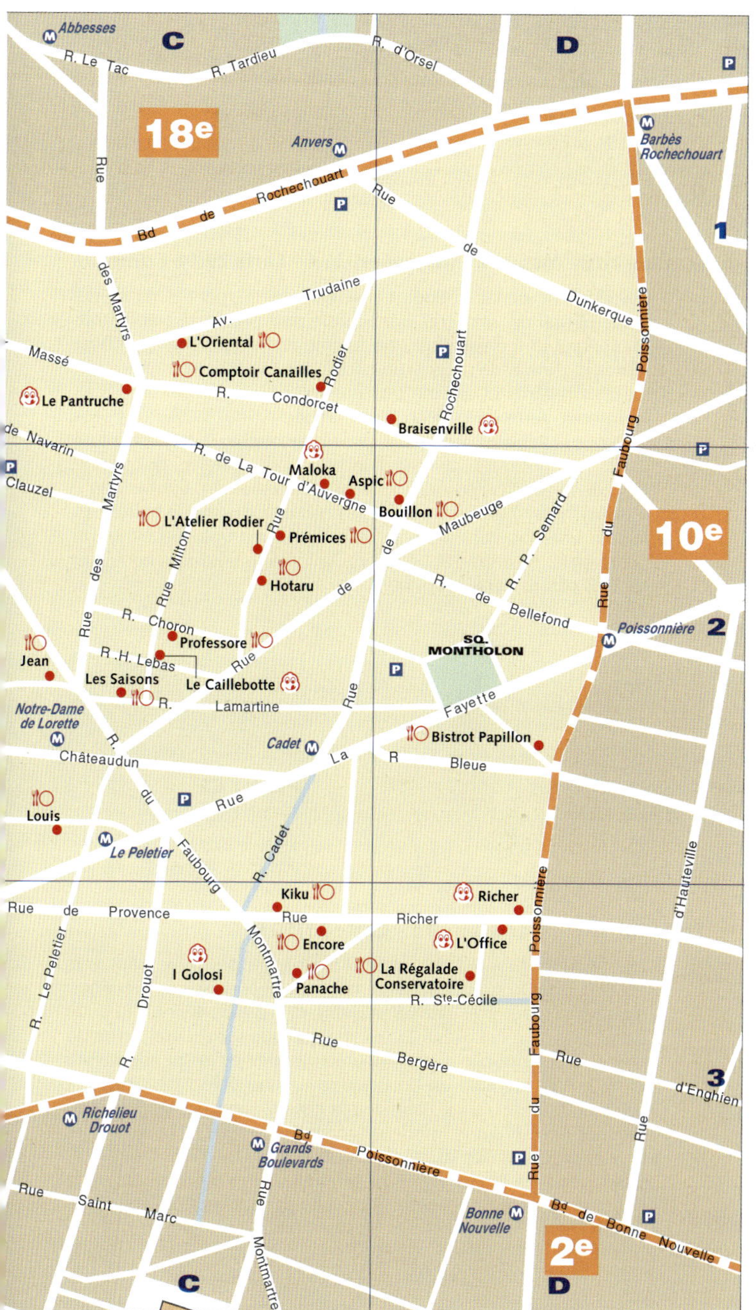

Abbesses
C
D
18e
10e
2e
Anvers
Barbès Rochechouart
Poissonnière
Cadet
Notre-Dame de Lorette
Le Peletier
Richelieu Drouot
Grands Boulevards
Bonne Nouvelle
SQ. MONTHOLON
L'Oriental
Comptoir Canailles
Le Pantruche
Braisenville
Maloka
Aspic
Bouillon
L'Atelier Rodier
Prémices
Hotaru
Professore
Le Caillebotte
Jean
Les Saisons
Louis
Bistrot Papillon
Kiku
Richer
Encore
L'Office
I Golosi
Panache
La Régalade Conservatoire
1
2
3

Braisenville

CUISINE MODERNE • TENDANCE

36 r. Condorcet
09 50 91 21 74 (réservation conseillée)
www.braisenville.com
Ⓜ Anvers

PLAN : D1
Fermé 1 semaine en août, samedi midi et dimanche

Formule 18 € – Menu 22 € (déjeuner)/35 € – Carte 29/38 € dîner

Jeu de mot canaille pour l'enseigne de ce petit repaire très contemporain... voire très *hot* ! Sur le mur principal, une grande photographie représentant une femme nue empoignant un beau morceau de viande rouge – un cliché signé Michel Restany – attire tous les regards et affirme un côté volontiers glamour et décalé (comme le reste de la déco, typée années 1970). Plaisir des sens, goût pour la chose carnée et... chaleur de braise : le ton est donné, car la cuisine tourne autour d'un beau four à braise, qui permet des cuissons de précision. L'influence ibérique est palpable ; on la retrouve aussi à travers le choix de charcuterie (jambon bellota) et, le soir, une approche de type "raciones" avec une succession de petits plats. Inventive et pétillante, la formule fait mouche – avec les vins nature qui lui vont bien.

Le Caillebotte

CUISINE MODERNE • CONVIVIAL

8 r. Hippolyte-Lebas
01 53 20 88 70
Ⓜ Notre-Dame de Lorette

PLAN : C2
Fermé 1 semaine en avril, 3 semaines en août, 26 décembre-2 janvier, samedi et dimanche

Formule 19 € – Menu 36/49 € – Carte 41/50 €

Les heureux propriétaires du Pantruche (un peu plus haut vers Pigalle), dont le succès ne se dément pas depuis plusieurs années, récidivent : tout près de Notre-Dame-de-Lorette, leur Caillebotte est promis à un bel avenir ! C'est, en quelque sorte, l'archétype du bistrot contemporain : déco épurée, lampes en suspension, mur en miroir et mobilier de bois clair, avec une baie vitrée donnant sur les cuisines. Franck Baranger, le chef, y compose ces assiettes fraîches et résolument modernes dont il a le secret : langoustines servies crues sur des lasagnes de concombre, thon blanc de Saint-Gilles et coulis de petits pois mentholés... Une cuisine gourmande et colorée, pleine de saveurs, qui colle parfaitement à l'ambiance conviviale et bon enfant des lieux. Voilà une adresse qui fait du bien !

Les Canailles

CUISINE MODERNE • BISTRO

25 r. La Bruyère
01 48 74 10 48 (réservation conseillée)
www.restaurantlescanailles.fr
St-Georges

PLAN : B2
Fermé 3 semaines en août, samedi et dimanche

Formule 28 € – Menu 35 € – Carte 52/69 €

Parfaite pour s'encanailler, cette sympathique adresse a été créée par deux Bretons formés à bonne école, notamment chez Dominique Bouchet et au Crillon. Ici, ils jouent la carte de la bistronomie, des recettes de saison et bien sûr des plats canailles. À l'image de cette belle tranche de pâté de tête et de cette échine de porc, poêlée de girolles et pommes grenaille. Ne passez pas à côté des spécialités de la maison : le carpaccio de langue de bœuf sauce ravigote et le baba au rhum avec sa chantilly à la vanille... On se régale d'autant plus que les portions sont généreuses ! Avec en prime une belle ambiance de bistrot de quartier, à deux pas de la butte Montmartre et du Moulin Rouge... où l'on pourra finir de s'encanailler.

I Golosi

CUISINE ITALIENNE • CONVIVIAL

6 r. de la Grange-Batelière
01 48 24 18 63
Richelieu Drouot

PLAN : C3
Fermé 2 semaines en août, samedi soir et dimanche

Carte 25/47 € 

Épicerie italienne (pastas, huiles, biscuits, etc.), comptoir de dégustation au rez-de-chaussée et salle de restaurant à l'étage : on a l'embarras du choix dans cette trattoria du joli passage Verdeau, où résonne la voix du truculent patron. Le décor ne présente aucun intérêt particulier, pour mieux laisser parler l'assiette et ses saveurs authentiques. Un conseil : n'hésitez pas à demander la belle carte de vins transalpins – plus de 500 références –, afin d'accompagner antipasti, soupes de saison et alléchants plats de pâtes... Chaque semaine, une petite sélection originale d'accords mets-vins vous est d'ailleurs proposée. Sans oublier le café du patron, digne des meilleurs. Une botte secrète, en quelque sorte... Dernier détail, I Golosi signifie "les gourmands" en italien : tout est dit !

Maloka 

CUISINE MODERNE • CONVIVIAL

28 r. Tour-d'Auvergne
01 45 23 99 13 (réservation conseillée)
www.okaparis.fr
Cadet

PLAN : C2
Fermé août, 23 décembre-5 janvier, dimanche, lundi et le midi sauf samedi

Menu 36 € 

A/C Raphaël Rego, le plus français des chefs brésiliens – c'est après avoir rencontré sa compagne française à Sydney qu'il s'est converti à l'Hexagone –, avait déjà séduit son monde avec Oka. Il poursuit son aventure avec ce Maloka ("votre maison" en langue amérindienne), où il affirme encore davantage les influences *carioca* de sa cuisine. Le virage est réussi, son travail est toujours aussi séduisant ! Il signe des recettes très personnelles, avec de fréquents clins d'œil à la tradition : haricots blancs et œuf poché, coriandre, piment et noisettes ; *picanha* de bœuf sur un risotto de maïs frais et croquant... C'est la délicieuse synthèse de ses souvenirs personnels et de ses années de formation dans plusieurs belles tables étoilées : on passe un super moment.

L'Office

CUISINE MODERNE • BISTRO

3 r. Richer
01 47 70 67 31 (réservation conseillée)
www.office-resto.com
Poissonnière

PLAN : D3
Fermé 3 semaines en août, 1 semaine vacances de Noël, samedi et dimanche

Formule 21 € – Menu 27 € 

Un bistrot de poche, à deux pas des Folies Bergère... On passerait presque devant sans le voir, tant il se fait discret, et pourtant ! Dans une ambiance décontractée, assis au coude-à-coude, on se régale d'une cuisine qui change au rythme du marché et des saisons. Des préparations justes, savoureuses et toujours inventives... accompagnées d'un judicieux choix de vins (de préférence natures). À chaque repas, on a le choix entre trois entrées, trois plats et trois desserts, le tout à prix serrés. Une formule qui en séduit visiblement plus d'un : il n'est pas rare que l'on refuse du monde. Si d'aventure c'était complet, tentez votre chance au Richer, juste en face (pas de téléphone, pas de réservation) : c'est la même équipe !

Le Pantruche

CUISINE MODERNE • BISTRO

3 r. Victor-Massé
01 48 78 55 60 (réservation conseillée)
Pigalle

PLAN : C1
Fermé 1 semaine vacances de printemps, 3 semaines en août, 1 semaine vacances de Noël, samedi et dimanche

Formule 19 € – Menu 36 € – Carte 41/50 €

Paris canaille, Paris la gouaille, Pantruche ! Les titis de Pigalle se sont transformés en gourmets avertis et se pressent dans ce bistrot vintage. Miroirs piqués, banquette rétro et zinc enjôleur : bien qu'actuel, le cadre fait de l'œil au Paris des années 1940. Sur l'ardoise, on reconnaît le style de Franck Baranger, un chef au beau parcours. Selon la saison, il imagine un tartare d'huîtres à la crème de laitue, une poitrine de veau confite à la verveine et petits pois à la menthe ou un inimitable soufflé au Grand Marnier. C'est efficace sans être simpliste, c'est généreux, et l'on repart le sourire aux lèvres : "Ah, Paname !"

Richer

CUISINE MODERNE • DESIGN

2 r. Richer
(sans réservation)
www.lericher.com
Poissonnière

PLAN : D3
Fermé 30 juillet-21 août et 23 décembre-1er janvier

Carte 34/40 €

Charles Compagnon a de la suite (et du talent) dans les idées : le patron de l'Office (situé juste en face), débordé par le succès (mérité) de sa cuisine bistrotière et animé des meilleurs intentions pour nos estomacs, s'est donc démultiplié avec le Richer. Saluons son singulier talent d'ubiquité ! L'esprit cantine arty est préservé avec ces murs bruts de pierre et de brique, et ce magnifique percolateur qui trône sur le comptoir. Dans l'assiette, on retrouve cette même cuisine du marché, fraîche et goûteuse. Avis aux gourmands trop souvent restés sur le trottoir et sur leur faim : le Richer s'est agrandi ! Attention cependant, il n'y a toujours pas de téléphone : le seul moyen de réserver est donc de se présenter sur place, très tôt ou très tard dans la soirée. Dîner au Richer est une riche idée... qui se mérite.

Les Affranchis

CUISINE MODERNE • BISTRO

5 r. Henri-Monnier
01 45 26 26 30
www.lesaffranchisrestaurant.com
St-Georges

PLAN : B1-2
Fermé lundi

Formule 30 € – Menu 35 € (déjeuner en semaine)/42 €

"Aussi loin que je me souvienne, j'ai toujours voulu être un gangster". Un hommage film culte de Martin Scorsese ? Une référence à la poste voisine ? Les Affranchis, c'était avant tout une déclaration d'indépendance pour le binôme qui avait imaginé cette excellente adresse. Un nouveau duo franco-italien (qui s'est rencontré à l'Ambroisie) s'est désormais emparé des fourneaux pour proposer une savoureuse cuisine de bistrot contemporain qui, comme la déco plutôt vintage, a d'ores et déjà conquis la clientèle bourgeois-bohème du quartier St-Georges. Une adresse... aliénante !

Aspic

N

CUISINE MODERNE • BISTRO

24 r. de la Tour-d'Auvergne
09 82 49 30 98
www.aspic-restaurant.com
Cadet

PLAN : C2
Fermé août, 1 semaine à Noël, dimanche, lundi et le midi

Menu 43 €

A/C

Après avoir plaqué le monde de la finance pour entrer à l'école Ferrandi, le chef a multiplié les expériences (ministère des Affaires étrangères, L'Épi Dupin) avant d'ouvrir sa propre table rue de la Tour d'Auvergne. Comme souvent dans le quartier, c'est le mini-bistrot dans toute sa splendeur : esprit rétro, cuisine ouverte sur la salle, etc. Comme parfois, mais pas toujours, dans le quartier, l'assiette mérite qu'on s'y attarde : de supers produits (issus des circuits courts, autant que possible), un menu unique en cinq plats qui ose des mariages inattendus de saveurs et touche souvent au but – ah, cet agencement maquereau, pêche et oignon en pickles... Une bonne adresse de quartier, comme en voudrait partout.

Atelier Rodier

CUISINE MODERNE • TENDANCE

17 r. Rodier
09 67 19 94 90
www.latelier-rodier.com
Notre-Dame de Lorette

PLAN : C2
Fermé août, 1 semaine vacances de Noël, dimanche, lundi et le midi

Menu 42/95 € – Carte 53/77 €

C'est au nord du 9e arrondissement, au milieu de la rue Rodier dont la longue pente marque les prémices de la butte Montmartre, que l'on découvre ce petit restaurant né en 2013. Le lieu dénote... Au cœur de la salle, qui affirme un vrai style design, une grande vitre d'atelier ouvre sur les cuisines. Simple effet de mode ? C'est surtout une déclaration de confiance, tout à fait dans l'esprit de l'époque, destinée à montrer que l'on n'a rien à cacher, aussi bien en matière de traçabilité des produits qu'en matière de savoir-faire. Ici œuvre Santiago Torrijos, un jeune homme passé par de bonnes maisons et tout à fait à l'aise dans son rôle de bistronome en chef. Ses recettes, créatives et inspirées, réservent de savoureuses surprises !

Bistrot Papillon

CUISINE MODERNE • TENDANCE

6 r. Papillon
01 47 70 90 03 (réservation conseillée)
www.bistrotpapillon.fr
Cadet

PLAN : D2
Fermé samedi midi et dimanche midi

Formule 23 € – Carte 37/64 €

A/C

Ce bistrot aux harmonies contemporaines, de parquet et pierres grattées, abrite le talent du normand Julien Bichot, né à Deauville, et passé par la Tour d'Argent. Travail en circuits courts, producteurs sélectionnés avec soin, et poissons impeccablement travaillés. Il signe une cuisine fine, attentive aux saisons, dans l'esprit bistronomie, prolongeant ainsi l'héritage de son prédécesseur Yoshitaka Takayanagi. À remarquer aussi : une très séduisante sélection de crus issus de petits vignobles, derrière cave vitrée... à des prix honnêtes. Une jolie adresse.

Le Bon Georges

CUISINE TRADITIONNELLE • BISTRO

45 r. St-Georges
01 48 78 40 30
www.lebongeorges.com
St-Georges

PLAN : B2
Fermé 3 semaines en août et samedi

Formule 21 € – Carte 38/61 €

Voilà un bistrot d'angle tel qu'on les aime, avec vigne et glycine sur le trottoir, décor dans son jus (sacrifiant à la sainte trilogie ardoise, vieux plancher, banquettes) et son ambiance de quartier... mais qui a le mérite de ne pas se reposer sur son physique avantageux. L'assiette aussi vaut les honneurs ! La liste des producteurs, affichés sur l'ardoise, donne le ton : légumes de chez Joël Thiébault, volaille de chez Renault, poissons de petits bateaux en provenance de l'île d'Yeu... On ne s'étonnera pas de goûter une belle terrine au beaujolais, un pigeon rôti, ou une tatin de pommes comme chez mamie. Belle sélection de vins de propriétés, Bourgogne et vallée du Rhône. Un bon et généreux bistrot qui n'a pas cédé aux sirènes de la bistronomie, et assume sa simplicité avec gourmandise et décontraction.

Bouillon

CUISINE TRADITIONNELLE • CONVIVIAL

47 r. de Rochechouart
09 51 18 66 59 (réservation conseillée)
Cadet

PLAN : D2
Fermé 3 semaines en août, 24-30 décembre, dimanche et lundi

Formule 21 € – Menu 28/80 € – Carte 43/58 € 

Le restaurant rend hommage aux fameux "bouillons parisiens", ces gargotes de quartier d'antan, dans lesquelles venaient se restaurer les ouvriers pour un prix modique. Ici, le cadre est élégant et chaleureux, le parquet à grosses lattes, et le chef Marc Favier (ancien bras droit de Jean-François Piège chez Thoumieux) en forme olympique. Outre quelques bouillons enrichis, signés de sa patte, le chef propose une cuisine de tradition pleine de caractère et de marmites fumantes, à l'instar de ce bouillon de champignons de Paris au foie gras et céleri, du paleron de bœuf braisé au vin rouge, ou de ce beau turbot sauvage rôti sur l'arête... Bouillon, ou comment prouver que la cuisine traditionnelle française en a encore dans le ventre. Un dernier conseil : réservez !

Le Café de la Paix

CUISINE MODERNE • ÉLÉGANT

Hôtel Intercontinental Le Grand
2 r. Scribe
01 40 07 32 32
www.paris.intercontinental.com
Opéra

PLAN : B3

Formule 45 € – Menu 55 € (déjeuner en semaine)/82 € – Carte 90/110 €

Inauguré en 1862, le Café de la Paix fut et demeure sans conteste "le" rendez-vous du Tout-Paris... C'est ici que venaient autrefois Maupassant, Wilde, Zola et Gide. Il faut dire que le cadre est sublime : magnifique plafond peint, belles fresques (Garnier), lambris dorés, colonnes aux chapiteaux corinthiens, mobilier inspiré du style Second Empire... La terrasse offre un poste d'observation unique sur les Grands Boulevards et la place de l'Opéra. On y déguste de beaux plateaux de fruits de mer et un répertoire classique actualisé. À noter, les originales "pâtisseries fashion" inventées par des créateurs de mode. Côté service, le ballet se déroule en trois actes (de sept heures à minuit), sans fausse note. Un lieu mythique.

Comptoir Canailles

CUISINE MODERNE • CONVIVIAL

47 r. Rodier
01 53 20 95 56
www.restaurantcomptoircanailles.com
Anvers

PLAN : C1

Fermé août, vacances de Noël, dimanche et lundi

Formule 18 € – Menu 24 € (déjeuner en semaine), 35 € – Carte 45/80 €

Alain Ducasse pour lui, Paul Bocuse pour elle : les présentations faites, on peut s'installer en toute tranquillité dans la salle toute en longueur de ce restaurant, ouvert par ce jeune couple à peine trentenaire, passé par de prestigieuses maisons. Amis des animaux ou végétariens, passez votre chemin ! Les tables font face à une grande armoire vitrée à l'intérieur de laquelle maturent de belles pièces de bœuf Simmental... qu'il ne tient qu'à vous d'inviter dans votre assiette. L'ardoise, de son côté, propose une cuisine de bistrot goûteuse, souvent servie en cocottes – puisque c'est la mode. Ajoutez à cela un accueil charmant, une formule déjeuner avantageuse et des vins natures de petits vignerons... Encanaillez-vous, comme dirait l'autre !

Les Comptoirs du Médoc

CUISINE MODERNE • ÉLÉGANT

93 r. de la Victoire
01 45 26 61 88
www.lescomptoirsdumedoc.com
Havre Caumartin

PLAN : A-B2
Fermé 2 semaines début août, 2 semaines début janvier, samedi et dimanche

Formule 37 € – Menu 45 € (déjeuner), 65/89 € – Carte 55/67 € déjeuner

A/C

Vous l'aurez deviné : les produits du Médoc sont à l'honneur dans ce restaurant proche de l'Opéra et des grands magasins, et imaginé par Nicolas Tissier, l'ex-bras droit de Jean-François Piège chez Thoumieux. Le décor cossu s'articule autour de deux cariatides, tandis que sommeillent derrière la cave vitrée 160 références 100 % médocaines ! De quoi accompagner joliment de goûteuses assiettes, qui privilégient les beaux produits, à l'image de l'agneau de Pauillac ou du filet de canard rôti sur sa carcasse, et restent toujours attentives aux saisons (ne manquez pas celle des pibales, ou civelles). Les planches (charcuterie, huîtres) accompagneront votre début de soirée, pour un bon rapport qualité-prix. Une réussite.

Encore

CUISINE MODERNE • BRANCHÉ

43 r. Richer
01 72 60 97 72
www.encore-restaurant.fr
Le Peletier

PLAN : C3
Fermé 2 semaines en août, 2 semaines vacances de Noël, samedi et dimanche

Formule 25 € – Menu 30 € (déjeuner)/42 € – Carte 40/60 €

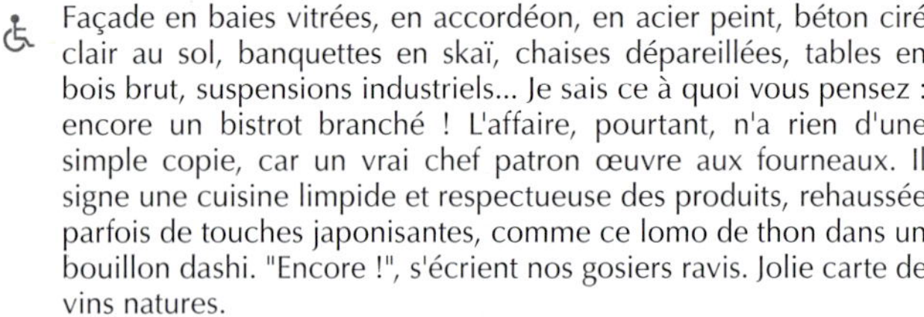

Façade en baies vitrées, en accordéon, en acier peint, béton ciré clair au sol, banquettes en skaï, chaises dépareillées, tables en bois brut, suspensions industriels... Je sais ce à quoi vous pensez : encore un bistrot branché ! L'affaire, pourtant, n'a rien d'une simple copie, car un vrai chef patron œuvre aux fourneaux. Il signe une cuisine limpide et respectueuse des produits, rehaussée parfois de touches japonisantes, comme ce lomo de thon dans un bouillon dashi. "Encore !", s'écrient nos gosiers ravis. Jolie carte de vins natures.

Le Garde Temps

CUISINE MODERNE • BISTRO

19 bis r. Pierre-Fontaine
09 81 48 50 55
www.restaurant-legardetemps.fr
Ⓜ Blanche

PLAN : B1
Fermé 3 semaines en août, samedi midi et dimanche

Formule 19 € – Menu 35 € (semaine) – Carte 48/70 €

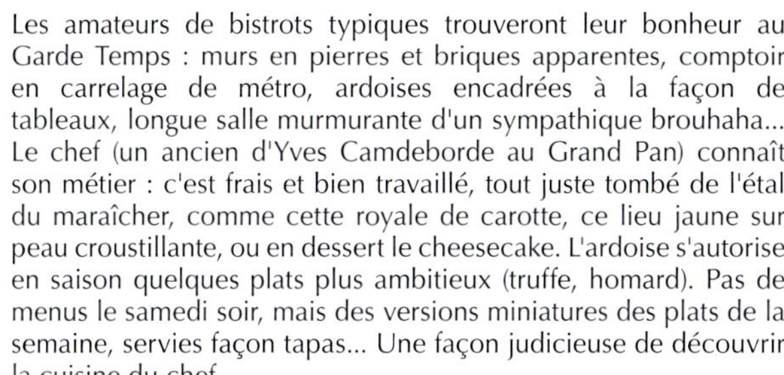

A/C Les amateurs de bistrots typiques trouveront leur bonheur au Garde Temps : murs en pierres et briques apparentes, comptoir en carrelage de métro, ardoises encadrées à la façon de tableaux, longue salle murmurante d'un sympathique brouhaha... Le chef (un ancien d'Yves Camdeborde au Grand Pan) connaît son métier : c'est frais et bien travaillé, tout juste tombé de l'étal du maraîcher, comme cette royale de carotte, ce lieu jaune sur peau croustillante, ou en dessert le cheesecake. L'ardoise s'autorise en saison quelques plats plus ambitieux (truffe, homard). Pas de menus le samedi soir, mais des versions miniatures des plats de la semaine, servies façon tapas... Une façon judicieuse de découvrir la cuisine du chef.

Hotaru

CUISINE JAPONAISE • RUSTIQUE

18 r. Rodier
01 48 78 33 74
Ⓜ Notre-Dame de Lorette

PLAN : C2
Fermé 3 semaines en août, 2 semaines en hiver, dimanche et lundi

Menu 24 € (déjeuner) – Carte 26/53 €

Association originale que celle d'une authentique cuisine japonaise et d'un décor de restaurant très parisien (mais rehaussé de touches asiatiques et d'expositions d'art). Aux fourneaux œuvre Isao Ashibe, jeune chef né à Paris, pour autant totalement imprégné de culture nippone : fils de l'un des premiers Japonais ayant créé un restaurant dans la capitale française (dans les années 1950 !), il a lui-même parfait sa formation de longues années durant dans l'archipel. Outre les incontournables makis et sushis, il propose des recettes moins connues, principalement à base de poisson et de fruits de mer (comme le foie de lotte, dit "le foie gras marin"), des plats mijotés (délicates aubergines chaudes au miso noir, doucement sucrées ; maquereau grillé et laqué) et des fritures (agemono). Une vraie cuisine familiale japonaise, où la qualité et la fraîcheur des produits sont au rendez-vous.

Jean

CUISINE CRÉATIVE • TRADITIONNEL

8 r. St-Lazare
01 48 78 62 73
www.restaurantjean.fr
Ⓜ Notre-Dame de Lorette

PLAN : C2
Fermé 8-22 août, samedi et dimanche

Formule 31 € – Menu 38 € (déjeuner en semaine)/60 € – Carte 55/65 €

En plein cœur du 9e arrondissement, près de l'église Notre-Dame-de-Lorette, Jean nous plonge dans une atmosphère cossue et bourgeoise – motifs floraux au mur, poutres peintes, escalier en chêne –, voire délicieusement surrannée... Les propriétaires, Delphine et Jean-Frédéric Guidoni, ont fait de ce restaurant un temple de la bonne cuisine française revisitée. La carte, volontairement resserrée, met en valeur de bons produits – langoustines, cuisses de grenouilles, noix de Saint-Jacques, omble chevalier – dans des assiettes sagement créatives.

Kiku

CUISINE JAPONAISE • INTIME

56 r. Richer
01 44 83 02 30
Ⓜ Cadet

PLAN : C3
Fermé 1 semaine en août, 1 semaine en décembre, samedi, dimanche et le soir

Formule 14 € – Menu 17/21 € – Carte 17/33 € 

Au Japon, on les appelle des "izakaya", ces bars à saké qui proposent à la dégustation une succession de petits plats. À deux coups de baguettes des Folies Bergère, le concept est original, et totalement convaincant : loin du diktat des sushis – et sans thon rouge, préservation de l'espèce oblige –, Kiku fait la part belle au répertoire traditionnel d'une vraie auberge nippone, avec chirashi, marmites, poisson du jour... Une cuisine à la fois fraîche, parfumée et soignée, qui sait aussi oser les variations contemporaines et s'adapter aux petites "manies" occidentales, par exemple avec un choix de desserts (ainsi cette délicieuse crème brûlée au sésame noir et sa glace au caramel). Formule intéressante au déjeuner, menu dégustation le soir, et ambiance tout en simplicité.

Louis

CUISINE MODERNE • INTIME

23 r. de la Victoire
01 55 07 86 52 (réservation conseillée)
www.louis.paris
Le Peletier

PLAN : C2
Fermé 3 semaines en août, samedi et dimanche

Menu 32 € (déjeuner), 52/67 €

Situé non loin des grands magasins mais dans une rue tranquille, cet ancien kebab s'est mué en petit restaurant intimiste avec cuisine ouverte et caveau de dégustation au sous-sol. Aux fourneaux, un chef breton, passé chez Senderens, rend hommage à son père, grand-père et arrière-grand-père, tous prénommés "Louis". Il cisèle des menus originaux, en petites portions : ravioles de veau et consommé de coriandre, merlan rôti et jeunes carottes aïoli, volaille de Challans et girolles (attention, les bons appétits opteront pour le menu 6 ou 8 plats). C'est inventif, spontané, et la cuisine est attentive au marché et aux saisons. Une pause gourmande au calme... très agréable !

Le Lumière

CUISINE MODERNE • ÉLÉGANT

Hôtel Scribe
1 r. Scribe
01 44 71 24 24
www.hotel-scribe.com
Opéra

PLAN : A3

Menu 45 € (déjeuner en semaine)/95 € – Carte 55/92 € 

A/C

Silence, moteur... action ! On peine à imaginer l'émotion qu'ont dû ressentir les spectateurs du premier film des frères Lumière. Et pourtant, c'est ici même, au sein de l'hôtel Scribe, qu'il fut projeté en 1895. Le décor de la salle leur rend hommage, et c'est sous une lumineuse verrière zénithale que l'on prend place pour le repas. Quand les premières assiettes apparaissent, le synopsis est convaincant : le chef sait mettre en scène les produits de qualité. Un savoir-faire et une originalité que l'on perçoit par exemple dans les palourdes au naturel, cocos de Paimpol ou en dégustant cette belle poitrine rôtie à l'ail. Cadrage, scénario : le film se révèle savoureux... avec pour "happy end" de délicats desserts.

Mamou

CUISINE TRADITIONNELLE • DE QUARTIER

42 r. Taitbout
01 44 63 09 25
Chaussée d'Antin

PLAN : B3

Fermé 3 semaines en août, 1 semaine vacances de Noël, lundi soir, mardi soir, samedi midi et dimanche

Formule 19 € – Carte 40/55 €

Quelles qu'aient été les motivations du choix de ce nom de "Mamou", on y voit volontiers une évocation de l'amour maternel, voire des bons petits plats qui réchauffaient nos cœurs d'enfants... On se réfugiera donc avec plaisir dans les jupons de ce restaurant de quartier né en 2013 à deux pas des grands magasins. L'endroit – dont le décor joue plutôt la carte de la simplicité – est tout indiqué pour une pause réconfortante après une séance de shopping. Comment ne pas reprendre des forces, en effet, en dégustant un menu aussi généreux : saumon gravlax et poireaux vinaigrette sauce miso, quasi de veau rôti et ganache de spéculos... À la dégustation, on ne s'étonnera pas d'apprendre que le chef est passé par de belles maisons. Il signe sans conteste un amour de cuisine du marché.

L'Oriental

CUISINE NORD-AFRICAINE • EXOTIQUE

47 av. Trudaine
01 42 64 39 80
www.loriental-restaurant.com
Pigalle

PLAN : C1

Formule 17 € – Menu 37 € – Carte 33/52 €

Sur l'avenue Trudaine, où s'étend sa terrasse aux beaux jours, L'Oriental est fidèle à l'esprit marocain, sa patrie de cœur : tons ocre, banquettes confortables, éclairages tamisés... sans oublier quelques notes "couleur locale" comme les tables ornées de faïence, les tableaux classiques et la fontaine importée directement de Marrakech. En cuisine, la tradition demeure une valeur sacrée. Pour preuve, les plats authentiques et parfumés qui témoignent d'un savoir-faire transmis de génération en génération. Tajines, couscous et autres bricks se dégustent dans une ambiance chaleureuse, grâce à la clientèle d'habitués et au service attentionné.

Panache

CUISINE MODERNE • VINTAGE

Hôtel Panache
1 r. Geoffroy-Marie
01 53 34 03 91
www.hotelpanache.com
Grands Boulevards

PLAN : C3
Fermé dimanche soir

Formule 24 € – Menu 29 € (déjeuner en semaine) – Carte 35/45 € 

Au sein de l'hôtel du même nom, ce Panache, justement, n'en manque pas. Une décoration délicieusement rétro, Art nouveau par endroit, qui a du caractère ; un chef au joli parcours (Racines 2, L'Agapé), la trentaine, qui ne cuisine pas au hasard et intellectualise volontiers son travail. Mais que l'on se rassure : ses assiettes se révèlent simples et percutantes, toujours précises ! Il les décline au gré d'une vraie carte avec du choix (une pratique qui a tendance à se raréfier dans le secteur !), et le résultat est à la hauteur de nos attentes. Deux exemples : une entrée autour de la courgette et de la sardine ; une piccata de veau, betteraves et groseilles... Tout simplement très bon.

La Petite Sirène de Copenhague

CUISINE DANOISE • BISTRO

47 r. Notre-Dame-de-Lorette
01 45 26 66 66 (réservation conseillée)
www.lapetitesireneparis.com
St-Georges

PLAN : B1
Fermé août,
23 décembre-2 janvier,
samedi midi, dimanche et lundi

Formule 25 € – Menu 35 € (déjeuner)/41 € – Carte 50/82 € 

À peine entré, vous serez sous le charme de cette authentique ambassade du Danemark. Pourtant cette sirène-là n'envoûte pas en chantant : elle attire les gourmets dans ses filets avec de succulents harengs aigres-doux et un incomparable saumon fumé. Deux vedettes incontestées d'une carte de mets sucrés-salés en provenance directe de la patrie d'Andersen. Naturellement, le reste suit : Peter et sa sympathique équipe prennent votre commande avec un délicieux accent nordique, en vous proposant un pigeon au chou rouge, une sole et ses pommes de terre à l'aneth... ainsi que d'excellentes *øl* (bières danoises) et un incontournable aquavit – à consommer avec modération, bien sûr. Couleur locale aussi, le sobre décor : tomettes cirées, photos anciennes du parc de Tivoli de Copenhague... Un régal !

Prémices

CUISINE MODERNE • TENDANCE

24 r. Rodier
01 45 26 86 26 (réservation conseillée)
Ⓜ Cadet

PLAN : C2
Fermé 1 semaine en mai, 3 semaines en août, 1 semaine vacances de Noël, lundi midi, samedi et dimanche

Formule 24 € – Menu 36 € (déjeuner), 65/90 € – Carte 55/95 €

Financier dans une banque d'affaires, Alexandre Weill est reparti de zéro... pour se livrer à sa passion de la gastronomie, apprendre la cuisine et ouvrir son propre restaurant. Bien lui en a pris ! On ne peut en effet lui dénier un vrai talent de cuisinier, précis dans ses réalisations, original dans ses propositions. Huîtres en gelée au gingembre et basilic ; volaille jaune des Landes, purée maison et jus à la marjolaine ; millefeuille (avec une superbe pâte feuilletée) et crème diplomate à la vanille... Autant de recettes subtiles et sans esbroufe, savoureuses, mettant en valeur des produits sélectionnés avec soin. Dans un cadre contemporain pensé avec beaucoup de goût, le repas se révèle des plus agréables. Et ce ne sont que les prémices...

Professore

CUISINE ITALIENNE • BRANCHÉ

7 r. Choron
01 45 26 52 15 (réservation conseillée)
Ⓜ Notre-Dame-de-Lorette

PLAN : C2
Fermé dimanche midi

Carte 30/48 €

A/C

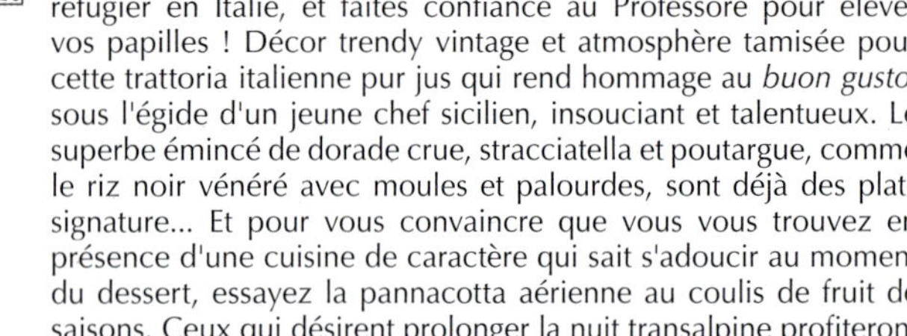

Quittez la toujours très animée rue des Martyrs pour vous réfugier en Italie, et faites confiance au Professore pour élever vos papilles ! Décor trendy vintage et atmosphère tamisée pour cette trattoria italienne pur jus qui rend hommage au *buon gusto*, sous l'égide d'un jeune chef sicilien, insouciant et talentueux. Le superbe émincé de dorade crue, stracciatella et poutargue, comme le riz noir vénéré avec moules et palourdes, sont déjà des plats signature... Et pour vous convaincre que vous vous trouvez en présence d'une cuisine de caractère qui sait s'adoucir au moment du dessert, essayez la pannacotta aérienne au coulis de fruit de saisons. Ceux qui désirent prolonger la nuit transalpine profiteront de l'étonnante liste de cocktails, imaginée avec la parfumeuse Annick Goutal...

La Régalade Conservatoire

CUISINE MODERNE • TENDANCE

Hôtel de Nell
7-9 r. du Conservatoire
01 44 83 83 60 (réservation conseillée)
www.charmandmore.com
Bonne Nouvelle

PLAN : D3

Menu 37 € 

Et de trois ! Après ses Régalades des 14e et 1er arrondissements, Bruno Doucet réplique à deux pas des Grands Boulevards, au sein du luxueux hôtel de Nell, décoré par Jean-Michel Wilmotte. Murs noirs, plafond blanc, sol en damier : l'esprit bistrot se fait chic, et la cuisine du chef toujours aussi enlevée, généreuse et savoureuse. Des exemples ? Tartare de maquereau relevé d'une vinaigrette aux agrumes, magret de canard cuit sur la peau et navets nouveaux, riz au lait "comme le faisait ma grand-mère", etc. Fidèle à l'habitude de l'enseigne, le rapport qualité-prix est excellent : vivement le prochain opus !

Les Saisons

CUISINE TRADITIONNELLE • BISTRO

52 r. Lamartine
01 48 78 15 18
www.restaurant-les-saisons.com
Notre-Dame de Lorette

PLAN : C2
Fermé 3 semaines en août, dimanche et lundi

Formule 17 € – Menu 22 € (déjeuner en semaine) – Carte 34/50 €

Comme les années, les bistrots parisiens ont leurs saisons... L'heure du printemps est revenue pour cette adresse au cachet d'antan (banquettes en moleskine, petites tables serrées, etc.), sur laquelle le chef fait aujourd'hui souffler un vent de fraîcheur. Jonathan Lutz a repris l'affaire fin 2011, après avoir fait ses classes dans quelques institutions du bistrot parisien. Ici chez lui, il s'approprie avec doigté les classiques du genre, proposant une cuisine généreuse et bourgeoise, avec par exemple ce foie gras de canard du Périgord poêlé aux framboises ou ce filet de veau cuit au sautoir, sans oublier un joli choix de fromages. À noter : il concocte au déjeuner, en semaine, deux menus plutôt bon marché. Dans tous les cas, son credo, c'est la gourmandise... au plus près de chaque saison, évidemment !

10^e^

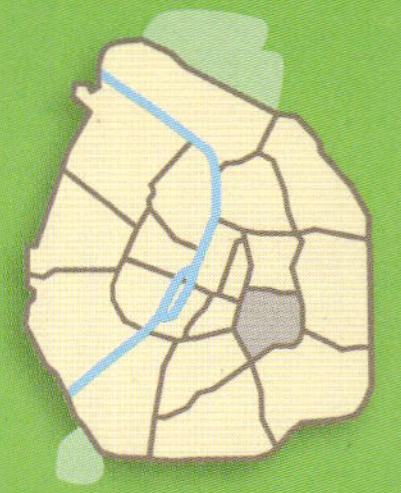

Gare de l'Est · Gare du Nord · Canal St-Martin

B. Rieger / hemis.fr

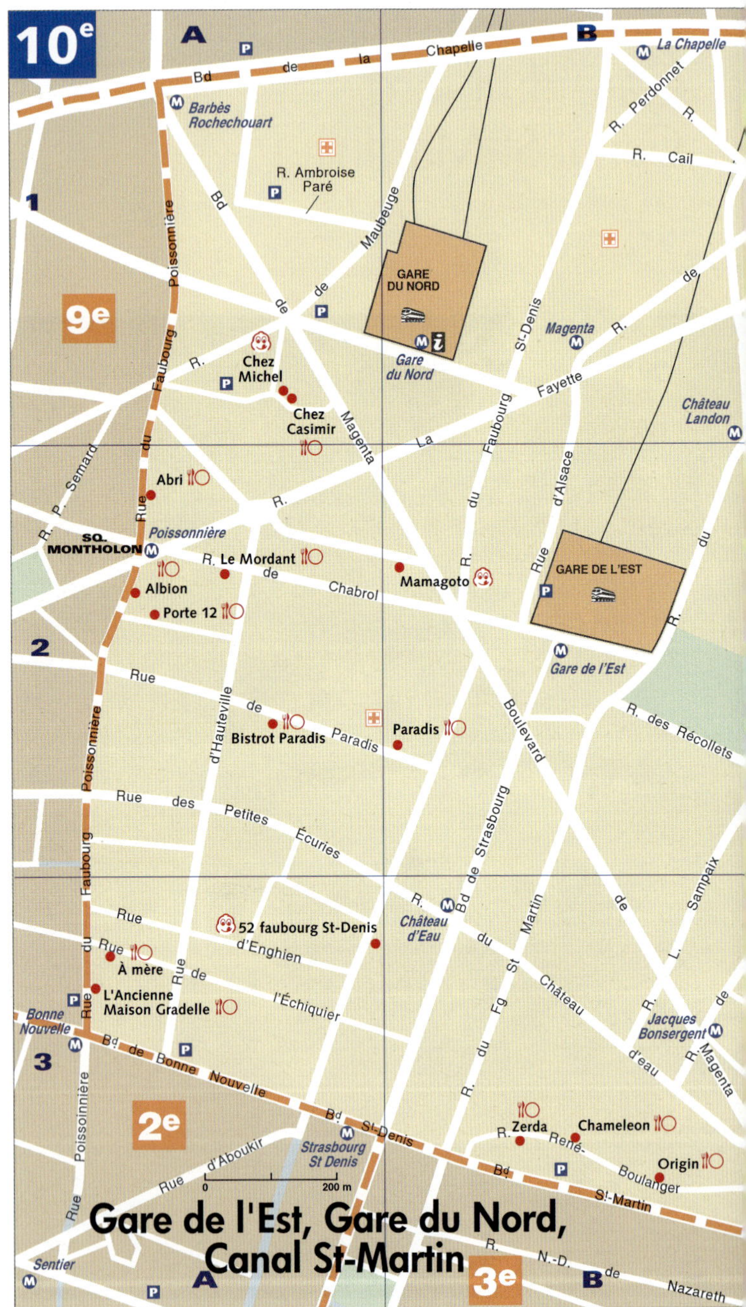
10e
9e
2e
3e
Gare de l'Est, Gare du Nord, Canal St-Martin
GARE DU NORD
GARE DE L'EST
Chez Michel
Chez Casimir
Abri
Albion
Porte 12
R. Le Mordant
Mamagoto
Bistrot Paradis
Paradis
52 faubourg St-Denis
À mère
L'Ancienne Maison Gradelle
Zerda
Chameleon
Origin
Barbès Rochechouart
La Chapelle
Magenta
Gare du Nord
Château Landon
Poissonnière
SQ. MONTHOLON
Gare de l'Est
Château d'Eau
Jacques Bonsergent
Bonne Nouvelle
Strasbourg St Denis
Sentier
Bd de la Chapelle
R. Ambroise Paré
R. Perdonnet
R. Cail
Bd de Magenta
R. de Maubeuge
R. La Fayette
R. du Faubourg St-Denis
Rue d'Alsace
Rue du Faubourg Poissonnière
R. P. Semard
R. de Chabrol
Rue de Paradis
Rue des Petites Écuries
R. d'Hauteville
Boulevard de Strasbourg
R. des Récollets
R. du Château d'eau
Rue d'Enghien
Rue de l'Échiquier
Bd de Bonne Nouvelle
Bd St-Denis
Bd St-Martin
R. du Fg St Martin
R. L. Sampaix
R. de Lancry
R. Magenta
R. René-Boulanger
Rue d'Aboukir
Rue Poissonnière
R. N.-D. de Nazareth
0
200 m

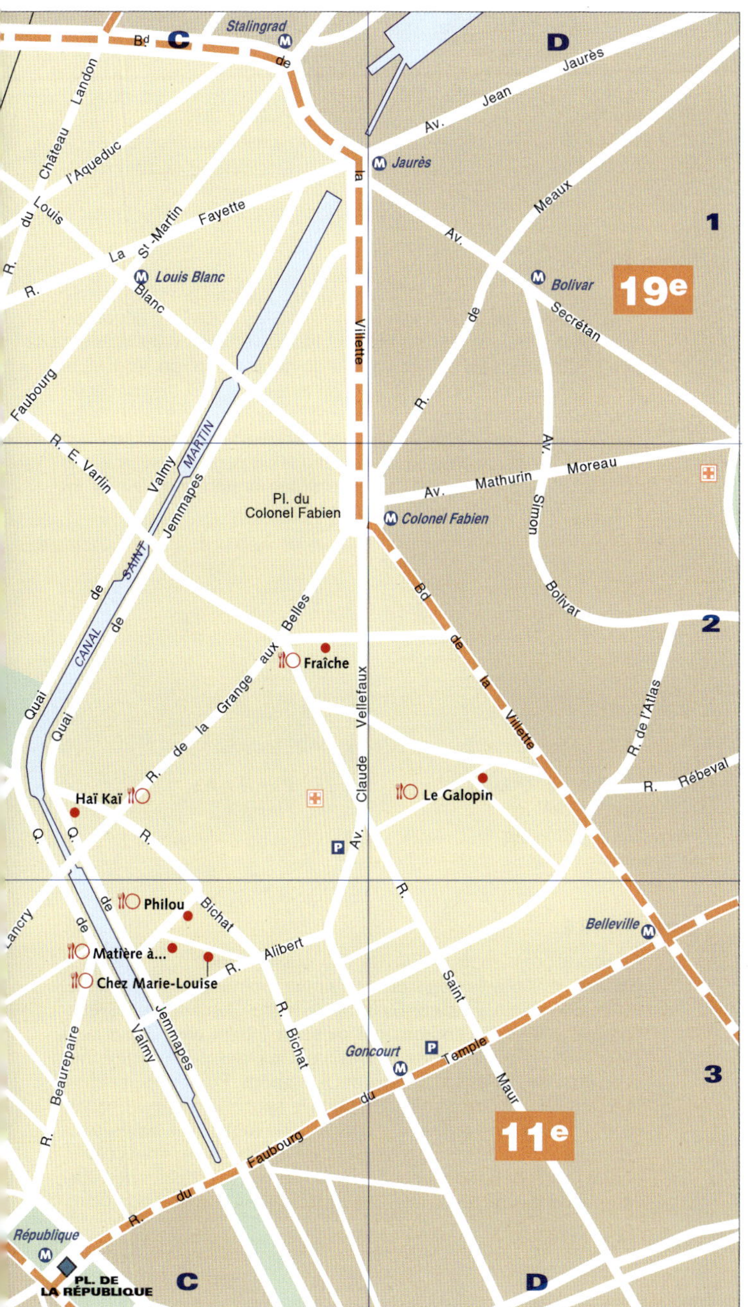

C
D
Stalingrad
Bd de la Villette
Av. Jean Jaurès
Jaurès
R. Château Landon
R. de l'Aqueduc
R. Louis Blanc
R. du Faubourg St-Martin
R. La Fayette
Louis Blanc
Av. de Meaux
Bolivar
19e
R. Secrétan
R. de Meaux
Av. Simon Bolivar
R. E. Varlin
Quai de Valmy
Quai de Jemmapes
CANAL SAINT MARTIN
Av. Mathurin Moreau
Pl. du Colonel Fabien
Colonel Fabien
R. de la Grange aux Belles
Fraîche
Av. Claude Vellefaux
R. de l'Atlas
R. Rébeval
Haï Kaï
Le Galopin
Q.
R. Bichat
Philou
R. de Lancry
Matière à...
Chez Marie-Louise
R. Alibert
R. St-Maur
Belleville
R. Beaurepaire
Goncourt
R. du Faubourg du Temple
11e
République
PL. DE LA RÉPUBLIQUE
1
2
3

Chez Michel

CUISINE TRADITIONNELLE • RUSTIQUE

10 r. Belzunce
01 44 53 06 20
Gare du Nord

PLAN : A1
Fermé 3 semaines en août, samedi et dimanche

Menu 36/50 €

Depuis toutes ces années, l'atmosphère informelle et conviviale de Chez Michel est devenue proverbiale. Dans un décor où dominent le bois et les tons blanc et bleu, avec au niveau inférieur une petite salle aux airs de caveau de dégustation, on se délecte de la fameuse cuisine de Thierry Breton, qui a l'art de concocter une carte traditionnelle et... bretonne (sa terre natale), complétée par de jolies suggestions à l'ardoise. Tartares de Saint-Jacques aux pommes vertes, poêlée de champignons du perche, foie gras rôti ou encore *kig ha farz* (la fameuse potée bretonne) et gibier en saison : Breizh, mais pas seulement !

52 Faubourg St-Denis

CUISINE MODERNE • DESIGN

52 r. du Faubourg-St-Denis
(sans réservation)
www.faubourgstdenis.com
Strasbourg-St-Denis

PLAN : A3
Fermé 3 semaines en août

Carte 31/40 € 

Charles Compagnon (à qui l'on doit aussi l'Office et le Richer) a parfaitement pris le pouls de ce quartier animé du 10e populaire. Il dégaine ici un intérieur plein de style, résolument chaleureux, comme le sont les endroits qui ne se la jouent pas. Quant à la carte, elle se révèle courte et efficace, avec des produits cuisinés avec justesse et des sauces aux petits oignons. Poitrine de cochon fondante et jus corsé ; volaille pochée sauce Poulette ; ananas, mousse de yaourt vanillée... Les portions ne sont pas énormes, mais qu'importe : on se régale, d'autant que le service est impeccable, et que l'on conclut son repas avec l'un des meilleurs cafés de Paris. Attention : pas de réservation, ni de téléphone. Un vrai bon plan.

Mamagoto

CUISINE MODERNE • TENDANCE

5 r. des Petits-Hôtels
01 44 79 03 98 (réservation conseillée)
www.mamagoto.fr
Gare du Nord

PLAN : B2
Fermé 3 semaines en août, vacances de Noël, dimanche et lundi

Formule 21 € – Menu 25 € (déjeuner) – Carte 32/50 € 

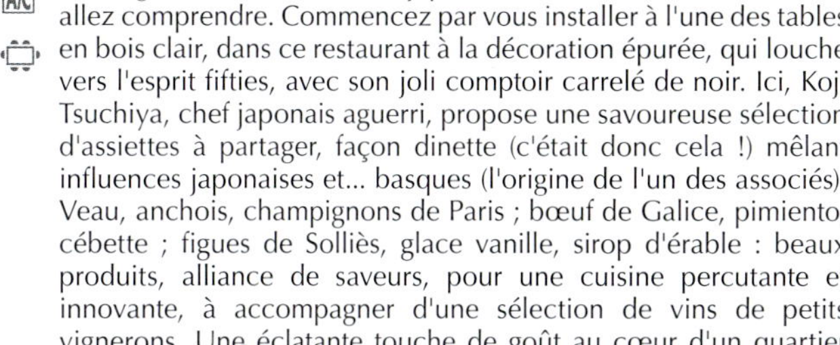

A/C

Mamagoto, c'est dinette en japonais. Attendez un instant, vous allez comprendre. Commencez par vous installer à l'une des tables en bois clair, dans ce restaurant à la décoration épurée, qui louche vers l'esprit fifties, avec son joli comptoir carrelé de noir. Ici, Koji Tsuchiya, chef japonais aguerri, propose une savoureuse sélection d'assiettes à partager, façon dinette (c'était donc cela !) mêlant influences japonaises et... basques (l'origine de l'un des associés). Veau, anchois, champignons de Paris ; bœuf de Galice, pimiento, cébette ; figues de Solliès, glace vanille, sirop d'érable : beaux produits, alliance de saveurs, pour une cuisine percutante et innovante, à accompagner d'une sélection de vins de petits vignerons. Une éclatante touche de goût au cœur d'un quartier qui mériterait un lifting.

Abri

CUISINE MODERNE • SIMPLE

92 r. du Faubourg-Poissonnière
01 83 97 00 00 (réservation conseillée)
Poissonnière

PLAN : A2
Fermé août, samedi midi, dimanche et lundi

Menu 26 € (déjeuner)/49 € 

Et un de plus ! Se sont-ils passé le mot, tous ces jeunes Japonais qui s'installent aujourd'hui à Paris ? On ne s'en plaindra pas, tant cette tendance apporte à la capitale, en ces années 2010, de belles et bonnes adresses... Passé notamment par La Table de Joël Robuchon et Taillevent, Katsuaki Okiyama s'est entouré d'une équipe 100 % nippone... mais sa cuisine est grandement française. Bien sûr, elle porte la marque de cette sensibilité propre à l'Asie, qui va si bien aux classiques de l'Hexagone : ainsi ce maquereau mariné au citron et sa salade de fenouil, ou ce cochon rôti servi doré avec un jus de viande et une sauce au vinaigre de pomme. Bref, malgré sa petitesse et son décor modeste (vingt couverts environ), voilà un Abri où l'on se réfugie avec plaisir ! Le rapport qualité-prix est excellent...

Albion

CUISINE MODERNE • BISTRO

80 r. du Faubourg-Poissonnière
01 42 46 02 44
www.restaurantalbion.fr
Poissonnière

PLAN : A2
Fermé 3 semaines en août, vacances de Noël, samedi et dimanche

Formule 28 € – Menu 34 € (déjeuner) – Carte 36/50 € 

Nulle perfidie en cette Albion où œuvre un chef... britannique ! Installé dans l'Hexagone depuis plus de dix ans, Matt Ong s'est parfaitement approprié le répertoire de nos provinces, au premier rang desquelles celui du bistrot parisien. Avec des produits soigneusement choisis, il crée des recettes originales mais pas excentriques, cuisinées avec justesse : par exemple, une bavette d'aloyau au caviar d'aubergines fumé et crème d'ail, ou encore un riz au lait crémeux au caramel beurre salé et amandes caramélisées. Les saveurs sont bien marquées, les tarifs restent raisonnables, et l'on peut se faire plaisir avec une bonne sélection de bouteilles de petits propriétaires, car l'établissement fait aussi cave à vins. À la limite des 9e et 10e arrondissements, on peut donc réviser son anglais à l'envi et s'entraîner à prononcer : *"This bistro is very friendly !"*

À mère

CUISINE CRÉATIVE • TENDANCE

49 r. de l'Échiquier
01 48 00 08 28
www.amere.fr
Bonne Nouvelle

PLAN : A3
Fermé 2 semaines en août, samedi et dimanche

Formule 28 € – Menu 39/65 € – Carte environ 50 € 

Nous avons le plaisir de vous présenter Maurizio Zillo, chef italo-brésilien au parcours scintillant (Bocuse, Alléno, Atala à São Paulo...), qui a mis toutes les chances de son côté pour dynamiter le train-train de la rue de l'Échiquier – avec, en premier lieu, un décor très tendance signé Victoria Wilmotte. La carte tient en quelques lignes, avec des intitulés de plats plus ou moins cryptiques (casserons, morilles et macvin ; palourdes, sot-l'y-laisse et ail des ours ; gariguette, roquette et sarriette), mais rassurez-vous : impossible de faire le mauvais choix, tout est bon ! Les saveurs explosent en bouche, l'inventivité du chef fait des merveilles dans tous les recoins de l'assiette. Quant à la carte des vins – une soixantaine de références –, elle réserve aussi de jolies découvertes.

L'Ancienne Maison Gradelle

CUISINE TRADITIONNELLE • HISTORIQUE

8 r. du Faubourg-Poissonnière
01 47 70 03 23
www.anciennemaisongradelle.com
Ⓜ Bonne Nouvelle

PLAN : A3
Fermé samedi midi et dimanche

Formule 20 € – Menu 25 € (déjeuner)/37 € – Carte 33/44 € 

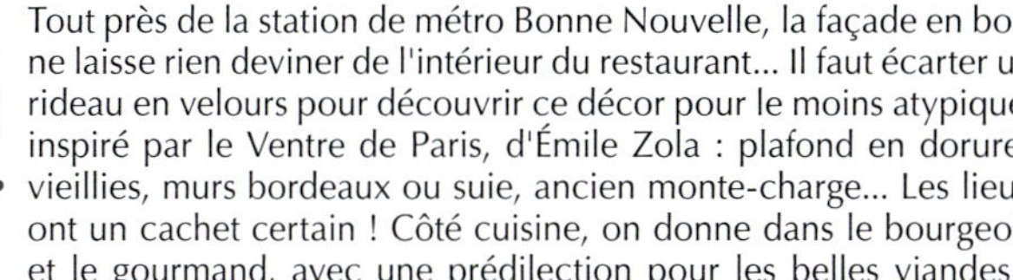

Tout près de la station de métro Bonne Nouvelle, la façade en bois ne laisse rien deviner de l'intérieur du restaurant... Il faut écarter un rideau en velours pour découvrir ce décor pour le moins atypique, inspiré par le Ventre de Paris, d'Émile Zola : plafond en dorures vieillies, murs bordeaux ou suie, ancien monte-charge... Les lieux ont un cachet certain ! Côté cuisine, on donne dans le bourgeois et le gourmand, avec une prédilection pour les belles viandes : onglet de bœuf aux échalotes confites, jarret de veau en cocotte à partager, tarte aux fruits de saison sur une base de pain de Gênes... avec, pour conclure idéalement le repas, le délicieux café de la Brûlerie de Belleville. Un mot enfin sur le service, professionnel et vraiment sympathique, qui ajoute assurément au plaisir du repas.

Bistro Paradis

CUISINE MODERNE • BISTRO

55 r. Paradis
01 42 26 59 93 (réservation conseillée)
www.bistroparadis.fr
Ⓜ Poissonière

PLAN : A2
Fermé 3 semaines en août, vacances de Noel, samedi midi , dimanche et lundi

Formule 18 € – Carte 36/55 € 

Un vent de nouveauté a soufflé sur le vieux troquet qui se tenait là jadis, et dont il ne reste aujourd'hui que le carrelage au sol. Pour le reste, il a laissé la place à un élégant bistrot branché avec sa salle tout en longueur, habillée de bois clair et de mobilier scandinave : disons le franchement, on n'a pas perdu au change ! Le chef brésilien, ancien du Pario et du Bistrot Constant, a fait du métissage culinaire sa marque de fabrique. Dans ses assiettes, la tradition française est parsemée d'ingrédients *latinos* : basse-côte de blonde d'aquitaine marinée aux échalotes grises et jus corsé d'açaï, ou encore carré de porc, farofa de banane et fine purée de patate douce... C'est savoureux et soigné, et l'on a comme rarement le sentiment que cette cuisine ne ressemble à aucune autre. À découvrir d'urgence.

Chameleon

CUISINE TRADITIONNELLE • BRANCHÉ

70 r. René-Boulanger
01 42 08 99 41
www.chameleonrestaurant.fr
Strasbourg-St-Denis

PLAN : B3
Fermé 6-20 août, samedi midi et dimanche

Formule 18 € – Menu 35 € – Carte 40/55 €

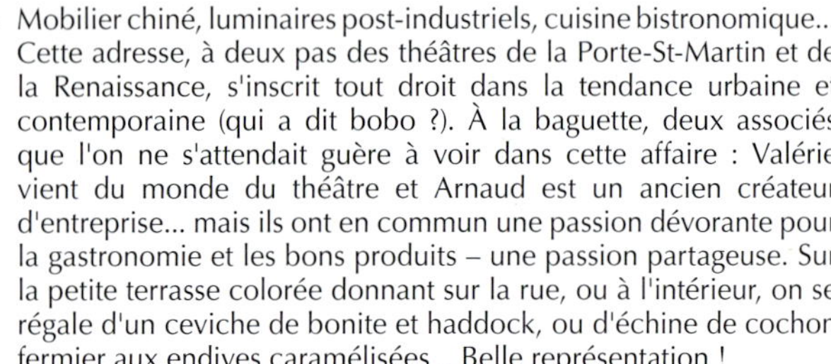

Mobilier chiné, luminaires post-industriels, cuisine bistronomique... Cette adresse, à deux pas des théâtres de la Porte-St-Martin et de la Renaissance, s'inscrit tout droit dans la tendance urbaine et contemporaine (qui a dit bobo ?). À la baguette, deux associés que l'on ne s'attendait guère à voir dans cette affaire : Valérie vient du monde du théâtre et Arnaud est un ancien créateur d'entreprise... mais ils ont en commun une passion dévorante pour la gastronomie et les bons produits – une passion partageuse. Sur la petite terrasse colorée donnant sur la rue, ou à l'intérieur, on se régale d'un ceviche de bonite et haddock, ou d'échine de cochon fermier aux endives caramélisées... Belle représentation !

Chez Casimir

CUISINE TRADITIONNELLE • BISTRO

6 r. Belzunce
01 48 78 28 80
Gare du Nord

PLAN : A1

Formule 24 € – Menu 28 € (déjeuner en semaine)/32 € 

Bistrot typiquement parisien que ce Casimir imaginé par Thierry Breton, le patron de Chez Michel, à quatre numéros de là sur le même trottoir. Dans la semaine, on se régale d'une cuisine fraîche, simple et bien troussée, qui fait la part belle aux produits du marché et réjouit de nombreux habitués. Mais la grande affaire, c'est le traou mad ("bonnes choses") des samedi et dimanche midi. Imaginez un peu : un buffet de hors-d'œuvre variés à volonté, de la soupe, de l'omelette, le plat en cocotte du jour et, pour ceux qui en sont encore capables, un dessert. Chut, ne dites rien, c'est déjà l'affluence...

Chez Marie-Louise

CUISINE TRADITIONNELLE • BISTRO

11 r. Marie-et-Louise
01 53 19 02 04
www.chezmarielouise.com
Goncourt

PLAN : C3
Fermé août,
24 décembre-2 janvier,
dimanche et lundi

Formule 16 € – Carte 29/38 €

Ah, le canal St-Martin et l'hôpital St-Louis, quartier bobo s'il en est ! Rue Marie-et-Louise, ce néobistrot est on ne peut plus au cœur du sujet. Banquettes en moleskine, moulures, propositions alléchantes à l'ardoise, etc. ; l'ambiance joue la carte rétro. On se laisse tenter par une bisque de crustacés en cappuccino, un navarin d'agneau en cocotte, ou encore un moelleux au chocolat... Nul doute : la tradition est ici revisitée avec simplicité et goût, et la générosité est aussi au rendez-vous ! Et l'on n'en finit plus de commenter l'excellent millefeuille à la vanille, spécialité de la maison...

Fraîche

CUISINE MODERNE • BISTRO

8 r. Vicq-d'Azir
01 40 37 54 23
www.fraicheparis.fr
Colonel Fabien

PLAN : C2
Fermé 2 semaines en août,
samedi midi, dimanche et
lundi

Menu 16 € (déjeuner)/40 € – Carte 35/50 €

Au fin fond du 10e, non loin de l'hôpital Saint-Louis, ce bistrot contemporain est l'œuvre de deux jeunes chefs qui se sont rencontrés à l'école Ferrandi. Elle, Tiffany Depardieu, ne vous est peut-être pas inconnue : elle a notamment participé à la saison 2 de l'émission TV Top Chef. Aux fourneaux, elle compose une jolie cuisine du marché qui change chaque semaine : œuf mollet aux girolles et mimolette, bœuf carotte revisité... Quant à Michael Boivin, son associé, il confectionne de jolies pâtisseries et nous permet de conclure le repas en beauté, comme avec cette déclinaison de chocolats. Une sympathique adresse...prise d'assaut !

Le Galopin

CUISINE MODERNE • BISTRO

34 r. Ste-Marthe
01 42 06 05 03 (réservation conseillée)
www.le-galopin.com
Ⓜ Belleville

PLAN : D2
Fermé 2 semaines en août, 1 semaine vacances de Noël, lundi midi, mardi midi, mercredi midi, samedi et dimanche

Menu 32 € (déjeuner)/54 € – Menu unique

On apprécie l'élégance discrète de Romain Tischenko, ancien second de Ze Kitchen Gallery et ancien vainqueur de l'émission Top Chef (2010), qui trace tranquillement son sillon à distance de l'agitation médiatique. Dans son petit bistrot, installée sur cette place Sainte-Marthe bien aimée des Parisiens, il cuisine comme à des amis, avec l'envie permanente de partager ses envies du moment. Jeux sur les ingrédients, les herbes, les températures, exécutés avec brio et inspiration : il offre à tous un beau moment tout en saveurs. Une adresse très recommandable ! N'hésitez pas également à tester son annexe, la "Cave à Michel", où la simplicité est de mise : simple comptoir, petites assiettes, jolie cave.

Haï Kaï

CUISINE MODERNE • TENDANCE

104 quai Jemmapes
09 81 99 98 88
www.haikai.fr
Ⓜ Jacques Bonsergent

PLAN : C2
Fermé 3 semaines en août, dimanche et lundi

Menu 65 € – Carte 38/100 € 

Haï Kaï, c'est la prise de pouvoir de deux femmes sur leur propre destin – et, par là même, sur celui de plusieurs centaines de fins gourmets à Paris... Gabi, ancienne artiste-photographe, est passionnée de vins et a sélectionné près de 120 références, issues de la biodynamie et de petits producteurs français. Amélie, la chef, ne jure que par la fraîcheur des produits et travaille à l'instinct, au fil du marché et des saisons. Ses plats se révèlent intelligents et bien ficelés – plutôt canaille à midi, plus élaborés le soir –, avec ce qu'il faut de créativité. On en redemande, d'autant que l'on se sent vraiment bien dans ces lieux : la salle à manger est un véritable antre bobo-chic, lumineux et décoré simplement ; le service tout bonnement délicieux, à la fois souriant et peu avare de conseils ou d'explications sur les plats et les vins qui les accompagnent.

Matière à...

CUISINE MODERNE • ÉPURÉ

15 r. Marie-et-Louise
09 83 07 37 85 (réservation conseillée)
Goncourt

PLAN : C3
Fermé 2-17 août, samedi midi et dimanche

Formule 21 € – Menu 25 € (déjeuner)/46 € – Carte environ 46 €

On se sent comme à la maison dans ce restaurant aux allures de loft, ses lampes suspendues et sa collection de miroirs sur l'un des murs. Le jeune chef, Anthony Courteille, a plus d'un tour dans son sac. Boulanger de formation – son pain, ultra-croustillant, est à tomber –, il excelle aussi dans la composition de plats fins et subtilement parfumés, dans lesquels il sait exploiter tout le potentiel des bons produits qu'il a sélectionné. On se régale dans une atmosphère chaleureuse, où l'on peut refaire le monde avec son voisin de table (tout le monde est installé sur la haute table en chêne), ou encore discuter avec le chef, dont la cuisine se situe directement dans le prolongement de la salle. Nul doute : il y a Matière à... revenir souvent.

Le Mordant

CUISINE MODERNE • DESIGN

61 r. de Chabrol
09 83 40 60 04
Poissonnière

PLAN : A2
Fermé 3 semaines en août, samedi midi et dimanche

Formule 20 € – Menu 24 € (déjeuner) – Carte 35/60 € 

Cet immeuble du 19e s., proche du métro Poissonnière, a été entièrement repensé par un cabinet d'architectes. Le résultat est enthousiasmant, entre ce néon jaune en forme de M qui fait office d'enseigne, ces murs en briques nues et le mobilier vintage qui habille l'intérieur. Au fond de la salle, une imposante baie vitrée donne sur la cuisine. On y prépare des plats de saison d'une grande fraîcheur : tataki de bœuf, copeaux d'avocat et zeste de citron ; poulpe de Galice grillé, écrasée d'olives vertes et anchois... De petites assiettes à partager sont aussi proposées, et l'on accompagne le tout d'une belle sélection de vins naturels français et italiens (150 environ). Enfin, un petit mot pour l'accueil particulièrement chaleureux, qui fait que l'on passe un excellent moment !

Origin

CUISINE MODERNE • TENDANCE

Hôtel Renaissance République
40 r. René-Boulanger
01 71 18 20 95
www.renhotels.com
République

PLAN : B3

Formule 22 € – Menu 26 € (déjeuner en semaine) – Carte 38/52 €

Derrière les grands boulevards, au sein d'un hôtel design de la chaîne Marriott, cette table discrète mérite toute votre attention ! On y profite des créations de la chef Bénédicte Van Der Motte, dont le parcours (Alléno, Frechon) en dit déjà beaucoup. Avec beaucoup de délicatesse et d'attention, elle décline des assiettes dans l'air du temps, qui rendent un joli hommage à la tradition du bistrot à la française. Pour se convaincre de cette filiation, il n'y a qu'à voir son plat signature : le rôti de bœuf aux échalotes à la cocotte... La carte dans son ensemble est très appétissante, avec toujours (c'est assez rare pour le noter !) une option végétalienne. Agréable terrasse-patio et brunch le week-end.

Paradis

CUISINE MODERNE • CONVIVIAL

14 r. de Paradis
01 45 23 57 98
www.restaurant-paradis.com
Gare de l'Est

PLAN : B2
Fermé 2 semaines en août, samedi midi, dimanche et lundi

Menu 16 € – Carte 33/60 €

Les larges baies vitrées laissent entrer le jour dans une salle élégante – parquet, banquettes –, dont le décor 1930 est souligné de touches africaines. Pour accéder à la mezzanine, on s'agrippe même à une rambarde issue du France, le célèbre paquebot ! Cette ambiance voyageuse est aussi de mise dans les assiettes : joue de cochon confite, pavé de merlu rôti aux herbes fraîches et beurre demi-sel... Des créations généreuses et colorées, pleines de saveurs, qui montrent une vraie attention dans le travail des produits. Les légumes, notamment, sont omniprésents et chouchoutés ; le chef est passé par la case Passard, ceci expliquant sûrement cela... Une certaine idée du Paradis !

Philou

CUISINE TRADITIONNELLE • BISTRO

12 av. Richerand
01 42 38 00 13
www.restophilou.com
Gouncourt

PLAN : C3
Fermé 3 semaines en août, vacances de Noël, dimanche et lundi

Formule 20 € – Menu 25 € (déjeuner en semaine)/38 €

De grandes et alléchantes ardoises, des miroirs, une affiche des *Enfants du paradis* de Marcel Carné... Voilà une bien sympathique adresse bistronomique, qui joue la carte de la convivialité gourmande. Au gré du marché et pile dans la tendance, le chef japonais, Shin Maeda, concocte avec cœur un gigot d'agneau et cocos de Paimpol, un émietté de tourteau et rémoulade de céleri, et toujours le paris-brest et le kouign amann, célèbre dessert breton... En vogue aussi, la carte des vins, qui fait la part belle à de petits vignerons indépendants, le tout à prix doux. Avec son bistrot de copains près du canal St-Martin, ce Philou-là a tout compris. Filez-y !

Porte 12

CUISINE MODERNE • DESIGN

12 r. des Messageries
01 42 46 22 64 (réservation conseillée)
www.porte12.com
Poissonnière

PLAN : A2
Fermé août, vacances de Pâques et de Noël, mardi midi, samedi midi, dimanche et lundi

Menu 35 € (déjeuner), 48/98 € – Menu unique

En 2014, l'ancien Café Panique est devenu le Porte 12. En cuisine, on trouve Vincent Crépel, jeune chef français originaire du Pays basque et ayant fait une partie de ses gammes auprès d'André Chiang à Singapour. La table est déjà très en vue, et pour cause : il élabore une cuisine d'auteur enthousiasmante, résolument contemporaine, inspirée par ses voyages et ses différentes expériences professionnelles (l'Asie, encore et toujours). Les recettes évoluent au gré du marché, avec quelques associations audacieuses : maquereau mariné, crème d'oseille et petits pois frais ; pomme de terre de Noirmoutier, pointes d'asperges et poudre de lard Colonnata ; dacquoise amande et pomme Granny Smith. Le décor, contemporain, verse dans une élégante épure et, de la salle, on peut observer le travail des cuisines à travers une baie vitrée. Une "porte" ouverte sur du plaisir pur !

Zerda

CUISINE NORD-AFRICAINE • ORIENTAL

15 r. René-Boulanger
01 42 00 25 15 (réservation conseillée)
www.zerdacafe.fr
Strasbourg-St-Denis

PLAN : B3
Fermé lundi midi, samedi midi et dimanche

Formule 20 € – Carte 32/48 €

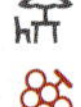

À la tête du Zerda – une institution née dans les années 1940 –, Jaffar Achour, originaire de Kabylie, s'impose comme un spécialiste, un défricheur, voire un démiurge du couscous, toujours à la recherche de combinaisons inédites. Du classique couscous méchoui (agneau et merguez) à l'insolite couscous seffa (poulet, dattes, raisins secs, amandes, pistaches, fleur d'oranger, cannelle et spéculos), il joue avec les belles potentialités et les riches parfums de ce plat emblématique… qui hisse le partage au rang d'art de vivre. Le tout dans un décor arabisant, comme il se doit, et une ambiance familiale qui met à l'aise. Enfin, le joli choix de vins d'Afrique du Nord mérite attention. Une bonne graine, pour sûr !

B. Gardel/hemis.fr

11e

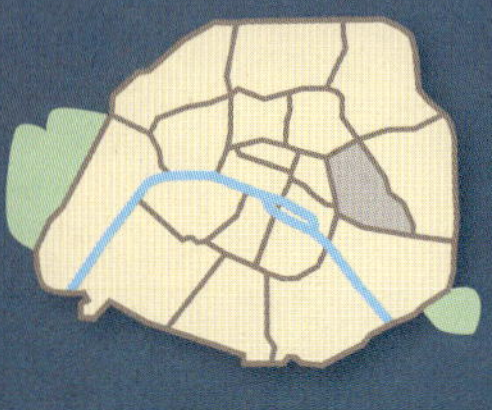

Nation · Voltaire · République

R. Mazin / Photononstop

11e
Nation, Voltaire, République
Le Chateaubriand
Auberge Pyrénées Cévennes
Blue Valentine
Bon Kushikatsu
Astier
Pierre Sang on Gambey
La Cantine de l'Embuscade
Pierre Sang in Oberkampf
Villaret
Biondi
Clown Bar
Salt
Qui Plume la Lune
Auberge Flora
Septime
Clamato
Les Déserteurs
Capucine
PL. DE LA RÉPUBLIQUE
MUSÉE CARNAVALET
PLACE DES VOSGES
OPÉRA DE PARIS BASTILLE
Pl. de la Bastille
10e
3e
4e
12e

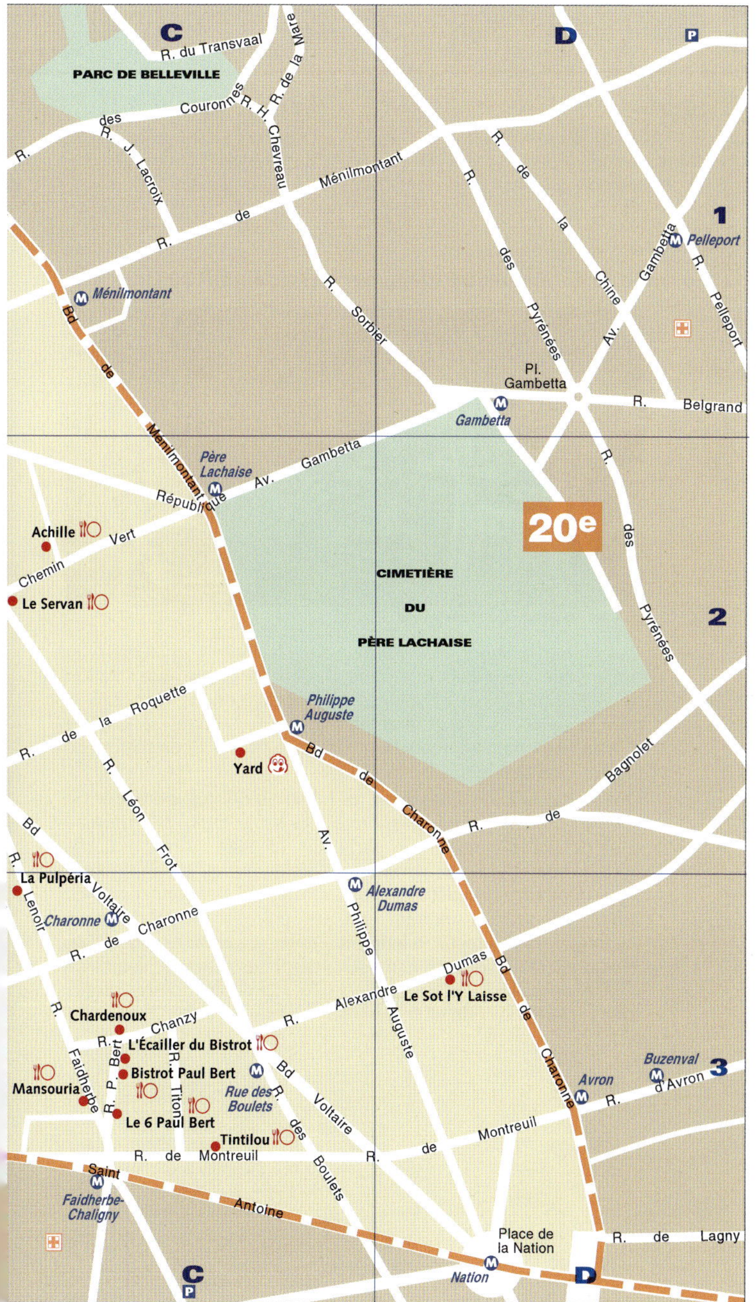
C
D
R. du Transvaal
PARC DE BELLEVILLE
R. des Couronnes
R. de la Mare
R. H. Chevreau
R. J. Lacroix
R. de Ménilmontant
R. de la Chine
R. des Pyrénées
R. Sorbier
Av. Gambetta
Pelleport
R. Pelleport
Ménilmontant
Bd de Ménilmontant
Pl. Gambetta
Gambetta
R. Belgrand
Père Lachaise
Av. Gambetta
Av. République
Achille
Chemin Vert
Le Servan
20e
CIMETIÈRE DU PÈRE LACHAISE
R. des Pyrénées
1
2
3
R. de la Roquette
Philippe Auguste
Yard
Bd de Charonne
R. de Bagnolet
R. Léon Frot
Av. Philippe Auguste
Bd Voltaire
R. Lenoir
La Pulpéria
Charonne
R. de Charonne
Alexandre Dumas
R. Alexandre Dumas
Le Sot l'Y Laisse
R. Chanzy
Chardenoux
R. Faidherbe
L'Écailler du Bistrot
Bistrot Paul Bert
R. P. Bert
R. Titon
Mansouria
Rue des Boulets
R. des Boulets
Le 6 Paul Bert
Tintilou
Avron
Buzenval
R. d'Avron
R. de Montreuil
Saint Antoine
Faidherbe-Chaligny
Place de la Nation
Nation
R. de Lagny
P

Qui plume la Lune ✿

CUISINE MODERNE • COSY

50 r. Amelot
01 48 07 45 48 (réservation conseillée)
www.quiplumelalune.fr
Ⓜ Chemin Vert

PLAN : A2
Fermé 23 juillet-15 août, 1er-9 janvier, dimanche, lundi et mardi

Formule 45 € – Menu 60 € (déjeuner en semaine)/130 €

Exclusive Restaurant / Qui Plume la Lune

Qui plume la Lune, c'est d'abord un joli endroit, chaleureux et romantique... Sur l'un des murs de la salle trône une citation de William Faulkner : "Nous sommes entrés en courant dans le clair de lune et sommes allés vers la cuisine." Pierres apparentes et matériaux naturels (bois brut, branchages, etc.) complètent ce tableau non dénué de poésie...

Qui plume la Lune, c'est aussi un havre de délices, porté par un chef aussi humble que passionné : Jacky Ribault. Il a travaillé dans de belles maisons (en particulier en Asie, dont sa cuisine porte la marque) avant de créer ce restaurant avec son épouse. Ici, il démontre une détermination rare à ne sélectionner que de superbes produits – selon une éthique écologique, ainsi de beaux légumes bio – et à mettre à leur service son savoir-faire de cuisinier, avec une créativité toute maîtrisée : de là des assiettes pleines de vitalité, de fraîcheur et de senteurs ! Très agréable moment, donc, sous la clarté de cette table aussi lunaire que terrestre...

ENTRÉES

- Raviole d'huîtres, citron confit, fromage blanc, herbes et plantes sauvages
- Dashi de foie gras poché, chou à l'huile de sésame et combava

PLATS

- Filet de rouget à l'anis vert et au yuzu, sésame noir et mangue fraîche
- Pigeonneau rôti et cuisse confite aux cinq parfums, légumes de saison

DESSERTS

- Sorbet au citron jaune, lait émulsionné, macaron à l'azuki et coriandre fraîche
- Fraises et framboises, crumble chocolat blanc, sorbet verveine-menthe

Septime ✿

CUISINE MODERNE • CONTEMPORAIN

80 r. de Charonne
01 43 67 38 29 (réservation conseillée)
www.septime-charonne.fr
Ⓜ Charonne

PLAN : B3
Fermé 3 semaines en août, lundi midi, samedi et dimanche

Menu 32 € (déjeuner)/70 €

F.Flohic / Septime

Des fournisseurs triés sur le volet, beaucoup de fraîcheur et d'aisance, de la passion et même un peu de malice, mais toujours de la précision et de la justesse : mené par le jeune Bertrand Grébaut (passé notamment par les cases Robuchon, Passard et Agapé), Septime symbolise le meilleur de cette nouvelle génération de tables parisiennes à la fois très branchées et... très épicuriennes !

Au milieu de la rue de Charonne, dans ce 11e arrondissement aujourd'hui très en vue, le lieu exploite à fond les codes de la modernité : grande verrière d'atelier, tables en bois brut, poutres en métal... Une vraie inspiration industrielle, plutôt chic dans son aboutissement, d'autant que le service, jeune et prévenant, contribue à faire passer un bon moment.

Le principal se jouant évidemment dans l'assiette, exemplaire de ce courant néobistrot aujourd'hui très porteur : une créativité décomplexée développant des accords de saveurs pointus et originaux, avec un respect total du beau produit, sans craindre de cultiver une heureuse simplicité... Ce Septime n'a vraiment rien de sévère !

SPÉCIALITÉS

- Cuisine du marché

Astier

CUISINE TRADITIONNELLE • BISTRO

44 r. Jean-Pierre-Timbaud
01 43 57 16 35 (réservation conseillée)
www.restaurant-astier.com
Parmentier

PLAN : B1
Fermé lundi et mardi en juillet-août

Menu 35/45 € – Carte 31/54 €

Harengs marinés, pommes rattes en vinaigrette ; joue de porc tendre au lard croustillant, blettes et choux raves poêlés... sans oublier le classique baba au rhum : un vrai "lieu de gourmandise et de bavardage", selon les vœux du patron ! Et il faut aussi parler de la cave, d'une belle richesse (environ 400 références), où les vins se déclinent avec poésie : vins de soif, vins gourmands, vins de méditation, grands flacons... Tradition, simplicité et bon rapport qualité-prix : la recette d'Astier est imparable. Et le succès de cette institution ne se dément pas. On ne se lasse pas de son accueillant décor de bistrot patiné, des tables à touche-touche et de la vaisselle siglées Astier – en un mot, de son caractère à la bonne franquette !

Clamato

POISSONS ET FRUITS DE MER • TENDANCE

80 r. de Charonne
01 43 72 74 53 (sans réservation)
www.clamato-charonne.fr
Charonne

PLAN : B3
Fermé 3 semaines en août, mercredi midi, jeudi midi, vendredi midi, lundi et mardi

Carte 34/50 €

Inspirée des *oyster bars* de la côte Est des États-Unis, cette annexe de Septime – avec une façade de couleur différente, pour éviter la confusion ! – doit son nom à un cocktail très populaire au Québec, sorte de Bloody Mary agrémenté d'un jus de palourdes... à découvrir ici, évidemment. L'endroit a tout du "hit" bistronomique, avec son décor tendance et sa courte carte qui met en avant la mer et les légumes. Les produits sont choisis avec grand soin et travaillés le plus simplement du monde, puis déclinés dans de savoureuses assiettes à partager. On se régale dans une ambiance franchement conviviale, en profitant d'un service amical et décontracté. Attention, la réservation est impossible : premier arrivé, premier servi !

Villaret

CUISINE TRADITIONNELLE • CONVIVIAL

13 r. Ternaux
01 43 57 75 56
Parmentier

PLAN : B1
Fermé 2 semaines en août, samedi midi et dimanche

Menu 27 € (déjeuner), 35/55 € – Carte 45/59 € 

Les délicieux parfums qui vous accueillent dès la porte ne trompent pas : voici une vraie adresse gourmande ! Son credo : bien faire, en toute simplicité. Le décor de parfait bistrot met à l'aise : beau bar en zinc, bois omniprésent, briques et colombages. La cuisine est franche et sympathique, à base de produits de qualité que le chef sait travailler avec justesse : ragoût de sot-l'y-laisse à la sauge, perdreau rôti, carré d'agneau de Lozère en croûte d'herbes et embeurrée de chou vert... Quant à la cave, elle offre un choix étonnant : les amateurs de bourgognes et de côtes-du-rhône devraient trouver leur bonheur ! On propose aussi des vins à prix doux désignés avec humour comme "médicaments du jour", à l'unisson de l'accueil qui est... aux petits soins.

Yard

CUISINE MODERNE • BISTRO

6 r. Mont-Louis
01 40 09 70 30 (réservation conseillée)
Philippe Auguste

PLAN : C2
Fermé août, 24-31 décembre, samedi et dimanche

Formule 16 € – Menu 19 € (déjeuner) – Carte 33/49 € dîner

Voilà un moment que Yard est inscrit en lettres capitales dans les carnets des gourmets parisiens. Il faut dire que l'adresse a les deux pieds dans son époque : une jolie façade dans une rue sortie tout droit d'un décor de cinéma, un intérieur de bistrot chaleureux – parquet, vieille cheminée, luminaires métalliques – et une jeune équipe qui assure un service sympa et sans façon... Après un peu de remue-ménages ces dernières années, les fourneaux sont désormais occupés par un jeune chef britannique, Nye Smith, qui décline une cuisine sans complexe, pile dans l'air du temps, goûteuse et bien tournée. La carte change tous les jours – inutile, donc, de citer un plat en particulier – mais la fraîcheur des produits est, elle, invariable. Un convivial bar à tapas en annexe et une terrasse trottoir animée. Comme prévu, le succès est au rendez-vous : si possible, réservez !

Achille

N

CUISINE MODERNE • ÉPURÉ

43 r. Servan
01 48 06 54 59 (réservation conseillée)
rue Saint Maur

PLAN : C2
Fermé 3 semaines en août , vacances de Nöel, le midi sauf vendredi et samedi, dimanche et lundi

Formule 25 € – Menu 32 € (déjeuner en semaine) – Carte 42/70 €

Un restaurant de poche d'une vingtaine de places, tout près du Père Lachaise : voici où s'est installé Pierre Jancou à l'été 2016. Victime d'un accident malheureux pendant les travaux précédant l'ouverture, il s'est brisé le tendon d'Achille... et en a tiré le nom du restaurant ! Avec des ingrédients de très bonne qualité – poissons et légumes de premier choix, prosciutto *di Modena*, fromage des Abruzzes –, il réalise une véritable cuisine d'artisan : brute, sensible, sans esbroufe ni artifices. Le petit nombre de couverts lui permet d'accorder une attention particulière à chaque assiette, et le résultat est là : c'est tout simplement très bon.

Auberge Flora

CUISINE MODERNE • CONVIVIAL

Hôtel Auberge Flora
44 bd Richard-Lenoir
01 47 00 52 77
www.aubergeflora.com
Bréguet Sabin

PLAN : B2

Formule 19 € – Menu 23 € (déjeuner en semaine) – Carte 32/60 €

A/C

Le dernier défi de la chef Flora Mikula, qui a décidé d'associer le couvert... et le gîte. C'est ainsi qu'en 2012 cet ancien hôtel proche de Bastille est devenu "son" auberge – une belle auberge d'aujourd'hui ! Comment résister aux charmes de l'endroit, véritable lieu de vie, où la cuisinière vous accueille pour ainsi dire comme à la maison ? Sa cuisine, toujours aussi pétillante, débordante de soleil et de saveurs, fait de francs clins d'œil à la Méditerranée : barigoule d'artichauts, risotto aux truffes noires, ou encore côte de cochon fermier et jus à l'estragon... On peut aussi passer simplement pour grignoter quelques tapas (crostinis de sardine en pissaladière, poulpes marinés au fenouil et citron vert, etc.), ou pour le brunch des samedi et dimanche. Avis aux Parisiens : pourquoi ne pas boucler vos valises et partir en week-end... boulevard Richard-Lenoir ?

Auberge Pyrénées Cévennes

CUISINE DU TERROIR • AUBERGE

106 r. de la Folie-Méricourt
01 43 57 33 78
République

PLAN : A1
Fermé 3 semaines en août, samedi midi, dimanche et fériés

Menu 31 € – Carte 30/70 €

A/C

La bonne humeur qui se dégage de cette maison est communicative. Les plaisanteries fusent et la patronne prodigue un accueil inégalable. Dans la salle, les tables sont accolées ; des files de jambons, saucissons et grappes de piments d'Espelette pendent au plafond... Aucun doute, ici, les bons vivants sont rois ! L'assiette dessine le relief gastronomique d'une France des grand-mères, autour des Pyrénées et des Cévennes. Des recettes généreuses et authentiques, des plats canailles (cassoulet, pot-au-feu) et des "lyonnaiseries" (saucisson à l'ail), dont le plus fidèle compagnon – un gouleyant beaujolais, par exemple – ne saurait être oublié (et Courteline le rappelle à l'entrée!). Tout le charme d'une auberge régionale, à prix sages et sans chichi.

Biondi

CUISINE ARGENTINE • CONVIVIAL

118 r. Amelot
01 47 00 90 18
Oberkampf

PLAN : A2

Carte 40/80 €

Fernando de Tomaso, le talentueux chef argentin de la Pulpéria (dans le 11e également), a réinvesti cet ancien restaurant asiatique et l'a rebaptisé en hommage à Pepe Biondi, un clown argentin célèbre. Dans cet endroit chaleureux, décoré le plus simplement du monde, il propose une cuisine argentine franche et savoureuse : viandes et poissons cuits *a la parrilla,* au goût de fumet prononcé (dû, nous explique-t-il, au charbon de bois argentin qu'il utilise), *empanadas* et *ceviche* du jour... Couleurs et saveurs sont au rendez-vous dans ces préparations réalisées avec beaucoup de soin, et servies par une équipe sud-américaine efficace. Bons vins et bonne humeur parachèvent le tableau : on sort en se disant qu'il faudra revenir bientôt...

Bistrot Paul Bert

CUISINE TRADITIONNELLE • VINTAGE

18 r. Paul-Bert
01 43 72 24 01 (réservation conseillée)
Faidherbe Chaligny

PLAN : C3
Fermé dimanche et lundi

Menu 19 € (déjeuner en semaine)/41 € – Carte environ 50 €

Deux salles décorées de bouteilles, de banquettes et de miroirs, et une troisième logée dans une ancienne boucherie aux jolies faïences murales de 1920 : vous êtes prêt pour découvrir une cuisine de bistrot au mieux de sa forme. Ici, on ne badine pas avec les bonnes choses ! Les assiettes sont copieuses, sans chichi et bien goûteuses : vous nous donnerez des nouvelles de ce feuilleté de ris de veau aux champignons, de ce cerf rôti aux airelles et purée de céleri... mais aussi de desserts qui valent largement la peine, tels le paris-brest maison et le baba au rhum. Vous êtes encore indécis ? Songez à l'impressionnante carte des vins, qui affiche près de 500 références !

Blue Valentine

CUISINE MODERNE • BISTRO

13 r. de la Pierre-Levée
01 43 38 34 72
www.bluevalentine-restaurant.com
République

PLAN : A1
Fermé mercredi midi, lundi et mardi

Formule 21 € – Menu 45/105 € – Carte environ 52 €

Une enseigne noire sur laquelle le nom du restaurant se détache en lettres dorées ; à l'intérieur, une grande peinture murale et un look de bistrot... Ce Blue Valentine ne manque pas de cachet ! Le propriétaire a eu le nez creux en s'attachant les services de Terumitsu Saito, chef japonais venu du Mandarin Oriental : il travaille des produits d'excellente qualité – thon mi-cuit aux épices et charbon, foie gras poêlé et saveurs terre et mer – avec talent et audace, sans jamais se laisser aller à la routine : voici un chef qui a le sens du contrepied, notamment dans l'usage qu'il fait de certains produits. Pour ce qui est de l'ambiance, les deux maîtres-mots sont détente et convivialité : on passe un beau moment, et l'on n'a qu'une envie, c'est de revenir au plus vite.

Bon Kushikatsu

CUISINE JAPONAISE • INTIME

24 r. Jean-Pierre-Timbaud
01 43 38 82 27 (réservation conseillée)
Oberkampf

PLAN : A1
Fermé dimanche

Menu 30 € (déjeuner en semaine)/60 € 

A/C

Ce petit restaurant japonais cultive une spécialité culinaire toute particulière, venue de la ville d'Osaka : les *kushikatsu*, des minibrochettes panées et frites à la minute. L'occasion est belle pour s'initier à ce pan méconnu de la gastronomie nippone... Bœuf au sansho, filet de sole et sauce soja, foie gras légèrement poivré et aubergine citronnée au daïkon, crevette au sel et aux herbes sèches japonaises, etc. : au fil du menu dégustation, la succession des bouchées révèle finesse et parfums, et représente fort joliment le pays du Soleil-Levant. De même le décor, chic et typiquement japonais, et l'accueil, d'une grande gentillesse. Cette table se révèle un havre de délicatesse dans la belle tradition nippone...

La Cantine de l'Embuscade 

CUISINE CRÉATIVE • BISTRO

10 r. du Grand-Prieuré
01 71 24 58 44
Oberkampf

PLAN : A1
Fermé août, vacances de Noël, samedi midi, dimanche et lundi

Formule 17 € – Menu 21 € (déjeuner) – Carte 32/53 € 

Cette Cantine est en quelque sorte l'annexe "solide" de l'Embuscade, un bar bien connu des riverains du boulevard Voltaire. Tout commence par la lecture d'une carte à choix multiples (rareté dans le quartier !), composée par un ancien de chez Passard qui ne manque pas de répondant. Car si le produit est la star incontestée des assiettes – légumes de chez Annie Bertin, poissons et viandes Terroir d'Avenir, fleurs et volailles Godart –, elles doivent aussi beaucoup à sa créativité : il ose des associations de saveurs assez inattendues, pour le meilleur. Tout cela s'accompagne d'une carte des vins exclusivement nature ; côté décor, enfin, c'est le type du resto de poche à la parisienne avec son parquet, son mobilier rustique et sa cuisine à moitié ouverte sur la salle.

Capucine

CUISINE ITALIENNE • SIMPLE

159 r. du Faubourg-St-Antoine
(passage St-Bernard)
01 43 46 10 14 (réservation conseillée)
Ledru Rollin

PLAN : B3

Carte 30/40 €

Le passage St-Bernard, entouré d'immeubles d'âge vénérable, recèle d'agréables surprises. L'ancien Caffe Dei Cioppi y renaît en "Capucine" grâce à Stefania Melis, une jeune femme originaire de Sardaigne, qui a décidé de racheter cette minuscule affaire après y avoir officié cinq années durant. Heureuse initiative ! Un parfum d'Italie a envahi ce vicolo parisien, dont le 11e est riche et les promeneurs friands. Stefania propose une cuisine transalpine parfumée autour d'une mini-carte qui change toutes les semaines. Vous vous régalerez par exemple d'une soupe froide ou chaude selon la saison, de burrata ou de mozzarella, de *polpette* (boulettes de viande) préparées au gré du marché, de lasagnes, et en dessert d'un tiramisu ou d'une tarte du jour. La salle minuscule, avec moins de 20 sièges, favorise la convivialité...

Le Chardenoux

CUISINE TRADITIONNELLE • BISTRO

1 r. Jules-Vallès
01 43 71 49 52
www.restaurantlechardenoux.com
Charonne

PLAN : C3

Formule 22 € – Menu 27 € (déjeuner en semaine)/39 €

Ce bistrot parisien a trouvé un second souffle il y a quelques années, sous l'impulsion du très médiatique Cyril Lignac. Ses deux petites salles à manger ont gardé tout leur charme d'origine : comptoir en marbre coloré, zinc, plafond mouluré orné de ciels peints et mobilier bistrot. Côté cuisine, la carte opte pour un séduisant registre traditionnel avec la terrine de campagne, l'œuf cocotte aux cèpes, le sauté de bœuf aux olives préparé en cocotte, l'andouillette et la côte de veau de lait de Corrèze à partager. Les plats du jour remettent sous les projecteurs hachis parmentier de canard ou bœuf bourguignon, et des desserts tels que le paris-brest ou le soufflé au chocolat. On en salive d'avance...

Le Chateaubriand

CUISINE MODERNE • ÉPURÉ

129 av. Parmentier
01 43 57 45 95
www.lechateaubriand.net
Goncourt

PLAN : B1
Fermé 25 décembre-1er janvier, dimanche, lundi et le midi

Menu 70/135 €

Inaki Aizpitarte, célèbre chef basque, attire la clientèle branchée du Tout-Paris avec son bistrot "pur jus". D'hier, le lieu a conservé le décor – tel qu'on pouvait encore en trouver dans les années 1930 – jouant sur le mélange néo-rétro (zinc, ardoises, haut plafond et tables étroites). D'aujourd'hui, il possède le répertoire culinaire et un service stylé avec des serveurs tout droit sortis d'un défilé de mode, aux allures décontractées. Chaque soir, l'unique menu dégustation offre une cuisine créative, osée et goûteuse. Produits et vins sont choisis avec soin chez des producteurs indépendants. Pensez à réserver, vu la médiatisation de cette table et la grande affluence.

Clown Bar

CUISINE MODERNE • BISTRO

114 r. Amelot
01 43 55 87 35 (réservation conseillée)
Fille du Calvaire

PLAN : A2
Fermé vacances de Noël, lundi et mardi

Carte environ 50 € 

L'ancienne buvette du Cirque d'hiver a été reprise par l'équipe du Saturne, armée de belles ambitions. La déco est ouvertement kitsch, rétro à souhait, avec plafonds peinturlurés et céramiques à l'effigie de clowns. Aux fourneaux, le chef japonais opère avec une précision chirurgicale, et en utilisant des produits de belle qualité ; à l'instinct, il compose de belles assiettes créatives et bien dans l'air du temps. Cette cuisine se décline sans menu, uniquement au fil d'une carte aux intitulés sommaires : cervelle de veau sauce tosazu ; ventrèche de porc noir de Bigorre ; paris-brest glace vanille... Carte qui change au gré de l'inspiration de la semaine. Côté vins, on fait son choix parmi près de 150 références. Buzz oblige, c'est plein plusieurs jours à l'avance : pensez à réserver !

Les Déserteurs

CUISINE MODERNE • TENDANCE

46 r. Trousseau
01 48 06 95 85 (réservation conseillée)
www.les-deserteurs.com
Ⓜ Ledru-Rollin

PLAN : B3
Fermé 1 semaine en février, 1 semaine en avril, 2 semaines en août, vacances de Noël, mardi midi, dimanche et lundi

Menu 30 € (déjeuner), 50/65 € – Menu unique

Ils travaillaient dans la même adresse en tant que second de cuisine et sommelier, ils ont rompu les rangs afin d'ouvrir ce restaurant, baptisé... Les Déserteurs. On sait au moins une chose : ces deux-là ont le sens de l'humour ! Dans cet antre cosy, tout de bois brut et de déclinaisons de gris, ils réjouissent leur clientèle avec une cuisine pleine de fraîcheur, résolument tournée vers le produit. Signalons la pêche de Saint-Gilles-Croix-de-Vie, la fera du lac Léman mais aussi le colvert sauvage de chez Miéral, ou ce fromage frais, rhubarbe et sorbet à la cerise... De véritables plats de chef dans lesquels rien n'est laissé au hasard, et qui montrent l'exemple d'une créativité parfaitement maîtrisée. En prime, superbe carte des vins riche de plus de 350 références de toute l'Europe.

L'Écailler du Bistrot

POISSONS ET FRUITS DE MER • BISTRO

22 r. Paul-Bert
01 43 72 76 77
Ⓜ Faidherbe Chaligny

PLAN : C3
Fermé août, dimanche et lundi

Menu 19 € (déjeuner en semaine)/55 € – Carte 40/65 € 

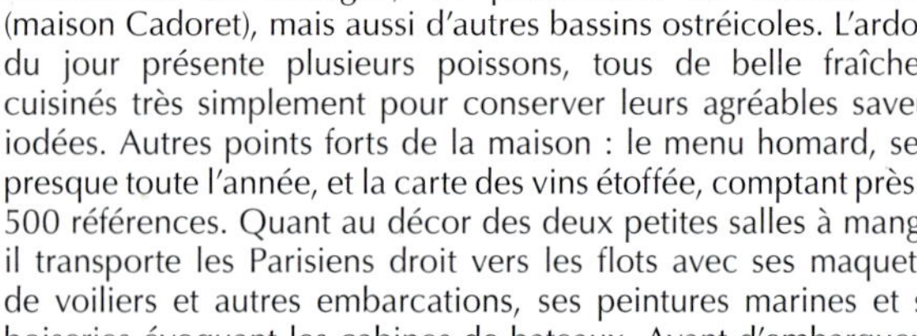

Ici, on ne sert que des produits de la mer. Les huîtres arrivent directement de Bretagne, en provenance de Riec-sur-Belon (maison Cadoret), mais aussi d'autres bassins ostréicoles. L'ardoise du jour présente plusieurs poissons, tous de belle fraîcheur, cuisinés très simplement pour conserver leurs agréables saveurs iodées. Autres points forts de la maison : le menu homard, servi presque toute l'année, et la carte des vins étoffée, comptant près de 500 références. Quant au décor des deux petites salles à manger, il transporte les Parisiens droit vers les flots avec ses maquettes de voiliers et autres embarcations, ses peintures marines et ses boiseries évoquant les cabines de bateaux. Avant d'embarquer, il est prudent de réserver.

Mansouria

CUISINE NORD-AFRICAINE • ORIENTAL

11 r. Faidherbe
01 43 71 00 16 (réservation conseillée)
www.mansouria.fr
Faidherbe-Chaligny

PLAN : C3
Fermé lundi midi et dimanche

Formule 16 € – Menu 28/36 € – Carte 35/60 € 

A/C

Fatema Hal est une figure parisienne de la gastronomie marocaine et son restaurant une véritable institution en la matière. Ethnologue de formation, auteur de livres traitant de la cuisine de son pays, elle a insufflé à ce lieu authentique le meilleur de ses racines. Voilà pourquoi le Tout-Paris vient et revient depuis toujours dans ce décor mauresque pour savourer les "vraies" spécialités d'Afrique du Nord, préparées par d'habiles cuisinières originaires de là-bas : tajines, couscous, pastillas, crème parfumée à la fleur d'oranger, etc. Le service, aussi souriant que courtois et efficace, ne souffre aucune comparaison. Est-il besoin de le préciser : mieux vaut réserver sa table, en particulier le soir en fin de semaine...

Pierre Sang in Oberkampf

CUISINE MODERNE • BRANCHÉ

55 r. Oberkampf
09 67 31 96 80 (réservation conseillée)
www.pierresangboyer.com
Parmentier

PLAN : B1

Formule 20 € – Menu 25 € (déjeuner)/39 € 

Qui est adepte de l'émission Top Chef, sur M6, connaît forcément Pierre Sang, finaliste en 2011. C'est ici, à Oberkampf, qu'il a décidé de s'installer. Une belle surprise ! On retrouve toute la gentillesse du jeune homme, qui délivre – on pouvait l'imaginer – une cuisine sensible et partageuse. Le menu change chaque jour en fonction du marché et de son inspiration, laquelle n'hésite pas à bousculer les habitudes, mais jamais vainement. Le cuisinier n'a pas oublié les fondamentaux, lui qui, après son BEP au Puy-en-Velay, a roulé sa bosse à Lyon, en Asie, à Londres, etc. De là sa patte cosmopolite, amatrice d'herbes et d'épices... Nul doute : ses assiettes ne manquent ni d'idées ni de saveurs ! Les produits viennent des commerçants voisins et on passe en ami s'installer sur un tabouret le long du comptoir : un moment fort sympathique.

Pierre Sang on Gambey

CUISINE MODERNE • TENDANCE

6 r. Gambey
09 67 31 96 80
www.pierresangboyer.com
Parmentier

PLAN : B1
Fermé 3 semaines en août, 1 semaine à Noël, samedi midi, dimanche et lundi

Formule 20 € – Menu 25 € (déjeuner), 49/88 € – Menu unique

La deuxième adresse de Pierre Sang – qui est décidément bien occupé ! – assume un positionnement plus haut de gamme, qui transparaît en premier lieu dans l'élégant décor : salle habillée de brique rouge, tables hautes en bois massif, comptoir devant la cuisine ouverte... On retrouve tout l'attachement du chef aux beaux produits (nobles, notamment), travaillés avec soin et créativité. Parmi les hôtes récurrents de la carte, on peut citer cette lotte et chorizo au bœuf wagyu, ou ce bar de ligne en croûte de sel : le tout est servi en bas ou à l'étage, où 6 à 8 personnes peuvent admirer le chef dans ses œuvres !

La Pulpéria

CUISINE MODERNE • BISTRO

11 r. Richard-Lenoir
01 40 09 03 70 (réservation conseillée)
www.lapulperia.fr
Voltaire

PLAN : C3
Fermé août, 31 décembre-6 janvier, samedi midi, dimanche et lundi

Formule 18 € – Menu 22 € (déjeuner) – Carte 45/60 €

Elle se situe à Charonne, cette Pulpéria – du nom de ces épiceries qu'on trouve en Amérique latine –, mais elle porte bien cette appellation : c'est l'affaire de Fernando, jeune chef originaire d'Argentine, passé par de fameuses maisons parisiennes (Crillon, Royal Monceau). Ici chez lui, il réinterprète à l'envi les recettes de son pays et de l'Hexagone, à l'image de ces *anticuchos de corazón* (brochettes de cœur de bœuf mariné), du *ceviche* du jour, ou de ces belles viandes cuites à la braise, qui, Argentine oblige, tiennent fièrement le haut du pavé. Les amateurs seront aux anges : elles se révèlent de grande qualité et préparées dans les règles de l'art... Dans l'esprit de l'arrondissement, la déco joue la carte du bistrot simple et branché. Bref, chez Fernando, tout est *bueno* !

Salt

N

POISSONS ET FRUITS DE MER • CONVIVIAL

6 r. Rochebrune
01 73 71 56 98 (réservation conseillée)
www.salt-restaurant.com
St-Ambroise

PLAN : B2
Fermé 8-29 août, dimanche et lundi

Formule 23 € – Menu 27 € (déjeuner en semaine)/65 € – Carte 41/76 €

Il y a déjà longtemps qu'en matière de cuisine, les frontières entre les pays ont été abolies ! Cette table, installée sur le square Maurice Gardette, en est une preuve supplémentaire : la propriétaire australienne assure le service en salle, armée d'une maîtrise parfaite du français ; aux fourneaux, le jeune chef anglais compose des assiettes savoureuses, bien ficelées, qui portent la marque de ses nombreux voyages partout dans le monde et de son parcours professionnel solide (il est notamment passé par The Square, à Londres). Les menus sont bâtis en fonction du marché, avec une dominante de poisson, et l'on se régale d'un bout à l'autre du repas. Quant au décor, il joue une carte de bistrot-chic version marine, avec carrelage blanc au mur et tables hautes. Un conseil, passez aussi à midi : le menu déjeuner est une affaire !

Le Servan

CUISINE MODERNE • BISTRO

32 r. St-Maur
01 55 28 51 82
http://leservan.com
Rue Saint-Maur

PLAN : C2
Fermé 3 semaines en août, 1ère semaine de janvier, lundi midi, samedi et dimanche

Menu 25 € (déjeuner)/45 € – Carte 43/63 €

À l'angle de la rue St-Maur, le fief de Katia et Tatiana Levha est l'un des bistrots gourmands les plus courus de la place parisienne. Les deux sœurs ont su en conserver le caractère atypique : moulures et peintures, carrelage de bistrot et comptoir en formica... Tatiana, en cuisine, compose une cuisine fraîche et spontanée, basée sur des produits simples mais toujours très bons ; elle ne rechigne pas à tenter des associations inattendues, souvent avec brio ! Au détour d'une assiette, on décèle aussi quelques influences asiatiques, qui s'expliquent peut-être par les origines philippines des deux frangines. Côté flacon, on fait la part belle à des vins "nature" bien choisis. L'adresse a déjà son lot d'aficionados venus de tout le quartier : un succès amplement mérité !

Le 6 Paul Bert

CUISINE MODERNE • BISTRO

6 r. Paul-Bert
01 43 79 14 32 (réservation conseillée)
Faidherbe-Chaligny

PLAN : C3
Fermé mardi midi, dimanche et lundi

Menu 19 € (déjeuner)/44 € – Carte 45/54 €

Le propriétaire du Bistrot Paul Bert et de l'Écailler du Bistrot a le mérite de la cohérence : lorsqu'il a choisi une rue, il n'en démord pas de sitôt. C'est au numéro 6 qu'il a choisi d'installer sa table la plus gastronomique. A l'heure où nous bouclons, le restaurant est en travaux. Gageons que le chef australien Beau Clugston, ancien sous-chef de Noma, à Copenhague, fera souffler un vent de créativité sur cette table, auparavant amenée par le chef japonais Kosuke Tada. Gageons aussi que les habitués du lieu – la crème des gourmets de l'est parisien – accorderont au nouveau venu la confiance qu'il mérite. Avec toujours cette dichotomie gourmande : formule plus simple, le midi et plus ambitieuse le soir.

Le Sot l'y Laisse

CUISINE MODERNE • BISTRO

70 r. Alexandre-Dumas
01 40 09 79 20
Alexandre Dumas

PLAN : D3
Fermé 3 semaines en août, 1 semaine en décembre, lundi midi, samedi midi et dimanche

Formule 19 € – Menu 25 € (déjeuner) – Carte 51/65 € 

Bien sot qui laisserait de côté ce beau bistrot ! À la limite des 11e et 20e arrondissements, il participe d'un véritable phénomène aujourd'hui à Paris : celui des tables lancées par de jeunes chefs japonais. Comme les autres, Eiji Doihara, originaire d'Osaka, est venu parfaire sa formation dans l'Hexagone avant de décider de s'y installer. L'occasion de rendre un bel hommage à cette gastronomie française qui le passionne... Tartare de veau au caviar et mousseline de chou-fleur ; huîtres en gelée de mer sur rémoulade de céleri-rave ; colvert rôti, champignons sauvages sautés et sauce à l'orange : généreuses et gourmandes, ou légères et délicates, ses recettes valorisent de superbes produits et font mouche à chaque fois. L'adresse remporte un succès mérité !

Tintilou

CUISINE MODERNE • COSY

37 bis r. de Montreuil
01 43 72 42 32
www.letintilou.fr
Faidherbe-Chaligny

PLAN : C3
Fermé 1 semaine en janvier, 3 semaines en août, lundi midi, samedi midi et dimanche

Formule 17 € – Menu 25 € (déjeuner en semaine), 36/49 € – Carte 48/60 €

Cet ancien relais de mousquetaires du 16e s., avec sa cour classée et ses plafonds à la française, a laissé derrière lui les couleurs arc-en-ciel qu'on lui connaissait pour des teintes plus neutres… Le résultat est élégant et original, comme cette cuisine qui rêve de voyages et de parfums. La carte, renouvelée chaque mois, propose des recettes élaborées, qui mettent volontiers en avant de jolies associations terre-mer : ravioles végétales et butternut de noisettes ; dos de rascasse, semoule et citrons confits ; côte de cochon, lentilles blondes et chorizo... Et lorsque l'on déguste une assiette de couteaux à la coriandre fraîche, on se prend à rêver de promenade en bord de mer à marée basse. Savoureuse simplicité !

12e

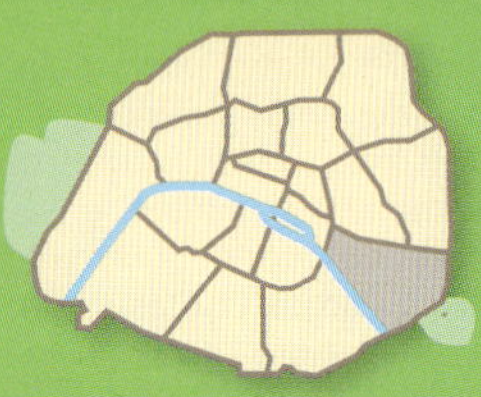

Bastille · Bercy · Gare de Lyon

Ph. Renault / hemis.fr

Bastille, Bercy, Gare de Lyon

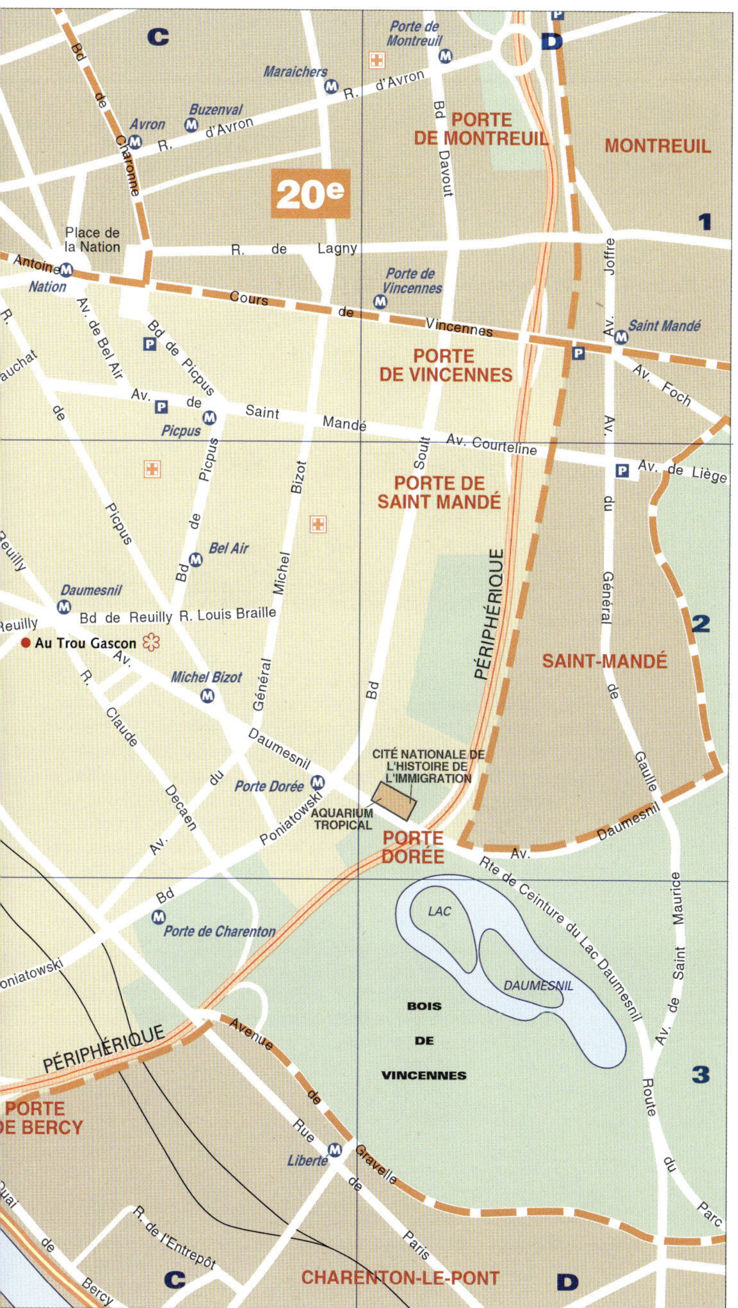

C
D
Porte de Montreuil
Maraichers
R. d'Avron
Buzenval
Avron
Bd de Charonne
PORTE DE MONTREUIL
MONTREUIL
Bd Davout
20e
1
Place de la Nation
R. de Lagny
Antoine
Nation
Porte de Vincennes
Cours de Vincennes
Av. Saint Mandé
Joffre
Av. Foch
PORTE DE VINCENNES
Av. de Bel Air
Bd de Picpus
Av. de Saint Mandé
Picpus
Av. Courteline
Av. de Liège
PORTE DE SAINT MANDÉ
Bizot
Soult
Picpus
Bd de Picpus
Bel Air
PÉRIPHÉRIQUE
Av. du Général de Gaulle
Daumesnil
Bd de Reuilly
R. Louis Braille
Michel
2
Au Trou Gascon
SAINT-MANDÉ
Michel Bizot
Général
Bd
R. Claude Decaen
Daumesnil
CITÉ NATIONALE DE L'HISTOIRE DE L'IMMIGRATION
Porte Dorée
Poniatowski
AQUARIUM TROPICAL
PORTE DORÉE
Av. Daumesnil
Rte de Ceinture du Lac Daumesnil
LAC
DAUMESNIL
Bd
Porte de Charenton
Av. de Saint Maurice
BOIS DE VINCENNES
PÉRIPHÉRIQUE
Avenue de Gravelle
3
Route du Parc
PORTE DE BERCY
Liberté
Rue de Paris
Quai de Bercy
R. de l'Entrepôt
C
CHARENTON-LE-PONT
D

Au Trou Gascon ✿

CUISINE DU SUD-OUEST • ÉLÉGANT

40 r. Taine
01 43 44 34 26
www.autrougascon.fr
Ⓜ Daumesnil

PLAN : C2
Fermé août, 1er-7 janvier, samedi et dimanche

Menu 42 € (déjeuner)/68 € – Carte 65/80 €

Au Trou Gascon

Alain Dutournier y a fait ses débuts en 1973, donnant au terroir gascon ses lettres de noblesse dans la capitale. Aujourd'hui, il a conquis une table fameuse des beaux quartiers (le Carré des Feuillants, dans le 1er arrondissement), mais son ancien bistrot 1900 est resté dans la famille. Grâce à son jeune chef, Clément Thouvenot, le Trou Gascon continue d'attirer les fins connaisseurs des spécialités du Sud-Ouest, ou plus précisément de l'Adour et de l'Océan. Les incontournables sont à la carte : pâté en croûte au foie gras de canard, lièvre à la royale, tourtière chaude et croustillante... et, bien sûr, le cassoulet. Le terroir dans toute sa splendeur !

Mais cette ode à la tradition ne doit pas occulter l'autre visage d'une adresse qui sait aussi se faire créative et plus contemporaine. Et que serait tout cela sans un bon cru ? De ce côté-là, pas d'inquiétude : la carte des vins est d'une richesse incomparable (près de 1 000 références) et réserve de belles surprises. Ce Trou Gascon est fidèle à sa réputation.

ENTRÉES

- Gambas vapeur en crème de tête, chutney de billes de melon et gaspacho safrané au pistou
- Pâté en croûte au colvert et au foie gras, chutney de figue

PLATS

- Agneau de lait rôti, petits farcis en surprise
- Noisette de venaison façon Rossini, palets de maïs et quelques racines

DESSERTS

- Pêche blanche de vigne pochée, mini baba et granité Bellini
- Russe pistaché aux framboises, crème glacée à la pistache

Il Goto 

CUISINE ITALIENNE • TRATTORIA

212 bis r. de Charenton
01 43 46 30 02
www.ilgoto.fr
Dugommier

PLAN : B2
Fermé 3 semaines en août, 24 décembre-2 janvier, dimanche et lundi

Formule 17 € – Menu 21 € (déjeuner en semaine) – Carte 32/53 €

Sympathique, ce restaurant tenu par Simone et Marzia, un couple d'Italiens passionnés ! Lui, en cuisine, mitonne de délicieux petits plats en utilisant des produits venus tout droit du Trentin, du Frioul et de la Vénétie ; elle, en salle, fait preuve d'autant de passion que son cuisinier de mari. Voici quelques exemples pour se faire une idée : burrata, trévise et potiron en aigre-douce ; tagliatelles au confit de chèvre, lait et menthe ; ou encore cette "torta" au mascarpone et vanille, sorte de savoureux cheesecake à la mode italienne... Des créations goûteuses et soignées, que l'on accompagne d'un bon petit rouge transalpin. Et, pour ne rien gâcher, les tarifs (à midi surtout) sont très attractifs !

Jouvence 

CUISINE MODERNE • VINTAGE

172 bis r. du Faubourg-St-Antoine
01 56 58 04 73 (réservation conseillée)
www.jouvence.paris
Faidherbe-Chaligny

PLAN : B1
Fermé 3 semaines en août, dimanche et lundi

Formule 19 € – Menu 24 € (déjeuner)/55 € – Carte 35/54 € 

Une ancienne boutique 1900 avec sol en carreaux de ciment et pâte de verre, située non loin de la rue de Cîteaux. Boiseries et étagères avec fond de miroir façon apothicaire (aujourd'hui occupées par des bouteilles), trancheuse à jambon, petites tables rapprochées avec plateaux émaillés, banquettes en velours, comptoir en marbre blanc, tabourets en acier et skaï... Rien ne dépasse, tout est à sa place. Ce cadre chaleureux ne se repose pas sur ses lauriers décoratifs ; on y sert une cuisine actuelle, riche en produits de qualité. Ainsi cette tempura de crevettes, kimchi de concombre, jus de céleri ; le bœuf de Salers, poireaux, noisettes, pimprenelle ou la tarte aux figues. Une assiette savoureuse, que l'on accompagne du très bon pain maison, et d'un verre de vin nature. Le jeune chef, passé chez Dutournier (Pinxto) et L'Antre Amis n'a rien à envier à ses précédentes adresses ; d'adresse, il ne manque pas !

À La Biche au Bois

CUISINE TRADITIONNELLE • RUSTIQUE

45 av. Ledru-Rollin
01 43 43 34 38
Gare de Lyon

PLAN : A1
Fermé 31 juillet-18 août, 24 décembre-1er janvier, lundi midi, samedi midi et dimanche

Formule 19 € – Menu 25 € (déjeuner)/33 € – Carte 31/43 €

Les inconditionnels de cette adresse l'apprécient pour sa longévité et pour son caractère : celui d'un bistrot d'esprit années 1920, avec tables nappées à touche-touche, argenterie, ambiance conviviale... et cuisine à l'ancienne ! Le patron, consciencieux et motivé, met en effet un point d'honneur à préserver la tradition. Quelques incontournables : la terrine maison, le coq au vin et le gibier en saison, tels le sanglier, le lièvre... et la biche, bien sûr ! Pour la note sucrée : "l'Opéra Biche" maison (un gâteau moelleux et sa crème anglaise) ou la crème caramel. En un mot, une carte aux puissants accents du terroir qui justifie le succès de l'établissement.

Amarante

CUISINE TRADITIONNELLE • BISTRO

4 r. Biscornet
09 50 80 93 80
www.amarante.paris
Bastille

PLAN : A1
Fermé août, mercredi et jeudi

Formule 20 € – Carte 41/57 €

À cinq minutes à pied de la gare de Lyon, une façade vitrée plutôt anonyme annonce la couleur : "Cuisine de France". Tout est dit ! On propose ici une cuisine traditionnelle brute et sans fioritures – un créneau quelque peu délaissé par ces temps diététiques –, avec un appétissant menu "du travailleur" à midi. Soupe verte de petits pois et ventrêche de cochon croustillante ; sole étêtée, ébarbée, équeutée puis rôtie au beurre, panisses... Une partition sans esbroufe, au doux parfum d'antan, qui donne toute leur place à des produits bien choisis : il y a là de quoi se réjouir. Il faut également dire un mot du charmant décor, aussi simple et *vintage* que la cuisine : carrelage au sol, banquettes en skaï rouge, moulures au plafond et petites tables en bois. Pourquoi faire compliqué ?

Le Cotte Rôti

CUISINE MODERNE • CONTEMPORAIN

1 r. de Cotte
01 43 45 06 37 (réservation conseillée)
Ⓜ Ledru Rollin

PLAN : A1
Fermé 3 semaines en août, vacances de Noël, samedi midi, dimanche et lundi

Formule 22 € – Menu 26 € (déjeuner)/46 €

Dans ce quartier d'Aligre toujours en ébullition, le Cotte Rôti est à l'image de son chef, Nicolas Michel : convivial et épicurien. À sa cuisine de bistrot, il apporte un certain sens de la rigueur hérité des belles maisons où il a travaillé. Il n'est qu'à goûter ces savoureuses ravioles de tourteaux à l'encre, jus d'étrilles et supions frits ; cette épaule d'agneau confite doucement, lasagne de champignons ; ce lait "fermenté, glacé, séché et caramélisé"... Autant de belles recettes dans l'air du temps, déroulées au gré de l'humeur et du marché, tout proche. Beaucoup de finesse donc dans cette adresse pour gourmands où les couleurs vives claquent aux murs. Et la carte des vins rend un hommage bien mérité aux crus de la vallée du Rhône !

Dersou

CUISINE CRÉATIVE • ÉPURÉ

21 r. St-Nicolas
09 81 01 12 73 (réservation conseillée)
www.dersouparis.com
Ⓜ Ledru Rollin

PLAN : A1
Fermé
24 juillet-21 août, dimanche soir, lundi et le midi en semaine

Menu 95 € 🍸/135 € 🍸 – Carte 26/44 € déjeuner

A/C

L'association peut paraître excentrique : que font ensemble un barman expert en cocktails et un chef nippon passé par chez Alain Ducasse à Tokyo et Hélène Darroze à Paris ? Ils imaginent Dersou ! Vieux plancher, playlist pop pour l'ambiance, comptoir à manger : le décor est planté. Le concept, lui, est à la fois simple et original : un menu propose d'associer mets et cocktails, sur 5, 6 ou 7 plats. Surprise : la mixologie tient ses promesses et se révèle même envoûtante. Les produits sont de première qualité (légumes d'Annie Bertin, agneau acheté sur pied, porc ibérique etc.) et les rencontres avec les alcools aussi spontanées qu'audacieuses... ainsi cette tarte aux légumes servie avec un bourbon yuzu parfaitement équilibré. Brunch sans réservation le week-end.

Passerini

CUISINE ITALIENNE • CONTEMPORAIN

65 r. Traversière
01 43 42 27 56
www.passerini.paris
Ledru Rollin

PLAN : A1
Fermé 3 semaines en août, mardi midi, dimanche et lundi

Formule 24 € – Menu 30 € (déjeuner)/48 € – Carte 44/92 € dîner

A l'angle des rues Traversière et de Charenton, cet ancien café a bénéficié d'une cure de jouvence salutaire : façade ravalée, intérieur couleur crème avec baies vitrées à la manière d'un atelier, sol en terrazzo, chaises vintage... Voilà pour la forme ! Quant au fond, c'est-à-dire la cuisine, l'évolution est tout aussi impressionnante. C'est à l'italienne que l'on se régale ici, avec par exemple les bien nommées "grosses pièces" (poisson, volaille) à partager, ou d'autres plats plein de fraîcheur et de bonnes idées : pintade rôtie, poireaux, épinards et noisette, ou encore tagliolini, saint-pierre mariné, sauge et citron. Sans oublier la formule du samedi soir, centrée autour de petites assiettes et arrosées d'un vin transalpin. C'est goûteux et soigné, ce qui explique sûrement que le nombre d'habitués augmente de jour en jour.

Quincy

CUISINE TRADITIONNELLE • BISTRO

28 av. Ledru-Rollin
01 46 28 46 76
www.lequincy.fr
Gare de Lyon

PLAN : A1
Fermé août, samedi, dimanche et lundi

Carte 55/80 € 

Alors que Paris devient une grande bourgeoise, il reste encore des tables "tradi" à l'abri des vogues et des modes. Le Quincy en fait partie et c'est tant mieux ! Inchangé depuis une quarantaine d'années, ce bistrot rustique comme on n'en fait plus (attention, même la carte de crédit n'a pas sa place ici !) est à l'image de son propriétaire, Michel Bosshard, dit "Bobosse". Bon vivant et volubile, généreux et entier, il propose des plats qui lui ressemblent, 100 % maison et influencés par l'Ardèche et le Berry. Viandes et charcuteries en tête, on trouve aussi la terrine et le foie gras, la caillette ardéchoise, le lapin mijoté aux échalotes et au vin blanc, la côte de veau aux morilles... Mieux qu'une madeleine nostalgique, ces recettes au bon goût d'antan offrent des plaisirs indémodables.

Table - Bruno Verjus

CUISINE MODERNE • DESIGN

3 r. de Prague
01 43 43 12 26 (réservation conseillée)
www.tablerestaurant.fr
Ⓜ Ledru Rollin

PLAN : A1
Fermé 3 semaines en août, samedi midi et dimanche

Formule 25 € – Carte 62/82 €

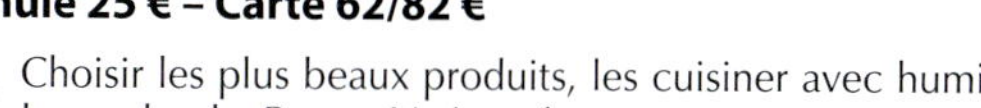

Choisir les plus beaux produits, les cuisiner avec humilité : tel est le credo de Bruno Verjus, étonnant personnage, entrepreneur, blogueur et critique gastronomique... devenu chef ! Dans sa cuisine ouverte face aux clients, qui n'en manquent pas une miette, il parle de chacun de ses fournisseurs avec une petite lumière dans l'œil, avec l'apparente envie de s'effacer devant l'artisan qui a produit la matière de son travail. La carte, volontairement courte, présente des compositions atypiques, au plus près des ingrédients : ormeau de plongée du Trégor snacké au beurre noisette et assaisonné de fèves de cacao et de poivre du Bénin ; saumon sauvage de l'Adour grillé à l'unilatéral, petits pois au sautoir ; fraises de jardin, huile d'olive infusée de néroli, crème glacée à l'oseille fraîche... Des recettes pleines d'énergie, où l'on devine une passion sincère et communicative !

Tondo

CUISINE CRÉATIVE • BISTRO

29 r. de Cotte
01 43 47 47 05
www.tondo-paris.com
Ⓜ Ledru Rollin

PLAN : A1
Ferme août, vacances de Nöel, mardi midi, mercredi midi, dimanche et lundi

Formule 25 € – Menu 60 € (dîner)

Tout proche du marché Aligre, l'ancienne Gazzetta s'est réinventée en Tondo avec une vitalité qu'il convient de saluer. Les habitués reconnaîtront la belle façade sombre, en bois peint ; le chef lui-même a fourbi ses premières armes dans ce repaire de pirate des goûts, et de gourmets. On s'installe toujours dans la grande salle de bistrot 1930, un brin coloniale, avec sol en terrazzo (fragments de pierre naturelle et de marbre), bar en bois noir, appliques Art déco, banquettes en velours... sans oublier les ventilateurs ! Voilà pour le cadre. L'assiette, actuelle, s'impose dans sa simplicité. Les intitulés télégraphiques supposent une volonté de préserver la nature "originelle" des produits : il est vrai que la simplicité est à la mode. Petits prix le midi et menu dégustation le soir, préparé par une équipe internationale, jeune et enthousiaste.

Virtus

(N)

CUISINE MODERNE • DESIGN

8 r. Crozatier
09 80 68 08 08
www.virtus-paris.com
Reuilly Diderot

PLAN : B1
Fermé 3 semaines en août, dimanche et lundi

Formule 17 € – Menu 56 € (dîner) – Carte 27/45 € déjeuner

Au fond de la rue Crozatier, l'ancien Clandé est tombé dans l'escarcelle de deux jeunes chefs talentueux – elle d'origine japonaise, lui d'origine argentine –, qui ont en commun d'avoir travaillé longtemps au Mirazur, à Menton. Dans un super intérieur vintage (chaises et luminaires 1970, banquettes en skaï rouge), ils écrivent à quatre mains une histoire enthousiasmante : leur cuisine, tout en épure et en recherche, ravira les palais aventureux. Tartare de mulet, crème de ciboulette, avocat ; canard de Challans et purée de petits pois ; ou encore pomme rôtie à la crème de sauge... Tout ici a le bon goût des choses nouvelles, et ces plats s'accommodent impeccablement des vins de la carte, composée par une sommelière primée outre-Atlantique. A noter que la formule de midi offre un excellent rapport qualité-prix.

Will

CUISINE MODERNE • CONTEMPORAIN

75 r. Crozatier
01 53 17 02 44 (réservation conseillée)
www.will-restaurant.com
Ledru Rollin

PLAN : B1
Fermé 2 semaines en août, dimanche et lundi

Formule 21 € – Menu 49 € (dîner) – Carte environ 47 €

Avant de créer cette adresse bien dans l'air du temps à deux pas du marché d'Aligre, William Pradeleix a travaillé dans de belles maisons en France et surtout à l'étranger : Londres, Marrakech, Bora-Bora... On le devine : sa cuisine a l'âme voyageuse ! Tartare de veau à l'huître, pomme granny, petits pois frais, émulsion coriandre ; maigre rôti, beurre de gingembre, coques, fèves et rhubarbe pickles ; baba au whisky japonais, crème de fleur d'oranger et kumquats confits... La salle est toute petite (30 couverts) avec une déco qui emprunte autant à l'ambiance bistrot (vieux parquet, comptoir de service) qu'au style design des années 1950 (banquettes vertes, luminaires métalliques). L'ensemble a du cachet et se révèle très chaleureux, ce qui ajoute encore à la qualité de la table !

Youpi et Voilà en Résidence 

CUISINE MODERNE • BAR À VIN

8 r. de Prague (aux Caves de Prague)
01 72 68 07 36
Ledru-Rollin

PLAN : A1
Fermé 3 semaines en août, vacances de Noël, dimanche, lundi et le soir

Formule 15 € – Carte 22/32 € 

L'ancien chef de Youpi et Voilà, dans le 10e arrondissement, a eu la brillante idée de transformer, aux heures du déjeuner, les locaux d'un ami caviste en cantine branchée et gourmande. C'est ainsi que cette "Résidence" est née ! Entre les murs tapissés d'étagères à bouteilles, vingt couverts (vaisselle chinée, principalement) sont dressés sur de petites tables en bois brut : l'ambiance est au bistrot branché, ce qui n'a rien de saugrenu dans ce coin de l'Est parisien. Même combat en cuisine, où les produits frais sont agrémentés à la sauce bistrotière : crème de betterave et brebis ; queue de lotte, pleurotes et poitrine fumée ; pomme au four... Agréable surprise, les prix n'ont rien de délirant : encore une bonne raison de faire le déplacement !

13^{e}

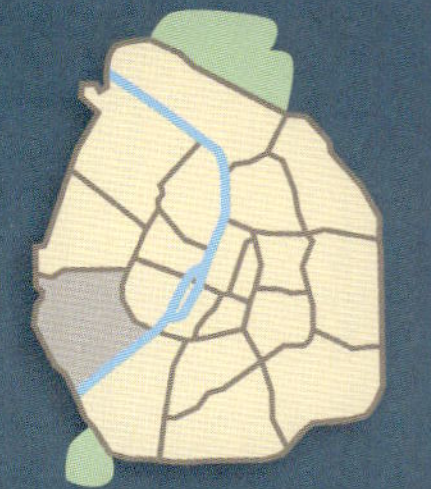

Place d'Italie · Gare d'Austerlitz · Bibliothèque nationale de France

J. Saget / AFP Creative/Photononstop

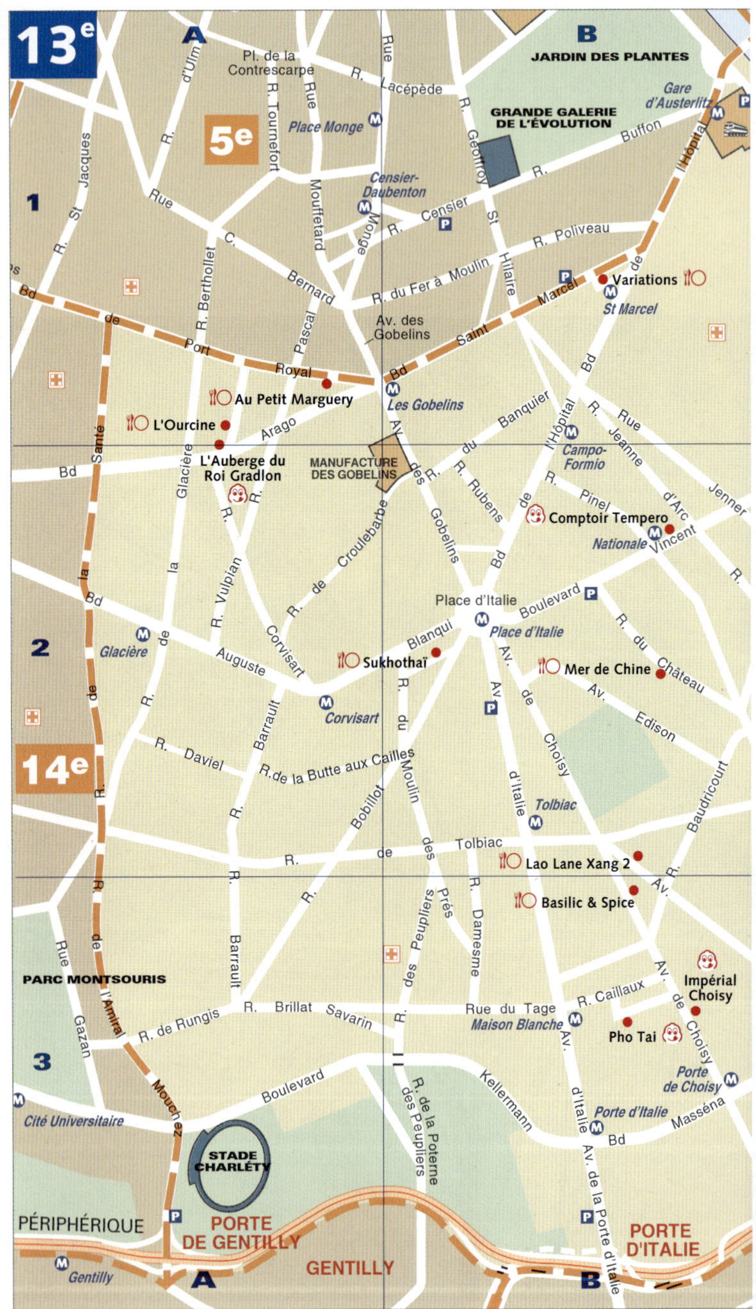

13e
5e
14e
A
B
1
2
3
Pl. de la Contrescarpe
R. Lacépède
Rue Lacépède
R. d'Ulm
R. Tournefort
Rue Mouffetard
Place Monge
JARDIN DES PLANTES
GRANDE GALERIE DE L'ÉVOLUTION
Gare d'Austerlitz
R. Buffon
R. Geoffroy St Hilaire
Bd de l'Hôpital
R. St Jacques
Rue C. Bernard
Censier-Daubenton
R. Censier
Monge
R. Poliveau
R. du Fer à Moulin
Bd Saint Marcel
Variations
St Marcel
Bd de Port Royal
R. Berthollet
R. Pascal
Av. des Gobelins
Au Petit Marguery
Les Gobelins
L'Ourcine
Bd Arago
L'Auberge du Roi Gradlon
MANUFACTURE DES GOBELINS
R. du Banquier
Campo-Formio
R. Jeanne d'Arc
Rue Jenner
R. Pinel
Comptoir Tempero
Nationale
Bd Vincent
Bd de la Santé
R. de la Glacière
R. Vulpian
R. de Croulebarbe
R. Rubens
Place d'Italie
Boulevard
R. du Château
Bd Auguste Blanqui
Glacière
R. Corvisart
Sukhothaï
Mer de Chine
Av. Edison
Corvisart
R. Barrault
R. du Moulin des Prés
Av. d'Italie
Av. de Choisy
R. Daviel
R.de la Butte aux Cailles
R. Bobillot
Tolbiac
R. Baudricourt
R. de Tolbiac
Lao Lane Xang 2
Basilic & Spice
R. Damesme
R. des Peupliers
Rue Gazan
PARC MONTSOURIS
R. de l'Amiral Mouchez
Impérial Choisy
R. de Rungis
R. Brillat Savarin
Rue du Tage
R. Caillaux
Maison Blanche
Pho Tai
Boulevard Kellermann
R. de la Poterne des Peupliers
Porte de Choisy
Cité Universitaire
Porte d'Italie
Bd Masséna
STADE CHARLÉTY
Av. de la Porte d'Italie
PÉRIPHÉRIQUE
PORTE DE GENTILLY
PORTE D'ITALIE
GENTILLY
Gentilly

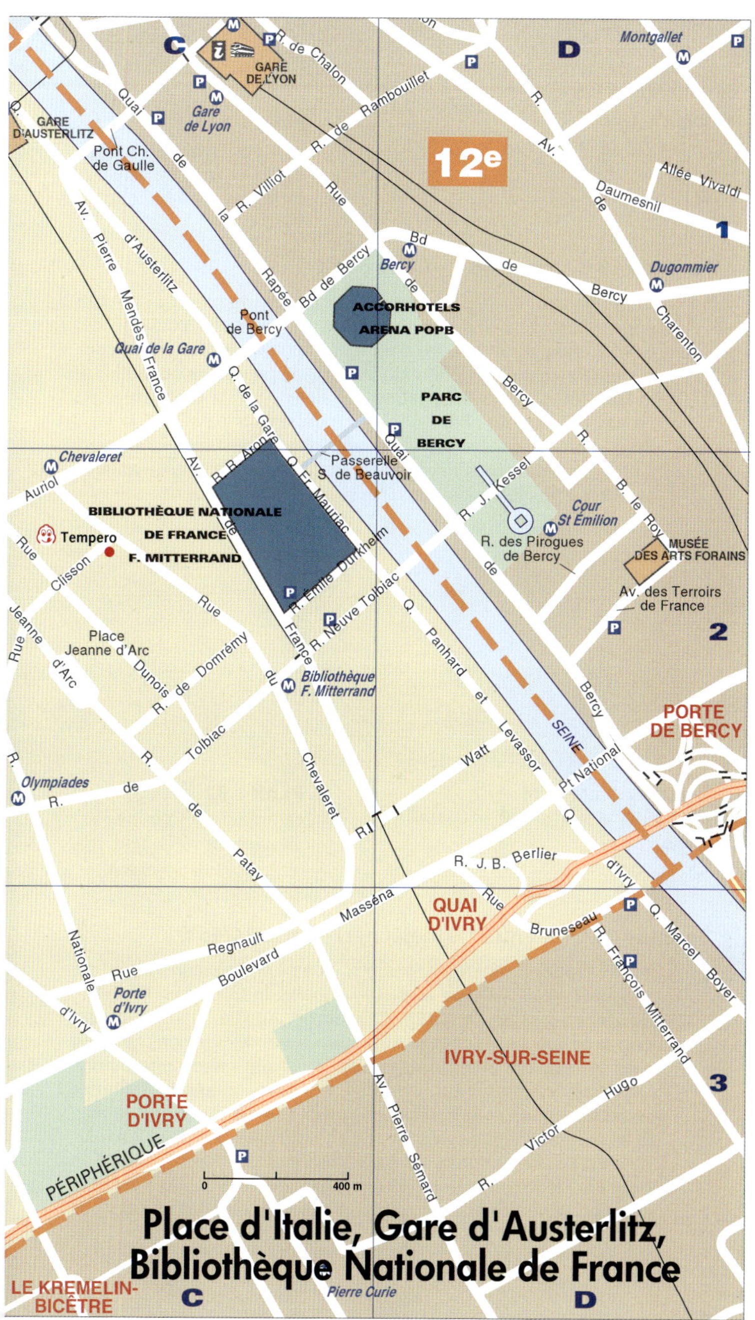

Place d'Italie, Gare d'Austerlitz, Bibliothèque Nationale de France

L'Auberge du Roi Gradlon

CUISINE BRETONNE • INTIME

36 bd Arago
01 45 35 48 71 (réservation conseillée)
www.roigradlon.fr
Les Gobelins

PLAN : A1-2
Fermé 3 semaines en août, 1 semaine vacances de Noël, dimanche et lundi

Formule 19 € – Menu 48 € – Carte 30/40 € 

Cette maison discrète et élégante, aux murs de pierre et poutres apparentes (vestiges des fondations de l'ancien couvent des Cordelières), porte le nom d'un légendaire souverain armoricain, qui aurait vécu entre le 4e et le 5e s. Noble patronage qui ne laisse aucun doute sur la thématique des lieux : ici, la Bretagne est à l'honneur ! Antoine Bertho, chef morbihannais passé par la case Robuchon, revisite les classiques en mode chic et bien léché, avec, à titre d'exemple, ces jolies spécialités : kig-ha-farz, kouign amann, galette complète au jambon d'Yffiniac... Un vrai plaisir !

Comptoir Tempero

N

CUISINE CRÉATIVE • BISTRO

124 bd Vincent-Auriol
01 45 84 15 35 (réservation conseillée)
www.tempero.fr
Nationale

PLAN : B2
Fermé août, 1 semaine vacances de Noël, lundi soir, mardi soir, mercredi soir, samedi et dimanche

Formule 16 € – Menu 21 € (déjeuner) – Carte 34/46 € 

Vous aimez Tempero, le fameux comptoir brésilien de la rue Clisson ? Vous aimerez aussi son annexe, le Comptoir Tempero, installé au pied de la station de métro Nationale. Dans ce bistrot convivial, où l'on s'installe au coude à coude, Olivier reproduit avec brio ce qui a fait le succès de la maison-mère : une cuisine ultra-fraîche, centrée sur le produit, qui ne manque pas de finesse et puise son inspiration dans les cuisines française et brésilienne, avec même quelques passages fugaces du côté de l'Asie. Ravioles de crevettes savoureuses et bien assaisonnées, accompagnées d'un bouillon de cresson, filet de cabillaud aux lentilles et purée de carottes, superbement exécuté : on se régale de bout en bout ! Et on ne tombe pas de sa chaise en découvrant l'addition...

Impérial Choisy

CUISINE CHINOISE • SIMPLE

32 av. de Choisy
01 45 86 42 40
Ⓜ Porte de Choisy

PLAN : B3

Carte 19/40 €

A/C D'appétissants canards laqués suspendus en vitrine donnent tout de suite le ton et l'ambiance de ce restaurant : vous êtes au cœur du Chinatown parisien. Destination : la cuisine cantonaise avec ses nombreuses spécialités, réalisées ici dans les règles de l'art. Salade de méduse, soupe de raviolis aux crevettes et nouilles, poulet fermier au gingembre et à la ciboulette, canard laqué aux cinq parfums, mais aussi un bon choix de poissons diversement préparés. Les assiettes sont généreuses, les produits frais et parfumés. Pas de fioritures inutiles dans cette salle tout en longueur, sobre et claire, qui ne désemplit pas (service non-stop, voire un peu expéditif !) et où l'on mange au coude-à-coude. Un vrai goût d'authenticité, sans se ruiner.

Pho Tai

CUISINE VIETNAMIENNE • SIMPLE

13 r. Philibert-Lucot
01 45 85 97 36
Ⓜ Maison Blanche

PLAN : B3
Fermé août et lundi

Carte 25/35 €

A/C Dans une rue isolée du quartier asiatique, ce restaurant vietnamien opère derrière une façade très discrète... mais ne vous y trompez pas : les initiés s'y pressent par grappes entières ! Situé dans une rue calme et isolée du quartier asiatique, ce restaurant vietnamien sort assurément du lot : tout le mérite en revient à son chef et patron, Monsieur Te, arrivé en France en 1968 et fort bel ambassadeur de la cuisine du Vietnam. Ses raviolis et autres rouleaux de printemps (poulet, porc ou crevettes), son poulet croustillant au gingembre frais et ciboulette, ses marmites au jus de coco, ou encore ses incontournables bo bun et soupes phô : tout est parfumé et plein de saveurs... Conséquence logique : la petite salle – où Madame Te et sa fille assurent un accueil charmant – est rapidement pleine.

Tempero

CUISINE CRÉATIVE • BISTRO

5 r. Clisson
✆ 09 54 17 48 88 (réservation conseillée)
www.tempero.fr
Ⓜ Chevaleret

PLAN : C2
Fermé août, 1 semaine vacances de Noël, lundi soir, mardi soir, mercredi soir, samedi et dimanche

Formule 16 € – Menu 21 € (déjeuner) – Carte 32/47 € dîner

Un bistrot fort sympathique, qui booste littéralement ce quartier plutôt calme, entre la Pitié-Salpêtrière et la BNF ! Il doit beaucoup à la personnalité de sa chef, Alessandra Montagne, originaire du Brésil et passée par des tables aussi séduisantes que Ze Kitchen Galerie et Yam'Tcha. Ici chez elle, en toute décontraction, elle cuisine au gré du marché de beaux produits frais, signant des recettes vivifiantes à la croisée de la France, du Brésil évidemment, mais aussi de l'Asie. Un joli métissage qui cultive l'essentiel : de suaves parfums... Un concept mi-bistrot, mi-cantine qui fait mouche !

Au Petit Marguery

CUISINE TRADITIONNELLE • BOURGEOIS

9 bd de Port-Royal
✆ 01 43 31 58 59
www.petitmarguery.com
Ⓜ Les Gobelins

PLAN : A1

Formule 24 € – Menu 29/42 € – Carte 48/68 €

La réputation du Petit Marguery n'est plus à faire, et tout y semble immuable : le décor Belle Époque rose et bordeaux, digne de figurer au patrimoine ; les serveurs qui n'ôteraient leur classique tenue noir et blanc pour rien au monde ; l'esprit chaleureux du lieu et... la carte qui joue la grande tradition ! Les habitués ne s'y trompent pas et reviennent en nombre déguster de copieux plats bistrotiers, comme les terrines maison ou la tête de veau sauce ravigote. En saison, on se bouscule également pour les spécialités de gibier, tels le fameux lièvre à la royale ou le filet de chevreuil sauce grand veneur. Des plats aussi satisfaisants que le rapport qualité-prix... Une institution indéboulonnable !

Basilic & Spice

CUISINE THAÏLANDAISE • EXOTIQUE

88 av. de Choisy
01 45 85 19 30
www.basilicspice.com
Ⓜ Tolbiac

PLAN : B3
Fermé 6-22 août et lundi

Formule 14 € – Menu 22/48 € – Carte 25/56 €

A/C

Au cœur du Chinatown parisien, un petit restaurant asiatique dont le décor évoque avec une certaine originalité la culture thaïlandaise : fresques, photos de jeunes moines bouddhistes, bibelots, masques en bois, orchidées, murs en ardoise, etc. Quant à l'assiette, elle met évidemment à l'honneur les spécialités du pays, mais aussi certaines recettes du Cambodge voisin, dont les propriétaires du restaurant sont originaires. Salade de papaye aux crevettes, poulet sauté au curry rouge, ou encore bar entier grillé dans une feuille de bananier à la façon khmère... Une cuisine fraîche et bien réalisée, qui traverse les frontières : on ne boude pas son plaisir !

Lao Lane Xang 2

CUISINE SUD-EST ASIATIQUE • SIMPLE

102 av. d'Ivry
01 58 89 00 00
Ⓜ Tolbiac

PLAN : B2
Fermé jeudi midi et mercredi

Formule 14 € – Carte 20/35 €

A/C

L'histoire parisienne des Siackhasone, originaires du Laos, commence dans les années 1990, avec la création successive des restaurants Rouammit et Lao Lane Xang 1 (tous les deux fermés depuis), aux 103 et 105 de l'avenue d'Ivry. En 2007, Do et Ken – frères et dignes héritiers du savoir-faire familial – ouvrent cette table "bis", située juste en face de son aînée. La carte marie avec finesse spécialités laotiennes, thaïes et vietnamiennes, et le décor, sobre et contemporain, renouvelle totalement l'habituel style "cantine" du quartier. Pour savourer une soupe de crevettes à la citronnelle bien parfumée ou un canard laqué au tamarin, à la fois tendre et croustillant, pensez à réserver !

Mer de Chine

CUISINE CHINOISE • EXOTIQUE

159 r. du Château-des-Rentiers
01 45 84 22 49
Place d'Italie

PLAN : B2
Fermé mardi

Menu 15 € (déjeuner en semaine)/25 € – Carte 18/85 €

A/C

De la cuisine cantonaise, on connaît bien peu de choses à l'exception de son riz, parfois bien maltraité. Dans cette Mer de Chine, à l'écart de l'agitation de Chinatown, on s'immerge dans des recettes aux subtils mariages de saveurs et de textures : salade de méduse au blanc de volaille, crabe en mue sauté à l'ail, nouilles sautées au soja et œuf de cent ans... Avec une bière Tsingtao et un (léger) fond musical "made in China", on ne boude pas son plaisir ! Signe qui ne trompe pas : les Asiatiques se précipitent à chaque service dans la coquette petite salle, qui arbore une sobre décoration d'inspiration chinoise. Non, la cuisine cantonaise ne se résume pas à son riz.

L'Ourcine

CUISINE TRADITIONNELLE • BISTRO

92 r. Broca
01 47 07 13 65
www.restaurant-lourcine.fr
Les Gobelins

PLAN : A1
Fermé 3 semaines en août, dimanche et lundi

Formule 28 € – Menu 38 €

Qualité et modestie résument joliment l'esprit de l'Ourcine, un sympathique bistrot qui compte de nombreux fidèles. Sa façade attire l'œil en proclamant d'entrée de jeu qu'ici on a affaire à une "cuisine de cuisinier" et à des "vins de vignerons" ! De doux pléonasmes pour dire la passion du chef, Sylvain Danière (ayant travaillé chez Yves Camdeborde et à l'Épi Dupin), pour l'authenticité : sa cuisine du marché et de saison ne triche ni avec les produits ni avec les saveurs. Menu du jour, plats du moment, petite ardoise "coups de cœur" (parfois avec supplément) regorgent de belles propositions : fricassée de champignons à l'ail confit et au jus de viande, suprême de poulet piqué au foie gras, blanc-manger aux fruits du moment, miel et épices douces...

Sukhothaï

CUISINE THAÏLANDAISE • EXOTIQUE

12 r. du Père-Guérin
01 45 81 55 88
Place d'Italie

PLAN : B2
Fermé 1er-15 août et dimanche

Formule 14 € – Menu 26/30 € – Carte 24/36 €

A/C Du nom de la première capitale du Siam (fondée au 13e s.), ce restaurant thaï situé à deux pas de la place d'Italie est vraiment beaucoup moins cher qu'un vol direct pour Bangkok ! Dans la salle à manger de poche, quelques bouddhas sculptés, des gravures et des fleurs de-ci de-là suffisent à planter le décor. Le service lui aussi joue la discrétion et les serveurs se faufilent avec aisance parmi les tables en rang d'oignons. Quant à la carte, elle présente un grand choix de saveurs thaïlandaises traditionnelles : bœuf, canard, porc et crustacés se frottent à la citronnelle, au basilic, au piment ou au lait de coco. Et quelques spécialités chinoises viennent compléter cette offre déjà large. Réservation fortement conseillée.

Variations

CUISINE TRADITIONNELLE • BISTRO

18 r. des Wallons
01 43 31 36 04
www.restaurantvariations.com
Saint-Marcel

PLAN : B1
Fermé août, samedi et dimanche

Formule 24 € – Menu 30 € – Carte 42/66 €

Un vrai bistrot, celui-là : des banquettes, des tables en bois, des moulures et de grands miroirs anciens. Le chef (un ancien pilote de chasse !) compose de jolies... variations autour du marché et des saisons. Amoureux des beaux produits, il aime donner du piquant à la cuisine traditionnelle, avec une pincée de poivre de Madagascar par exemple, au parfum de bois et de fleur. À la carte : de spectaculaires pastas flambées à la grappa dans une meule de parmesan, un filet de dorade aux petits légumes et, pourquoi pas, une crème brûlée au sirop de coquelicot ou une brioche façon pain perdu, avec du caramel... Aux beaux jours, la salle s'épanche doucement sur la rue, si calme à deux pas de la Pitié-Salpêtrière.

14e

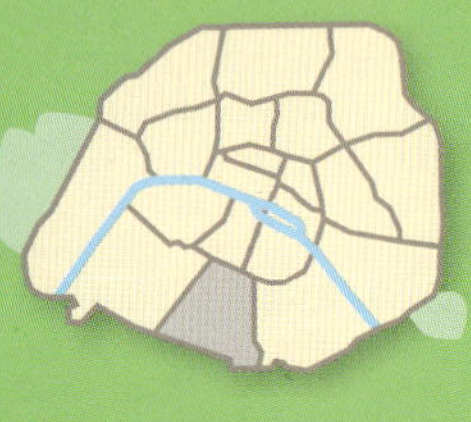

Montparnasse · Denfert-Rochereau · Parc Montsouris

J. Loic / Photononstop

14e
Montparnasse, Denfert-Rochereau, Parc Montsouris
A
B
1
2
3
15e
Pasteur
Vaugirard
Pernety
Plaisance
Porte de Vanves
Malakoff Plateau de Vanves
Montparnasse Bienvenüe
0
300 m
TOUR
GARE MONTPARNASSE 1
MONTPARNASSE 2
JARDIN ATLANTIQUE
MONPARNASSE 3 VAUGIRARD
Place de Catalogne
PARC GEORGES BRASSENS
PORTE BRANCION
PORTE DE VANVES
PORTE DE CHÂTILLON
MALAKOFF
PÉRIPHÉRIQUE
Place du 25 Août 1944
La Cagouille
Cobéa
Nina
La Cantine du Troquet
Bistrotters
L'Essentiel
Les Petits Plats
La Régalade
R. Lecourbe
R. Blomet
R. de Vaugirard
Bd de Vaugirard
R. du Docteur Roux
R. Falguière
Rue du Cotentin
Bd Pasteur
R. Paul Barruel
R. Dutot
R. d'Alleray
R. de la Procession
R. Alain
R. du Cdt R. Mouchotte
Av. du Maine
R. Jean Zay
R. Pernety
R. Raymond Losserand
R. de Dantzig
R. de Vouillé
R. St Amand
R. Castagnary
R. Vercingétorix
R. de Gergovie
R. Didot
R. des Morillons
R. Brancion
R. d'Alésia
R. J. Baudry
R. Raymond Losserand
R. Pierre Larousse
R. Julia Bartet
Bd Brune
Av. G. Lafenestre
Av. Victor Hugo
R. Pierre Larousse
R. E. Varlin
R. Béranger
Av. Jules Ferry
Bd Gabriel Péri
R. Gabriel Péri
Av. Brossolette
Av. Augustin Dumont
Av. Maurice Arnoux
R. Jean Jaurès
Av. Verdier
Av. de la République
Rue

5e
13e
C
D
CIMETIÈRE DU MONTPARNASSE
PARC MONTSOURIS
PORTE D'ORLÉANS
MONTROUGE
PORTE DE GENTILLY
STADE CHARLÉTY
PÉRIPHÉRIQUE
La Coupole
Le Dôme
Le Cette
Le Duc
La Cantine du Troquet Daguerre
Bistrot Augustin
Anthocyane
Aux Enfants Gâtés
La Contre Allée
Le Cornichon
L'Assiette
Maison Courtine
Kigawa
Le Jeu de Quilles
Severo
La Grande Ourse
Les Fils de la Ferme
Pl. Denfert Rochereau
Denfert Rochereau
Edgar Quinet
Gaîté
Raspail
St Jacques
Glacière
Mouton Duvernet
Alésia
Porte d'Orléans
Cité Universitaire
Gentilly
ST PIERRE DE MONTROUGE
Bd du Montparnasse
Bd de Port Royal
Bd Arago
Bd Saint Jacques
Boulevard Jourdan
Rue d'Alésia
R. de Tolbiac
R. de Rungis
R. Daviel

Cobéa

CUISINE MODERNE • ÉLÉGANT

11 r. Raymond-Losserand
01 43 20 21 39 (réservation conseillée)
www.cobea.fr
Gaité

PLAN : B1
Fermé 1 semaine vacances de printemps, août, 1 semaine vacances de Noël, dimanche et lundi

Menu 50 € (déjeuner), 85/120 €

A/C

Restaurant Cobéa

Cobéa ? Une plante d'Amérique du Sud et un clin d'œil aux propriétaires : **Co** comme Jérôme Cobou en salle, **Bé** comme Philippe Bélissent aux fourneaux et **A** comme Associés. Mais avant d'être associés, ces deux compères sont surtout amis et... passionnés de gastronomie ! Après avoir fait leurs armes dans de belles maisons, Philippe et Jérôme décident de se lancer en 2011, pleins d'enthousiasme... Monsieur Lapin – institution du 14e arrondissement fondée dans les années 1920 – se libère : qu'à cela ne tienne, Cobéa est né ! Dans ce restaurant à la déco sage et élégante, on se sent tout simplement bien et l'on a tout loisir d'admirer Philippe Bélissent s'activer en cuisine, toujours inspiré... Déjà étoilé au Restaurant de l'Hôtel, dans le 6e arrondissement, il n'a rien perdu de son talent. Sens du produit, goût du bon, harmonie des saveurs et subtilité... Ses assiettes sont franches et fines. Couteaux en persillade, lotte confite à l'avocat grillé, foie gras poêlé, châtaignes et champignons : **Co** comme Contentement, **Bé** comme Béatitude et **A** comme Allez-y sans tarder !

ENTRÉES

- Tourteau sauvage de Bretagne
- Tomates cerises anciennes et burrata

PLATS

- Quasi de veau à la plancha
- Cabillaud de ligne

DESSERTS

- Framboises et litchi
- Chocolat et café

Aux Enfants Gâtés

CUISINE MODERNE • COSY

4 r. Danville
01 40 47 56 81
www.auxenfantsgates.fr
Ⓜ Denfert Rochereau

PLAN : C2
Fermé vacances de février, août, vacances de Noël, samedi midi, dimanche et lundi

Formule 30 € – Menu 36 € – Carte environ 43 €

A/C Ce restaurant fait de nous... des Enfants Gâtés ! L'intérieur, entièrement rénové, se pare de belles teintes contemporaines ; aux murs, des citations de grands chefs et quelques recettes donnent un côté presque "littéraire" à la salle, où l'on se sent vraiment à l'aise. Le chef est passé par plusieurs belles maisons, dont la Grande Cascade, au bois de Boulogne ; il compose des plats de caractère, agrémentant la tradition en fonction de son inspiration et de ce qu'il déniche au marché : terrine de faisan et compotée de chou rouge à l'aigre-doux ; poitrine de veau confite au four, endives caramélisées à l'orange ; figue pochée au vin épicé, chantilly et mascarpone... Des jus et bouillons délicieux, des saveurs percutantes : sans conteste, cette adresse nous gâte !

Bistrotters

CUISINE MODERNE • BISTRO

9 r. Decrès
01 45 45 58 59
www.bistrotters.com
Ⓜ Plaisance

PLAN : B2
Fermé
24 décembre-2 janvier, dimanche et lundi

Formule 19 € – Menu 23 € (déjeuner en semaine)/36 € 

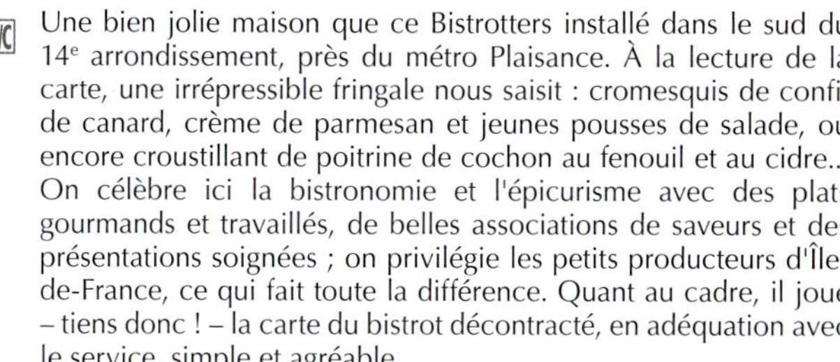

A/C Une bien jolie maison que ce Bistrotters installé dans le sud du 14e arrondissement, près du métro Plaisance. À la lecture de la carte, une irrépressible fringale nous saisit : cromesquis de confit de canard, crème de parmesan et jeunes pousses de salade, ou encore croustillant de poitrine de cochon au fenouil et au cidre... On célèbre ici la bistronomie et l'épicurisme avec des plats gourmands et travaillés, de belles associations de saveurs et des présentations soignées ; on privilégie les petits producteurs d'Île-de-France, ce qui fait toute la différence. Quant au cadre, il joue – tiens donc ! – la carte du bistrot décontracté, en adéquation avec le service, simple et agréable.

Nina

CUISINE CRÉATIVE • BISTRO

139 r. du Château
09 83 01 88 40
Mouton Duvernet

PLAN : B1
Ferme dimanche et lundi

Menu 19 € (déjeuner en semaine), 22/39 € – Carte 25/49 €

Le parcours d'Alexandre Morin – Ze Kitchen Galerie à 15 ans, deux ans passés en Suisse, le Gallopin, puis un tour du monde culinaire de six mois – explique peut-être le plaisir de ce chef à bousculer les codes, à être là où on ne l'attend pas ; on parie que les affamés de Montparnasse-sud, eux, l'attendaient avec impatience ! Son choix de produits de qualité (maigre, rascasse, bœuf de Galice...), sa maîtrise des cuissons sur les viandes et les poissons, voilà déjà de quoi nous réjouir ; mais on est surtout bluffé par le traitement qu'il réserve aux légumes, sa passion : poireaux, courgettes, carottes et artichauts sont travaillés sous toutes les formes, avec une grande variété de textures (toute l'échelle entre croquant et fondant !) et une aisance technique évidente. Viva Nina !

Anthocyane

CUISINE MODERNE • CONTEMPORAIN

63 r. Daguerre
01 43 27 86 02
Denfert-Rochereau

PLAN : C1
Fermé 3 semaines en août, 1 semaine vacances de Noël, dimanche et lundi

Menu 39 € (déjeuner en semaine), 62/97 € – Carte 62/70 €

Passons cet Anthocyane au révélateur de bonnes tables. En premier lieu, il faut un nom. Ici, la consonnance est mystérieuse et florale, presque mythologique : c'est prometteur ! Il faut ensuite un bon cuisinier : c'est le cas ici avec un chef italien expérimenté, qui compose une cuisine moderne et savoureuse – poulpe croustillant à la purée au basilic et câpres, blanc de cabillaud et émeraude du jardin, soufflé au chocolat... Il peut être également important de soigner le cadre, élément secondaire mais qui a son importance. Ici, un intérieur clairement contemporain (tables en chêne, cave à vins vitrée, éclairage par suspensions en béton et résine...) dans lequel on se sent bien. Enfin, la cerise sur le gâteau, c'est évidemment une jolie carte des vins, voire des prix intéressants. Bonne nouvelle : Anthocyane, c'est tout cela à la fois !

L'Assiette

CUISINE CLASSIQUE • BISTRO

181 r. du Château
01 43 22 64 86 (réservation conseillée)
www.restaurant-lassiette.com
Mouton Duvernet

PLAN : C2
Fermé août, 1 semaine vacances de Noël, lundi et mardi

Formule 23 € – Carte 45/65 €

Après plusieurs années derrière les fourneaux de deux restaurants de la galaxie Ducasse (Benoit, Aux Lyonnais), où il a appris la rigueur et l'amour des beaux produits, David Rathgeber a choisi l'indépendance. Sa maison a remplacé le bistrot Chez Lulu – une institution et une ex-boucherie – mais en a gardé la convivialité et la patine d'origine. Dans la cuisine, visible à l'entrée, le chef et sa brigade mitonnent de bons petits plats classiques revus à la mode bistrot chic. Cassoulet maison, rillettes de jarret de cochon confit, tartare de crevettes bleues, crème caramel au beurre salé, soufflé au chocolat : c'est tout simplement bon, de saison et sans esbroufe, à l'image du décor, plaisant avec ses tables en bois et ses céramiques au plafond.

Bistrot Augustin

CUISINE TRADITIONNELLE • BISTRO

79 r. Daguerre
01 43 21 92 29
www.augustin-bistrot.fr
Gaîté

PLAN : C1
Fermé dimanche

Menu 39 € – Carte 46/67 €

Cette belle devanture de la partie supérieure de la rue Daguerre (stores noirs, lettrages dorés et baie vitrée) ouvre sur un charmant bistrot chic au cadre intimiste. On y concocte une cuisine du marché (et de saison) aux accents du sud, qui réveille la gourmandise, à l'image de ces asperges blanches des Landes aux sucs d'agrumes, ou de cet artichaut frais "farci à ma façon" et sa sauce Périgueux. Les produits sont ici à la fête : foie gras de chez Duperrier, fromages de la ferme d'Alexandre... Quant aux viandes (superbe côte de cochon du Périgord, veau fermier du Limousin), elles vous convertiraient n'importe quel végétarien en carnivore prosélyte ! Table d'hôte au fond de la salle et appétissants menus-cartes.

A/C

La Cagouille

POISSONS ET FRUITS DE MER • BISTRO

10 pl. Constantin-Brancusi
01 43 22 09 01
www.la-cagouille.fr
Gaîté

PLAN : B1

Formule 29 € – Menu 35/85 € – Carte 34/117 €

Une placette empreinte de quiétude et un programme 100 % poissons, coquillages et crustacés de très belle fraîcheur, cela vous tente ? Cette table du quartier Montparnasse porte le nom du petit gris charentais, mais point d'escargots à la carte ! Que des produits des mers et rivières travaillés sans fioriture. Couteaux grillés au beurre citronné, calamars frits ail et oignons, dorade farcie à la tapenade... La salle à manger dégage une sympathique atmosphère marine avec boiseries, poulies, cordages, coquillages et tables de bistrot en marbre. Et pour profiter des beaux jours, filez sur la délicieuse terrasse chlorophyllée. Belle collection de cognacs en prime.

La Cantine du Troquet

CUISINE TRADITIONNELLE • CONVIVIAL

101 r. de l'Ouest
01 45 40 04 98 (sans réservation)
www.lacantinedutroquet.com
Pernety

PLAN : B2
Fermé 3 semaines en août, dimanche et lundi

Menu 34 € – Carte 28/50 €

Une Cantine, certes, mais la cantine du charismatique Christian Etchebest ! On s'y retrouve entre copains et l'on s'invite sans réserver, pour échanger une franche part de convivialité. Ambiance décontractée et décor de néobistrot : zinc, banquettes rouges, couverts et serviettes dans des pots à même les tables, photos des camarades. Sur la grande ardoise murale – ni menu ni carte –, les plats aux influences basques (cochonnailles, poulet des Landes, piquillos, fromages des Pyrénées servis avec une bonne confiture de cerise noire, etc.) fraternisent avec les classiques bistrotiers (œuf mayo, frites maison, riz au lait, tarte du jour...). Tous à la Cantine !

La Cantine du Troquet Daguerre

CUISINE TRADITIONNELLE • BISTRO

89 r. Daguerre
01 43 20 20 09 (sans réservation)
www.lacantinedutroquet.com
Ⓜ Gaîté

PLAN : C1
Fermé 9-24 août, samedi midi et dimanche

Carte 29/43 € 

On connaît le soin avec lequel le chef béarnais Christian Etchebest (associé cette fois-ci à son ami de longue date Nicolas Gras, ex-Ledoyen) s'implique dans la création de ses troquets. Cette adresse, la troisième du genre, ne déroge pas à la règle. Les vertus cardinales du "troquet façon Etchebest" sont respectées à la lettre : zinc ouvragé, carrelage à l'ancienne, banquette en bois et mur-ardoise, avec les incontournables œufs mayo. Sans oublier les trois spécialités de la maison, couteaux à la plancha, oreilles de cochon grillées et terrine de pâté de chez Ospital, bien entendu ! Citons aussi, parmi tant d'autres, le merlu aux légumes croquants, et le filet de poulet fermier accompagné (en saison) de girolles : imbattable. Pour un plaisir canaille !

Le Cette

CUISINE TRADITIONNELLE • BISTRO

7 r. Campagne-Première
01 43 21 05 47
www.lecette.fr
Ⓜ Raspail

PLAN : C1
Fermé 3 semaines en août, samedi et dimanche

Formule 22 € – Menu 42 € (dîner) – Carte 48/79 € 

À deux pas du boulevard du Montparnasse, cette rue est entrée dans l'histoire pour avoir accueilli en 1960 le tournage du film *À bout de souffle*, de Jean-Luc Godard. C'est donc dans ce quartier éminemment parisien qu'un restaurateur sétois ("Cette" est l'ancienne graphie de la ville) a repris le troquet du coin pour en faire un repaire gourmand. Il a confié les fourneaux de son restaurant à une équipe japonaise très motivée... qui réalise de jolies assiettes très françaises : carré de veau, rattes et truffes d'été ; turbot rôti et bouillon de mer ; carpaccio de veau et herbes folles, etc. Les cuissons sont bien exécutées et les mariages de saveurs sont toujours heureux : on passe un excellent moment.

La Contre Allée

CUISINE MODERNE • BRASSERIE

83 av. Denfert-Rochereau
01 43 54 99 86
www.contre-allee.com
Denfert Rochereau

PLAN : C1
Fermé 2 semaines en août, 21-27 décembre, samedi et dimanche

Menu 31 € – Carte 50/63 €

Sur une discrète contre-allée de l'avenue Denfert-Rochereau, avec son grand auvent rouge et son cadre plutôt classique, l'adresse a tout du restaurant parisien traditionnel... Et pourtant ! On y découvre une vraie cuisine de cuisinier, appuyée sur de solides bases classiques parfaitement accommodées aux goûts d'aujourd'hui. Les assiettes sont joliment dressées, les saveurs bien marquées, les associations relevées. Bref, une cuisine vivante et sans chichis, qui sait faire résonner l'époque en toute simplicité. De surcroît, les prix sont mesurés, et l'ambiance extrêmement conviviale. Voilà une formule qui mérite d'être encouragée sans contre-indication !

Le Cornichon

CUISINE MODERNE • BISTRO

34 r. Gassendi
01 43 20 40 19
www.lecornichon.fr
Denfert Rochereau

PLAN : C2
Fermé août, 1 semaine vacances de Noël, samedi et dimanche

Menu 35 € (déjeuner)/37 € – Carte environ 59 € 

Rassurez-vous, ce bistrot du quartier Denfert-Rochereau n'a rien d'un cornichon – si ce n'est quelques touches de couleur verte ! Cette affaire, c'est la seconde vie de Franck Bellanger, un ingénieur informatique hier salarié d'une fameuse chaîne de télévision privée, et depuis toujours passionné de restauration. Ce qui a fait basculer sa vie professionnelle ? La rencontre du jeune chef Matthieu Nadjar, formé à bonne école et avec lequel il a décidé de se lancer. On ne le regrettera pas : beaux produits, jolies recettes, beaucoup de saveurs, etc., leur Cornichon est un joli bistrot d'aujourd'hui plein de croquant et de peps !

La Coupole

CUISINE TRADITIONNELLE • BRASSERIE

102 bd Montparnasse PLAN : C1
01 43 20 14 20
www.lacoupole-paris.com
Vavin

Formule 31 € – Menu 39/60 € – Carte 40/78 €

On manque d'adjectifs pour qualifier l'aura de cette Coupole, l'une des dernières véritables brasseries parisiennes. Mythique ? Pour le moins ! Créée en 1927, signée par les architectes Barillet et Le Bouc, elle fut au cœur des nuits parisiennes des Années folles. Restaurant phare du Montparnasse artistique et littéraire, ses hôtes illustres se nommaient Kessel, Picasso, Man Ray, Sartre, Giacometti ou Hemingway. Attablé dans une immense – et magnifique – salle Art déco, on assiste au ballet incessant des garçons, qui escortent d'un bout à l'autre du restaurant les classiques de la maison : escargots de Bourgogne marinés au chablis, curry d'agneau fermier à l'indienne, cœur de filet de bœuf poêlé au poivre et flambé à l'armagnac... Des plats fidèles à la tradition, accompagnés de sauces maison. Intemporel !

Le Dôme

POISSONS ET FRUITS DE MER • BRASSERIE

108 bd Montparnasse PLAN : C1
01 43 35 25 81
Vavin

Carte 70/140 €

Bienvenue dans ce qui fut l'un des temples de la bohème littéraire et artistique des Années folles. Le Dôme... La célèbre brasserie marine de Montparnasse, à l'atmosphère unique, chic et animée. Orné de photos d'époque et d'une fresque du peintre Carzou – un habitué –, le bel intérieur Art déco témoigne de ce glorieux âge d'or. Boiseries omniprésentes, banquettes en cuir fauve et vert, vitraux colorés, lumières tamisées par des abat-jour... Chaque détail participe à l'âme du lieu, précieusement conservée au fil du temps. La cuisine et le service sont au diapason. Les produits de la mer occupent la scène, préparés au gré des arrivages et joliment présentés dans des assiettes généreuses à souhait – les vins aussi font honneur à la table. Comme au temps des Montparnos.

Le Duc

POISSONS ET FRUITS DE MER • COSY

243 bd Raspail
01 43 20 96 30
www.restaurantleduc.com
Raspail

PLAN : C1
Fermé 6-28 août, dimanche et lundi

Menu 55 € (déjeuner) – Carte 70/172 €

On a beau être au cœur de la rive gauche, on se croirait dans une cabine de yacht... Peut-être celle d'un duc épris de voyages au long cours et de saveurs iodées ? Cette atmosphère chic et surannée a séduit bon nombre de fidèles de longue date, toujours ravis de déguster des plats goûteux et raffinés. Le chef, Pascal Hélard, ne sélectionne que des poissons et fruits de mer de tout premier choix – en provenance directe des ports de pêche –, et s'attache à les travailler avec simplicité, pour en magnifier la saveur... Un beurre émulsionné, une huile d'olive bien choisie : aller à l'essentiel, sans chichis mais avec savoir-faire. Évidemment, on se réjouit aussi à l'arrivée du chariot des desserts, qui regorge de délices incontournables : baba au rhum, millefeuille, île flottante, etc. Embarquement immédiat !

L'Essentiel

CUISINE TRADITIONNELLE • BISTRO

168 r. d'Alesia
01 45 42 64 80 (réservation conseillée)
Plaisance

PLAN : B2

Formule 15 € – Menu 18 € (déjeuner en semaine) – Carte 27/34 €

Vous aimez les ambiances animées ? Ce café-bistrot du 14e arrondissement est pour vous : dans sa toute petite salle, souvent archi-comble, on mange au coude-à-coude... serrés comme des sardines dans une boîte ! Le service, qui peut être un peu anarchique, invite aussi à la convivialité, comme l'esprit de la cuisine, entre plats canailles (terrine maison, onglet de bœuf à l'échalote) et recettes de saison bien tournées (salade de girolles, dos de cabillaud aux petits légumes). Difficile de résister, d'autant que le tout s'accompagne d'une belle sélection de vins. En bref, l'adresse sait cultiver l'Essentiel... et l'addition reste extraordinairement légère !

Les Fils de la Ferme

CUISINE TRADITIONNELLE • BISTRO

5 r. Mouton-Duvernet
01 45 39 39 61
www.filsdelaferme.com
Mouton Duvernet

PLAN : C2
Fermé 3 semaines en août, 2 semaines en janvier, dimanche et lundi

Formule 25 € – Menu 35 € – Carte environ 42 €

Issus d'une famille de restaurateurs – leurs parents tenaient La Ferme du Périgord dans le 5e arrondissement, – Jean-Christophe et Stéphane Dutter, après avoir fait leurs classes chez Ducasse et Robuchon pour l'un, chez Georges Blanc et Christian Morisset pour l'autre, ont ressenti le besoin de se poser sur leur propre territoire. Chose faite depuis 2004 avec cette table d'esprit très bon enfant, où ils concoctent à quatre mains une cuisine de bistrot légèrement modernisée – pelmenis croustillants au gorgonzola, concombre et menthe poivrée ; filet de canette de Challans rôti aux pêches et risotto... Le cadre aux airs d'auberge, avec pierres apparentes, comptoir en zinc et mobilier rustique en bois sombre, a quelque chose d'attachant. À noter : prix sages et vins sélectionnés directement auprès de petits producteurs.

La Grande Ourse

CUISINE MODERNE • BISTRO

9 r. Georges-Saché
01 40 44 67 85
www.restaurantlagrandeourse.fr
Mouton Duvernet

PLAN : C2
Fermé août, samedi midi, dimanche et lundi

Formule 19 € – Menu 23 € (déjeuner)/38 € 

Inutile d'attendre la nuit tombée et de scruter le ciel pour profiter de la Grande Ourse. Il suffit de sillonner le quartier pour découvrir, campé sur une petite place, ce bistrot tout ce qu'il y a de terrien. Le cadre n'atteint pas la Lune et n'en est que plus chaleureux (tons prune et orange, tables en bois). Quant à la cuisine, elle rend bien hommage à la "Grande Casserole" (un clin d'œil ?) dont elle fait son enseigne : le chef dévoile une carte alléchante où les poissons tiennent les premiers rôles, et où le plaisir est partout. Les cuissons sont bien maîtrisées (gambas et morue), les saveurs franches (bouillon de tomate au gingembre), et les produits de toute première qualité... On finit la soirée le nez en l'air, pour apprécier les scintillements de l'autre Grande Ourse.

Le Jeu de Quilles

CUISINE TRADITIONNELLE • CONVIVIAL

45 r. Boulard
01 53 90 76 22 (réservation conseillée)
www.jdequilles.fr
Ⓜ Mouton Duvernet

PLAN : C2
Fermé 3 semaines en août, 24-29 décembre, mardi midi, dimanche et lundi

Formule 18 € – Menu 21 € (déjeuner en semaine), 38/50 € – Carte 32/65 €

Une adresse minuscule, conviviale et sans prétention. Esprit dépouillé – à l'entrée, un coin épicerie, et, au fond, une cuisine-comptoir communiquant avec la salle – car l'essentiel se joue autour des produits. Il faut dire que Benoît Reix (ex-Triporteur, Wadja, Fines Gueules) se fournit auprès des meilleurs commerçants de la place parisienne : le boucher Hugo Desnoyer pour les viandes, la Cave des Papilles pour les vins, Jean-Yves Bordier pour les fromages... et cela fait toute la différence. L'ardoise du jour propose un choix volontairement limité ; à la simplicité des intitulés répondent des saveurs intactes (saumon d'Écosse, mousse d'avocat et blinis d'oursin au tarama, tarte fine poire et amande). À l'heure du déjeuner comme le soir, la réservation est conseillée, pour ne pas arriver... comme un chien dans un jeu de quilles !

Kigawa

CUISINE TRADITIONNELLE • ÉLÉGANT

186 r. du Château
01 43 35 31 61 (réservation conseillée)
www.kigawa.fr
Ⓜ Mouton Duvernet

PLAN : C2
Fermé lundi et mardi

Formule 28 € – Menu 47 € – Carte 60/100 € 

Kigawa comme Michihiro Kigawa, le chef et patron de cet établissement tout simple... et comme Junko, sa femme, qui accueille les clients avec toute la politesse propre au pays du Soleil-Levant. Ne vous attendez pas pour autant à déguster makis ou sushis : le jeune chef a travaillé pendant une dizaine d'années dans un restaurant français d'Osaka avant de venir à Paris. En goûtant son pressé de caille au foie gras sauce ravigote, ou son filet de lieu jaune poêlé à la sauge, vous comprendrez mieux toute l'étendue de sa maîtrise de la gastronomie hexagonale, qu'il revisite avec tact !

Maison Courtine

CUISINE MODERNE • CONVIVIAL

157 av. du Maine
01 45 43 08 04
www.lamaisoncourtine.com
Mouton Duvernet

PLAN : C2
Fermé 1 semaine en février, 3 semaines en août, lundi midi, samedi midi et dimanche

Formule 26 € – Menu 40 € – Carte 38/61 €

Jadis bastion bien connu de la cuisine du Sud-Ouest entre Montparnasse et Alésia, la Maison Courtine est désormais un restaurant contemporain, intime, frais et coloré... On y savoure une cuisine du marché bien ancrée dans son époque, rehaussée de touches méridionales. Au gré de son inspiration, le chef vous propose par exemple une pièce de bœuf Hereford aux échalotes confites, fondant de pomme de terre à la crème d'Isigny et champignons ; ou encore de fines ravioles à la chair de crabe, fondue de jeunes poireaux, jus mousseux et piment d'Espelette... Pour accompagner tous ces mets, la carte des vins se révèle intéressante, avec un choix opportun de demi-bouteilles. Un dernier mot sur le service efficace, assuré par une équipe jeune et dynamique.

Les Petits Plats

CUISINE TRADITIONNELLE • BISTRO

39 r. des Plantes
01 45 42 50 52 (réservation conseillée)
Alésia

PLAN : B2
Fermé 4-25 août et dimanche

Formule 18 € – Carte 40/60 €

Moulures immaculées, miroirs, très beau comptoir en bois, parquet et grande ardoise présentant les mets du moment : un petit bistrot élégant, dans son jus 1910 ! Alexis Minot, le jeune patron, mène son affaire selon ce credo : faire partager son goût de la bonne chère et des jolis vins. Pari réussi : les petits plats bistrotiers du chef côtoient une cuisine ménagère goûteuse, simple et de saison ; la formule du jour, joliment canaille, s'affiche à prix très doux. Terrine de lapereau, croustillant de pied de porc et son jus à la sauge, viande d'Aubrac, vacherin à la vanille ou mi-cuit au chocolat servi en cocotte... C'est savoureux, convivial et sans chichis, avec la possibilité de choisir certains plats en demi-portion, pas bête ! Conséquence : la réservation s'impose.

La Régalade

CUISINE TRADITIONNELLE • CONVIVIAL

49 av. Jean-Moulin
01 45 45 68 58 (réservation conseillée)
www.laregalade.paris
Porte d'Orléans

PLAN : B3
Fermé
31 juillet-20 août, lundi midi, samedi et dimanche

Menu 37 €

Ce bistrot qu'on ne présente plus ne désemplit pas, si bien que deux autres Régalade ont ouvert dans les 1er et 9e arrondissements ! Aux fourneaux depuis 2004, Bruno Doucet (Gagnaire, Apicius...) propose une cuisine mi-terroir, mi-marché et toujours généreuse. Pour preuve, cette terrine déposée sur la table en guise d'amuse-bouche, à déguster avec du bon pain de campagne... La suite du repas est à l'avenant : les plats sont copieux, accompagnés de beaux vins de propriétaires, et mettent en valeur les produits. Authenticité, gentillesse, plaisir... On comprend le succès du lieu. Seul regret : on ne se régale qu'en semaine !

Severo

VIANDES • BISTRO

8 r. des Plantes
01 45 40 40 91 (réservation conseillée)
Mouton Duvernet

PLAN : C2
Fermé vacances de printemps, 25 juillet-17 août, vacances de la Toussaint et de Noël, samedi et dimanche

Carte 29/70 €

Ce bistrot de viande, sans chichi ni manière, s'est taillé une bonne petite réputation. Il faut dire qu'à sa tête, William Bernet se démène. En véritable passionné, il sait partager avec ses convives son amour des bons nectars. Une passion qui s'exprime aussi dans l'amplitude d'une carte des vins qu'il fait évoluer... au fil de ses découvertes. On peut y choisir des vins de propriété en provenance de tous les terroirs et accessibles à toutes les bourses. Spécialisée dans les grillades, la carte honore également la belle tradition bistrotière. Et rappelons qu'ici le patron – un ancien boucher – rassit lui-même sa viande !

P. Libera/Corbis Documentary/Getty Images

15e

Porte de Versailles · Vaugirard · Beaugrenelle

F. Guiziou / hemis.fr

15e
Porte de Versailles, Vaugirard, Beaugrenelle
16e
MAISON DE RADIO FRANCE
PARC A. CITROËN
QUAI D'ISSY
PORTE DE SÈVRES
HÉLIPORT DE PARIS
CENTRE SPORTIF S. LENGLEN
PALAIS DES SPORTS
PÉRIPHÉRIQUE
ISSY-LES-MOULINEAUX
VANVES
SEINE
La Cantine du Troquet Dupleix
Le Concert de Cuisine
Benkay
Le Pario
Stéphane Martin
L'Ardoise du XV
Kohyang
Le Quinzième-Cyril Lignac
Tipaza
Axuria
L'Os à Moelle
L'Accolade
Afaria
Beurre Noisette
Yanasé
750g La Table
L'Atelier du Parc
Le Un, Bistrot Gourmand
Place de Barcelone
Place des Insurgés de Varsovie
Pont Bir-Hakeim
Pont de Grenelle
Pont Mirabeau
Pont du Garigliano
0
400 m

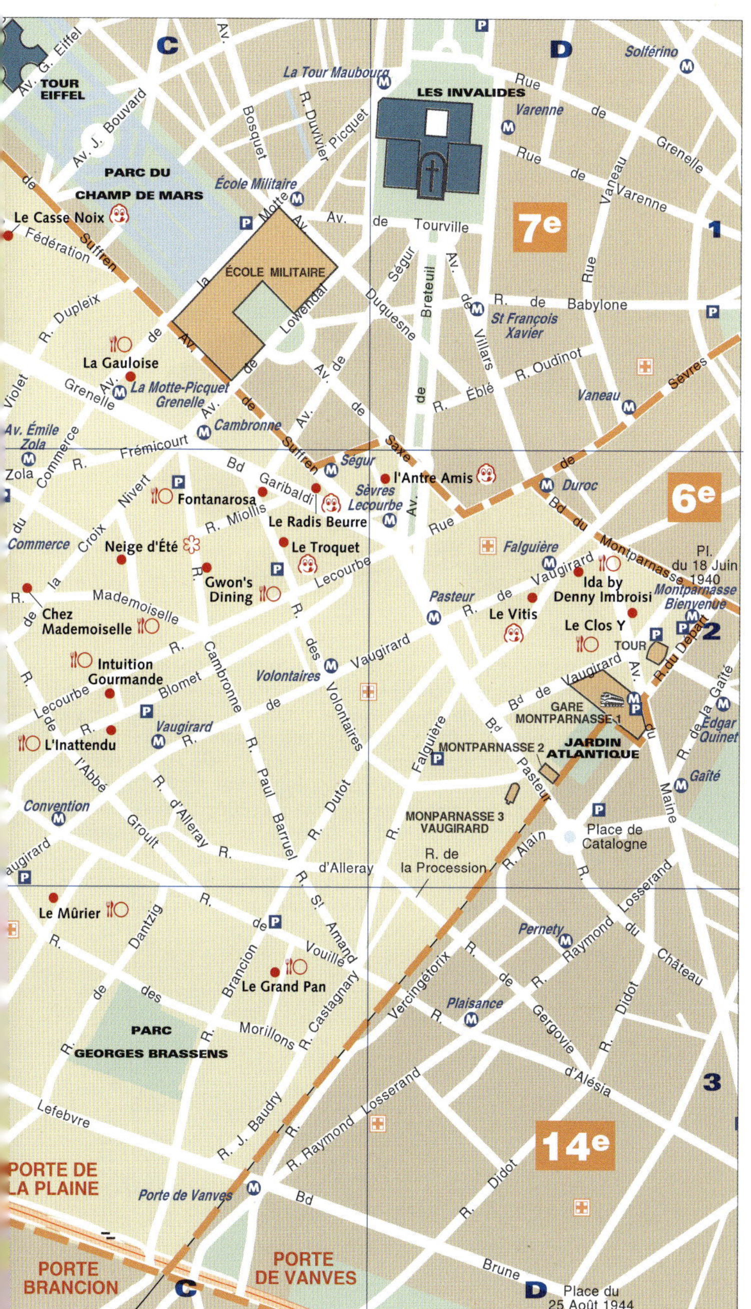
C
D
TOUR EIFFEL
Av. G. Eiffel
Av. J. Bouvard
PARC DU CHAMP DE MARS
Le Casse Noix
Fédération
Suffren
La Tour Maubourg
LES INVALIDES
Solférino
Varenne
Rue de Grenelle
Rue de Varenne
Vaneau
Bosquet
R. Duvivier
Picquet
École Militaire
la Motte
Av. de Tourville
7e
1
ÉCOLE MILITAIRE
Lowendal
Ségur
Duquesne
Breteuil
Av. de Villars
R. de Babylone
St François Xavier
R. Dupleix
La Gauloise
Grenelle
La Motte-Picquet Grenelle
R. Oudinot
R. Éblé
Sèvres
Violet
Av. Émile Zola
Zola
Commerce
Frémicourt
Cambronne
Segur
Saxe
l'Antre Amis
Duroc
6e
Bd Garibaldi
Fontanarosa
Nivert
R. Miollis
Sèvres Lecourbe
Le Radis Beurre
Rue
Bd du Montparnasse
Commerce
Croix
Neige d'Été
Le Troquet
Falguière
Pl. du 18 Juin 1940
Gwon's Dining
Lecourbe
Vaugirard
Ida by Denny Imbroisi
Montparnasse Bienvenüe
R. Mademoiselle
Chez Mademoiselle
Pasteur
Le Vitis
Le Clos Y
TOUR
R. du Départ
2
Intuition Gourmande
R. des Volontaires
Volontaires
GARE MONTPARNASSE 1
Blomet
Lecourbe
L'Inattendu
Vaugirard
Bd de Vaugirard
Bd Pasteur
MONTPARNASSE 2
JARDIN ATLANTIQUE
R. de la Gaîté
Edgar Quinet
Gaîté
Maine
l'Abbé Groult
Convention
R. d'Alleray
R. Paul Barruel
R. Dutot
MONPARNASSE 3 VAUGIRARD
Place de Catalogne
d'Alleray
R. de la Procession
R. Alain
augirard
Le Mûrier
R. de Dantzig
R. de Vouillé
R. St Amand
Pernety
Raymond Losserand
R. du Château
R. Brancion
Le Grand Pan
Vercingétorix
Plaisance
R. de Gergovie
Didot
R. des Morillons
R. Castagnary
PARC GEORGES BRASSENS
d'Alésia
3
Lefebvre
R. J. Baudry
R. Raymond Losserand
14e
PORTE DE LA PLAINE
Porte de Vanves
Bd Brune
R. Didot
PORTE BRANCION
PORTE DE VANVES
Place du 25 Août 1944

Neige d'Été ✿

CUISINE MODERNE • ÉPURÉ

12 r. de l'Amiral-Roussin
01 42 73 66 66 (réservation conseillée)
www.neigedete.fr
Ⓜ Avenue Émile Zola

PLAN : C2
Fermé 2 semaines en août, 1 semaine vacances de Noël, dimanche et lundi

Menu 45 € (déjeuner), 80/135 € 

Michelin Travel Partner

Neige d'Été... Un nom d'une poésie toute japonaise, et pour cause : l'adresse, née mi-2014, est l'œuvre d'un jeune chef nippon, Hideki Nishi, entouré d'une équipe venue elle aussi du pays du Soleil-Levant. Un nom en figure d'oxymore, surtout, qui annonce des jeux de contraste et une forme d'épure : telle est en effet la marque du cuisinier, en provenance du George V où il a parfait sa formation. Précision toute japonaise et répertoire technique hautement français s'allient donc à travers des recettes finement ciselées et subtiles, privilégiant les arrivages directs de Bretagne pour les légumes et les poissons, et les cuissons au charbon de bois pour les viandes. Un travail en justesse et en contrepoints, qui brille comme la neige en été...

ENTRÉES

- Cromesquis de ris de veau
- Toro et légumes en escabèche

PLATS

- Pigeonneau grillé au charbon de bois japonais
- Entrecôte de bœuf grillée

DESSERTS

- Pêche, mousse au champagne
- Vacherin à la patate douce

Le Quinzième - Cyril Lignac ✿

CUISINE MODERNE • ÉLÉGANT

14 r. Cauchy
01 45 54 43 43
www.restaurantlequinzieme.com
Ⓜ Javel

PLAN : A2
Fermé 3 semaines en août, samedi et dimanche

Menu 65 € (déjeuner), 130/160 €

Thomas Dhellemmes/Le Quinzième - Cyril Lignac

Le restaurant de Cyril Lignac semble tout aussi sympathique que son – ô combien – médiatique chef ! À quelques enjambées du parc André-Citroën, voilà bien une adresse en vue : à la fois trendy et feutrée, chic et très contemporaine. Une élégante table d'hôte ouvre sur les fourneaux par une large baie vitrée, permettant d'admirer la brigade à l'œuvre. Aucun doute, les assiettes siglées Lignac font belle impression : esthétiquement très abouties, elles révèlent des associations de saveurs originales et flatteuses. Ainsi ces trois superbes noix de Saint-Jacques d'une fraîcheur incomparable, délicatement rôties à l'huile d'olive, surplombées de zestes et de mini-dés de clémentines, accompagnées d'une purée de carotte et d'une crème de tonka ultra-mousseuse... un plat que l'on n'oubliera pas de sitôt !

ENTRÉES

- Foie gras poêlé, condiment citron vert et vinaigrette aigre-douce
- Homard breton confit au beurre de corail, gnocchis et crème de homard au poivre

PLATS

- Ris de veau rôti au beurre demi-sel, crème au vin jaune, raviole de betterave blanche
- Pigeon rôti rôti, girolles au vinaigre de Xérès, amandes fraîches

DESSERTS

- Poire comice, chantilly légère au citron yuzu, marmelade et sorbet poire
- Fraises des bois, coque croquante ivoire, sorbet et meringue coco

L'Antre Amis

CUISINE MODERNE • CONTEMPORAIN

9 r. Bouchut
01 45 67 15 65
www.lantreamis.com
Ségur

PLAN : D2
Fermé août, samedi et dimanche

Formule 30 € – Menu 35/75 €

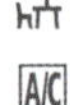

À la limite des 7e et 15e arrondissements, au rez-de-chaussée d'un bel immeuble, on découvre cet Antre dont le chef-patron assure la cuisine avec passion. Il fait trois fois par semaine son marché directement à Rungis, sélectionnant d'excellents produits (viandes, poissons, coquillages...). Une matière première de choix pour des assiettes soignées, exécutées avec précision ; une succession de saveurs franches déclinées dans une carte hyper-courte et accompagnées d'une belle carte des vins – environ 170 références. Un mot enfin sur l'intérieur : une salle à manger cosy avec tables en bois clair, banquettes et fauteuils, sans oublier une très belle machine à jambon mise bien évidence...

L'Atelier du Parc

CUISINE MODERNE • TENDANCE

35 bd Lefèbvre
01 42 50 68 85
www.atelierduparc.fr
Porte de Versailles

PLAN : B3
Fermé 3 semaines en août, lundi midi et dimanche

Formule 22 € – Menu 36/85 € – Carte 50/73 €

Voilà un établissement qui tranche avec les nombreuses brasseries traditionnelles de la porte de Versailles : bar en plexiglas changeant de couleur, teintes sobres et beaux sièges design qui donnent leur version d'un nouvel Art déco... Ce cadre chic et moderne sied parfaitement à la cuisine inventive et soignée d'un jeune chef plein d'allant. Les suggestions du jour sont annoncées de vive voix à la clientèle, et les plats de la carte sont renouvelés régulièrement. Saumon mi-fumé par nos soins, poutargue et sorbet granny smith ; épaule d'agneau confite 36 heures aux épices ; entremet noix de coco et pistache, sorbet griotte... Tout est fait maison ! Beaucoup de finesse, de la créativité et une belle surprise, juste en face au parc des expositions.

Beurre Noisette

CUISINE TRADITIONNELLE • CONVIVIAL

68 r. Vasco-de-Gama
01 48 56 82 49 (réservation conseillée)
Lourmel

PLAN : B3
Fermé 6-21 août, dimanche et lundi

Formule 23 € – Menu 32 € (déjeuner), 36/55 €

Dans sa rue tranquille entre Balard et Porte de Versailles, ce bistrot accueillant et chaleureux (avec une grande table d'hôte dans l'une des salles) est un petit havre de délices... Le chef, Thierry Blanqui, a travaillé pour les plus grandes maisons parisiennes et imagine les recettes du jour au gré du marché et de son inspiration. Et voilà qu'apparaissent sur l'ardoise pâté en croûte de canard et foie gras, épaule d'agneau de lait mitonnée en cocotte et légumes de saison ou gibier (en saison). Les produits canailles sont bien à l'honneur (pieds de cochon, ris de veau, etc.) et, cuisinés avec raffinement, ils révèlent un maximum de saveurs... Un pied dans la tradition, l'autre dans la nouveauté : on se régale ! Le tout accompagné, comme il se doit, d'une belle sélection de vins au verre ou au pichet.

Le Casse Noix

CUISINE TRADITIONNELLE • BISTRO

56 r. de la Fédération
01 45 66 09 01
www.le-cassenoix.fr
Bir-Hakeim

PLAN : C1
Fermé 3 semaines en août, 1 semaine vacances de Noël, samedi et dimanche

Formule 22 € – Menu 27 € (déjeuner), 34/50 € – Carte 39/60 €

À moins de faire un tour à la maison de la culture du Japon, on n'avait que peu de raisons de traverser la tranquille rue de la Fédération... Et puis est arrivé le Casse Noix. En entrant, on est saisi par l'ambiance conviviale et les chaleureuses tablées au coude-à-coude ; le regard s'attarde sur les murs tapissés d'affiches anciennes, et sur les meubles anciens garnis de vieilles pendules et d'objets rétro... Côté petits plats, l'authenticité prime aussi : charcuteries et boudin en provenance directe de chez le papa du chef, Meilleur Ouvrier de France à Orléans, délicieuse cuisine canaille, bons vins... Ce Casse Noix casse des briques !

L'Os à Moelle

CUISINE TRADITIONNELLE • CONVIVIAL

3 r. Vasco-de-Gama
01 45 57 27 27
Lourmel

PLAN : B2
Fermé 3 semaines en août, dimanche et lundi

Menu 35 €

C'est toujours un plaisir de retrouver le chemin de l'Os à Moelle, où Thierry Faucher s'illustra au début des années 2000 comme l'un des précurseurs de la bistronomie. Pour ceux qui aurait manqué cette belle page de l'histoire gourmande de Paris, l'heure est venue d'un rattrapage en bonne et due forme. Ses assiettes disent tout de son ancrage canaille et traditionnel : caille rôtie au lard paysan et son œuf accompagné de lentilles vertes du Puy ; lotte à la plancha, mousseline de patates douces, pousses d'épinards... Une ardoise réécrite en fonction du marché et délivrée avec un savoir-faire éprouvé – selon la philosophie du chef, formé chez les plus grands.

Le Pario

CUISINE MODERNE • CONVIVIAL

54 av. Émile-Zola
01 45 77 28 82 (réservation conseillée)
www.restaurant-lepario.com
Charles Michels

PLAN : B2

Formule 19 € – Carte 35/66 € 

Le Pario, une table à égale distance de Paris et de Rio, deux villes-monde au caractère bien trempé... L'idée de cette fusion a germé dans l'esprit d'Eduardo Jacinto, un jeune chef brésilien qui a travaillé près de dix ans aux côtés de Christian Constant. Comment goûter l'étendue de son talent ? Peut-être en parcourant la carte : tartare de bar, saumon et huîtres ; pressé de paleron de bœuf et foie gras aux éclats de noix de cajou, gibier en saison ; éclair à la banane et caramel tiède à la fleur de sel... Une cuisine fine et équilibrée, qui fait toujours le choix de la légèreté, et que l'on déguste sur un rythme de bossa nova. Délicieux !

Le Radis Beurre

CUISINE TRADITIONNELLE • BISTRO

51 bd Garibaldi
01 40 33 99 26
www.restaurantleradisbeurre.com
Ⓜ Sèvres Lecourbe

PLAN : C2
Fermé 3 semaines en août, samedi et dimanche

Formule 25 € – Menu 34 € – Carte environ 41 €

Joli parcours que celui de Jérôme Bonnet : natif de Narbonne, il a perfectionné son art dans des maisons aussi prestigieuses que le Pavillon Ledoyen et le Relais Bernard Loiseau. C'est boulevard Garibaldi, à Paris, qu'il a trouvé en 2015 l'endroit dont il rêvait pour monter son propre restaurant. Dans un cadre de bistrot sans fioritures, il propose une cuisine goûteuse et bien ficelée, parfois canaille, qui porte la marque de ses origines sudistes (ah, les grandes tablées familiales, le foie gras, l'huile d'olive !), avec quelques spécialités d'ores et déjà bien installées à la carte : pied de cochon poêlé au foie gras de canard et jus de viande acidulé, ou encore tête de veau poêlée, marmelade de pomme de terre... Petite terrasse sur le boulevard (8 couverts seulement), pour ceux qui n'ont pas peur du bruit.

Le Troquet

CUISINE TRADITIONNELLE • VINTAGE

21 r. François-Bonvin
01 45 66 89 00
Ⓜ Cambronne

PLAN : C2
Fermé 1 semaine en mai, 3 semaines en août, 1 semaine en décembre, dimanche et lundi

Menu 31 € (déjeuner), 33/41 € – Carte environ 35 € déjeuner

Le "troquet" dans toute sa splendeur : décor bistrotier usé par les ans, banquettes en moleskine, ardoises, miroirs et petites tables au coude-à-coude invitant à la convivialité... Autant dire qu'on vient ici autant pour l'atmosphère que pour la cuisine ! Aux fourneaux, le jeune chef, Marc Mouton, concocte de délicieuses recettes – certaines avec l'accent du Sud-Ouest –, en valorisant des produits ultrafrais. Pour vous en convaincre, essayez la tartelette chaude aux piquillos et jambon cru, généreusement garnie de savoureux copeaux de parmesan, ou un filet de merlan accompagné de ratatouille. Alors, séduit ?

Le Vitis

CUISINE TRADITIONNELLE • BISTRO

8 r. Falguière
01 42 73 07 02 (réservation conseillée)
www.levitis.fr
Falguière

PLAN : D2
Fermé 2 semaines en août, 24 décembre-3 janvier, dimanche et lundi

Formule 16 € – Menu 36 € – Carte 40/48 €

Les frères Delacourcelle, que l'on avait notamment connus au Pré Verre (dans le 5e arrondissement), l'une des adresses phare de la vague "bistronome" à Paris, sont aujourd'hui aux commandes de cette table familiale et conviviale, grande comme un mouchoir de poche. Depuis leur cuisine ouverte sur la salle, ils saluent chaleureusement les clients lors de leur arrivée. Comme prévu, la cuisine est bien dans l'air du temps : hure de cochon snackée servie avec une purée de dattes, terrine de canard accompagnée de fruits secs, ou encore l'incontournable de la maison, le cochon de lait fondant aux épices douces... Les recettes sont bien tournées, franches et parfumées : on passe un excellent moment.

L'Accolade

CUISINE MODERNE • BISTRO

208 r. de la Croix-Nivert
01 45 57 73 20
www.laccoladeparis.fr
Boucicaut

PLAN : B2
Fermé lundi soir, samedi midi et dimanche

Formule 20 € – Menu 25 € (déjeuner en semaine)/35 € – Carte 35/50 €

L'Accolade, voilà un nom tout trouvé pour cette table où la franche camaraderie est de mise. Le jeune chef, qui se destinait d'abord à une carrière de professeur de sport, a changé de cap et appris le métier de cuisinier. Qu'il en soit ici remercié ! Il s'est entouré d'une équipe à son image, et ce petit monde travaille en bonne entente pour proposer une cuisine goûteuse, dans laquelle on croise de nombreux produits du Sud-ouest, mais aussi quelques épices thaïes. L'ardoise, plutôt courte, est renouvelée tous les jours en fonction de la livraison des fournisseurs... et de l'envie du moment. Une adresse véritablement attachante, à l'image de son chef, et qui promet de belles soirées gourmandes !

Afaria

CUISINE TRADITIONNELLE • BAR À VIN

15 r. Desnouettes
01 48 42 95 90
www.afaria.fr
Convention

PLAN : B3
Fermé 5-30 août, vacances de Noël, dimanche et lundi

Formule 23 € – Menu 27 € (déjeuner en semaine)/45 € – Carte 37/51 € 

A/C

Afaria signifie "À table" en basque. Tel est le cri de ralliement de Ludivine et Frédérique, anciennes secondes de ce restaurant proche de la porte de Versailles, dont elles ont repris les rênes en 2013. Un changement dans la continuité ! À l'heure de l'apéritif, on déguste toujours de belles tapas autour de la table d'hôte ; côté restaurant, on s'éloigne du Sud-Ouest, dans un décor de bistrot, pour découvrir les surprises concoctées par les deux complices. Laissez-vous tenter par une terrine d'artichaut au lard fumé et au vieux comté, un magret de canard cuit aux sarments de vigne et accompagné de grosses frites, ou encore une cuisse de sanglier farcie au chorizo... Et pour accompagner tout cela, la sélection de vins est affichée sur les grands miroirs de la salle. Difficile de résister à l'invitation !

L'Ardoise du XV

CUISINE MODERNE • BISTRO

70 r. Sébastien-Mercier
01 45 78 91 38
www.lardoiseduxv.fr
Charles Michels

PLAN : B2
Fermé août, 1 semaine vacances de Noël, dimanche soir et lundi

Formule 19 € – Menu 23 € (déjeuner en semaine)/35 € – Carte 35/58 €

Os à moelle en tartine, œuf cocotte aux champignons et sa crème truffée, noix de Saint-Jacques de Bretagne cuites à la plancha, volaille rôtie au foie gras, millefeuille à la vanille, baba au rhum et sa chantilly... Tels sont les intitulés que l'on peut lire sur la belle ardoise de cette Ardoise nichée à l'ouest du 15e arrondissement ! Vous l'aurez compris : la cuisine remet la tradition au goût du jour, et ce avec fraîcheur et saveurs... Comment s'en étonner de la part d'un chef qui a longtemps travaillé au sein des fameux Ateliers de Joël Robuchon ? C'est en 2012 qu'il a ouvert ce petit restaurant avec son épouse, laquelle assure le service dans la salle, au décor tout en sobriété. Bref, voilà bien un bistrot d'aujourd'hui avide de saveurs...

Axuria

CUISINE MODERNE • COSY

54 av. Félix-Faure
PLAN : B2
01 45 54 13 91
www.axuria-restaurant.fr
Boucicaut

Formule 22 € – Menu 37 € (dîner)/45 € – Carte environ 46 €

A/C

Axuria, c'est l'agneau de lait des Pyrénées, en basque... Et le Pays basque, c'est précisément la région du propriétaire, Olivier Amestoy ! Après avoir passé huit ans dans ce restaurant (alors nommé La Chaumière) en tant que chef, il décide de reprendre l'affaire en 2011, pour créer un lieu qui lui ressemble… Pari réussi : contemporain, chaleureux et très "nature", Axuria colle parfaitement à la cuisine d'Olivier, fraîche, centrée sur le beau produit, nourrie de classiques et néanmoins personnelle et tendance… Selon les saisons, vous vous régalerez de ravioles de foie gras et truffes à la crème de cèpes, d'un filet de bar servi avec un risotto crémeux et un jus de langoustine, de l'incontournable soufflé au Grand Marnier... ou, bien sûr, d'agneau de lait des Pyrénées – rôti au thym et à l'ail, spécialité de la maison !

Benkay

CUISINE JAPONAISE • ÉLÉGANT

Novotel Tour Eiffel
61 quai de Grenelle
01 40 58 21 26
www.restaurant-benkay.com
Bir-Hakeim

PLAN : B1
Fermé 2 semaines en août

Formule 45 € – Menu 100/160 € – Carte 44/77 €

A/C

Au quatrième et dernier étage d'un petit building du Front de Seine, ce restaurant nippon se révèle élégant, sobre et raffiné avec sa vue plongeante sur la Seine et la Maison de la Radio. On y honore les différentes facettes de la gastronomie japonaise : installé autour du teppanyaki, émerveillez-vous du spectacle des mets crépitant sur les cinq plaques de cuisson, ou bien – de manière plus classique – profitez d'une cuisine washoku (service à table) ; enfin, admirez le savoir-faire de l'excellent maître sushi sur un comptoir dédié. Les produits sont de qualité, les préparations aussi alléchantes que spectaculaires : filet de bœuf saisi devant le convive, calamars sautés sur le vif et crêpes flambées avec leur neige carbonique, etc. Une belle expérience pour les amateurs.

La Cantine du Troquet Dupleix

CUISINE TRADITIONNELLE • BISTRO

53 bd de Grenelle
01 45 75 98 00
www.lacantinedutroquet.com
Dupleix

PLAN : B1

Carte 28/50 €

Création du sémillant Christian Etchebest, cette Cantine du Troquet version Dupleix surfe sur une recette éprouvée : pourquoi s'en plaindre ? Comme dans le 14e arrondissement, la carte joue sur un registre mi-brasserie mi-bistrot qui mise tout sur des recettes bien tournées... où transparaissent évidemment les origines basques du patron. Charcuteries Éric Ospital (terrines, oreilles de cochon grillées, jambons, etc.), couteaux cuits à la plancha, salade parisienne, ballotine de volaille fermière farcie, parmentier de pied de cochon, etc. On se régale ! Puisqu'il n'est pas possible de réserver, on vient en toute simplicité, et s'il faut attendre, on boit l'apéro au comptoir en faisant connaissance avec ses voisins...

Chez Mademoiselle

CUISINE RUSSE • BISTRO

21 r. Mademoiselle
01 48 28 50 79
www.chezmademoiselle-parisastana.fr
Commerce

PLAN : C2
Fermé août et lundi

Formule 24 € – Menu 35 € 

Dépaysement garanti chez Mademoiselle ! La salle, ornée de bibelots en tous genres (poupées, tableaux, chapeaux d'Asie centrale), évoque l'antre de quelque grand voyageur, et l'on s'y installe comme à la table familiale. La carte offre de son côté quelques indices probants sur l'origine des propriétaires : salade russe d'Olivier, bœuf Strogonoff, salade de saumon sous un manteau de fourrure... et Napoléon en dessert. Et l'assiette, alors ? Elle se distingue par sa générosité et ses associations de saveurs sans failles. Le menu, pédagogique, explicite tous les plats. En bref, une sympathique adresse pour qui souhaite s'initier aux gastronomies russe et kazakhe – avis aux puristes qui ne jurent que par la bistronomie : il est temps de tourner casaque ! Nazdarovie !

Le Clos Y

CUISINE CRÉATIVE • DESIGN

27 av. du Maine
01 45 49 07 35
www.leclosy.com
Montparnasse Bienvenüe

PLAN : D2
Fermé dimanche et lundi

Formule 26 € – Menu 31 € (déjeuner), 45/65 €

Élégamment posés les uns à côté des autres, couverts à la française et baguettes à la japonaise semblent en communion sur les tables... Un véritable symbole : celui du dialogue entre ces deux arts culinaires originellement très lointains, mais qui ne cessent aujourd'hui de converger et de fusionner ! Le chef, Yoshitaka Ikeda, né à Osaka et formé en partie en France, rejoint avec ce Clos Y la longue liste des jeunes cuisiniers nippons qui font depuis quelques années le choix de s'installer dans l'Hexagone. Car ici en effet, il est bien question de dialogue et d'enrichissement mutuel. Qualité des produits, soin d'exécution, recherche de la subtilité : les assiettes révèlent toutes les affinités des gastronomies française et japonaise, dont le mariage semble de plus en plus logique et naturel.

Le Concert de Cuisine

CUISINE CRÉATIVE • ÉPURÉ

14 r. Nélaton
01 40 58 10 15 (réservation conseillée)
Bir-Hakeim

PLAN : B1
Fermé 3 semaines en août, lundi midi, samedi midi et dimanche

Formule 27 € – Menu 34 € (déjeuner), 46/65 € 

En véritable homme-orchestre, le chef japonais Naoto Masumoto plaque de beaux accords sur son teppanyaki... jouant souvent à guichets fermés ! Et pour cause, une semaine après l'ouverture en 2009, un certain Jacques Chirac et son épouse réservaient leurs places au parterre, suscitant un certain engouement médiatique... Point de cacophonie pour autant, la cuisine a conservé le goût de la simplicité et de la précision. Le chef travaille devant les clients et n'hésite pas à assurer lui-même le service. De mets en mets, thèmes japonais et gammes françaises se succèdent en une habile fusion : steak de thon mi-cuit au yuzu ; entrecôte cuite au teppanyaki accompagnée de vermicelles de patate douce et soja ; tiramisu au thé vert... De quoi vouloir un rappel !

Fontanarosa

CUISINE ITALIENNE • TRADITIONNEL

28 bd Garibaldi
01 45 66 97 84
www.restaurant-fontanarosa.eu
Cambronne

PLAN : C2

Menu 21 € (déjeuner)/30 € – Carte 41/78 €

Cette sympathique trattoria est opportunément située sur le boulevard Garibaldi, qui porte le nom du père de l'unité italienne : en plein quartier de Grenelle, cette ambassade de la tradition culinaire sarde a su immédiatement trouver sa place. Façade d'un joli rose, verdoyante terrasse protégée et intérieur aux tons pastel rehaussé de tableaux végétaux évoquant la Sardaigne : c'est dans ce cadre typique que vous dégusterez de savoureuses spécialités italiennes, soignées et copieusement servies. Fregola aux palourdes, raviolis à la ricotta, zestes d'orange et safran, gnocchis sardes à la saucisse et au fenouil, et ce dessert typiquement sarde, les seadas : vous allez adorer la face gourmande de la "Botte" ! La carte des vins, très complète, couvre toutes les régions du pays ; une bonne partie des produits sont aussi disponibles à la boutique.

La Gauloise

CUISINE TRADITIONNELLE • ÉLÉGANT

59 av. La Motte-Picquet
01 47 34 11 64
La Motte Picquet Grenelle

PLAN : C1
Fermé août, samedi et dimanche

Formule 26 € – Menu 31 € – Carte 35/68 €

À en juger par l'abondance de photos dédicacées affichées fièrement sur ses murs, la Gauloise a accueilli, au cours de sa longue histoire, bon nombre de personnalités du monde politique et médiatique. Son décor façon 1900 rappelle les fameux bistrots d'antan et leur caractère bien trempé : vieilles banquettes au confort spartiate, miroirs vénérables et lustres en cascade, tout évoque l'âge d'or de la brasserie parisienne. Pas de surprise en cuisine, où l'on concocte des plats traditionnels classiques, simples et soignés : fricassée d'escargots, œuf mollet et sa frisée aux lardons, pot-au-feu à la viande d'Aubrac, paris-brest, etc. À noter, la plaisante terrasse aux beaux jours et le petit salon, pour recevoir les convives en toute intimité.

Le Grand Pan

VIANDES • BISTRO

20 r. Rosenwald
01 42 50 02 50
www.legrandpan.fr
Ⓜ Plaisance

PLAN : C3
Fermé 1 semaine en mai, 1er-25 août, vacances de Noël, samedi et dimanche

Formule 22 € – Menu 31 € (déjeuner) – Carte 31/58 €

Comptoir, tables et chaises en bois, ardoises aux murs et propositions inscrites à la craie : voilà un bistrot de quartier que n'aurait pas renié Georges Brassens, qui habita tout près (l'enseigne, tirée de l'une de ses chansons, lui rend d'ailleurs hommage). Après avoir longtemps secondé Christian Etchebest au Troquet, Benoît Gauthier poursuit ici sa route en solo. Avec d'alléchantes assiettes et des spécialités : soupes en entrée le midi et, le soir, de belles viandes – côte de porc ibaïona, côte de bœuf limousine, côte de veau d'Aquitaine de Mauléon – servies pour deux et merveilleusement cuites (à la plancha). Côté desserts, retour vers l'enfance garanti, avec par exemple une brioche dorée au four servie avec crème d'amande et compote de fruits...

Gwon's Dining

CUISINE CORÉENNE • ÉLÉGANT

51 r. Cambronne
01 47 34 53 17
Ⓜ Cambronne

PLAN : C2
Fermé le midi

Carte 45/54 €

A/C

En créant ce restaurant coréen, M. et Mme Gwon, respectivement philosophe et sociologue, souhaitaient faire connaître les saveurs les plus subtiles de leur pays, en ne servant que des plats authentiques. Objectif atteint, puisque cet élégant Gwon's Dining – le décor, tout en sobriété contemporaine, évoque le raffinement asiatique par moult jolis détails – a su séduire et fidéliser Coréens, Japonais et... Parisiens. Aux fourneaux, une chef passée par de grandes maisons de Séoul prépare des recettes devenues incontournables : tartare de bœuf mêlé au jaune d'œuf et à la poire, ragoût de bœuf pimenté, champignons et châtaignes ou ragoût de travers de porc aux épices. Quant au service, il est très prévenant. Une belle échappée culinaire !

Ida by Denny Imbroisi

CUISINE MODERNE • BISTRO

117 r. de Vaugirard
01 56 58 00 02 (réservation conseillée)
www.restaurant-ida.com
Falguière

PLAN : D2
Fermé 3 semaines en août, vacances de Noël et dimanche

Menu 30 € (déjeuner en semaine), 45/89 € – Carte 42/48 €

Une table petite par la taille... mais grande par la cuisine ! Dans un sympathique décor de trattoria, on se régale de recettes composées avec talent par un jeune chef déjà pétri d'expérience – Ze Kitchen Gallery et Jules Verne à Paris, Mirazur à Menton –, qui a baptisé ainsi la table en hommage à sa sœur... Les produits de première fraîcheur sont la matière première de sa cuisine, véritable déclaration d'amour aux belles saveurs italiennes et françaises, avec même quelques touches actuelles pour agrémenter le tout. On se régale de bout en bout, y compris au moment de payer : les prix sont loin d'être extravagants. Enfin, on ne manquera pas, en fin de repas, d'opter pour le fameux "Cappucc'Ida", un délicieux mélange de poudre de spéculos, de chocolat, de noisettes, de mousse de café et de glace aux noisettes...

L'Inattendu

CUISINE TRADITIONNELLE • COSY

99 r. Blomet
01 55 76 93 12
www.restaurant-inattendu.fr
Vaugirard

PLAN : C2
Fermé dimanche et lundi

Formule 20 € – Menu 25 € (semaine)/37 €

A/C

Après un joli parcours au sein de grandes maisons, Patrick Delmas et Loïc Risse ont mis leurs expériences en commun pour ouvrir, il y a quelques années, ce petit restaurant au cœur du 15e arrondissement. Leur credo ? La fraîcheur et la qualité ! La carte change avec les saisons et se double de suggestions du jour qui varient selon l'humeur de Patrick – et parfois de Loïc : ravioles de langoustine à la crème d'estragon, fine tête de veau aux épices, ris de veau poêlé aux morilles, etc. Des propositions canailles, bien ficelées et parfois... inattendues, à déguster dans un cadre feutré et élégant.

Intuition Gourmande

CUISINE TRADITIONNELLE • VINTAGE

4 r. Pételn
01 45 32 58 76
www.intuition-gourmande.com
Vaugirard

PLAN : C2
Fermé 2 semaines en août, dimanche et lundi

Formule 18 € – Menu 35 € – Carte environ 42 €

Le savoir-faire d'un cuisinier passé par la case Gagnaire, la qualité des produits qu'il sélectionne : cela compte bien sûr, mais que seraient ses recettes si elles n'étaient inspirées... par son intuition gourmande ? Telle est la leçon de ce sympathique bistrot, dont on imagine volontiers le chef (patron de l'affaire avec sa mère et son frère, lesquels œuvrent en salle) passer chacune de ses recettes au crible de sa gourmandise ! Terrine de lapin, lotte lardée aux légumes de printemps, tiramisu au beurre salé, etc. La dégustation peut se faire les yeux fermés... Quant au cadre, il joue la tradition parisienne, avec parquet, boiseries et miroirs, banquettes en velours rouge, petites chaises et tables en bois.

Kohyang

CUISINE CORÉENNE • SIMPLE

6 r. du Gén.-Estienne
01 40 59 80 45 (réservation conseillée)
Charles Michels

PLAN : D2
Fermé 2 semaines en août, 2 semaines en décembre et lundi

Menu 14/16 € – Carte 29/54 €

Les Coréens installés à Paris connaissent bien ce restaurant à la façade en briques, que l'on déniche au calme d'un coin de rue, juste en face d'une école maternelle. Le nom de l'établissement annonce la couleur : "kohyang", c'est le pays natal, en coréen ! On profite donc ici de délicieuses spécialités traditionnelles du pays du matin calme ; certaines d'entre elles sont bien connues en France (bibimbap, par exemple), d'autres se révèlent plus surprenantes comme cette aile de raie crue pimentée, ce tendon sauté, ou cette andouille de porc grillé. Quoi qu'il en soit, c'est généreux, gourmand et plein de fraîcheur d'un bout à l'autre du repas : on comprend que de nombreux habitués en aient fait leur cantine officielle... Un succès justifié !

Le Mûrier

CUISINE TRADITIONNELLE • TRADITIONNEL

42 r. Olivier-de-Serres
01 45 32 81 88
Convention

PLAN : C3
Fermé 3 semaines en août, samedi et dimanche

Formule 21 € – Menu 24 € (déjeuner)/27 €

Ambiance tranquille et conviviale pour cette petite adresse sans prétention et aux prix doux. Dans une rue plutôt paisible et proche du métro Convention, sa façade timide dissimule une salle à manger tout en longueur dans les tons jaunes, où les tables sont joliment dressées. Des affiches du début du siècle confèrent à l'endroit un vrai côté "vieux troquet", tandis que de petites touches de bleu et quelques éléments de verdure apportent de la gaieté. La cuisine, simple et soignée, est à l'image du cadre, et s'épanouit dans le respect de la tradition. Parmi les grands classiques, on notera la croustade de champignons à la crème, les rognons de veau à la moutarde ou les terrines maison. Le service est efficace et sympathique.

750g La Table

CUISINE TRADITIONNELLE • SIMPLE

397 r. de Vaugirard
01 45 30 18 47
www.750glatable.com
Porte de Versailles

PLAN : B3
Fermé 23 décembre-2 janvier, samedi et dimanche

Formule 16 € – Menu 24 €

Damien Duquesne, fondateur du site de recettes 750g.com, a ouvert ce restaurant pour partager dans le "monde réel" sa passion pour les belles saveurs. Grand bien lui en a pris ! L'idée : proposer des plats sans chichis, à base de produits frais et de saisons, dans un esprit familial et convivial. Dès que possible, il se fournit directement auprès de producteurs de nos belles régions françaises – notamment le Lot pour les légumes –, et utilise de nombreux produits bio. L'ambiance est vraiment conviviale, avec les suggestions du jour présentées sur de petites ardoises au mur, et que les serveurs vous détailleront si vous le demandez. Enfin, dernier atout, et pas des moindres : le service est assuré non-stop de 11h à 23h... Pari gagnant !

Stéphane Martin

CUISINE MODERNE • CONVIVIAL

67 r. des Entrepreneurs
01 45 79 03 31
www.stephanemartin.com
Ⓜ Charles Michels

PLAN : B2
Fermé 9-17 avril, 30 juillet-21 août, 23 décembre-2 janvier, dimanche et lundi

Formule 25 € – Menu 30 € (déjeuner en semaine)/38 € – Carte 47/71 €

Stéphane Martin jouit d'une réputation enviable auprès de tous les gourmets de la rive gauche. Il faut dire que le cadre est cosy et de bon goût : coloris à dominante lie-de-vin et caramel, mobilier en bois sombre et bibliothèque en trompe-l'œil pour les plaisirs de l'âme... Et une fois attablé, on déguste d'appétissantes recettes bien dans leur époque, réalisées par un chef qui met du cœur à l'ouvrage. Commandez donc un émincé de foie gras de canard cru aux herbes folles, un jarret de porc braisé au miel d'épices avec, pour finir, une tarte feuilletée aux pommes et caramel au beurre salé. Et en saison, le gibier fait son apparition : les amateurs ne manqueront ça pour rien au monde. Les lettres de noblesse du registre canaille !

Tipaza

CUISINE NORD-AFRICAINE • EXOTIQUE

155 r. St-Charles
01 45 54 01 17
www.tipaza.fr
Ⓜ Boucicaut

PLAN : B2

Formule 15 € – Menu 24 € 🍷/40 € 🍷 – Carte 21/29 €

Poussez la porte de ce discret restaurant et laissez-vous emporter par vos sensations... Un parfum de bouillon de légumes et d'épices vient chatouiller votre imaginaire dans un décor de murs en stuc blanc réalisé par des artisans d'Afrique du Nord à grand renfort de tableaux orientaux, tandis que des outils agricoles évoquent la ferme berbère traditionnelle. Comme son nom l'indique, Tipaza (une ville côtière d'Algérie) rend hommage à la gastronomie du Maghreb... et quel hommage ! L'assiette est généreuse, et l'hésitation entre le coucous Tipaza (royal !) et le tajine dolma aux fruits secs et flambé à l'alcool de figue, devient une épreuve cruelle... En dessert, la tarte berbère met tout le monde d'accord. Attention : réservation indispensable le week-end.

Le Un, Bistrot Gourmand

CUISINE MODERNE • BISTRO

1 r. Lefèbvre
01 42 50 82 16
www.leunbistrot.fr
Porte de Versailles

PLAN : B3
Fermé dimanche

Menu 24 € – Carte 35/46 €

Que l'on ne s'y trompe pas : ce petit restaurant, planqué dans une impasse non loin du Parc des expositions, mérite au contraire d'éclater au grand jour ! Il est l'œuvre d'une bande de trois copains issus de la profession : Thomas Clément, Olivier Hagege et le chef Christophe Alloy, qui a notamment travaillé au Jules Verne, à Paris. Ce dernier compose, avec l'aide d'Anna, son épouse capverdienne, de bonnes recettes qui rendent hommage à la tradition bistrotière, avec quelques touches originales : œuf poché cocotte, aubergine, émulsion au chorizo ; thon snacké au sésame noir, boulgour, chutney d'ananas-mangue ; ou encore l'incontournable "langue de chat" de bœuf aux échalotes confites et pommes grenailles... Une ode au métissage culinaire et à l'harmonie des saveurs. Le succès est au rendez-vous, et pour cause !

Yanasé

CUISINE JAPONAISE • EXOTIQUE

75 r. Vasco-de-Gama
01 42 50 07 20
Lourmel

PLAN : B3
Fermé 2 semaines en août, dimanche et lundi

Menu 20 € (déjeuner en semaine)/50 € – Carte 38/76 € 

A/C 

Les amoureux du Japon se retrouveront chez Yanasé, qui doit son nom à un cèdre du sud de l'archipel nippon. Dans un intérieur de bois clair, épuré et serein, on se régale des traditionnels sushis, sashimis et brochettes (de poisson et de viande), mais aussi d'un menu autour de l'anguille. Les produits sont d'excellente qualité – poisson, riz blanc, bœuf tendre et parfumé – et la belle carte contient quelques merveilles de finesse... Mais ce qui ajoute vraiment au plaisir du repas, ce sont les cuisiniers qui s'affairent sous vos yeux, coupant, cuisant : spectacle garanti ! Enfin, pour ceux qui n'apprécient pas de manger au comptoir, quelques tables sont disponibles pour s'installer de façon plus "traditionnelle".

16e

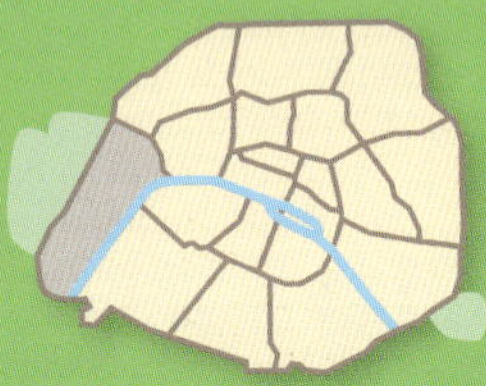

Trocadéro · Étoile · Passy · Bois de Boulogne

P. Escudero / hemis.fr

16e
NEUILLY-SUR-SEINE
PORTE MAILLOT
PORTE DAUPHINE
Le Frank
Place du Mal de Lattre de Tassigny
UNIVERSITÉ PARIS IX
PÉRIPHÉRIQUE
Étang de Longchamp
Le Pré Catelan
BOIS DE BOULOGNE
PORTE DE LA MUETTE
LAC INFÉRIEUR
Flandrin
Place de Colombie
l'Archeste
La Grande Cascade
Étang des Réservoirs
La Marée Pass
La Causeri
Kura
PORTE DE PASSY
LAC SUPÉRIEUR
L'Atelier d'Hugo Desnoyer
Passy Mandarin La Muette
N°41
MAISON DE RADIO FRANC
Chaumette
PORTE D'AUTEUIL
A 13 - E 5
STADE ROLAND GARROS
Place de la Porte d'Auteuil
Place de Barcelone
Terrasse Mirabeau
PORTE MOLITOR
Relais d'Auteuil
Marius
Le Petit Boileau
PARC DES PRINCES
L'Enclos de la Croix
PARC A. CITROËN
Place de la Porte de Saint Cloud
A et M Restaurant
BOULOGNE-BILLANCOURT
QUAI D'ISSY
15e
PORTE DE SAINT CLOUD
PORTE DE SÈVRE
HÉLIPORT DE PARIS
400 m

Trocadéro, Étoile, Passy, Bois de Boulogne

Astrance ✿✿✿

CUISINE CRÉATIVE • ÉPURÉ

4 r. Beethoven
✆ 01 40 50 84 40 (réservation conseillée)
www.astrancerestaurant.com
Ⓜ Passy

PLAN : C2
Fermé août, 1 semaine en novembre, vacances de Noël, samedi, dimanche, lundi et fériés

Menu 70 € (déjeuner), 150/230 €

Astrance

L'époque aime les sensations et l'Astrance en est une. Table unique, elle ménage son effet de surprise : d'une part, il faut y réserver des mois à l'avance – affres délicieuses de l'attente d'un grand moment – ; d'autre part, elle est à la pointe de l'avant-garde. Car ici, la cuisine se réinvente chaque jour, et ce n'est pas une façon de parler. Improvisation ? Nullement, même si le menu découverte est établi le matin même en fonction du marché et de l'humeur : c'est que le chef, Pascal Barbot, possède un sens inné du produit et des associations de saveurs. Avec son associé Christophe Rohat, rencontré chez Alain Passard, ils avaient l'expérience nécessaire pour se lancer, en 2000, dans le projet un peu fou de ce restaurant hors-normes. Près du Trocadéro, leur salle intimiste et contemporaine n'accueille que vingt-cinq convives. Vingt-cinq chanceux qui se prêtent au jeu de la maison et goûtent une cuisine experte, ouverte sur le monde et la modernité. Mariage de terroir et d'exotisme, belle carte des vins, subtilité, inventivité... Attention, il est impossible de réserver plus d'un mois à l'avance.

ENTRÉES

- Millefeuille de champignons de Paris, foie gras mariné au verjus
- Ravioles de butternut, amande amère et chair de crabe épicée

PLATS

- Légine à la vapeur, coulis raisin et tamarin, poudre de gingembre
- Poularde des Landes rôtie, girolles et abricot

DESSERTS

- Tartelette aux agrumes
- Tuile caramélisée croustillante, pêche pochée et mousse citron

Le Pré Catelan ✿✿✿

CUISINE CRÉATIVE • LUXE

au Bois de Boulogne - rte de Suresnes
01 44 14 41 14
www.precatelanparis.com

PLAN : A1
Fermé 5-20 février, 6-28 août, 29 octobre-6 novembre, dimanche et lundi

Menu 130 € (déjeuner), 220/280 € – Carte 250/315 €

Richard Haugton – Le Pré Catelan

Une enclave enchantée au cœur du bois de Boulogne, tel est Le Pré Catelan. Somptueux et chargé d'histoire, le lieu dévoile un décor de jardins et d'architectures classiques. Pierre-Yves Rochon a révolutionné l'esprit du pavillon Napoléon III en le parant d'un mobilier design et de tons vert, blanc et argent, tandis que l'orangerie attenante livre un cadre contemporain à la verdure qui l'entoure...

C'est dans ce cadre rêvé que l'on peut déguster depuis quelques années la cuisine savoureuse et inventive de Frédéric Anton. Ce Meilleur Ouvrier de France révèle son talent à travers une carte alliant équilibre, harmonie et générosité. Pour chaque assiette, il recherche la perfection, soignant jusqu'à la composition graphique. La précision et la rigueur transmises par ses mentors (dont Robuchon) sont sa signature, ainsi que son goût pour les associations inédites et la vraie nature des produits. Le tout sublimé par une cave prestigieuse et un accueil irréprochable. Autant d'arguments en faveur de cette noble maison aux murs d'argent et... aux plats d'or.

ENTRÉES

- Crabe, crème légère à l'aneth, caviar de France, soupe au parfum de fenouil
- Langoustine en ravioli, crème de foie gras, fine gelée à la feuille d'or

PLATS

- Cabillaud aux algues, beurre aux zestes de citron vert
- Ris de veau, champignons poêlés aux herbes, oignon caramélisé et tétragone

DESSERTS

- Pomme soufflée croustillante, crème glacée au caramel, cidre et sucre pétillant
- Citron comme une tarte, meringue croustillante et sorbet au basilic

L'Abeille ✿✿

CUISINE MODERNE • LUXE

Hôtel Shangri-La
10 av. d'Iéna
01 53 67 19 90
www.shangri-la.com
Iéna

PLAN : D3
Fermé 30 juillet-29 août, 17-30 décembre, dimanche, lundi et le midi

Menu 210 € – Carte 155/215 €

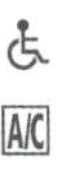

L'Abeille - Shangri-La

Le "restaurant français" du Shangri-La – ce superbe palace parisien né au début des années 2010 –, baptisé du nom d'Abeille en hommage à l'emblème napoléonien. Moquette sombre, nuances de jaune et de gris clair, tables dressées avec soin et, çà et là, le motif de l'insecte rappelant les fastes napoléoniens : ne sommes-nous pas dans l'ancienne demeure du prince Roland Bonaparte ?

Côté assiette, la grande tradition hexagonale est logiquement à l'honneur : sous l'égide de Christophe Moret, chef au grand savoir-faire et véritable passionné de légumes, la carte se fait chantre du beau classicisme et de la noblesse des produits. Une ambiance feutrée et élégante d'une part, des compositions culinaires qui se donnent pour mission de cultiver la finesse et de l'harmonie d'autre part : voilà bien une véritable vitrine de l'art de vivre à la française, une table au goût de miel...

ENTRÉES

- Oursin et caviar en délicate royale
- Langoustines marinées, minestrone glacé, marmelade poivron et ail

PLATS

- Homard des îles Chausey en cocotte lutée, sucs savoureux
- Entrecôte de veau fermier poêlée, chanterelles et amandes

DESSERTS

- Miel du maquis corse givré aux parfums de citron et d'eucalyptus
- Cacao de Papouasie pure origine cru, glacé et fumé

Mathieu Pacaud - Histoires ✿✿

CUISINE CRÉATIVE • ÉLÉGANT

85 av. Kléber
01 70 98 16 35 (réservation conseillée)
www.histoires-paris.fr
Trocadéro

PLAN : D3

Fermé août, mardi midi, samedi midi, dimanche et lundi

Menu 95 € (déjeuner), 230/350 € – Carte 230/355 €

Jérôme Galland / Mathieu Pacaud – Histoires

Pour se lancer en solo, après plusieurs années passées auprès de son père Bernard à l'Ambroisie, Mathieu Pacaud a vu les choses en grand : il a ouvert, au sein de son Hexagones, cette table où il raconte... de belles Histoires, évidemment ! Déjà, l'endroit a de l'allure : sobre et tamisée – tentures rose pâle, lignes épurées, étonnantes fresques végétales façon encre de Chine –, la salle accueille quelques alcôves intimistes...

Il aura fallu plusieurs mois au chef pour explorer, avec l'aide de son équipe, d'innombrables combinaisons et faire éclore une carte inédite et impeccablement ciselée. Il met à profit une poignée de techniques culinaires anciennes – infusion, macération, déglaçage, marinade, fumage, séchage, clarification... ouf ! – et y associe la technologie moderne : il en résulte des assiettes innovantes, dont chacune est une expérience à part. Une partition synonyme de plaisir, une cavalcade à la poursuite du goût : Mathieu Pacaud se fait un prénom, et de fort belle manière !

ENTRÉES

- Marquise d'œuf, émulsion d'artichaut breton et truffe noire
- Langoustines royales, "origami" d'avocat, sucs de pomme verte et caviar golden

PLATS

- Turbot sauvage, fleur de courgette, fumée de romarin et crémeux de chorizo
- Volaille de Bresse contisée à la truffe noire, céleri en croûte de sel

DESSERTS

- Grande valse brillante

Antoine ✿

POISSONS ET FRUITS DE MER • ÉLÉGANT

10 av. de New-York
01 40 70 19 28
www.antoine-paris.fr
Ⓜ Alma Marceau

PLAN : D3
Fermé 3 semaines en août, 1 semaine vacances de Noël, dimanche et lundi

Menu 48 € (déjeuner en semaine), 86/155 € – Carte 125/155 € 

A/C

Antoine

Le chef Thibault Sombardier (finaliste de l'émission Top Chef en 2014) est à la barre de ce haut lieu de la cuisine de la mer à Paris. La carte change chaque jour pour offrir le meilleur de la marée, en liaison directe avec les ports bretons, vendéens, basques ou méditerranéens. En cas d'arrivage surprise, on pourra même vous proposer quelques suggestions de dernière minute ! On se régale donc pour ainsi dire au gré des vagues... Que les carnivores se rassurent, un petit choix de viandes est prévu rien que pour eux – sans parler des très alléchants desserts (assiette tout chocolat, baba au rhum, etc.). Le chef a l'amour de l'excellent produit et des belles saveurs, qu'il sait exalter avec finesse et inventivité. Une salle agréable, baignée de lumière et sobrement décorée, permet de les apprécier à leur juste valeur. Et comme elle offre une jolie vue sur les cuisines, la mer n'est jamais vraiment loin...

ENTRÉES

- Gamberoni, coquillages, citron noir, bouillon de roquette
- Cuisses de grenouilles aux piments doux, crémeux d'avocat

PLATS

- Aiguillette de saint-pierre, épinards, pomme de mer, sabayon à l'estragon
- Agneau de lait des Pyrénées, aubergine, pomme de terre fumées, harissa verte

DESSERTS

- Galet noisette, compotée de mirabelle
- Soufflé chaud à la vanille Bourbon et fève tonka

L'Archeste ✿

N

CUISINE MODERNE • ÉPURÉ

79 r. de la Tour
01 40 71 69 68 (réservation conseillée)
www.archeste.com
Rue de la Pompe

PLAN : B2
Fermé samedi midi, dimanche et lundi

Menu 38 € (déjeuner en semaine), 56/96 €

Michelin

Devanture engageante et cadre épuré (peinture sombre effet brossé, structure en bois, grande vitre apportant de la luminosité) pour ce restaurant imaginé par un chef passionné de produit qui a officié dix-huit ans chez Hiramatsu, dont dix en tant que chef. La cuisine est à l'image du lieu : moderne, précise, lumineuse, axée sur des produits de qualité et de saison. Bonite, légume et céleri-rave ; pigeon, cèpes, mesclun ; glace au thé grillé, marron, mascarpone, huile de noisette : pas de carte ici, mais des menus imposés évoluant chaque jour au gré des humeurs du chef. Au fait, pourquoi l'Archeste ? C'est un double hommage. A Alain Senderens, d'abord et à son restaurant L'Archestrate, mais aussi un savant mélange d'artiste, d'artisanal, d'orchestre et d'art. Au final, l'important, c'est qu'on s'y régale, et figurez-vous que c'est le cas.

SPÉCIALITÉS

- Cuisine du marché

La Grande Cascade ✿

CUISINE MODERNE • CLASSIQUE

au Bois de Boulogne - allée de Longchamp
✆ 01 45 27 33 51
www.restaurantsparisiens.com

PLAN : A2
Fermé
19 décembre-14 janvier

Menu 89/192 € – Carte 169/216 €

J.C. AMIEL / La Grande Cascade

Le classicisme a toujours la cote dans cet ancien pavillon de chasse de Napoléon III. Transformé en restaurant pour l'Exposition universelle de 1900, il mêle les styles Empire, Belle Époque et Art nouveau : un charme incomparable se dégage de la rotonde, aménagée sous une grande verrière, et de la magnifique terrasse – prise d'assaut dès que le soleil fait son apparition. La clientèle d'affaires vient y respirer le chic du Paris d'autrefois et l'air de la campagne en plein bois de Boulogne. Georges Menut veille amoureusement sur cette Grande Cascade, prenant soin de cultiver son image de grande dame. Mais l'établissement vit aussi avec son temps : pour preuve, la présence de Frédéric Robert, un chef brillant, passé par Le Grand Véfour, le Vivarois et Lucas-Carton (où il a travaillé aux côtés de Senderens pendant dix ans). Il a carte blanche pour imaginer une cuisine subtile, aux saveurs bien marquées, qui hisse cette maison parmi les belles adresses gourmandes de la capitale. À noter, le "menu du marché à prix sage" servi midi et soir.

ENTRÉES

- Tourteau de Bretagne au naturel, avocat et caviar osciètre royal
- Macaroni à la truffe noire, foie gras et céleri gratinés au parmesan

PLATS

- Carré d'agneau du pays d'Oc, tomates, olives de Kalamata et prune noire
- Turbot de l'Atlantique cuit au goémon, fleur de courgette, ravigote de coquillages

DESSERTS

- Baba au rhum ambré et chantilly
- Mille gaufres, crème légère à la vanille de Tahiti

Hexagone ✿

CUISINE MODERNE • BRANCHÉ

85 av. Kléber
01 42 25 98 85
www.hexagone-paris.fr
Trocadéro

PLAN : D3
Fermé dimanche et lundi

Menu 59 € (déjeuner en semaine), 135/185 € – Carte 100/140 € 

Jacques Gavard / Hexagone

Après de longues années passées dans l'ombre du père – Bernard Pacaud, figure tutélaire de la gastronomie parisienne et chef de l'Ambroisie, trois étoiles place des Vosges –, Mathieu Pacaud s'est (on l'imagine) lancé dans cette nouvelle aventure gastronomique avec l'envie d'en découdre. Grand bien lui en a pris ! Il réinterprète les grands classiques de la cuisine française avec brio, se concentrant sur une manière, sur une alliance de saveurs, sur une sauce ; il régale ses convives avec des assiettes maîtrisées, construites, composées... en un mot, cuisinées !

Cette "Tempura", une langoustine en tronçons accompagnée de légumes marinés au beurre d'estragon, cette "Marquise", un œuf en blanc-manger déposé sur un cappuccino de petits pois... autant d'exemples éclatants d'une cuisine haute en couleurs et bien dans son époque. Un mot enfin sur le décor chaleureux, signé Gilles et Boissier, qui ouvre sur un petit jardin exotique. Mathieu Pacaud s'est enfin décidé à se faire un prénom, et de quelle manière !

ENTRÉES

- Œuf de poule mollet, fine ratatouille et crème glacée de céleri
- Gelée anisée, gambas, salade de pêche et crème à la verveine

PLATS

- Limande-sole à la viennoise, poêlée de girolles, amandes fraîches et sauce au vin jaune
- Ris de veau émincé à la diable, nuage d'estragon

DESSERTS

- Ganache bayano, glace au miel, croquant à la noisette, sarrasin glacé et soufflé
- Vacherin à la mara des bois, chantilly vanille et meringue

Pages ✿

CUISINE CRÉATIVE • ÉPURÉ

4 r. Auguste-Vacquerie
01 47 20 74 94 (réservation conseillée)
www.restaurantpages.fr
Ⓜ Charles de Gaulle-Etoile

PLAN : D3
Fermé 3 semaines en août, dimanche et lundi

Menu 50 € (déjeuner), 75/90 €

Rina Nurra / Pages

La passion des chefs japonais pour la gastronomie française s'illustre une nouvelle fois à travers ce restaurant ouvert en 2014. Passé par de belles maisons, Ryuji Teshima, dit Teshi, propose une version contemporaine et très personnelle de la cuisine de l'Hexagone. Autour de menus "surprise", il imagine des mélanges de saveurs qui peuvent paraître impropables sur le papier, mais réellement percutants dans l'assiette !
Ainsi le tartare de veau rencontre le zeste de citron, la poutargue et la crème d'anchois ; le céleri rave épouse la langoustine ainsi qu'une crème au saint-nectaire ; le filet de lieu jaune flirte avec le maïs... Le tout dans un décor épuré, avec cuisines visibles de la salle. Un ensemble résolument à la page.

SPÉCIALITÉS

- Cuisine du marché

Le Pergolèse ✿

CUISINE MODERNE • ÉLÉGANT

40 r. Pergolèse
01 45 00 21 40
www.lepergolese.com
Porte Maillot

PLAN : C2
Fermé 3 semaines en août, samedi midi et dimanche

Menu 54 € (déjeuner), 75/125 € – Carte 80/120 €

Le Pergolèse

Dès le début, Stéphane Gaborieau voulait faire du Pergolèse une "belle maison bourgeoise où l'on reçoit les clients comme chez soi". Véritable passionné, ce chef lyonnais, Meilleur Ouvrier de France, a fait ses classes dans des maisons prestigieuses aux côtés de grands noms (Georges Paccard, Pierre Orsi). Épaulé en salle par son épouse Chantal, il a réussi à en faire une des belles adresses du très chic 16e arrondissement. Un mariage confondant de convivialité, de bourgeoisie et de saveurs haut de gamme. La cuisine, respectueuse des produits, révèle des notes ensoleillées, parfois ponctuées de touches japonisantes. Logique, c'est dans le Sud que Stéphane Gaborieau a fait ses débuts. Quant au décor, il se montre élégant : tentures crème, fauteuils de velours rouge, tableaux contemporains... Côté vins enfin, la carte, riche de près de 300 références, ne manque pas de belles bouteilles. Le plaisir est complet !

ENTRÉES

- Moelleux de filets de sardines marinés aux épices, sorbet à la tomate
- Foie gras chaud aux saveurs du moment

PLATS

- Sole façon "Meilleur Ouvrier de France 2004"
- Côte de veau au sautoir, purée à l'huile de truffe

DESSERTS

- Soufflé chaud de saison
- Chiboust de pêche, infusion au combava et sorbet yaourt aux zestes d'agrumes

Relais d'Auteuil

CUISINE MODERNE • INTIME

31 bd Murat
01 46 51 09 54
www.relaisdauteuil-pignol.fr
Michel Ange Molitor

PLAN : A3
Fermé août, vacances de Noël, samedi midi, dimanche et lundi

Menu 100 € (déjeuner)/135 € – Carte 90/155 €

Relais d'Auteuil

Patrick Pignol reçoit comme chez lui dans sa maison cossue et chaleureuse. Depuis son ouverture en 1984, elle a vu défiler une clientèle chic qui a vite pris ses habitudes. De fait, on revient chaque fois avec plaisir dans ce lieu marqué par l'hédonisme et la convivialité. Service discret et personnalisé, assuré par Laurence Pignol, atmosphère raffinée et fleurie, décor contemporain (belle collection de peintures et sculptures) créent les conditions parfaites pour apprécier le repas. N'en déplaise aux gourmets branchés, la cuisine, généreuse et dans l'air du temps, n'est pas à la poursuite du spectaculaire ou des audaces visuelles. Le chef, amoureux du gibier – pendant la saison, son restaurant prend l'allure d'un relais de chasse –, mise plutôt sur la finesse des saveurs et le respect des produits du terroir. Ajoutez à cela un livre des vins dont la lecture donne le vertige (2 500 références) et une carte de 250 champagnes, le tout conseillé par un sommelier passionné...

ENTRÉES

- Encornets farcis aux oignons doux des Cévennes, senteurs de speck
- Cuisses de grenouilles dorées façon meunière

PLATS

- Côte et filet d'agneau des Pyrénées rôtis, jus aux brins de sarriette
- Lotte rôtie, livèche, risotto aux petits pois de printemps

DESSERTS

- Feuillantine croustillante aux fruits de saison parfumés aux épices
- Beignets de chocolat bitter coulant à cœur, glace au lait d'amande

St-James Paris ✿

CUISINE MODERNE • CLASSIQUE

Hôtel St-James Paris
43 av. Bugeaud
01 44 05 81 88
www.saint-james-paris.com
Ⓜ Porte Dauphine

PLAN : C3
Fermé dimanche soir et le midi

Menu 130 € – Carte 95/155 €

Saint James Paris

Érigé en 1892, cet hôtel particulier a des airs de véritable petit château environné de verdure, en plein cœur de Paris – une rareté ! Propriété anglaise à partir de 1986, il accueille dès lors un club, dans la pure tradition des cercles londoniens. C'est au début des années 1990 qu'il devient hôtel, et en 2013 seulement que son restaurant s'ouvre à la clientèle extérieure... bien qu'il demeure réservé aux membres du Saint-James Club au déjeuner en semaine. L'occasion est belle d'aller découvrir cet établissement parmi les plus exclusifs de la capitale !

Le cadre est superbe, aussi chic qu'élégant avec ses boiseries, ses tissus mordorés, son haut plafond en trompe l'œil et son jardin très secret, où les tables s'abritent aux beaux jours sous de magnifiques tentes en forme de montgolfières anciennes. La cuisine est à l'avenant, raffinée, précise et bien construite, toujours à l'avantage du beau produit. Le plaisir est complet... pour tous les membres du grand club des gourmets !

ENTRÉES

- Velouté glacé aux huîtres, pomme de terre et caviar
- Foie gras de canard chaud, croustillant de sésame et pickles de légumes

PLATS

- Homard mijoté, émulsion de jus des carcasses façon cappuccino à l'estragon
- Suprême de pigeonneau rôti, ballotin de cuisse

DESSERTS

- Fraîcheur de fruits de saison au parfum de verveine
- Chocolat carupano en fine mousse, craquant à la noix de pécan, coulis de cacao et glace au lait

Shang Palace ✿

CUISINE CHINOISE • EXOTIQUE

Hôtel Shangri-La
10 av. d'Iéna
01 53 67 19 92
www.shangri-la.com
Iéna

PLAN : D3
Fermé 6-21 février, 11 juillet-2 août, mardi et mercredi

Menu 52 € (déjeuner), 78/128 € – Carte 60/230 €

Shangri-La Paris

Shangri-La... Le nom résonne comme un voyage aux confins de l'Asie, vers un paradis luxueux et imaginaire. Le célèbre hôtel parisien, né en 2010, a su donner le même éclat à ses restaurants, dont ce Shang Palace. Situé au niveau inférieur de l'établissement, il transporte ses hôtes dans un Hong Kong merveilleux, entre raffinement extrême-oriental et élégance Art déco. Colonnes incrustées de jade, paravents sculptés et lustres en cristal promettent un dîner aussi feutré qu'étincelant. La cuisine cantonaise est à l'honneur ; on peut partager en toute convivialité un assortiment de plats servis au centre de la table. Les cuissons se révèlent précises, les parfums subtils. Les dim sum sont moelleux à souhait et le goût de la sole cuite à la vapeur s'envole accompagné de champignons noirs et de tofu soyeux. Pour finir, entre autres douceurs, une crème de mangue, garnie de pomélo et de perles de sagou, laisse une belle impression de fraîcheur...

ENTRÉES
- Saumon Lo Hei
- Soupe Wonton

PLATS
- Canard laqué façon pékinoise en deux services
- Porc à la sauce aigre-douce

DESSERTS
- Crème de mangue, pomélo et perles de sagou
- Tartelette aux œufs

Les Tablettes de Jean-Louis Nomicos ✿

CUISINE MODERNE • ÉLÉGANT

16 av. Bugeaud
PLAN : C1
✆ 01 56 28 16 16
www.lestablettesjeanlouisnomicos.com
Ⓜ Victor Hugo

Menu 42 € (déjeuner), 80 € 🍷/145 € – Carte 100/150 €

Les Tablettes de JL Nomicos

Après avoir dirigé de nombreuses années durant les cuisines du restaurant Lasserre – l'un des temples de la cuisine classique –, Jean-Louis Nomicos a créé ces Tablettes où il a souhaité apposé son propre nom.

À l'heure frénétique des écrans tactiles, le lieu, élégant et feutré, évoque de manière très contemporaine le panier du marché provençal avec, sur ses murs, un beau tressage de larges lattes de noyer... Il est vrai que la cuisine de Jean-Louis Nomicos a conservé une pointe d'accent du Midi. Pour ce chantre de la belle tradition, qui est né à Marseille et a grandi dans le culte de la bouillabaisse, l'art et la technique doivent avant tout rester au service des sens et du plaisir. Telle est la condition pour révéler toutes les potentialités des grandes recettes et des produits de choix ! Et si la carte peut dorénavant s'écrire en pixels, sous la conduite d'un chef aussi talentueux, les saveurs, elles, n'ont rien de virtuel...

ENTRÉES

- Macaroni, truffe noire, foie gras de canard, céleri et jus de veau
- Pissaladière de rouget, anchois, piquillos et pulpe d'olives

PLATS

- Filet de bœuf de Salers, aubergine brûlée, pommes soufflées
- Saint-pierre en aiguillettes, coques, pois chiches et jus de barigoule

DESSERTS

- Granité à la Chartreuse verte, framboises et glace à l'eau de rose
- Tarte soufflée au chocolat guanaja, nuage de mascarpone et sorbet cacao

Atelier Vivanda - Lauriston

VIANDES • BISTRO

18 r. Lauriston
01 40 67 10 00 (réservation conseillée)
www.ateliervivanda.com
Kléber

PLAN : D2
Fermé 2 semaines en août, vacances de Noël, samedi et dimanche

Menu 36/71 €

A/C

Joli néologisme que ce "Vivanda" qui célèbre aussi bien la vie que la viande... Originellement, le vivandier était celui qui assurait le ravitaillement des troupes en vivres ; aujourd'hui, ce bistrot original apaise tous les carnivores, à deux pas de l'Arc de Triomphe ! De protéines, il est donc ici essentiellement question : bœuf Black Angus, poulet fermier, etc. – le tout servi sur de petites tables en bois façon billot de boucher –, mais pas seulement, car la carte, très courte, cultive avant tout le goût des produits du marché et des saisons. Question qualité et traçabilité, la maison est bien lotie : elle est l'une des nombreuses adresses d'Akrame Benallal, chef de la jeune génération, dont le restaurant gastronomique est installé non loin de la Madeleine.

N° 41  

CUISINE TRADITIONNELLE • BISTRO

41 av. Mozart
01 45 03 65 16
Ranelagh

PLAN : B2
Fermé 2 semaines en août

Carte 30/50 € 

A/C

Ce sympathique bistrot de style industriel, qui fut jadis un bar-tabac, est le petit dernier d'un couple de restaurateurs passionnés, propriétaires (notamment) de la Fontaine de Mars. On s'installe sur les larges banquettes pour déguster une cuisine gourmande de qualité, à l'instar de cet œuf cocotte et crème de foie gras, véritable star de la maison. Mais on se régale aussi de belles asperges blanches, en saison, ou d'un réjouissant pot-au-feu. Ici, il n'est pas question d'intellectualiser la tradition, mais de la respecter, tout simplement. Le service est efficace et convivial, ce qui ajoute encore au plaisir du repas. D'ailleurs, les clients ne s'y trompent pas : on refuse du monde à tour de bras ! Une adresse enthousiasmante.

A et M Restaurant

CUISINE MODERNE • ÉLÉGANT

136 bd. Murat
01 45 27 39 60
www.am-restaurant.paris
Porte de St-Cloud

PLAN : B3
Fermé août, samedi midi et dimanche

Formule 28 € – Menu 38 € – Carte 46/69 €

A pour Apicius, M pour Marius : de belles références pour cette adresse fondée par les deux patrons de ces tables renommées. Ce qui fait la différence ? Un décor plutôt chic, une ambiance conviviale et une cuisine de qualité à prix vraiment raisonnables ; en quelques mots, un "bistrot de chef" ! Aux fourneaux, on trouve Tsukasa Fukuyama, qui s'approprie avec aisance les grands classiques de la gastronomie de l'Hexagone. Pressé de tête de veau tiède et sa sauce ravigote, galettes de pied et d'oreille de cochon, gigot d'agneau au cumin et jus d'olives noires, ou encore ce coulis d'ananas à la cardamome pour finir : on passe un bon moment !

L'Atelier d'Hugo Desnoyer

VIANDES • CONVIVIAL

28 r. du Docteur Blanche
01 46 47 83 00 (réservation conseillée)
www.hugodesnoyer.com
Jasmin

PLAN : B2
Fermé août, le soir, dimanche et lundi

Carte 38/88 €

Le maître artisan Hugo Desnoyer n'est pas seulement le boucher des stars, qui se pâment devant ses pièces de bœuf maturées ou ses carrés d'agneau, si tendres qu'on les entendrait bêler, c'est une petite entreprise à lui tout seul : 125 personnes, un abattoir, des chambres de maturation, un restaurant dans le 19e arrondissement, et désormais cette boutique-bistrot qui mettrait l'eau à la bouche d'un végétarien. Dans le pur esprit des tables d'hôtes d'antan, on s'installe autour d'une table en bois brut, couteau en main et appétit en bandoulière, pour se régaler de superbes pièces sélectionnées avec minutie : terrine maison parfumée, entrecôte persillée, tarte aux pommes croustillante. Qu'il est bon d'être carnivore !

La Causerie

CUISINE MODERNE • ÉLÉGANT

31 r. Vital
01 45 20 33 00
www.lacauserie.fr
La Muette

PLAN : B2
Fermé 3 semaines en août, samedi midi et dimanche

Formule 29 € – Menu 35 € – Carte 38/65 €

Un vent de renouveau souffle sur Chez Géraud, repris en 2013 par deux jeunes associés venus du Royal Monceau et bien décidés à faire parler de cette institution de La Muette ! Derrière les belles céramiques de la façade, la salle allie avec réussite cachet rétro et esprit contemporain (après un bon petit rafraîchissement), et ce décor à la fois bien pensé et chaleureux, comme le service très attentionné, mettent à l'aise. Tout est donc réuni pour découvrir la cuisine du chef, qui revisite la tradition avec grande fraîcheur, à travers une carte aussi carrée que gourmande : œuf de poule bio cuit mollet, tomates anciennes, mijotée de légumes, croûtons aillés et copeaux de comté ; souris d'agneau confite et légumes de pot-au-feu ; riz au lait ; etc. Un établissement à (re-)découvrir très vite !

116

CUISINE CRÉATIVE • TENDANCE

2 r. Auguste-Vacquerie
01 47 20 10 45
Kléber

PLAN : D3
Fermé 1er-21 août, samedi et dimanche

Formule 18 € – Menu 23 € (déjeuner) – Carte 25/60 €

Le chef Ryuji Teshima, dit "Teshi", a ouvert cette belle table aux allures de loft juste à côté de son restaurant Pages. Si le style diffère quelque peu – béton et ciment apparents, tables en bois, chaises de réfectoire – l'exigence de qualité dans l'assiette est la même ! Au gré d'une carte volontairement courte, il décline une cuisine simple et fraîche, au fort accent japonais, préparée dans une mini-cuisine très fonctionnelle, avec son traditionnel sumibiyaki (barbecue). Poulpe grillé, thon rouge snacké, salade de poulet crudités... Le chef ne lésine pas sur la qualité et les gourmands l'ont bien compris, qui se pressent bruyamment sur le trottoir en espérant obtenir une table... D'autant que les prix sont plutôt doux !

Chaumette

CUISINE TRADITIONNELLE • BISTRO

7 r. Gros
01 42 88 29 27
www.restaurant-chaumette.com
Mirabeau

PLAN : B2
Fermé 6-22 août, 24-27 décembre, 31 décembre-3 janvier, samedi midi, dimanche et fériés

Formule 25 € – Menu 29 € (déjeuner) – Carte 50/65 €

Derrière une jolie façade en bois se cache ce bistrot années 1920 : boiseries, petites tables serrées, comptoir, photos anciennes... et une collection de guides MICHELIN ! Une clientèle de journalistes le midi et d'habitants du quartier le soir se presse dans ce cadre chic, autrefois fréquenté par Philippe Noiret, Serge Gainsbourg et d'autres artistes. Mais ici la vedette est incontestablement la cuisine, traditionnelle et de qualité, proposée sur une courte carte enrichie de quelques plats à l'ardoise. À vous la terrine de gibier (en saison), la cuisse de volaille farcie aux morilles et l'incontournable pot-au-feu ! Et en dessert, que diriez-vous du millefeuille à la vanille Bourbon ? La formule déjeuner offre un excellent rapport qualité-prix.

Conti

CUISINE ITALIENNE • INTIME

72 r. Lauriston
01 47 27 74 67
www.leconti.fr
Boissière

PLAN : D3
Fermé 31 juillet-20 août, 24 décembre-1er janvier, samedi, dimanche et fériés

Menu 39 € (déjeuner en semaine)/47 € – Carte 57/87 €

Stendhal aurait sans doute apprécié ce restaurant où l'on célèbre, dans l'assiette, l'Italie qu'il aimait tant et, dans le décor, ses deux couleurs fétiches, le rouge et le noir (velours, tapisseries, boiseries, lustres en verre de Murano). Aux commandes de cette table, deux Français qui réinterprètent les recettes de la Botte avec des touches personnelles, associant les influences d'ici et de là-bas. Résultat, une cuisine de qualité appréciée par de nombreux habitués. Sur le menu du jour, on trouve par exemple : fricassée de légumes au parmesan, lasagne de homard ou de noix de Saint-Jacques (selon la saison), rognon de veau au citron, et pour la note sucrée, pannacotta au chocolat blanc. Belle carte des vins franco-italienne.

Cristal Room Baccarat

CUISINE MODERNE • CHIC

11 pl. des Etats-Unis - Maison Baccarat (1er étage)
01 40 22 11 10
www.cristalroom.fr
Boissière

PLAN : D3
Fermé dimanche et fériés

Formule 56 € – Menu 65 € (déjeuner)/169 € – Carte 95/115 €

Le splendide hôtel particulier de Madame de Noailles est occupé depuis 2003 par la maison Baccarat : boutique, musée, salle de réception et restaurant. Celui-ci, situé au premier étage, jouit d'un cadre d'exception : haut plafond avec ciel en trompe l'œil, cheminée en marbre, moulures, dorures, somptueux lustres en cristal et touches de modernité apportées par Philippe Starck. Un décor qui ajoute au plaisir d'une cuisine au goût du jour, dans laquelle chacun devrait trouver son bonheur : émietté de tourteau en feuille de navets longs ; ris de veau au sautoir, purée d'échalotes confites et chou farci ; aiguillettes de turbot meunière, chou-fleur cru et cuit et bouillon mousseux au champagne ; saint-honoré au caramel au beurre salé... Cette "chambre de cristal" mérite une visite.

Enclos de la Croix

CUISINE MODERNE • CONVIVIAL

18 bd Exelmans
01 46 47 50 83
www.restaurantenclosdelacroix.com
Porte de St-Cloud

PLAN : B3
Fermé août, samedi et dimanche

Formule 25 € – Menu 33 € (déjeuner)/55 € – Carte 45/55 €

L'Enclos de la Croix n'est pas seulement ce restaurant sympathique situé non loin de l'avenue de Versailles, c'est aussi le nom d'un domaine du Languedoc, qui produit des vins aux jolies palettes aromatiques, et s'adapte astucieusement aux spécialités de la maison – *ceviche* de daurade, radis et oignons rouges ; filet de bar, purée aux fines herbes ; soupe de mangue gingembre et citron vert... Chaque plat est ici accompagné d'un (ou plusieurs) vins du domaine, qui appartient au père du jeune patron. De Lansargues à Paris, entre restaurant et bar à vin, un fort agréable voyage œnologique, et culinaire, autour d'une cuisine au goût du jour, dans un cadre contemporain.

Étude

CUISINE MODERNE • ÉLÉGANT

14 r. Bouquet-de-Longchamp
01 45 05 11 41 (réservation conseillée)
Boissière

PLAN : D3
Fermé samedi midi, dimanche et lundi

Menu 45/80 €

Une signature contemporaine, une leçon d'épure : ces mots font figure d'évidence lorsque l'on découvre les créations du chef, Keisuke Yamagishi. Il a choisi de nommer son restaurant "Étude", en hommage à la musique de Frédéric Chopin – une passion –, mais aussi parce que c'est ainsi qu'il considère son travail : une recherche inlassable sur cette matière toujours vivante qu'est la gastronomie. Chaque assiette apparaît très étudiée, le moindre ingrédient pesé, le dressage réalisé au millimètre. La générosité n'est pas un sujet à travers ces réalisations, qui semblent viser l'essentiel, par exemple en n'associant jamais plus de trois ingrédients. Le tout dans un décor lui aussi minimaliste. Une exigence totale.

Flandrin

CUISINE TRADITIONNELLE • BRASSERIE

80 av. Henri-Martin
01 45 04 34 69
Avenue Henri Martin

PLAN : B2

Carte 45/110 €

Emplacement original pour ce Flandrin, niché dans une ancienne gare de la Petite Ceinture – à l'architecture en briques typique – devenue station sur la ligne du RER C ! Hormis les légers échos de la circulation automobile sur les avenues voisines, l'endroit se révèle très chic et feutré : tons crème et brun, immenses miroirs, imposantes compositions florales et petits fauteuils en velours, dans le style des brasseries contemporaines. La carte sait satisfaire tous les goûts, en proposant avec soin à la fois de grands classiques (fruits de mer, filet de bœuf sauce béarnaise, millefeuille à la vanille) et des recettes plus originales (petits nems vietnamiens, gambas poêlées au chou croquant et riz au jasmin). Verdict : descendez à la station Avenue Henri-Martin !

Le Frank

CUISINE MODERNE • DESIGN

8 av. Mahatma-Gandhi
(Fondation Louis-Vuitton)
01 58 44 25 70
www.restaurantlefrank.fr
Les Sablons

PLAN : B1
Fermé lundi soir, mercredi soir, jeudi soir, dimanche soir et mardi

Formule 28 € – Carte 50/80 € 

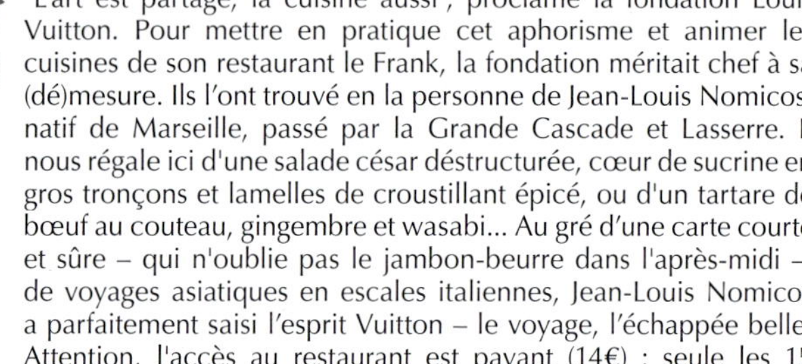

A/C

"L'art est partage, la cuisine aussi", proclame la fondation Louis Vuitton. Pour mettre en pratique cet aphorisme et animer les cuisines de son restaurant le Frank, la fondation méritait chef à sa (dé)mesure. Ils l'ont trouvé en la personne de Jean-Louis Nomicos, natif de Marseille, passé par la Grande Cascade et Lasserre. Il nous régale ici d'une salade césar déstructurée, cœur de sucrine en gros tronçons et lamelles de croustillant épicé, ou d'un tartare de bœuf au couteau, gingembre et wasabi... Au gré d'une carte courte et sûre – qui n'oublie pas le jambon-beurre dans l'après-midi –, de voyages asiatiques en escales italiennes, Jean-Louis Nomicos a parfaitement saisi l'esprit Vuitton – le voyage, l'échappée belle. Attention, l'accès au restaurant est payant (14€) : seule les 15 premières réservations sont gratuites.

Il Gusto Sardo

CUISINE ITALIENNE • CONVIVIAL

18 r. Chaillot
01 47 20 08 90
www.restaurant-ilgustosardo.com
Alma Marceau

PLAN : D3
Fermé vacances de printemps, août, vacances de Noël, samedi midi, dimanche et fériés

Carte 45/84 € 

A/C

Une authentique *trattoria*, au cœur du quartier chic de Chaillot. Murs habillés de boiseries jaune clair, photos en noir et blanc de stars du cinéma italien et, aux commandes, toute une famille italienne : la *mama* officie aux fourneaux, le *papà* en salle, l'un et l'autre aidés de leurs deux *figli*. Le lieu transporte en Méditerranée, et plus précisément en Sardaigne, dont la carte exhale tous les parfums grâce au savoir-faire de la maîtresse de maison. Antipasti dell'isola Piana (différentes préparations de thon), petites pâtes sardes aux palourdes, filet de dorade aux oignons et au fromage de brebis, pannacotta aux fruits des bois ou au caramel : le soleil sarde brille dans les assiettes, et aussi dans les verres, à travers un joli choix de vins.

Jamin

CUISINE MODERNE • ÉLÉGANT

32 r. de Longchamp
01 45 53 00 07
www.restaurant-jamin.com
Iéna

PLAN : D3
Fermé août, samedi midi et dimanche

Formule 31 € – Menu 37 € – Carte 45/60 €

Les gastronomes parisiens s'en souviennent-ils ? C'est au Jamin que Joël Robuchon obtint sa troisième étoile en 1984 ! Après avoir été reprise par la bien connue Babette de Rozières, l'adresse est aujourd'hui tenue par Alain Pras. Et ce, sans nulle nostalgie ! L'ambition revendiquée est de réveiller le 16e, et l'équipe s'en donne les moyens. Le décor est élégant et contemporain, dans des tons beige, tabac et taupe, créant une atmosphère chic sans être pesante. Côté cuisine, on apprécie des recettes savoureuses et bien troussées, toujours efficaces, à l'image de ce tartare d'écrevisses aux zestes de citron vert, de ce rognon de veau à la moutarde à l'ancienne, ou de ce canon d'agneau "croustillant rôti" et sa fine ratatouille croquante au thym. Cerise sur le gâteau, les prix sont abordables !

Jérémie

CUISINE MODERNE • ÉLÉGANT

33 r. de Longchamp
01 47 04 96 81
www.restaurantjeremie.com
Boissière

PLAN : D3
Fermé 29 juillet-28 août, samedi midi et dimanche

Menu 40 € – Carte 51/68 €

C'est en lieu et place du restaurant Passiflore que Jérémie Tourdjman a pris ses quartiers en 2014. Une ère nouvelle pour l'adresse : si elle conserve un élégant décor, empreint de sobriété, le jeune chef est un tenant de la bistronomie, soucieux notamment de mettre en avant le produit de façon simple, franche et directe... sans rechigner cependant à livrer un vrai travail de cuisinier (il est auparavant passé par les cases Constant et Ducasse). De là de belles assiettes, centrées sur des ingrédients de qualité et aux saveurs bien marquées : raviole de langoustine à l'estragon et bisque à l'armoricaine ; soupe de poisson façon bouillabaisse ; ris de veau au sautoir, petits pois à la française ; millefeuille vanille et son caramel au beurre salé... Un travail à encourager !

Juan

CUISINE JAPONAISE • ÉPURÉ

144 r. de la Pompe
01 47 27 43 51
Victor Hugo

PLAN : C1
Fermé 2 semaines en août, dimanche, lundi et fériés

Menu 36 € (déjeuner)/70 €

A/C ¿ Viva España ? Nullement, car ce restaurant est japonais et compte même parmi les plus authentiques ! Une fois franchi la devanture aux vitres fumées, on découvre une salle minuscule, typiquement nippone. La cuisine elle aussi joue la carte de l'épure, si chère au pays du Soleil-Levant. Le midi, une seule formule ; le soir, pas de carte : on se laisse guider par l'inspiration du chef, au fil d'un menu dégustation (servi pour un minimum de deux personnes). Saveurs marquées et bien équilibrées, jeux sur les textures, mets présentés avec esthétisme : autant de qualités que l'on apprécie à travers la pâte de soja aux légumes et tofu à la cacahouète, les sushis et sashimis, les bulots et leur bouillon aromatique... Le service est assuré en costume traditionnel.

Kura

CUISINE JAPONAISE • CONVIVIAL

56 r. de Boulainvilliers
01 45 20 18 32
www.kuraparis.com
La Muette

PLAN : B2
Fermé dimanche en août

Menu 39/115 €

A/C

Un coin de Japon au cœur de Passy ? Mobilier en bois sombre, petit sushi-bar ; on se croirait dans une izakaya, une auberge japonaise. Au piano, deux chefs nippons confirment cette impression d'authenticité. L'un se charge de la préparation des sushis, sashimis et entrées froides – avec dextérité, est-il besoin de le préciser – tandis que l'autre s'occupe des plats chauds. La méthode idéale, sans doute, pour donner le meilleur de cette cuisine kaiseki. Outre la carte, le menu du soir permet de se laisser entièrement guider par l'inspiration et l'inventivité des chefs. L'occasion de s'abandonner à cette délicatesse toute japonaise, où la fraîcheur des produits se marie avec bonheur au raffinement des présentations.

Lili

CUISINE CHINOISE • ÉLÉGANT

Hôtel Peninsula
19 av. Kléber
01 58 12 67 50
www.paris.peninsula.com/fr/
Kléber

PLAN : D3
Fermé 22-29 février et 13-30 août

Menu 58 € (déjeuner), 68/150 € – Carte 80/120 €

Le groupe hôtelier de luxe hongkongais, Peninsula, a frappé fort avec l'inauguration, en 2014, de son premier établissement parisien, créé dans un superbe bâtiment de 1908, voisin de la place de l'Étoile. Parmi son offre gastronomique aussi riche que plurielle, il abrite comme il se doit une table chinoise : Lili, du nom d'une célèbre cantatrice d'opéra chinois des années 1920 – la thématique de l'opéra a d'ailleurs inspiré le décor profus de la salle, tout en hautes colonnes, boiseries sculptées, voilages précieux, etc. La longue carte réunit un large éventail de spécialités emblématiques des grandes régions gastronomiques chinoises (au premier rang desquelles celle de Canton) : une véritable ambassade de la cuisine extrême-orientale.

La Marée Passy

POISSONS ET FRUITS DE MER • CONVIVIAL

71 av. Paul-Doumer
01 45 04 12 81
www.lamareepassy.com
La Muette

PLAN : B2

Carte 45/60 €

L'enseigne annonce la couleur ! Ce restaurant est résolument orienté produits de la mer. Entrées et plats s'affichent sur l'ardoise du jour : huîtres, palourdes, gambas, langoustines, sardines, turbots, soles ou bars, tous de belle fraîcheur, provenant de mareyeurs de Bretagne ou de Vendée (Loctudy, Quiberon, baie du Mont-St-Michel, St-Gilles-Croix-de-Vie). Les préparations s'avèrent goûteuses, les cuissons bien maîtrisées, les garnitures soignées. Et les desserts ne sont pas en reste, tel ce baba au rhum pour deux. Côté décor, la salle à manger vous pousse vers les flots : impression d'être à bord d'un vieux bateau grâce aux parois de bois blond, tissus et lampes rouges, maquettes, gravures et instruments de navigation...

Marius

POISSONS ET FRUITS DE MER • ÉLÉGANT

82 bd Murat
01 46 51 67 80
www.restaurantmarius.fr
Ⓜ Porte de St-Cloud

PLAN : A3
Fermé août, samedi midi et dimanche

Carte 45/75 €

Véritable institution du quartier de la porte de St-Cloud, Marius est la table des amateurs de cuisine iodée, tendance provençale. Poissons et fruits de mer d'une qualité irréprochable se partagent les rôles dans des préparations bien faites et quelques spécialités, dont l'immanquable bouillabaisse, qui vaut le détour. Le chef renouvelle ses suggestions chaque jour : aujourd'hui, sardines grillées aux herbes ; demain, steak de thon au gingembre, citron et huile d'olive... Bien d'autres plats vous donneront à coup sûr envie de revenir dans ce restaurant où souffle le vent du large (mais où la carte compte quelques viandes pour satisfaire les irréductibles carnassiers). Cadre confortable – murs clairs, miroirs, stores en bois – et terrasse d'été bien protégée.

Le Metropolitan

CUISINE MODERNE • DESIGN

Hôtel Metropolitan Radisson Blu
10 pl. de Mexico
01 56 90 40 04
www.radissonblu.com/hotel-pariseiffel
Ⓜ Trocadéro

PLAN : C3
Fermé 3 semaines en août, dimanche et lundi

Menu 31 € (déjeuner)/59 € – Carte 46/61 €

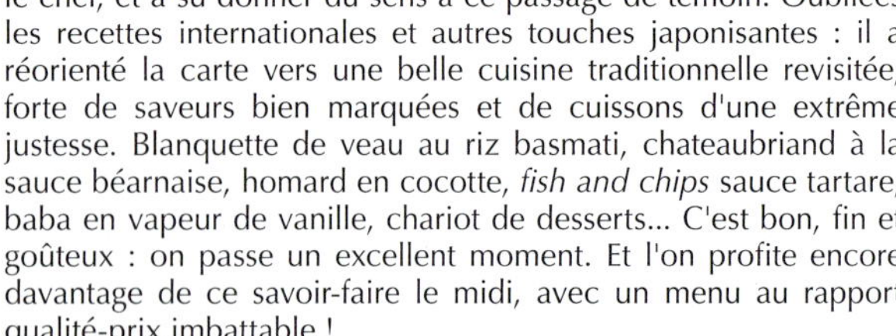

L'ancien second du restaurant de l'hôtel Metropolitan est est devenu le chef, et a su donner du sens à ce passage de témoin. Oubliées les recettes internationales et autres touches japonisantes : il a réorienté la carte vers une belle cuisine traditionnelle revisitée, forte de saveurs bien marquées et de cuissons d'une extrême justesse. Blanquette de veau au riz basmati, chateaubriand à la sauce béarnaise, homard en cocotte, *fish and chips* sauce tartare, baba en vapeur de vanille, chariot de desserts... C'est bon, fin et goûteux : on passe un excellent moment. Et l'on profite encore davantage de ce savoir-faire le midi, avec un menu au rapport qualité-prix imbattable !

Monsieur Bleu

CUISINE MODERNE • ÉLÉGANT

20 av. de New-York (Palais de Tokyo) PLAN : D3
01 47 20 90 47
www.monsieurbleu.com
Iéna

Carte 42/102 €

Cette néobrasserie chic et imposante a alimenté la chronique mondaine dès son inauguration au printemps 2013... Son emplacement, au cœur du palais de Tokyo, n'y est bien sûr pas pour rien, mais ce n'est pas tout : ses volumes aériens (9 m sous plafond !), son décor inspiré par l'Art déco et le modernisme, tout en gris, vert et or – une réalisation du designer Joseph Dirant –, et sa terrasse toisant la Seine et la tour Eiffel : tout prête aux mondanités. Évidemment, l'assiette n'est pas en reste, à travers des plats actuels, francs et bien ficelés, évoluant au fil des saisons. Carpaccio de bar, cuisses de grenouilles, foie de veau poêlé, cochon de lait laqué aux épices, ou encore ce délicieux cabillaud aux morilles... Un endroit très en vue !

L'Oiseau Blanc

CUISINE MODERNE • DESIGN

Hôtel Peninsula PLAN : D3
19 av. Kléber
01 58 12 67 30
http://paris.peninsula.com/fr/
Kléber

Formule 59 € – Menu 69 € (déjeuner), 109/129 €

Le restaurant de "gastronomie française contemporaine" du Peninsula, ce luxueux hôtel inauguré en 2014 par le groupe hongkongais éponyme, à deux pas de l'Arc de Triomphe. Son nom fait référence à l'avion avec lequel Nungesser et Coli tentèrent – sans succès – la première traversée de l'Atlantique nord en 1927 : une reproduction grandeur nature de l'appareil est suspendue au sommet de l'hôtel, comme si elle allait partir à l'assaut des cieux. Un bel hommage rendu aux deux pionniers... mais également au ciel de Paris ! Sous sa verrière posée sur les toits, le restaurant semble en effet voler au-dessus de la capitale, et la terrasse offre une vue magistrale de la tour Eiffel au Sacré-Cœur. Un cadre propice aux envolées lyriques, en profitant d'une cuisine douée elle aussi de beaux effets visuels.

Passy Mandarin La Muette

CUISINE CHINOISE • EXOTIQUE

6 r. Bois-le-Vent
01 42 88 12 18
www.restaurant-passy-mandarin.fr
Ⓜ La Muette

PLAN : B2
Fermé août et lundi

Formule 17 € – Menu 50 € – Carte 27/100 €

Fondé en 1976 par le père de son actuel propriétaire, le Passy Mandarin La Muette joue la carte de la permanence : l'authenticité est de mise dans les assiettes, où l'on retrouve les grandes spécialités de la cuisine chinoise (en particulier cantonaise), mais aussi quelques plats thaïlandais et vietnamiens. Potage pékinois, dim sum, marmite de porc, filet de bœuf aux saveurs de la vie (associant l'amer, le salé, le sucré et l'acide à travers une association de haricots noirs, de zestes d'orange, d'une sauce aigre-douce et de piment), sans oublier le fameux canard laqué à la pékinoise. Quant au décor, il assume pleinement ses chinoiseries : paravents, boiseries sculptées, toiles tissées, vases, bibelots chinés, etc. Une certaine authenticité, oui !

Le Petit Boileau

CUISINE TRADITIONNELLE • BISTRO

98 r. Boileau
01 42 24 48 67
www.lapetitboileau.com
Ⓜ Porte de St Cloud

PLAN : B3
Fermé 3 semaines en août, dimanche et lundi

Formule 18 € – Carte 30/46 €

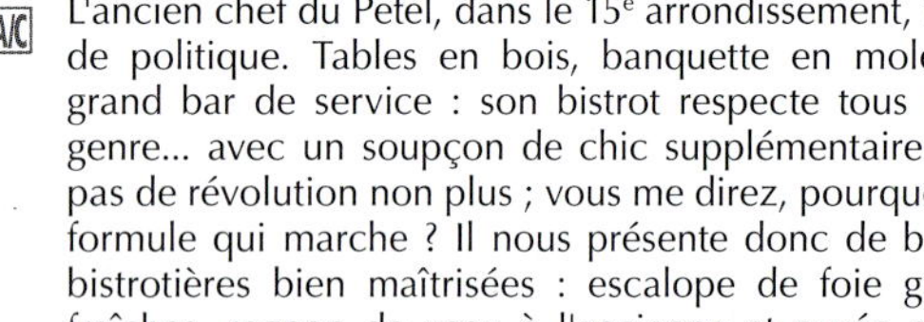

A/C

L'ancien chef du Petel, dans le 15e arrondissement, n'a pas changé de politique. Tables en bois, banquette en moleskine orange, grand bar de service : son bistrot respecte tous les canons du genre... avec un soupçon de chic supplémentaire. Côté cuisine, pas de révolution non plus ; vous me direz, pourquoi changer une formule qui marche ? Il nous présente donc de bonnes recettes bistrotières bien maîtrisées : escalope de foie gras aux figues fraîches, rognon de veau à l'ancienne et purée maison, nougat glacé au pain d'épices et écrasé de framboises... Le tout servi dans une ambiance conviviale et décontractée, et à des prix très sages. On ne boude pas notre plaisir !

Le Petit Pergolèse

CUISINE TRADITIONNELLE • TENDANCE

38 r. Pergolèse
01 45 00 23 66
Porte Maillot

PLAN : C2
Fermé août, samedi et dimanche

Carte 44/74 €

Le Petit Pergolèse vise la qualité dans la simplicité : décor moderne original (tables en ardoise lustrées à l'huile de lin, banquettes, tons rouge et noir) et mise en place sans prétention avec tables serrées... La salle semble surtout une véritable galerie d'art contemporain, avec des expositions renouvelées au fil des mois – la passion du patron. Ce cadre actuel et vivant attire une large clientèle qui vient "entre copains" apprécier une cuisine traditionnelle joliment revisitée et pleine de saveurs. La carte fait la part belle à des plats simples et soignés (salade de homard à la vinaigrette de truffe, filet de bœuf au poivre vert, mousse chaude au chocolat et sa glace vanille), et l'ardoise évolue au gré du marché, tout comme les suggestions – formulées oralement – qui ont la faveur du chef.

Prunier

POISSONS ET FRUITS DE MER • CLASSIQUE

16 av. Victor-Hugo
01 44 17 35 85
www.prunier.com
Charles de Gaulle-Etoile

PLAN : D2
Fermé août, samedi midi, dimanche et fériés

Menu 47 € (déjeuner), 85/175 € – Carte 62/215 €

Cette brasserie de luxe classée, née en 1925, reste de première fraîcheur. Grâce au talent d'Éric Coisel, qui porte haut son vénérable éclat et sa signature séculaire : "Tout ce qui vient de la mer"... Avec son banc d'écailler à l'entrée, la maison célèbre toujours les nobles produits marins. Mais pas seulement ! Sachez que la maison Prunier produit son propre caviar dans le Sud-Ouest. Sans oublier les autres incontournables : caviars d'ailleurs et saumons (Balik, Tsar Nikolaj, etc.). Des classiques auxquels s'ajoutent des créations régulièrement renouvelées (fricassée de coquillages ; rouget barbet, tapenade et basilic ; etc.). Une cuisine de qualité, une belle carte des vins avec un bon choix de bourgognes blancs, le tout dans un cadre d'exception, imaginé par les plus grands mosaïstes, graveurs et sculpteurs de l'époque Art déco. Les amateurs du style sont au paradis !

6 New York

CUISINE MODERNE • DESIGN

6 av. de New-York
01 40 70 03 30
www.6newyork.fr
Alma Marceau

PLAN : D3
Fermé août, samedi midi et dimanche

Formule 36 € – Menu 45 € (déjeuner), 70/90 € – Carte 46/76 €

L'enseigne vous dit tout sur l'adresse... postale, loin d'une table nord-américaine ! Au 6 avenue de New-York, donc, sur les quais de Seine, avec la tour Eiffel en point de mire : aucun doute, vous êtes bien à Paris. Une telle situation ne manque d'ailleurs pas d'attirer les touristes en quête de bonnes adresses, tout en fidélisant de nombreux habitués qui ne se lassent ni de la vue ni du cadre contemporain, bien dans l'air du temps. Et la cuisine ? Au goût du jour, elle aussi, plutôt diététique et subtilement inventive. Au moment de la commande, le patron saura vous conseiller au mieux : pizzaleta de langoustines et pousses d'épinard, duo de rognon rôti et ris de veau braisé, riz au lait avec son pain perdu brioché. Quant au service, il est convivial et chaleureux : on est accueilli comme à la maison...

La Table du Baltimore

CUISINE MODERNE • COSY

Hôtel Baltimore
1 r. Léo-Delibes
01 44 34 54 34
www.latabledubaltimore.fr
Boissière

PLAN : D3
Fermé août, samedi, dimanche et fériés

Formule 40 € – Carte 80/100 €

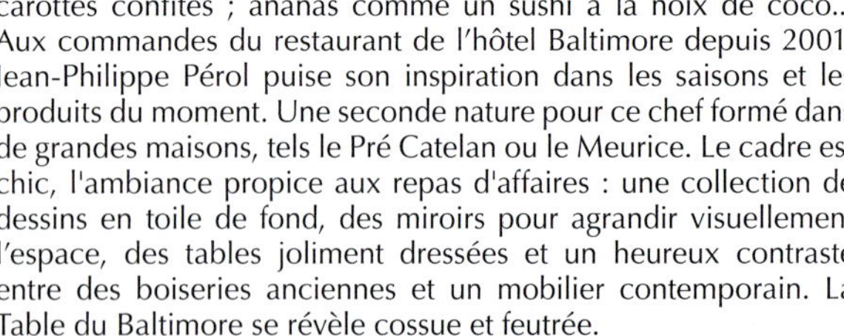

Tourteau à la tomate séchée et ciboule ; ris et joue de veau aux carottes confites ; ananas comme un sushi à la noix de coco... Aux commandes du restaurant de l'hôtel Baltimore depuis 2001, Jean-Philippe Pérol puise son inspiration dans les saisons et les produits du moment. Une seconde nature pour ce chef formé dans de grandes maisons, tels le Pré Catelan ou le Meurice. Le cadre est chic, l'ambiance propice aux repas d'affaires : une collection de dessins en toile de fond, des miroirs pour agrandir visuellement l'espace, des tables joliment dressées et un heureux contraste entre des boiseries anciennes et un mobilier contemporain. La Table du Baltimore se révèle cossue et feutrée.

La Table Lauriston

CUISINE TRADITIONNELLE • TENDANCE

129 r. Lauriston
01 47 27 00 07
www.restaurantlatablelauriston.com
Trocadéro

PLAN : C3
Fermé 1er-27 août, samedi midi et dimanche

Menu 28 € (déjeuner en semaine) – Carte 42/83 €

Pour changer de l'ambiance ouatée et chic des nombreux restaurants gastronomiques du quartier, voici l'adresse idéale. La Table Lauriston n'est autre qu'un bistrot convivial, à deux pas de la rue de Longchamp et de l'avenue Poincaré. Généreuse, bien faite et sans esbroufe, sa cuisine bistrotière a tout pour séduire les gourmands. Jetez un coup d'œil sur l'ardoise et lancez-vous sans plus attendre, tous les classiques sont là, figurant en bonne place selon les saisons : tournedos de foie de veau au vinaigre, entrecôte de premier choix, harengs pommes à l'huile, baba au rhum. Un florilège de saveurs franches et rassurantes. Détail qui ne gâche rien : le beau choix de vins au verre, sélectionnés par le chef lui-même, fils de vigneron.

Terrasse Mirabeau

CUISINE MODERNE • COSY

5 pl. de Barcelone
01 42 24 41 51
www.terrasse-mirabeau.com
Mirabeau

PLAN : B3
Fermé 3 semaines en août, 1 semaine fin décembre, samedi et dimanche

Formule 25 € – Menu 36/48 € – Carte environ 56 €

Queues de langoustines rôties en cappuccino. Lieu jaune en tournedos au chorizo. Pied de cochon désossé et pané au homard. Cocotte de légumes à la vapeur, beurre à la fleur de sel de Noirmoutier parfumé à l'agastache. Millefeuille à la crème légère de citron. La carte interpelle et… les assiettes tiennent toutes leurs promesses : Pierre Négrevergne (formé auprès de Michel Rostang) signe une belle cuisine d'aujourd'hui, appuyée sur de solides bases classiques – et des produits de qualité bien mis en valeur. L'assurance d'un bon moment, dans un cadre contemporain à la fois sobre et coloré (tons blanc, brun et rouge, miroirs, toiles abstraites) et, dès les premiers jours du printemps, sur une jolie terrasse verdoyante, à deux pas du pont Mirabeau. L'enseigne ne ment pas ; l'assiette non plus.

Le Tournesol

CUISINE TRADITIONNELLE • VINTAGE

2 av. de Lamballe
01 45 25 95 94
www.le-tournesol.fr
Ⓜ Avenue du Président Kennedy

PLAN : C2
Fermé 1 semaine en août

Carte 37/73 €

Au pied de cet immeuble bourgeois, dès les premiers beaux jours venus, les Parisiens semblent jouer aux tournesols, pivotant en cœur face au soleil pour ne pas en rater un rayon... Il faut avouer qu'elle est bien agréable, la terrasse de ce restaurant, d'où la vue porte jusque sur la Seine ! Et l'on ne se détournera pas si l'on doit gagner la salle intérieure, très réussie dans son inspiration années 1920 : murs blanc et or, motifs floraux, banquettes en velours noir, photos anciennes... Dans un tel cadre, on ne s'étonnera pas de retrouver à la carte de grands classiques de la brasserie, mais des recettes plus originales y ont aussi cours : crabe-avocat ou salade de bœuf façon thaïlandaise ? Pavlova aux fruits rouges ou cheesecake ? Le tout bien parfumé... Ce Tournesol a déjà fait tourner quelques têtes !

Tsé Yang

CUISINE CHINOISE • EXOTIQUE

25 av. Pierre-1er-de-Serbie
01 47 20 70 22
Ⓜ Iéna

PLAN : D3

Menu 34 € (déjeuner), 45/53 € – Carte 45/100 €

A/C

Situé à deux pas du palais de Tokyo, cet élégant restaurant chinois vous transporte aussitôt l'entrée franchie dans les corridors de la Cité Interdite. Lions de jade monumentaux à la porte, intérieur riche de ses tissus sombres et plafonds dorés, mobilier en bois noir sculpté de motifs typiques : le décor relooké par James Tinel et Emmanuel Benet puise aux sources de l'Empire du Milieu. La carte présente un éventail de plats issus des régions de Pékin, de Shanghai et du Sichuan. Entre autres spécialités maison : assortiment de raviolis (dim-sum), canard rôti au thé de Chine, bar étouffé dans sa vapeur, véritable canard laqué (à la pékinoise). Un établissement qui séduira les palais occidentaux... même les plus endurcis !

Victoria 1836

CUISINE MODERNE • ÉLÉGANT

12 r. de Presbourg
01 44 17 97 72
www.victoria-1836.com
Charles de Gaulle-Etoile

PLAN : C1
Fermé samedi midi et dimanche

Formule 36 € – Menu 45 € – Carte environ 100 €

Après dix ans (!) passés auprès de Yannick Alléno au Meurice, Alexandre Auger a pris son envol et atterri dans cette superbe brasserie du dernier chic, installée au coin de la rue de Presbourg : l'Arc de Triomphe est à deux pas... Le chef ne jure que par la qualité et l'authenticité des produits – son papa boucher y est probablement pour quelque chose – et se révèle un cuisiner perfectionniste : une double exigence que l'on retrouve dans chacune de ses assiettes. Avec des propositions variées (tartares, salades, hamburgers, mais aussi caviar, homard, sole...), la carte devrait satisfaire tous les appétits. Quant au cadre, il ne manque pas de charme, avec ses boiseries et ses vastes fenêtres offrant une vue imprenable sur la place de l'Étoile... L'élégance même !

Le Vinci

CUISINE ITALIENNE • ÉLÉGANT

23 r. Paul-Valéry
01 45 01 68 18
www.restaurantlevinci.fr
Victor Hugo

PLAN : D3
Fermé 1er-22 août, samedi et dimanche

Menu 38 € – Carte 48/84 €

Dans une rue calme, près de l'avenue Victor-Hugo, ce "ristorante" offre une belle carte de cuisine italienne, agrémentée de touches contemporaines françaises : cette table transalpine est ouverte aux influences locales. Le décor, coloré, fleure bon la péninsule et met tout de suite dans l'ambiance. Confortablement attablé, attaquez-vous à la lecture de la carte qui décline les spécialités de la maison, parfaitement exécutées : émietté de tourteau, suprême d'agrumes surmonté d'un carpaccio de Saint-Jacques à l'huile d'olive et basilic... Sans compter le cappuccino "café café" et sa mousse de lait, un vrai délice, et une attrayante carte de vins italiens. Inutile de préciser que cette adresse fait souvent salle comble !

17e

Palais des Congrès · Wagram · Ternes · Batignolles

H. Hughes / hemis.fr

17e
Palais des Congrès, Wagram, Ternes, Batignolles
0 300 m
A
B
1
2
3
Pont de Levallois-Bécon
R. Paul Vaillant Couturier
R. du Président Wilson
R. Anatole France
R. Aristide Briand
R. Victor Hugo
LEVALLOIS-PERRET
Anatole France
Louise Michel
PORTE D'ASNIÈRES
PORTE DE CHAMPERRET
NEUILLY-SUR-SEINE
Bd Bineau
Av. de la Porte de Villiers
PÉRIPHÉRIQUE
R. de Courcelles
Bd de Reims
Av. S. Mallarmé
Pl. de Wagram
Boulevard Péreire
Péreire-Levallois
Porte de Champerret
Pétrus
Pl. du Mal Juin
Péreire
Av. de Wagram
Wagram
L'Entredgeu
Dessirier par Rostang Père et Filles
Papillon
R. Saint Cyr
R. J.-B. Dumas
R. Bayen
R. Laugier
Niel
R. Demours
Caves Petrissans
R. Rennequin
Maison Rostang
XVII sur Vin
Bd Gouvion Saint
PALAIS DES CONGRÈS DE PARIS
Bd Pershing
Boulevard
Frédéric Simonin
Dix-Huit
R. Pierre
Le Petit Verdot du 17ème
Le Bistrot d'à Côté Flaubert
R. Guersant
Le Palanquin
R. Poncelet
Pl. Tristan Bernard
Rech
Av. Bayen
L'Escient
Courcelles
La Maison de Charly
Rue
Pl. des Ternes
Ternes
Porte Maillot
Neuilly - Porte Maillot Palais des Congrès
R. St Ferdinand
R. d'Armaillé
Caïus
Av. des Acacias
Av. Mac Mahon
Graindorge
Le Café d'Angel
Rue Daru
Av. Hoche
Pl. de la Pte Maillot
PORTE MAILLOT
16e
Timgad
R. Brunel
Av. de la Grande Armée
R. des
Av. Carnot
R. Troyon
La Scène Thélème
Samesa
Le Pré Carré
Argentine
Ch. de Gaulle Étoile
Av. de Friedland
Sormani
Bistro d'Italie
ARC DE TRIOMPHE
Pl. Charles de Gaulle

C
D
CLICHY
PORTE DE SAINT-OUEN
CIMETIÈRE DES BATIGNOLLES
PORTE DE CLICHY
PÉRIPHÉRIQUE
Porte de Clichy
Porte de St Ouen
1
Guy Môquet
PARC CLICHY BATIGNOLLES MARTIN LUTHER KING
Coretta
Brochant
L'Envie du Jour
18e
2
La Fourche
CIMETIÈRE DE MONTMARTRE
Comme Chez Maman
Cap
La Fourchette du Printemps
Le Bouchon et l'Assiette
Agapé
Le Clou de Fourchette
Malesherbes
Karl & Erick
Gare au Gorille
Place de Clichy
Jacques Faussat
Pl. du Gal Catroux
Les Poulettes Batignolles
Rome
Villiers
Homard & Bœuf
9e
Monceau
PARC MONCEAU
Liège
Europe
3
GARE ST-LAZARE
St Lazare
ST-AUGUSTIN
Pl. d'Estienne d'Orves
8e
St Augustin
Miromesnil
Havre Caumartin
Bd Victor Hugo
Bd Jean Jaurès
R. Martre
Bd Bessières
Av. de Saint Ouen
R. Pouchet
R. de la Jonquière
R. Guy Môquet
Av. de Clichy
Bd Berthier
R. Legendre
R. Cardinet
Rue Nollet
R. Etex
R. de Tocqueville
R. Pereire
R. d'Abbans
Bd Malesherbes
Bd Jouffroy
Villiers
Bd des Batignolles
R. des Batignolles
R. de Rome
R. de St-Pétersbourg
R. d'Amsterdam
R. de Clichy
Prony
Bd de Courcelles
R. de Constantinople
R. du Rocher
R. de Liège
R. de Madrid
R. de Vienne
R. de Londres
Bd Monceau
R. de Lisbonne
Av. de Messine
R. de Miromesnil
Bd Haussmann
R. de la Pépinière

Maison Rostang ✿✿

CUISINE CLASSIQUE • ÉLÉGANT

20 r. Rennequin
01 47 63 40 77
www.maisonrostang.com
Ⓜ Ternes

PLAN : B3
Fermé 2 semaines en août, lundi midi, samedi midi et dimanche

Menu 90 € (déjeuner), 185/225 € – Carte 150/215 €

A/C

Michel Rostang

Entre Michel Rostang et Nicolas Beaumann, chef de la maison depuis sept ans, le passage de témoin s'est déroulé de la plus sereine des manières. Il en fallait, du talent, pour succéder à un Rostang dont le travail s'est toujours inscrit dans la lignée des plus grandes tables. Ainsi donc Beaumann fait la démonstration de son grand talent sans jamais renier le passé. Il met toujours en valeur des produits magnifiques, liés au rythme des saisons (gibier en automne, truffe en hiver), soutenus par des vins au diapason (tout spécialement les côtes-du-rhône) ; il mise sur des valeurs sûres, vise l'excellence dans le classicisme et atteint généralement sa cible. Quant au décor, luxueux et insolite, il séduit jusqu'aux habitués de la maison : salon Art nouveau, salon Lalique, salon Robj ouvert sur le spectacle des fourneaux, collection d'œuvres d'art (César, Arman, porcelaines…). Un rendez-vous d'esthètes.

ENTRÉES

- Homard bleu confit, risotto d'artichaut et jus de presse au Condrieu
- Foie gras de canard, consommé corsé, féra fumée et légumes de printemps

PLATS

- Ris de veau croustillant, pâtes farcies de champignons et écrevisses
- Saint-pierre rôti au beurre salé, hollandaise

DESSERTS

- Cigare croustillant au tabac Havane et mousseline Cognac
- Fraise au naturel, crémeux yaourt, hibiscus

Agapé

CUISINE MODERNE • ÉLÉGANT

51 r. Jouffroy-D'Abbans
01 42 27 20 18
www.agape-paris.fr
Wagram

PLAN : C2
Fermé samedi et dimanche

Menu 44 € (déjeuner), 99/205 € – Carte 105/160 €

A/C

Agapé

Agapè… En Grèce ancienne, ce mot désignait l'amour inconditionnel de l'autre. Il désigne désormais l'alliance du bon, du brut, et du talent. La carte fait la fête aux produits de saison et de qualité, travaillés dans une veine classique, avec, ça et là, quelques jolies notes plus exotiques (quelques clins d'œil à l 'Asie, notamment). Même lorsqu'elle se débride – salade césar à base de ris de veau et écrevisses ! –, cette cuisine est toujours maîtrisée, canalisée, concentrée sur l'idée de donner du plaisir.

En salle, un décor minimaliste en teintes douces, pour ne se laisser distraire que par sa gourmandise. Et le talent se love partout ailleurs, dans le mariage réussi entre salle et cuisine ou les conseils avisés sur l'accord mets et vins (plus de 600 références). La carte mentionne la provenance des produits au garde-à-vous, triés sur le volet. Il ne reste alors qu'à se laisser bercer, par une jolie romance : celle de la finesse des saveurs, de la justesse des assaisonnements, de la précision des cuissons… Une valeur sûre.

ENTRÉES

- Noix de veau fumée au bois de hêtre
- Tataki de thon rouge fumé, betterave et endive

PLATS

- Homard des côtes bretonnes, girolles, courgette et sauce homardine
- Ris de veau meunière caramélisé au sucre muscovado, petits pois et févettes

DESSERTS

- Crêpe dentelle au sarrasin, crémeux au chocolat, chantilly vanille et glace sarrasin
- Tarte au citron, meringue et sorbet fromage blanc

La Fourchette du Printemps ✿

CUISINE MODERNE • BISTRO

30 r. du Printemps
01 42 27 26 97 (réservation conseillée)
www.lafourchetteduprintemps.com
Ⓜ Wagram

PLAN : C2
Fermé août, dimanche et lundi

Formule 25 € – Menu 30 € (déjeuner en semaine), 55/75 € – Carte environ 62 €

La Fourchette du Printemps

Et si une fourchette faisait le printemps ? Un vœu exaucé en toute saison dans ce bistrot contemporain où l'on sait exalter, avec autant de réussite que de simplicité, les belles saveurs. Aux fourneaux, Nicolas Mouton fait preuve d'un vrai sens du produit, des cuissons, des jeux de textures... La carte est courte et diablement alléchante, réussissant par exemple le mariage d'un gravlax de saumon et d'une gaufre tiède (clin d'œil à ce Nord dont Nicolas est originaire), revisitant avec subtilité le suprême de volaille en croûte de parmesan, créant la surprise avec une sphère au chocolat blanc garnie de fruits de saison... Le menu change en permanence en fonction du marché : voilà ce qui fait le sel de la vie, voilà tout le piment de cet endroit, au demeurant sans prétention. Comptoir en zinc, banquettes bistrotières : l'atmosphère est décontractée, sans chichi et chaleureuse. Pas de doute, cette Fourchette-là a de belles saisons devant elle.

ENTRÉES

- Raviole de tourteau, mangue, pomme verte, avocat, crumble de fruits secs
- Foie gras poêlé, royale de foie gras, poulet croustillant, sauce poulette

PLATS

- Saint-pierre poêlé aux olives taggiasche, risotto crémeux et jus de coques
- Joue de bœuf confite, foie gras poêlé, mousseline de pomme de terre

DESSERTS

- Sphère citron et verveine
- Paris-brest croustillant, crème praliné

Frédéric Simonin ✿

CUISINE MODERNE • COSY

25 r. Bayen
✆ 01 45 74 74 74
www.fredericsimonin.com
Ⓜ Ternes

PLAN : B3
Fermé 30 juillet-21 août, dimanche et lundi

Formule 38 € – Menu 49 € (déjeuner), 86/139 € – Carte 95/155 € XX

A/C

Francis Amiand / Frédéric Simonin

Le moins que l'on puisse dire de Frédéric Simonin, c'est qu'il a fait un beau parcours ! Ledoyen, le Meurice, Taillevent, le Seize au Seize, et enfin la Table de Joël Robuchon, où il a gagné ses derniers galons... Rien que des grands noms, à la suite desquels il vient aujourd'hui écrire le sien, non loin de la place des Ternes (pour les connaisseurs : en lieu et place du restaurant Bath's, qu'il a entièrement transformé). Moquette noir et blanc, banquettes de velours sombre, panneaux de verre, déclinaisons élégantes de formes géométriques...

Le design des lieux sied à la cuisine du chef, fine et pleine de justesse. Ne dédaignant pas les touches inventives et parfois japonisantes, il ose les associations originales. L'équation est subtile, maîtrisée... À découvrir à la carte ou à travers le beau menu dégustation. Voilà bel et bien une table raffinée !

ENTRÉES

- Langoustines croustillantes, petits pois, fraises des bois, bavarois d'amande
- Pomme fondante fumée au bois de hêtre, caviar du fleuve Amour, cresson

PLATS

- Veau de Normandie en cocotte, condiment truffe noire et jus au macis
- Saumon sauvage légèrement fumé, betterave, coriandre et gingembre

DESSERTS

- Dacquoise croustillante au praliné feuilleté, ganache chocolat noisette
- Fraîcheur d'herbes glacées, sabayon à la Chartreuse sur coque meringuée

La Scène Thélème ✿ 

CUISINE MODERNE • CONTEMPORAIN

18 rue Troyon
01 77 37 60 99
www.lascenetheleme.fr
Ⓜ Charles de Gaulle-Étoile

PLAN : B3
Fermé samedi midi, dimanche et lundi

Formule 39 € – Menu 49 € (déjeuner en semaine), 115/145 € – Carte 110/150 €

Michelin

Au 18 de la rue Troyon, en lieu et place de l'ancien restaurant de Guy Savoy, on trouve cette table atypique où l'art – et, particulièrement, le théâtre – rejoint la gastronomie. D'ailleurs, le nom du restaurant est un hommage à la l'Abbaye de Thélème, une création utopique que l'on doit à Rabelais. On peut donc, dès 19h, assister à une représentation théâtrale (attention, 50 places seulement) avant d'aller ensuite d'attabler pour dîner. Riche idée, qui devrait trouver son public à Paris !

D'autant que l'ambition artistique n'empiète jamais sur la partition culinaire. On est vite séduit par cette cuisine de produits généreuse et gourmande, particulièrement soignée, avec – nous a-t-il semblé – une affection particulière pour le piquant des agrumes : avis aux amateurs. Le jeune chef, rapatrié du Baudelaire avec une bonne partie de sa brigade, est à l'aise dans son rôle et cela se sent. Tout le personnel, du directeur de salle au sommelier, est du même tonneau : avec de tels acteurs, on ne peut passer qu'un moment mémorable... Allez, en scène !

ENTRÉES

- Ravioles de foie gras de canard, artichaut, aubergine et jus de volaille acidulé
- Cuisses de grenouilles croustillantes, velouté de topinambour

PLATS

- Saint-Jacques de plongée, arancini, mouron des oiseaux et marmelade de citron
- Côte de veau cuite au sautoir, cèpes bouchon, figues et noisettes

DESSERTS

- Crème légère à la vanille tahitensis et poivre de sarawak
- Noisette de Bourgogne, streusel cacao et ganache gianduja

Comme Chez Maman

CUISINE MODERNE • CONVIVIAL

5 r. des Moines
01 42 28 89 53
www.comme-chez-maman.com
Brochant

PLAN : D2
Fermé 10-23 août et 23-27 décembre

Formule 18 € – Menu 20 € (déjeuner)/36 € – Carte 38/58 €

Au cœur des Batignolles, près d'un square, un bistrot contemporain – briques blanches, murs jaune paille – où l'on se sent... comme chez maman ! Le jeune chef belge, Wim Van Gorp, a pour lui un très beau parcours l'ayant mené, après un apprentissage chez Alain Ducasse, à prendre les rênes du Market de Jean-Georges Vongerichten (8e arrondissement). Désormais bien installé dans son fief du 17e, il joue la carte des jolies recettes ménagères : rognon de veau grillé aux aromates, gnocchis maison au beurre et à la sauge, gaufre – un délicieux hommage à ses origines flamandes... Tout est généreux et goûteux : maman peut être fière !

L'Entredgeu

CUISINE TRADITIONNELLE • BISTRO

83 r. Laugier
01 40 54 97 24 (réservation conseillée)
Porte de Champerret

PLAN : A2
Fermé dimanche

Formule 26 € – Menu 36 €

Quelle ambiance dans ce troquet ! À croire que tout le 17e en a fait sa cantine. On raffole des créations du chef, d'origine béarnaise, dans la droite ligne de la tradition : maquereau fumé, ratte, betterave et raifort ; macaire de boudin noir béarnais maison ; cabillaud rôti en croûte de poivron et risotto de langues d'oiseaux ; ou encore soufflé au Grand Marnier en dessert... tout cela fonctionne à merveille, d'autant que les prix sont plutôt tenus. Rançon du succès, on joue souvent à guichets fermés et le service presse parfois un peu le pas. Mais la bonne humeur qui règne fait tout pardonner. De fait, que serait cette salle de bistrot sans les plaisanteries qui fusent et les tintements de verres ? Sans conteste l'un des meilleurs rapports qualité-prix de la capitale.

L'Envie du Jour

CUISINE MODERNE • CONVIVIAL

106 r. Nollet
01 42 26 01 02
www.lenviedujour.com
Brochant

PLAN : D2
Fermé dimanche et lundi

Formule 24 € – Menu 32/44 €

A/C

Les gastronomes parisiens se souviennent de feu La Bigarrade ; en lieu et place s'épanouit aujourd'hui cette Envie du Jour, création signée Sergio Dias Lino, jeune chef qui ne manque pas d'envies. Ouvertes sur la petite salle, les cuisines concentrent toute l'attention et l'on peut même ne rien rater des fourneaux en s'installant sur le comptoir central : le geste du cuisinier prime ! Un geste plein d'attentions et inspiré : les beaux produits sont bichonnés pour qu'ils donnent le meilleur d'eux-mêmes, et les assiettes révèlent force couleurs et parfums. Ainsi ce délicat velouté de chou-fleur parsemé de pétales croquants de radis, d'éclats de noisette grillés, d'un original pesto à l'oseille et de lamelles de pata negra de première qualité... le tout accompagné d'une petite sélection de vins bien choisis. Et vous, quelle est votre envie ?

Graindorge

CUISINE FLAMANDE • VINTAGE

15 r. Arc-de-Triomphe
01 47 54 00 28
www.le-graindorge.fr
Charles de Gaulle-Étoile

PLAN : B3
Fermé 2 semaines en août, samedi midi, lundi midi et dimanche

Formule 28 € – Menu 32 € (déjeuner), 36/50 € – Carte 45/65 €

Le climat de l'Étoile réussit plutôt bien à Bernard Broux, sans doute parce qu'il a su adapter au goût parisien ce qui fait le charme des auberges de son "Ch'Nord" natal ! Dans la salle d'esprit Art déco, on s'attable volontiers devant un potjevlesch, des bintjes farcies à la brandade de morue, un waterzoï de la mer aux crevettes grises d'Ostende ou encore l'incontournable lièvre à la flamande pendant la saison de la chasse... De généreuses recettes flamandes, donc, complétées de suggestions du marché. Le tout se déguste avec de belles bières artisanales d'outre-Quiévrain (Angélus, Moinette Blonde), mais que les amateurs de vin se rassurent, ils trouveront aussi leur bonheur !

Le Petit Verdot du 17ème

CUISINE TRADITIONNELLE • BISTRO

9 r. Fourcroy
01 42 27 47 42
Ternes

PLAN : B3
Fermé 3 semaines en août, samedi midi et dimanche

Carte 31/50 €

Deux jeunes trentenaires se sont associés pour donner un coup de fouet à cette antique adresse du quartier des Ternes. Et le moins que l'on puisse dire, c'est que ça déménage ! Mettant à profit une expérience déjà riche – Vincent vient de l'Atelier de Joël Robuchon, Guillaume a fait ses classes au sein de tables étoilées en Bretagne –, ils déclinent ici une cuisine de bistrot généreuse et sincère, fraîche et goûteuse : escargots en raviole, bouillon de champignons, tartare de bœuf charolais, pannacotta coco et fruits de la passion ... On dévore ces plats sur de grosses tables rustiques, parmi les habitués, à la bonne franquette ! Et pour ne rien gâcher, l'accueil est impeccable, et le service plein de gaieté. On y retourne quand ?

Bistro d'Italie

CUISINE ITALIENNE • CONVIVIAL

4 r. Gén.-Lanzerac
01 40 55 90 00
Charles de Gaulle-Étoile

PLAN : B3
Fermé samedi midi, dimanche et les week-ends en août

Carte 30/55 €

Son nom dit tout : on pourrait très bien imaginer que cette adresse, mi-bistrot, mi-trattoria, ait été copiée-collée depuis l'autre côté des Alpes. Une déclinaison dans la simplicité, où la gourmandise reste chose sérieuse – comme toujours en Italie ! La carte se divise en deux grands chapitres : les pizzas d'une part (garnies de produits de premier choix, tels la truffe et le jambon de Parme) et les pâtes d'autre part (spaghettis all'arrabbiata, alla puttanesca – olives, câpres et anchois –, etc.), mais l'on trouve aussi d'appétissants classiques, telle cette côte de veau façon osso-buco, ou juste rôtie au jus, accompagnée de pommes grenailles. En dessert, place aux inévitables glaces italiennes. En un mot : une cuisine droit dans sa Botte !

Le Bistrot d'À Côté Flaubert

CUISINE TRADITIONNELLE • BISTRO

10 r. Gustave-Flaubert
01 42 67 05 81
www.bistrotflaubert.com
Ternes

PLAN : B3
Fermé 3 semaines en août, samedi midi, dimanche et lundi

Menu 26 € (déjeuner)/39 € – Carte 48/81 € 

Côté assiette, une cuisine gourmande et généreuse, inspirée par les bouchons lyonnais. Côté décor, une salle chaleureuse, véritable petite bonbonnière rétro aux murs recouverts de barbotines. Pas de doute, on est bien dans un bistrot ! Et il est "d'à côté" car il jouxte le restaurant gastronomique de Michel Rostang, auquel il appartient également. Aux commandes en ces lieux ? Un jeune chef plein d'enthousiasme, qui réalise de beaux classiques : pâté en croûte de canard de Challans et foie gras à l'ancienne ; quenelle de brochet sauce Nantua et riz grillé... Et pour ceux qui ont la dent sucrée, les desserts sont tout aussi traditionnels et savoureux, comme le fondant au chocolat extra-bitter et sa glace vanille. Un bon prétexte pour se diriger du côté de la rue Flaubert.

Le Bouchon et l'Assiette

CUISINE TRADITIONNELLE • BISTRO

127 r. Cardinet
01 42 27 83 93 (réservation conseillée)
Malesherbes

PLAN : C2
Fermé août, 22-28 mai, 31 décembre-10 janvier, dimanche et lundi

Menu 26 € (déjeuner en semaine)/38 € – Carte 45/91 € 

Le jeune couple à la tête de cette affaire a su créer une formule épatante. Au déjeuner, l'ardoise du jour (qui change vraiment chaque jour) propose, à un prix très compétitif, un joli panaché de petits plats gourmands. Le soir, place à des plaisirs plus subtils, par exemple autour d'une fricassée d'escargots au lard, pousses d'épinards et bouillon mousseux de tourin à l'ail. En dessert, le gâteau basque fait un clin d'œil aux origines du chef... Mais la marque de ce dernier, c'est plus largement celle d'une cuisine du marché avide de jolies saveurs. Quant à la carte des vins, elle met en avant d'intéressants petits producteurs. Rue Cardinet, le bouchon et l'assiette forment un couple épatant.

Le Café d'Angel

CUISINE TRADITIONNELLE • BISTRO

16 r. Brey
01 47 54 03 33
www.lecafedangel.com
Charles de Gaulle-Étoile

PLAN : B3
Fermé 2-24 août, 24 décembre-2 janvier, samedi, dimanche et fériés

Menu 27/33 € – Carte 43/53 €

A/C Ce joli café a tout pour plaire avec ses banquettes en skaï, ses faïences aux murs, ses petites tables carrées garnies de sets en papier et ses cuisines visibles derrière le vieux comptoir... Une adresse fétiche pour les nostalgiques des bistrots parisiens d'antan ! D'autant que l'on y mange exactement ce qu'on s'attend à trouver en pareil lieu : de bonnes recettes traditionnelles, 100 % maison. Comme elles changent tous les jours, il vous suffit de guetter l'ardoise en passant : supions poêlés aux herbes, porcelet caramélisé aux épices, croustillant de boudin noir et purée de pomme de terre. Si on ajoute à cela la liégeoise chocolat et son jus caramel à la fleur de sel, il y a fort à parier que, sans vous en rendre compte, le Café d'Angel devienne votre cantine préférée !

Caïus

CUISINE CRÉATIVE • CONVIVIAL

6 r. d'Armaillé
01 42 27 19 20
www.caius-restaurant.fr
Charles de Gaulle-Étoile

PLAN : B3
Fermé 3 semaines en août, samedi et dimanche

Menu 42/120 € – Carte 56/110 € 

A/C 

Cette adresse cache bien son jeu derrière sa devanture en bois plutôt sage : de belles banquettes, de sobres chaises vêtues de cuir noir... pour une expérience sensorielle. Le chef, Jean-Marc Notelet, pourrait presque être comparé à un alchimiste. Exhumant épices et produits oubliés pour en faire des ingrédients magiques, il a l'art de transformer des recettes ordinaires avec ici une pincée de vanille, là un filet d'huile d'argan... Et les idées fusent : chaque jour, il efface la monumentale ardoise et recommence ! Résultat, impossible de se lasser, d'autant que l'atmosphère ne gâche rien. La petite salle moderne est accueillante avec ses boiseries blondes et ses photos glorifiant les précieux condiments. La carte des vins est courte, mais de belle qualité. Pour le plaisir... de tous les sens.

Cap

CUISINE MODERNE • CONVIVIAL

42 bd Péreire
01 44 40 04 15
www.restaurantcap.fr
Wagram

PLAN : C2
Fermé août, mardi soir, samedi midi, dimanche et lundi

Formule 28 € – Menu 34 € (déjeuner en semaine)/56 €

Cap sur Le Cap, ville d'origine du jeune chef qui dirige cet élégant petit restaurant avec son épouse, sur le boulevard Pereire. On s'en doute, sa cuisine a le goût de l'ailleurs, associant techniques d'ici, souvenirs sud-africains et même notes d'Asie (avec notamment pour fil rouge le salé-sucré). Ainsi cet orzo façon risotto et son bouillon de poule crémé parsemé de copeaux de parmesan et de biltong (une viande épicée et séchée typique de l'Afrique du Sud), ou encore ce tiramisu à l'amarula (liqueur tirée du fruit du marula). Autant de recettes bien tournées et pleines de vivacité ! La carte des vins donne également l'occasion de découvrir les crus australs, et dans la jolie salle, quelques objets font écho à l'Afrique du Sud, si lointaine et... décidément très proche.

Caves Pétrissans

CUISINE TRADITIONNELLE • VINTAGE

30 bis av. Niel
01 42 27 52 03 (réservation conseillée)
www.cavespetrissans.fr
Pereire

PLAN : B3
Fermé août, samedi, dimanche et fériés

Menu 36 € – Carte 43/84 €

On ne compte plus les habitués de ces caves plus que centenaires. Et l'adorable Marie-Christine Allemoz – quatrième génération ! – accueille avec la même gentillesse les nouveaux venus. En un clin d'œil, elle vous installe à une table où Céline, Abel Gance ou Roland Dorgelès se sont peut-être déjà assis. "Je vous sers un verre de blanc ?" Répondre par l'affirmative est tentant, mais que choisir ? Suivez les conseils avisés des patrons, ils sauront vous dénicher "la" bouteille qu'il vous faut dans leur incroyable boutique attenante. La terrine maison, la tête de veau sauce ravigote, le rognon de veau flambé à l'armagnac, le baba au rhum, l'île flottante, les cerises à l'eau-de-vie ou l'un des nombreux classiques bistrotiers à la carte prendront alors une autre dimension. Arrière-salle plus intime et terrasse entourée de... ceps de vigne, pour réviser ses cépages !

Le Clou de Fourchette

CUISINE MODERNE • BISTRO

121 r. de Rome
01 48 88 09 97
www.lecloudefourchette.com
Ⓜ Rome

PLAN : C2
Fermé 2 semaines en août, 1 semaine fin décembre, dimanche et lundi

Formule 22 € – Carte 35/60 €

Voilà un restaurant qui plante fièrement le nom de son propriétaire ! Avec ses associés, Christian Leclou invite à un bon "coup de fourchette" rue de Rome. Il serait dommage de bouder ce précieux ustensile quand la façade annonce en toutes lettres : "Boire... et manger". On profite ici de plats fort joliment cuisinés et savoureux, accompagnés d'un bon choix de vins au verre (une quinzaine de références) : os à moelle, escargots et sauce à l'ail ; épaule d'agneau confite aux agrumes et navets au miel de romarin ; lièvre à la royale (entre autres gibiers à l'automne) ; baba au rhum ; etc. Autant de recettes qui invitent à la convivialité entre amis ou collègues : le Clou du spectacle !

Coretta

CUISINE MODERNE • DESIGN

151b r. Cardinet
01 42 26 55 55
www.restaurantcoretta.com
Ⓜ Brochant

PLAN : C2

Formule 25 € – Menu 30 € (déjeuner en semaine), 41 € – Carte 48/62 €

A/C

Dans ce quartier Clichy-Batignolles en plein renouveau, au pied d'un immeuble contemporain toisant le parc Martin-Luther-King (dont l'épouse s'appelait Coretta), cette table née en 2014 creuse un sillon original et fertile ! Le décor adopte une posture éco-responsable : dans une veine épurée, les matériaux bruts dominent (l'ardoise, le marbre mais surtout le chêne), ce qui sied comme un gant à la salle de l'étage, grande ouverte sur les cimes des arbres voisins. Une démarche naturelle que l'on retrouve dans l'assiette : les deux chefs, Béatriz Gonzalez et Jean-François Pantaleon, signent une belle cuisine bistronomique, fondée sur des produits sélectionnés avec soin. Ainsi ces deux beaux tronçons de lotte à la chair nacrée, juteuse et fondante, servis sur un délicieux écrasé de vitelottes et des girolles poêlées. Le goût de la nature...

Dessirier par Rostang Père et Filles

POISSONS ET FRUITS DE MER • CHIC

9 pl. Mar.-Juin
01 42 27 82 14
www.restaurantdessirier.com
Pereire

PLAN : B2
Fermé samedi et dimanche en juillet-août

Formule 44 € – Menu 52 € – Carte 68/122 €

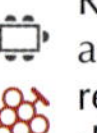

Un appétissant banc d'écailler annonce la couleur : on vient ici pour se régaler de belles spécialités de la mer. On célèbre en 2017 les vingt ans de la maison, qui continue de régaler sa clientèle avec une multitude d'alléchantes recettes iodées, bouillabaisse et sole meunière par exemple, préparées à partir de produits que Michel Rostang – propriétaire de cinq autres "bistrots" – sélectionne avec le plus grand soin. Le décor, contemporain, arty et chic, renouvelle le genre des grandes brasseries parisiennes : banquettes de cuir gris, mosaïques, murs aux courbes élancées rappelant les ondulations océanes, œuvres d'artistes comme Combas, Arman, Folon... Pas étonnant que le lieu soit aussi prisé, particulièrement par la clientèle d'affaires.

Dix-Huit

CUISINE MODERNE • TENDANCE

18 r. de Bayen
01 53 81 79 77
www.dix-huit.fr
Ternes

PLAN : B3
Fermé 1er-24 août, 24 décembre-2 janvier, samedi midi, dimanche et lundi

Formule 19 € – Menu 24 € (déjeuner) – Carte 40/60 €

"En ces temps de crise, le client doit pouvoir consommer mieux et moins cher." Voici la profession de foi de Julien Péret, le jeune patron de ce Dix-Huit installé dans le... 17e. Avec la ferme intention de "casser les codes" de la restauration à la française, il a créé une table protéiforme, un repaire inévitablement bobo mais sans prétention, dans lequel l'épure quelque peu scandinave du décor répond à la belle simplicité de l'assiette. On y dévore notamment de savoureux couteaux émincés, assortis de petits légumes croquants, ou un joli tronçon de maigre, rosé à l'arête... Ajoutez à cela un excellent rapport qualité-prix (notamment au déjeuner), un service au diapason, et vous voilà en présence d'une belle adresse de quartier, qui mérite autant votre curiosité que votre gourmandise !

XVII sur Vin

CUISINE TRADITIONNELLE • BISTRO

99 r. Jouffroy-d'Abbans
01 42 27 26 16
www.xviisurvin-lebistrot.com
Wagram

PLAN : B3
Fermé dimanche et lundi

Carte 45/60 € 

Traversez la terrasse d'été, protégée du soleil (et du brouhaha urbain) par des buis pour gagner la salle, tout en longueur, au décor d'inspiration bistrotière. Bistrotière, la cuisine de l'ancien étoilé Bruno Turbot l'est aussi, à l'instar de cette côte de veau du Limousin et son gratin dauphinois, mais pas seulement... La chair de tourteau, cœur de sucrine et vinaigrette aux herbes fraîches ravira les amoureux des produits de la mer. Le chef fait régulièrement évoluer la carte, au gré du marché et des saisons, afin d'éviter toute lassitude ; il est épaulé par son fils Ludovic, qui assure le service en salle. XVII sur Vin ? Le jeu de mots est un peu facile, mais la note amplement méritée.

L'Escient

CUISINE MODERNE • TENDANCE

28 r. Poncelet
01 47 64 49 13
www.restaurantescient.fr
Ternes

PLAN : B3
Fermé 6-17 août, dimanche et fériés

Formule 28 € – Menu 37/55 € – Carte environ 47 € 

Gambas, tarama, daïkon, citron vert et gingembre ; morue fraîche, croûte de figues sèches, chorizo doux et citron confit ; chaud-froid chocolat-framboise ; etc. À la carte de cet Escient, les associations originales ne manquent pas, et elles sont toujours réalisées... à bon escient ! Créée mi-2011, l'affaire est familiale : aux fourneaux œuvrent Pierre et sa fille Claire, duo visiblement complémentaire. Les recettes se révèlent bien tournées, très parfumées, évoluant au gré des saisons et du marché. Influences maîtresses : l'Asie et l'Espagne, mais aussi de grands classiques français. Bref, un joli métissage...

Gare au Gorille

CUISINE MODERNE • BISTRO

68 r. des Dames
06 59 85 22 91 (réservation conseillée)
Rome

PLAN : D2
Fermé 3 semaines en août, vacances de Noël, samedi et dimanche

Menu 27 € (déjeuner) – Carte 36/50 €

On ne peut pas dire que ce restaurant, installé au-dessus des voies de la gare St-Lazare et en face d'un supermarché, ait hérité de l'emplacement le plus "glamour" qui soit... Mais ne vous y trompez pas : depuis son ouverture en 2014, c'est l'une des tables en vogue de la place parisienne. On y vient pour découvrir les créations d'un jeune chef, Marc Cordonnier, qui fait chaque jour la preuve que son curriculum vitæ – Agapé, Arpège, Septime, entre autres – ne doit rien au hasard... et tout au talent ! Il se distingue notamment par cette capacité à faire graviter une poignée de saveurs autour d'un beau produit sans le dénaturer, comme avec ce merlan pané et mayonnaise au piment, ou ces ravioles de veau et bouillon thaï. Ici, pas de chichis, ni de posture : cette cuisine-là a de la personnalité et une imagination à revendre... et à déguster.

Homard & Bœuf

CUISINE MODERNE • CONTEMPORAIN

22 av. de Villiers
01 46 22 06 10
Villiers

PLAN : C3
Fermé dimanche et lundi

Formule 34 € – Carte 44/72 €

Pascal Favre d'Anne, étoilé à Angers, a plus d'un tour dans son sac ! Il a eu l'idée de ce restaurant concentré sur deux produits phares : le homard bleu français et la viande de bœuf française. À la manœuvre, un jeune chef les travaille sous la forme de petits plats simples et goûteux, qui se révèlent savoureux : ravioles de homard, champignons de Paris et huile aromatisée à la truffe ; filet de bœuf grillé, sauce Lizette aux morilles ; en dessert, chariot de choux garnis (vanille, pistache, chocolat ou caramel au beurre salé)... La qualité des produits, l'attention portée à la cuisson des viandes, l'ambiance générale des lieux : tout cela fait une très agréable adresse.

Jacques Faussat

CUISINE TRADITIONNELLE • CONTEMPORAIN

54 r. Cardinet
01 47 63 40 37
www.jacquesfaussat.com
Ⓜ Malesherbes

PLAN : C2
Fermé août, 24 décembre-1er janvier, samedi sauf le soir d'octobre à avril, dimanche et fériés

Menu 40 € (déjeuner), 98/138 € – Carte 66/82 €

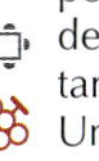

Un petit bout de province à Paris, cela paraît impossible. C'est pourtant la gageure que relève le chef de ce restaurant du quartier des Ternes, gersois et fier de l'être. Jacques Faussat n'aime rien tant que la simplicité inspirée de ses racines et de son enfance. Une simplicité également apprise auprès de Michel Guérard et surtout d'Alain Dutournier – sa rencontre avec cet homme de passion qui partage les mêmes origines sera déterminante dans sa carrière, à commencer par dix années passées aux fourneaux du Trou Gascon. Avec quelques réminiscences du Sud-Ouest, sa cuisine joue donc surtout la carte de la générosité et des saveurs, misant tout sur de bons produits travaillés pour en faire ressortir... le meilleur. Un bon rapport qualité-prix.

Karl & Erick

CUISINE MODERNE • TENDANCE

20 r. de Tocqueville
01 42 27 03 71
Ⓜ Villiers

PLAN : C2
Fermé août, samedi midi et dimanche

Formule 35 € – Menu 41 €

Qu'est-ce qui caractérise un vrai bistrot contemporain ? Son atmosphère d'abord, conviviale et tendance, puis la cuisine de son chef, idéalement passé par de grandes maisons et réussissant à marier classicisme et créativité. Pour vous en convaincre, découvrez cette table tenue par de talentueux jumeaux. Erick se charge de l'accueil dans la salle aux airs de loft (sol en béton, banquettes rouge et chocolat, mezzanine). Karl s'épanouit aux fourneaux, proposant, à travers un menu-carte, d'alléchantes recettes : homard breton et avocat à la coriandre ; burger du Limousin, cantal et oignon confit ; glaces et sorbets turbinés minute... Fin de la démonstration, il est temps de passer aux travaux pratiques : bon appétit !

La Maison de Charly

CUISINE NORD-AFRICAINE • CONVIVIAL

97 bd Gouvion-St-Cyr
01 45 74 34 62
www.lamaisondecharly.fr
Ⓜ Porte Maillot

PLAN : A3
Fermé 3 semaines en août et lundi

Formule 35 € – Carte 37/54 €

Pour point de repère, deux oliviers devant une sobre façade ocre. En entrant dans la Maison de Charly, on est immédiatement séduit par son ravissant décor mauresque parsemé de touches contemporaines, tout en élégance et en sobriété. Des matériaux nobles provenant d'Afrique du Nord, des portes sculptées et même un palmier sous sa grande verrière : la belle ambiance orientale fait son effet ! On y apprécie doublement le traditionnel trio couscous-tajine-pastilla. Et quelques spécialités qui donnent envie de revenir comme, par exemple, la "tanjia" (agneau de dix heures confit aux épices).

Le Palanquin

CUISINE VIETNAMIENNE • ÉPURÉ

4 pl. Boulnois
01 43 80 46 90 (réservation conseillée)
Ⓜ Ternes

PLAN : B3
Fermé 3 semaines en août, samedi et dimanche

Carte 33/46 €

À table, qualité rime souvent avec simplicité. Parfaite démonstration avec ce petit restaurant vietnamien où l'on savoure, sans retenue, une cuisine authentique et très parfumée (brochettes de crevettes, porc épicé à la citronnelle et crème de coco, petits cakes à la feuille de bananier, etc.), avec des recettes végétariennes et des suggestions qui changent chaque semaine. Madame Someaud œuvre seule aux fourneaux, tandis que ses enfants assurent le service avec une gentillesse désarmante. Le restaurant est petit (pas plus de vingt couverts, réservez !) mais convivial et chaleureux : exactement ce qu'il faut pour se concentrer sur son assiette. Et c'est parfait, car la cuisine de la patronne vous transporte très loin...

Papillon

N

CUISINE MODERNE • BISTRO

8 r. Meissonier
01 56 79 81 88 (réservation conseillée)
www.papillonparis.fr
Wagram

PLAN : B2
Fermé 14 juillet-15 août, samedi et dimanche

Formule 28 € – Carte 46/76 € 

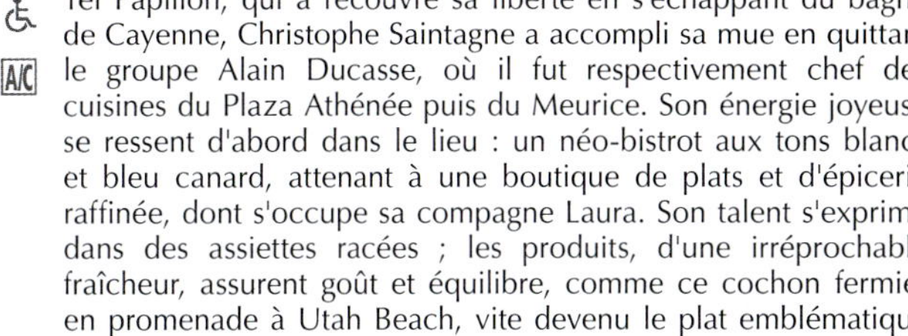

Tel Papillon, qui a recouvré sa liberté en s'échappant du bagne de Cayenne, Christophe Saintagne a accompli sa mue en quittant le groupe Alain Ducasse, où il fut respectivement chef des cuisines du Plaza Athénée puis du Meurice. Son énergie joyeuse se ressent d'abord dans le lieu : un néo-bistrot aux tons blancs et bleu canard, attenant à une boutique de plats et d'épicerie raffinée, dont s'occupe sa compagne Laura. Son talent s'exprime dans des assiettes racées ; les produits, d'une irréprochable fraîcheur, assurent goût et équilibre, comme ce cochon fermier en promenade à Utah Beach, vite devenu le plat emblématique des lieux. Détail amusant : à deux pas de là, une boutique de vêtements baptisée Chrysalide... Simple coïncidence ? Quoi qu'il en soit, réservez : l'endroit est pris d'assaut.

Pétrus

POISSONS ET FRUITS DE MER • BOURGEOIS

12 pl. du Mar.-Juin
01 43 80 15 95
www.petrus-restaurant.fr
Pereire

PLAN : B2
Fermé 3 semaines en août et samedi midi

Carte 50/105 € 

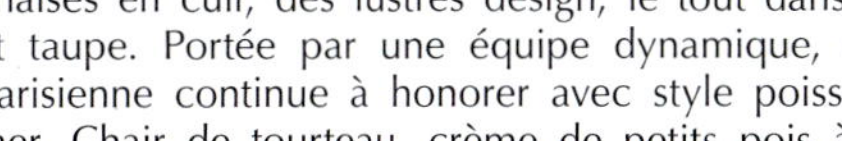

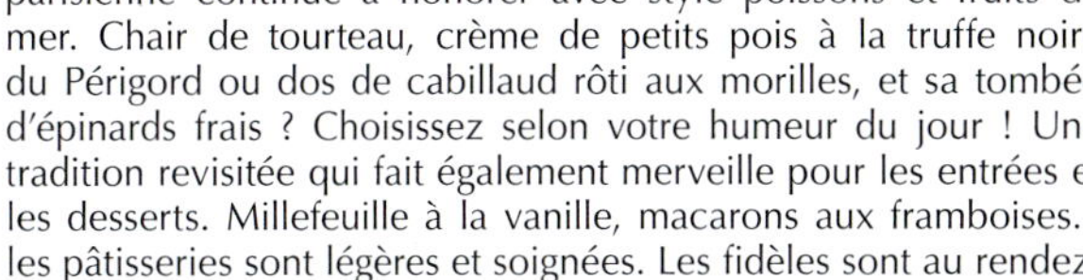

La brasserie du 21e s. par excellence ! Un beau plancher, des chaises en cuir, des lustres design, le tout dans des tons beige et taupe. Portée par une équipe dynamique, cette institution parisienne continue à honorer avec style poissons et fruits de mer. Chair de tourteau, crème de petits pois à la truffe noire du Périgord ou dos de cabillaud rôti aux morilles, et sa tombée d'épinards frais ? Choisissez selon votre humeur du jour ! Une tradition revisitée qui fait également merveille pour les entrées et les desserts. Millefeuille à la vanille, macarons aux framboises... les pâtisseries sont légères et soignées. Les fidèles sont au rendez-vous, et on les comprend. D'autant qu'en été il est possible de manger en terrasse sur la place du Maréchal-Juin.

Les Poulettes Batignolles

CUISINE MODERNE • TENDANCE

10 r. de Chéroy
01 42 93 10 11
www.lespoulettes-batignolles.fr
Villiers

PLAN : C3
Fermé 1 semaine vacances de printemps, 3 semaines en août, 1er-8 janvier, dimanche et lundi

Formule 20 € – Carte 45/52 €

Voilà l'adresse idéale pour poursuivre, en douceur, votre soirée théâtrale. Située dans une rue calme, à deux pas du théâtre Hébertot (boulevard des Batignolles), ce bistrot bien tenu, aux accents catalans, propose une ardoise appétissante qui évolue au gré des saisons, et du marché. En entrée, l'œuf bio croustillant "Les Poulettes", artichaut, pata negra et sauce tartare ne devrait pas laisser indifférent les partisans d'une cuisine qui s'encanaille. La gourmandise est aussi pleinement assumée avec cette pièce de cochon ibérique rôtie et ses macaronis au chorizo. Ici, l'Espagne pousse un peu sa corne, aurait dit Nougaro. Enfin, en période estivale, les parois vitrées s'ouvrent et laissent pénétrer les vents du sud qui portent un rythme flamenco...

Le Pré Carré

CUISINE TRADITIONNELLE • TENDANCE

Hôtel Splendid Étoile
1 bis av. Carnot
01 46 22 57 35
www.restaurant-le-pre-carre.com
Charles de Gaulle-Étoile

PLAN : B3
Fermé 3 semaines en août, 1 semaine vacances de Noël, samedi midi et dimanche

Menu 39 € (dîner) – Carte 44/75 €

Juste à côté de la place de l'Étoile et de l'Arc de Triomphe, le restaurant de l'hôtel Splendid Étoile réussit l'amalgame de l'élégance et du charme. Deux miroirs face à face reflètent à l'infini l'élégant et chaleureux décor, tout en nuances de beige et de gris, fleurs aux lignes graphiques et banquettes confortables. On dîne également en terrasse ou à l'abri d'une verrière, histoire de profiter de l'animation du quartier. À la carte, on soigne son appétit avec de belles assiettes classiques : salade d'artichauts, carré d'agneau, foie de veau, turbot cuit à la vapeur, etc. Les produits sont bien choisis... et le plaisir des papilles est garanti !

Rech

POISSONS ET FRUITS DE MER • CHIC

62 av. des Ternes
01 45 72 29 47
www.restaurant-rech.fr
Ternes

PLAN : A-B3
Fermé août, dimanche et lundi

Menu 44 € (déjeuner), 54/80 € – Carte 80/130 €

Illustre adresse que ce bistrot créé en 1925 par l'Alsacien August Rech, et entré il y a quelques années dans la galaxie du groupe Ducasse. Parquet, tons clairs, persiennes d'esprit marin et photos rétro, avec un parti pris général épuré : sur deux niveaux, les salles ne manquent pas d'allure (mais, un conseil : préférez celle de l'étage, plus agréable). En cuisine, on rend hommage aux produits de la mer : poissons et coquillages, préparés avec rigueur, révèlent de belles saveurs naturelles. Parmi les spécialités, la sole épaisse dorée au beurre demi-sel et ses pommes de terre de Noirmoutier répond avec hardiesse à l'aile de raie à la Grenobloise. Les amateurs seront donc aux anges – sans bouder la fin du repas, marquée par l'incontournable camembert Rech ou encore l'éclair XXL, au chocolat ou au café selon les goûts...

Samesa

CUISINE ITALIENNE • CONVIVIAL

13 r. Brey
01 43 80 69 34
www.samesa.fr
Charles de Gaulle-Étoile

PLAN : B3
Fermé 3 semaines en août, samedi midi et dimanche

Formule 19 € – Menu 27 € (déjeuner)/31 € – Carte 43/55 €

A/C

Ouverte fin 2008 par deux associés, Flavio Mascia (du restaurant Fontanarosa, 15e) et Claudio Sammarone (Le Perron, 7e), cette table transalpine offre un décor très chaleureux : la salle est lumineuse (baie vitrée et verrière), tout en longueur, avec des murs en pierres blondes et des tons beiges. Tables et chaises de bistrot s'y alignent avec une élégance simple (nappes blanches), et l'assiette fait honneur aux bonnes recettes italiennes : aubergines au parmesan, *fregola sarda* torréfiée et poutargue, bar grillé farci à la ratatouille à la sicilienne, etc., le tout accompagné d'un bon choix de vins du pays. Gardez aussi une petite place pour le tiramisu, léger et parfumé à souhait. On vient pour les saveurs ensoleillées du Sud ; on revient aussi pour la convivialité.

Sormani

CUISINE ITALIENNE • ROMANTIQUE

4 r. Gén.-Lanrezac
01 43 80 13 91
www.restaurantsormani.fr
Charles de Gaulle-Étoile

PLAN : B3
Fermé 3 semaines en août, samedi, dimanche et fériés

Carte 70/140 €

Tissus tendus, majestueux lustres en verre de Murano, moulures et miroirs : toute l'élégance de l'Italie s'exprime dans ce restaurant chic, dont les multiples petites salles distillent une ambiance feutrée. La cuisine de Pascal Fayet, petit fils d'un ébéniste Florentin (cela ne s'invente pas) donne la réplique à ces airs de "dolce vita" : une carte résolument transalpine, pour moitié consacrée – en saison – à la précieuse truffe (œufs au plat à la truffe, lasagnes à la truffe noire et foie gras poêlé...)... mais ses ravioli de homard sont splendides aussi... jusqu'au "gigantesco", dessert inspiré. Même refrain pour le livre de cave, dont les superbes intitulés évoquent les plus belles provinces viticoles de la Botte, sans oublier un large choix de grappa afin de conclure en beauté ces agapes. Parmi les fidèles de cette adresse haut de gamme, une clientèle d'affaires notamment, qui apprécie l'intimité du salon situé au rez-de-chaussée.

Timgad

CUISINE NORD-AFRICAINE • ORIENTAL

21 r. Brunel
01 45 74 23 70
www.timgad.fr
Argentine

PLAN : A3

Carte 45/90 €

Bienvenue au temps où Timgad rayonnait ! Ce petit coin d'Orient, qui emprunte son nom à une antique cité nord-africaine, vaut le détour pour son seul décor : lustres dorés, mobilier mauresque et – clou du spectacle – de superbes stucs finement ouvragés, taillés au couteau par des artisans marocains et dont la réalisation a duré plus d'un an ! La carte est au diapason : riche sélection de couscous (la semoule est d'une rare finesse), tajines et pastillas appréciés pour leur générosité et pour leurs mille et un parfums. Quoi de plus agréable, ensuite, que de prolonger le repas dans le joli salon feutré où murmure une fontaine... Dépaysement garanti !

H.Hughes/hemis.fr

18e

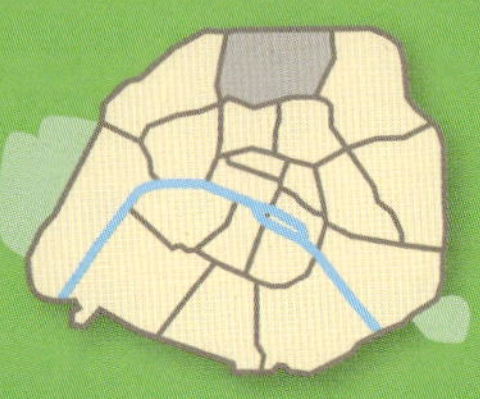

Montmartre · Pigalle

B. Rieger / hemis.fr

18e
Montmartre, Pigalle
A
B
1
2
3
ST-OUEN
PÉRIPHÉRIQUE
PORTE DE SAINT-OUEN
PORTE DE CLIGNANCOURT
17e
9e
Porte de St Ouen
Porte de Clignancourt
Guy Môquet
Jules Joffrin
Simplon
Lamarck Caulaincourt
La Fourche
Blanche
Abbesses
Pigalle
Anvers
Place de Clichy
Liège
Chez Frezet
Le Réciproque
L'Esquisse
La Table d'Eugèn
La Rallonge
Le Bistrot du Maquis
Chamarré Montmartre
L'Arcane
Moulin de la Galette
Ken Kawasaki
Le Coq Rico
Nomos
Miroir
CIMETIÈRE DE MONTMARTRE
BASILIQUE DU SACRÉ CŒUR
Pl. du Tertre
Pl. Pigalle
R. J. de Maistre

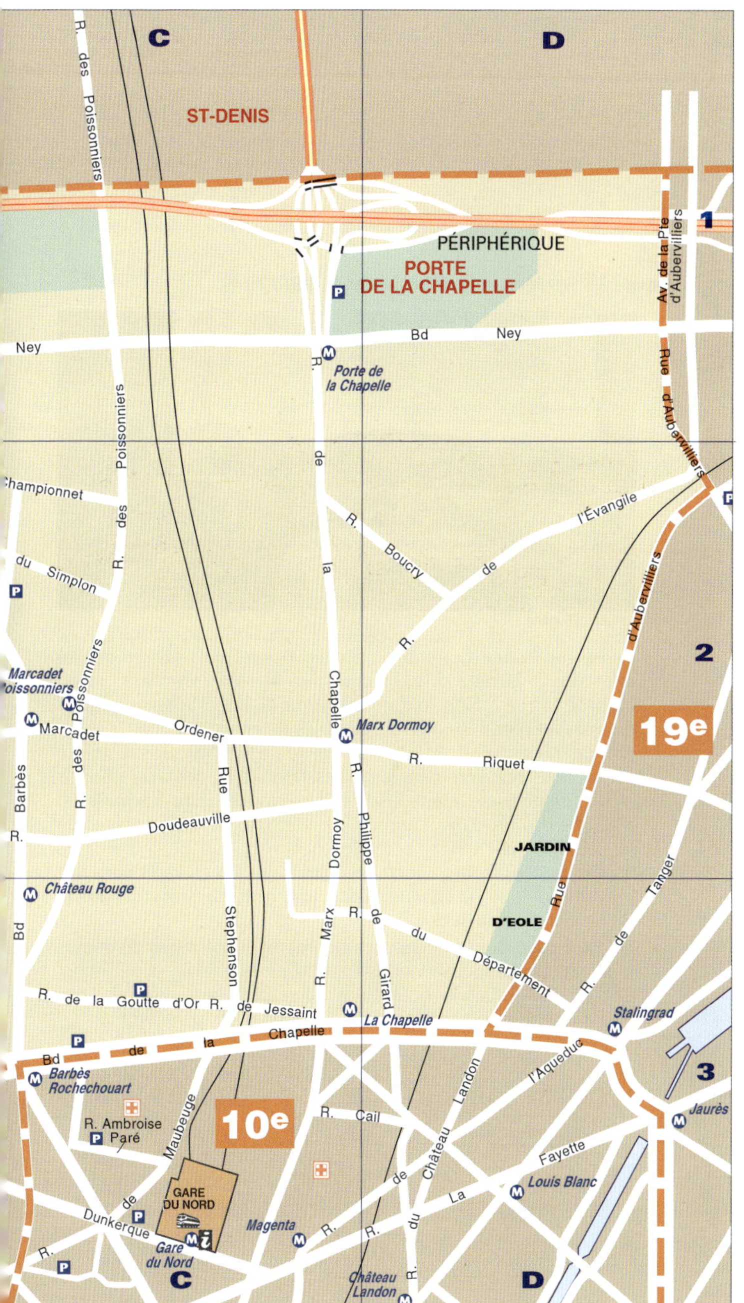
C
D
ST-DENIS
R. des Poissonniers
PÉRIPHÉRIQUE
PORTE DE LA CHAPELLE
Av. de la Pte d'Aubervilliers
Bd Ney
Porte de la Chapelle
R. de la Chapelle
Rue d'Aubervilliers
Championnet
R. du Simplon
R. Boucry
R. de l'Évangile
Marcadet Poissonniers
Marx Dormoy
R. Ordener
Marcadet
R. Riquet
19e
R. Barbès
Rue Stephenson
R. Doudeauville
R. Philippe de Girard
R. Marx Dormoy
JARDIN D'EOLE
R. de Tanger
Château Rouge
Bd Barbès
R. du Département
R. de la Goutte d'Or
R. de Jessaint
La Chapelle
Stalingrad
Bd de la Chapelle
Barbès Rochechouart
l'Aqueduc
R. Ambroise Paré
10e
Maubeuge
R. Cail
R. Château Landon
Jaurès
R. La Fayette
Louis Blanc
GARE DU NORD
R. de Dunkerque
Magenta
Gare du Nord
Château Landon
R. du Faubourg St-Martin
1
2
3

La Table d'Eugène ✿

CUISINE MODERNE • DESIGN

18 r. Eugène-Sue
✆ 01 42 55 61 64 (réservation conseillée)
www.latabledeugene.com
Ⓜ Jules Joffrin

PLAN : B2
Fermé août, 1 semaine vacances de Noël, dimanche et lundi

Formule 35 € – Menu 42 € (déjeuner), 89/120 € ✗✗

La Table d'Eugène

L'enseigne sonne comme un slogan bobo, mais fait en réalité référence à Eugène Sue, l'auteur des *Mystères de Paris,* et au nom de la rue ! Non loin de la mairie du 18e, l'adresse compte dorénavant parmi les meilleures tables de la capitale, par la grâce de son chef, Geoffroy Maillard. À force de travail, sa cuisine est montée régulièrement en puissance au fil des ans, comme en témoignent ces créations très personnelles dans lesquelles il magnifie des produits "coup de cœur" : Saint-Jacques et bouillon au lapsang souchong ; côte de cochon et son incontournable risotto de coquillettes sauce cèpes-truffes... Couleurs et parfums, finesse et précision : chaque plat porte la patte du chef et son envie de régaler ses convives.

Un mot aussi pour l'intérieur, moderne et épuré, avec de grands tableaux contemporains et des tables en bois clair, dans lequel on se sent parfaitement à l'aise. Une table qui attire, à juste titre, nombre d'aficionados : la réservation est impérative !

ENTRÉES

- Calamar, chou-fleur et yuzu
- Tartare de daurade, daïkon et poudre végétale

PLATS

- Agneau en deux cuissons, jeunes carottes aux épices
- Pigeon, betterave et hibiscus

DESSERTS

- Sphère chocolat et fève tonka
- Citron de Menton et aloe vera

L'Esquisse

CUISINE MODERNE • BISTRO

151 bis r. Marcadet
01 53 41 63 04
Lamarck-Caulaincourt

PLAN : B2
Fermé 3 semaines en août, dimanche et lundi

Formule 17 € – Menu 22 € (déjeuner en semaine) – Carte 34/46 €

La vague de la bistronomie branchée ne s'est pas arrêtée aux arrondissements de l'est parisien : le nord de la butte Montmartre est le prochain sur la liste ! Deux jeunes passionnés se sont associés pour créer ici ce bistrot vintage et accueillant : parquet massif, chaises Tolix et banquettes en bois... Laetitia, en cuisine, réalise des assiettes graphiques et sans chichis, en s'attachant surtout à mettre en valeur la qualité des produits utilisés. Cuissons impeccables, assaisonnements contrastés : elle montre qu'elle maîtrise bien son sujet. Pendant ce temps, Thomas assure en salle un service chaleureux et efficace, et ne manque pas de bons conseils en matière de sélection de vins – surtout naturels. Sa passion est communicative : on passe un excellent moment.

Le Réciproque

CUISINE TRADITIONNELLE • BISTRO

14 r. Ferdinand-Flocon
09 86 37 80 77 (réservation conseillée)
www.lereciproque.com
Jules Joffrin

PLAN : B2
Fermé de mi-juillet à début août, 25-31 décembre, dimanche et lundi

Formule 19 € – Menu 23 € (déjeuner), 35/49 € – Carte environ 42 €

Ce restaurant, ouvert en 2016 à proximité de la mairie du 18e, est une vraie aubaine pour les gourmets du quartier ! On le doit à deux jeunes associés au beau parcours professionnel, Sylvain Gaudon et Adrien Eggenschwiler. Le premier, en cuisine, se fend de recettes traditionnelles sagement revisitées, qui se révèlent à la fois savoureuses et bien maîtrisées ; quant au second, il assure en salle un service vivant et courtois, et ne manque jamais de bons conseils pour la clientèle. Tout cela se déroule dans une petite salle moderne, dans un esprit de bistrot du 21e s. – murs blancs, sol en béton ciré, un mur en pierres nues, luminaires contemporains – où l'on se sent parfaitement à l'aise. Dernier atout, non des moindres : des prix qui restent mesurés.

L'Arcane

N

CUISINE MODERNE • COSY

39 r. Lamarck
01 46 06 86 00 (réservation conseillée)
www.restaurantlarcane.com
Lamarck Caulaincourt

PLAN : B2
Fermé août, 24-30 décembre, mardi et mercredi

Formule 29 € – Menu 39/65 €

L'arcane (du latin *arcanum* : chose cachée) est une opération mystérieuse, dont le secret ne doit être connu que des seuls initiés. Essayons tout de même de percer les mystères de ce restaurant installé derrière le Sacré-Cœur, et mené par un jeune couple. Le chef, au joli parcours, a le chic pour revisiter la tradition à sa sauce, et il faut bien dire que les bonnes surprises pleuvent tout au long du repas. Ses crevettes en trois façons, son aile de raie à le grenobloise, montrent qu'il a de la suite dans les spatules, d'autant que l'esthétique et les saveurs vont de pair dans ses assiettes. Côté cadre, murs blancs, chaises et banquettes marron, luminaires modernes : une déco sans mystère, mais qui a son charme. Bref, tout cela fait une adresse attachante, prometteuse, qui devrait séduire bien au-delà de la butte Montmartre...

Le Bistrot du Maquis

CUISINE TRADITIONNELLE • BISTRO

69 r. Caulaincourt
01 46 06 06 64
www.lebistrotdumaquis.com
Lamarck Caulaincourt

PLAN : B2
Fermé 3 semaines en août, mercredi midi et mardi

Formule 16 € – Menu 20 € (déjeuner en semaine)/36 € 

C'est en 2013 qu'André Le Letty, ancien de la Tour d'Argent, a posé ses valises dans la fameuse rue Caulaincourt, au nord de la butte. Il y a installé ce bistrot typique, dans lequel il célèbre les classiques du genre : compressé de joue de bœuf au citron confit, rognons de veau à la moutarde, dos de merlu rôti... et, bien sûr, sa spécialité : le canard au sang en deux services. Évidemment, tout est fait maison, les assaisonnements son précis et les cuissons bien maîtrisées. Quant au décor, il ne joue pas une partition différente : le parquet massif, le mobilier et les tables au coude-à-coude nous plongent dans une atmosphère chaleureuse et typiquement parisienne... Un vrai bonheur !

Chamarré Montmartre

CUISINE CRÉATIVE • TENDANCE

52 r. Lamarck
PLAN : B2
01 42 55 05 42
www.chamarre-montmartre.com
Ⓜ Lamarck Caulaincourt

Formule 24 € – Menu 32 € (déjeuner), 45/70 € – Carte 60/80 €

Voilà un restaurant attachant de la butte Montmartre, côté Lamarck, à l'écart des flux et des adresses touristiques. Vous aurez le choix entre la belle salle contemporaine, avec (petite) vue sur les cuisines, la terrasse protégée ou, pour les plus courageux, le bar et ses tables hautes dites "mange-debout". Dans l'assiette, les origines mauriciennes du chef, Antoine Heerah, s'expriment dans des plats métissés, marqués par le jeu des épices et des couleurs, à l'instar d'un filet de bar à la seychelloise, d'un homard au jus de kalamensi ou d'un savarin punché. Service souriant et précis. La pause finie, vous retrouverez immédiatement les escaliers de la butte pour rejoindre le Sacré-Cœur, tout proche, et... ses touristes.

Chez Frezet

CUISINE TRADITIONNELLE • BRASSERIE

181 r. Ordener
PLAN : A2
01 46 06 64 20
www.chezfrezet.com
Ⓜ Jules Joffrin

Formule 17 € – Menu 20 € (semaine), 33/48 € – Carte 41/67 €

C'est en 1946 que Félix et Germaine Frézet, fameux couple de restaurateurs lyonnais, sont montés à Paris pour y installer cette brasserie traditionnelle. "Papa Frézet" entretenait les habitués au comptoir, tandis que "Maman" s'affairait aux fourneaux... Après plusieurs changements de propriétaires – et d'époques ! – l'affaire a été reprise en 2012 par une équipe dynamique, bien décidée à faire revivre l'esprit des lieux. Les grands classiques de la cuisine bourgeoise sont à l'honneur, réalisés avec attention et dans les règles de l'art : tête de veau sauce gribiche, coq au vin, rognons... sans oublier la star des lieux : le homard, tiré d'un imposant vivier au fond du restaurant et flambé au cognac. Une cuisine copieuse et goûteuse, fidèle à la grande tradition française : un véritable régal !

Le Coq Rico

CUISINE TRADITIONNELLE • ÉLÉGANT

98 r. Lepic
01 42 59 82 89
www.lecoqrico.com
Lamarck Caulaincourt

PLAN : B3

Carte 46/84 €

Cocorico ! La volaille française a trouvé son ambassade à Paris, sur la butte Montmartre, avec cette adresse chic et discrète créée par le fameux chef strasbourgeois, Antoine Westermann. Les suaves parfums du poulet rôti méritaient bien une telle attention... Poularde de Bresse, pintade et canette fermières de Challans, géline de Touraine, "cou nu" des Landes : à la carte ne trônent que les meilleures pièces de l'Hexagone – avec aussi de la palombe, du perdreau, du pigeon, etc. –, le tout rôti dans les règles de l'art. Chairs moelleuses et fondantes, peaux croustillantes et caramélisées : les amateurs sont comblés ! À noter : les volailles sont servies entières pour deux à quatre personnes, mais les prix restent relativement élevés, tant ce Coq Rico cultive le meilleur. Quand on aime, on ne compte pas...

Ken Kawasaki

CUISINE CRÉATIVE • ÉPURÉ

15 r. Caulaincourt
09 70 95 98 32 (réservation conseillée)
www.kenkawasaki.fr
Blanche

PLAN : A3
Fermé 3 semaines en juillet, 2 semaines en décembre, mercredi midi, jeudi midi, samedi midi et dimanche

Menu 30 € (déjeuner), 45/70 €

Vous êtes invités à venir célébrer ici un beau mariage : celui des cuisines japonaise et française ! Au pied de la butte Montmartre, le chef nippon Ken Kawasaki (qui officie à Hiroshima) a réuni une équipe de choc et propose des petites assiettes éminemment graphiques, savoureuses et originales, élaborées au gré du marché. Quelques exemples : ces asperges et œuf mollet au miso, champignons shiitake et enoki ; cet omble chevalier à la purée d'aubergines et aux girolles ; ce filet de bœuf au sel d'algues japonais, wasabi doux et gratin dauphinois... Un mot sur le décor, enfin : une salle moderne et épurée, dotée d'un petit comptoir en bois clair, et une cuisine (évidemment) installée sous les yeux des clients, dans la plus pure tradition japonaise.

Miroir

CUISINE TRADITIONNELLE • CONVIVIAL

94 r. des Martyrs
01 46 06 50 73
www.restaurantmiroir.com
Ⓜ Abbesses

PLAN : B3
Fermé 3 semaines en août

Formule 20 € – Menu 28/69 €

À deux pas de la pittoresque place des Abbesses, un charmant bistrot où la qualité du produit est un impératif : légumes bio, poisson sauvage, viande d'origine France... L'ardoise varie au gré du marché, avec des recettes aussi appétissantes qu'une tartine aux artichauts poivrade, une côte de porc ibaïona rôtie, un bœuf braisé aux cèpes, un sablé aux pommes confites ou un chocolat liégeois – le tout accompagné de belles bouteilles. Le succès de l'adresse tient aussi à sa convivialité et à son décor d'un pur style bistrot : vieux comptoir, carrelage rétro, lithographies, verrière... Tout est là. Une aubaine dans le quartier des Abbesses, où l'on se presse aussi le dimanche midi, pour le brunch.

Le Moulin de la Galette

CUISINE TRADITIONNELLE • BISTRO

83 r. Lepic
01 46 06 84 77
www.lemoulindelagalette.fr
Ⓜ Abbesses

PLAN : B3

Formule 23 € – Menu 29 € (déjeuner en semaine)/38 € – Carte 41/59 €

Heureuse nouvelle : on a retrouvé le Moulin de la Galette ! Deux associés ont repris fin 2015 cette maison historique de la butte, immortalisée en 1876 par le peintre Auguste Renoir, et qui vieillit paisiblement sous l'œil – et le téléobjectif – de touristes en mal de "couleur locale". Bonne nouvelle, donc, car on y mange à nouveau très bien : il ne fallait pour cela qu'une équipe motivée, mise au service d'un chef expérimenté. Œuf mollet aux girolles, dos de cabillaud et fenouil cuit-cru, abricots à la crème "diplomate" au miel et coulis basilic... Les produits sont frais, les assiettes bien composées, et le tout est servi par un personnel jeune et efficace. Le moment est venu de reprendre le chemin de la rue Lepic et d'aller se régaler sur les hauteurs.

Nomos

CUISINE CRÉATIVE • BRANCHÉ

15 r. André-del-Sarte
01 42 57 29 27
www.nomosrestaurant.com
Château Rouge

PLAN : B3
Fermé 15-30 août, dimanche et lundi

Formule 18 € – Menu 45/90 € – Carte 38/76 €

Le 18e attendait impatiemment l'ouverture de ce bistrot branché en lieu et place de l'ancien – et très couru – Chéri Bibi. Guillaume Sanchez, le jeune chef de Nomos, attire irrémédiablement l'attention : son allure plutôt dark et anticonformiste, ses tatouages, mais aussi et surtout ce talent de pâtissier révélé à la télévision (Qui sera le prochain grand pâtissier ?) et son rôle de consultant pour certains grands établissements... Ce restaurant est à son image : branché et décalé ! Au fil d'un menu unique en 5 ou 9 plats, il dévoile des plats précis et créatifs, totalement dans l'époque, en utilisant des produits de bons fournisseurs et les légumes qu'il cultive lui-même à quelques kilomètres de Paris. Atypique et attachant !

La Rallonge

CUISINE MODERNE • BISTRO

16 r. Eugène-Sue
01 42 59 43 24
www.larallonge.fr
Jules Joffrin

PLAN : B2
Fermé août, vacances de Noël, dimanche et lundi

Formule 16 € – Menu 20 € (déjeuner) – Carte 30/54 € 

Le chef de la fameuse Table d'Eugène décline dorénavant son talent en mode "bistrot de poche" avec cette Rallonge (quel nom bien trouvé !) créée un peu plus haut dans la rue Eugène-Sue. Une petite façade attrayante, quelques tables installées sur le trottoir, un décor mêlant carrelage en ciment, parquet en chêne, murs blancs et gris... L'endroit a du cachet ! À l'ardoise, on pioche parmi de belles recettes du marché, servies sous forme de petites portions, dans un esprit "tapas" : risotto de coquillettes à la truffe, suprêmes de caille et mousseline de potiron... Les plats sont délicats et font merveille, à l'image de ceux de la maison mère, mais dans un format idéal pour les soirées entre amis.

F. Guiziou/hemis.fr

19^{e}

Parc de la Villette · Parc des Buttes-Chaumont

F. Guiziou / hemis.fr

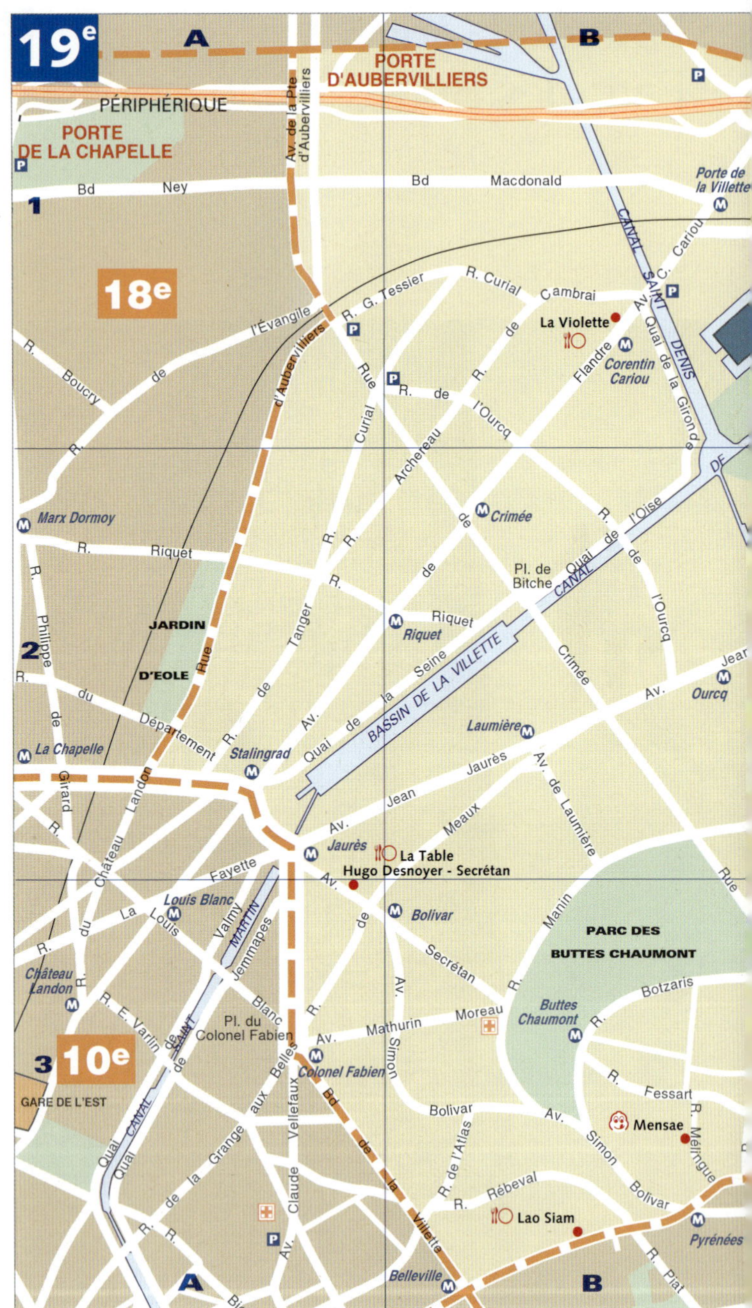
19e
A
B
PORTE D'AUBERVILLIERS
PÉRIPHÉRIQUE
PORTE DE LA CHAPELLE
Bd Ney
Bd Macdonald
Av. de la Pte d'Aubervilliers
Porte de la Villette
1
18e
R. G. Tessier
R. Curial
Cambrai
La Violette
Corentin Cariou
Av. C. Cariou
CANAL SAINT DENIS
Quai de la Gironde
Av. de Flandre
R. de l'Évangile
R. Boucry
R. de l'Ourcq
Rue Curial
R. Archereau
Rue d'Aubervilliers
Crimée
Marx Dormoy
R. Riquet
R. de Tanger
Riquet
Pl. de Bitche
Quai de l'Oise
CANAL DE
R. de l'Ourcq
Crimée
JARDIN D'EOLE
2
R. Philippe de Girard
R. du Département
Av. de la Seine
BASSIN DE LA VILLETTE
Quai de la Seine
Av. Jean Jaurès
Ourcq
Laumière
Av. de Laumière
La Chapelle
Stalingrad
R. Château Landon
Jaurès
La Table Hugo Desnoyer - Secrétan
Av. de Meaux
Fayette
Louis Blanc
R. La Louis Blanc
Valmy
MARTIN
Jemmapes
Bolivar
Av. de Secrétan
Rue Manin
PARC DES BUTTES CHAUMONT
Château Landon
R. du
R. E. Varlin
Pl. du Colonel Fabien
3
10e
GARE DE L'EST
Av. Mathurin Moreau
Av. Simon Bolivar
Buttes Chaumont
R. Botzaris
R. Fessart
Mensae
R. Melingue
Colonel Fabien
Bd de la Villette
R. Claude Vellefaux
R. de la Grange aux Belles
Quai de Valmy
Quai CANAL SAINT de
R. de l'Atlas
R. Rébeval
Lao Siam
Pyrénées
R. Piat
Belleville

Parc de la Villette, Parc des Buttes Chaumont

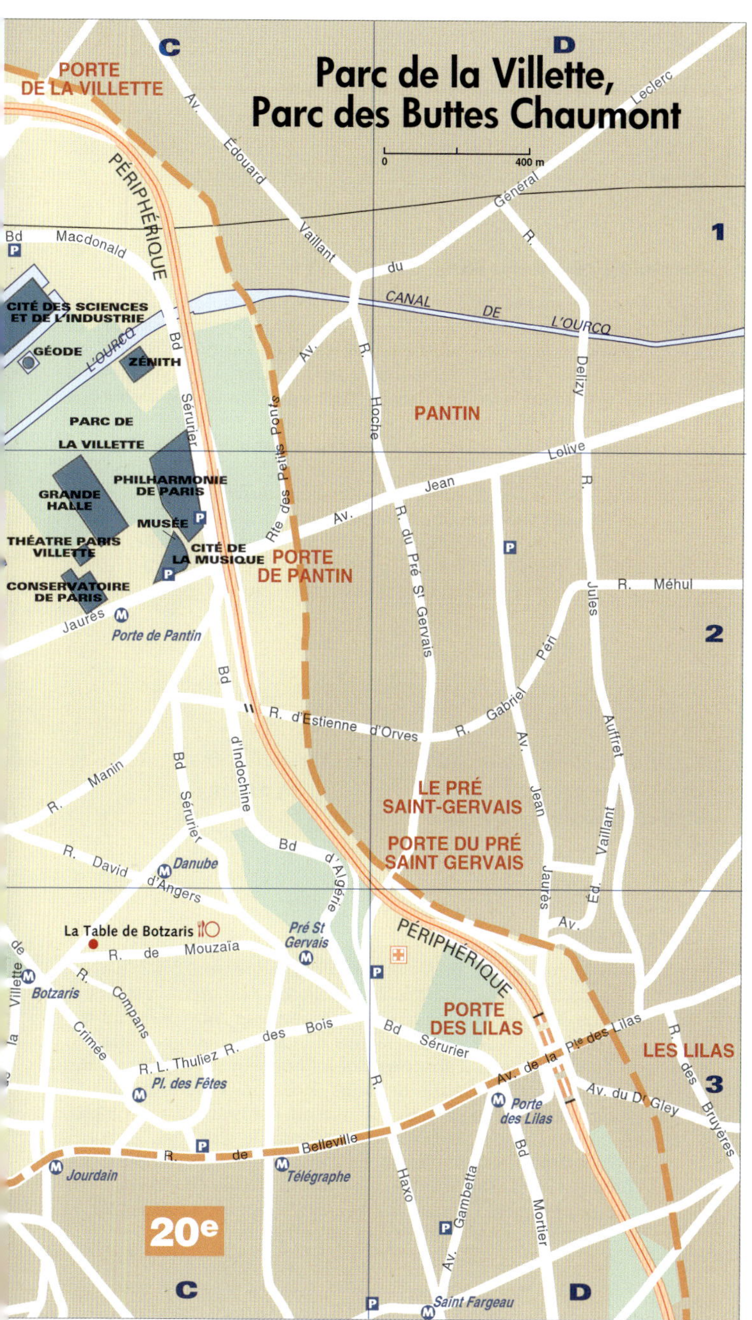

Mensae

CUISINE MODERNE • BISTRO

23 r. Mélingue
01 53 19 80 98 (réservation conseillée)
www.mensae-restaurant.com
Pyrénées

PLAN : B3
Fermé 3 semaines en août, dimanche et lundi

Formule 20 € – Menu 36 € – Carte 40/55 €

A/C

Dès son ouverture à la fin 2015, Mensae a suscité une vague d'engouement bien au-delà du 19e arrondissement où il est installé. Il faut dire que ce bistrot de choc est né sous de bons auspices : Thibault Sombardier (ex-Top Chef, aujourd'hui chef du restaurant Antoine, dans le 16e) en a confié les fourneaux à son ancien complice Kevin d'Andréa, rencontré jadis au Meurice. Bonne pioche ! Le jeune chef met tout le monde d'accord avec une cuisine de l'instant, pleine de fraîcheur et de spontanéité, dans laquelle les saveurs tombent toujours juste. Un petit verre de vin "nature" aidera tout cela à descendre ; on se régale d'autant que l'ambiance, en cuisine et en salle, est ultra-conviviale, et que le décor (murs blancs et gris, parquet, mobilier de bistrot) a le bon goût de se faire discret. Une découverte réjouissante.

Lao Siam

CUISINE THAÏLANDAISE • EXOTIQUE

49 r. de Belleville
01 40 40 09 68 (sans réservation)
Pyrénées

PLAN : B3

Carte 20/45 €

Dans le quartier de Belleville, ni sa devanture, tout à fait banale, ni sa carte, a priori semblable à celle de nombreux restaurants asiatiques du secteur, ne laissent présager que cette petite table... sort du lot ! Créée par les parents de l'actuel patron, originaires de Thaïlande et du Laos, elle met à l'honneur les belles cuisines de ces deux pays. Salade de fleurs de bananier, tigre qui pleure, tourteau à la diable : tout est fait maison, nems et fritures compris, les produits sont frais, les sauces ignorent le glutamate et autres épaississants. C'est simple, fin, bien assaisonné ; bref, authentique comme si l'on faisait irruption chez une famille au fin fond de l'Asie – enfin presque... De fait, aux heures d'affluence (20h-21h30), la file d'attente s'étire, d'autant plus qu'on ne peut réserver.

La Table de Botzaris

CUISINE MODERNE • SIMPLE

10 r. du Gén.-Brunet
01 40 40 03 30
www.latabledebotzaris.fr
Botzaris

PLAN : C3
Fermé 1er-20 août, dimanche et lundi

Formule 19 € – Carte 31/54 €

À l'occasion d'une promenade au parc des Buttes-Chaumont ou dans le charmant quartier de la Mouzaïa, pourquoi ne pas faire une pause gourmande vers Botzaris ? Le restaurant est peut-être un peu caché, mais le cadre façon "bistrot contemporain élégant", le menu de saison et la fraîcheur des produits sont des atouts de poids. En cuisine, on retrouve Medhi Corthier, un chef au parcours déjà riche, qui revisite les classiques, joue avec les herbes et les épices, flirte avec les parfums méditerranéens… Épigramme de saumon mariné aux agrumes, dos de saint-pierre à l'infusion de macis, brioche façon pain perdu à la vanille. À table !

La Table Hugo Desnoyer - Secrétan

VIANDES • CONVIVIAL

33 av. Secrétan
01 40 05 10 79
www.hugodesnoyer.com
Bolivar

PLAN : A3
Fermé 3 semaines en août et lundi

Formule 22 € – Carte 33/120 €

Entièrement rénovée en 2015, la halle Secrétan (conçue par l'architecte Victor Baltard en 1868) abrite désormais, parmi ses boutiques, le restaurant du "boucher des stars", Hugo Desnoyer. Farçous de viande aux épices, os à moelle et yuzukosho, entrecôte, tartares (agneau, bœuf ou veau) : sans surprise, les belles viandes sont à la fête, et s'intègrent à merveille dans une cuisine soignée et parfumée, aux portions généreuses. N'oublions pas les desserts, franchement réussis également, comme cette excellente tarte au chocolat sur biscuit Oreo. Quant au décor, il est au diapason de la halle elle-même : une salle haute de plafond parée de lustres en cuivre, de grandes étagères garnies et des gravures dédiées... au bœuf. Attention : le restaurant rencontre un grand succès et affiche souvent complet.

La Violette

CUISINE MODERNE • BRASSERIE

11 av. Corentin-Cariou
01 40 35 20 45 (réservation conseillée)
www.restaurant-laviolette.com
Corentin Cariou

PLAN : B1
Fermé 5-27 août,
24 décembre-1er janvier,
samedi et dimanche

Formule 24 € – Carte 50/59 €

Le décor "black and white" de ce restaurant ne souffre qu'une exception : une banquette... violette ! Changez une lettre de cette Violette et vous aurez la Villette, un quartier où la culture a eu le bon goût de rester populaire. Des photos de la capitale et une thématique viticole – caisses de vins, casiers à bouteilles, etc. – donnent au lieu un style à la fois moderne et cosy. D'ailleurs, chaque table porte le nom d'un vin. Le nouveau chef signe une carte qui se veut ambitieuse : tourteau crémeux et son eau de tomate ; pavé de thon, mousseline de petits pois à la menthe ; cheesecake aux fruits de saison... Inutile de préciser que la formule est plébiscitée par les employés de bureau à l'heure du déjeuner ou, le soir, après le spectacle. Accueil chaleureux et belle terrasse en saison.

B. De Hogues/Stockbyte/Getty Images

20e

Cimetière du Père-Lachaise · Gambetta · Belleville

B. Merle / Photononstop

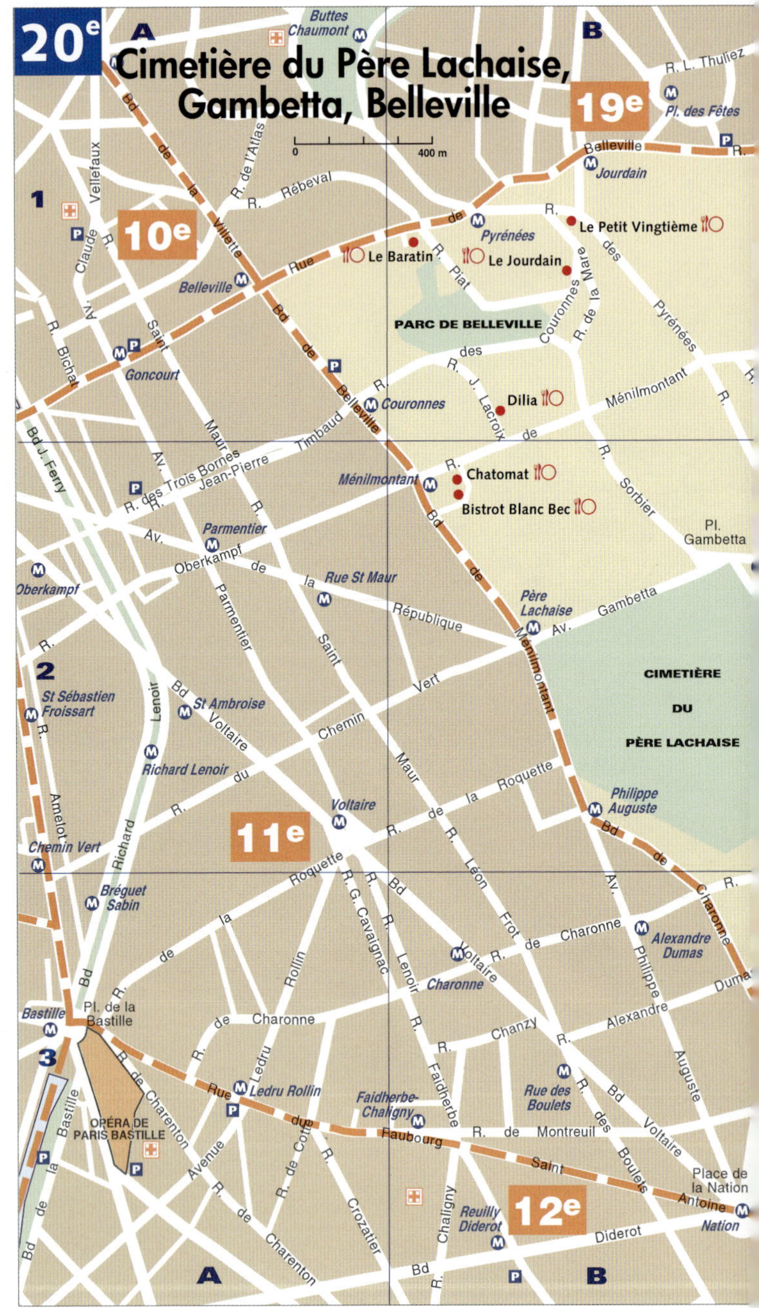
20e
Cimetière du Père Lachaise, Gambetta, Belleville
A
B
1
2
3
0
400 m
10e
19e
11e
12e
Buttes Chaumont
Pl. des Fêtes
Jourdain
Pyrénées
Belleville
Goncourt
Couronnes
Ménilmontant
Parmentier
Oberkampf
Rue St Maur
Père Lachaise
St Sébastien Froissart
St Ambroise
Richard Lenoir
Voltaire
Philippe Auguste
Chemin Vert
Bréguet Sabin
Alexandre Dumas
Charonne
Bastille
Ledru Rollin
Faidherbe-Chaligny
Rue des Boulets
Reuilly Diderot
Nation
Le Petit Vingtième
Le Baratin
Le Jourdain
Dilia
Chatomat
Bistrot Blanc Bec
PARC DE BELLEVILLE
CIMETIÈRE DU PÈRE LACHAISE
Pl. Gambetta
Pl. de la Bastille
OPÉRA DE PARIS BASTILLE
Place de la Nation
Bd de la Villette
Bd de Belleville
Bd de Ménilmontant
Bd de Charonne
Rue de Belleville
R. de Ménilmontant
R. des Pyrénées
Av. Gambetta
R. de la Roquette
R. de Charonne
Rue du Faubourg Saint Antoine
Bd Voltaire
Av. de la République
R. Oberkampf
Av. Parmentier
R. Saint Maur
R. Jean-Pierre Timbaud
R. des Trois Bornes
R. du Chemin Vert
Bd Richard Lenoir
Bd J. Ferry
R. Amelot
R. L. Thuliez
R. Rébeval
R. de l'Atlas
R. Vellefaux
Av. Claude
R. Bichat
R. Piat
R. des Couronnes
R. de la Mare
R. J. Lacroix
R. Sorbier
R. Léon Frot
R. G. Cavaignac
R. Lenoir
R. Faidherbe
R. Chanzy
R. Alexandre Dumas
Av. Philippe Auguste
R. des Boulets
R. de Montreuil
Av. Ledru Rollin
R. de Cotte
R. Crozatier
R. de Charenton
Bd de la Bastille
R. Chaligny
Bd Diderot
R. Rollin

PORTE DES LILAS
Porte des Lilas
Bd Sérurier
Av. du Dr Gley
R. des Bruyères
Noisy le Sec
LES LILAS
Belleville
Télégraphe
R. Haxo
Av. Gambetta
Bd Mortier
R. Saint Fargeau
Saint Fargeau
R. Pelleport
R. Gambetta
R. Sadi Carnot
Le Tablier Rouge
Pelleport
PORTE DE BAGNOLET
R. É. Marey
R. de la Chine
R. des Pyrénées
Gambetta
R. Belgrand
Porte de Bagnolet
Av. Ibsen
Gallieni
A3 - E 15
R. Lénine
BAGNOLET
Av. de la République
Av. Gallieni
PÉRIPHÉRIQUE
R. de Bagnolet
Bd Davout
Lou Tíap
R. Vitruve
R. des Orteaux
Av. du Professeur A. Lemierre
Porte de Montreuil
R. de Paris
Maraichers
R. d'Avron
Buzenval
Avron
Bd de Charonne
PORTE DE MONTREUIL
MONTREUIL
R. des Pyrénées
R. de Lagny
Porte de Vincennes
Cours de Vincennes
PORTE DE VINCENNES
Saint Mandé
Avenue de Paris
C
D
1
2
3

Le Baratin

CUISINE TRADITIONNELLE • BAR À VIN

3 r. Jouye-Rouve
01 43 49 39 70 (réservation conseillée)
Ⓜ Pyrénées

PLAN : B1
Fermé 1 semaine en mai, août, 1 semaine en février, samedi midi, dimanche et lundi

Menu 19 € (déjeuner) – Carte 38/60 € dîner

Les modes changent, pas ce bistrot, ancré dans une ruelle de Belleville depuis plus de vingt ans. Le décor, tout simple, contribue à son authenticité : étroite devanture en bois, comptoir en zinc, etc. On vient ici avant tout pour se régaler de plats mitonnés par Raquel Carena, la chef d'origine argentine, qui tous les matins note sur l'ardoise les recettes du moment : cervelle de veau au beurre citronné, travers de veau du limousin aux agrumes, sablé breton aux fraises des bois... Au déjeuner, la formule est assez simple ; le soir, en revanche, les plats à la carte se révèlent plus sophistiqués. Côté vins, Philippe Pinoteau, le patron-sommelier, sélectionne personnellement chaque cru et parle avec passion de ses coups de cœur. Réservation conseillée !

Bistrot Blanc Bec

CUISINE MODERNE • BISTRO

15 r. des Panoyaux
01 43 58 45 45
Ⓜ Ménilmontant

PLAN : B2
Fermé dimanche et lundi

Formule 14 € – Carte 31/46 €

L'ancien restaurant La Boulangerie, dont certains de nos lecteurs se souviennent, est devenu en 2015 le Bistrot Blanc Bec sous l'impulsion de trois associés du métier. Côté décor, on joue un programme rétro, avec ses figures imposées : sol en mosaïque, banquettes rouges, mobilier en bois verni, luminaires post-industriels... Dans l'assiette, on trouve une cuisine du cœur, enlevée, séduisante, que l'on pourrait – si le terme n'était pas si galvaudé – qualifier de "bistronomique" : maquereau poêlé, tombée de fenouil, tomates cerises et olives noires ; rôti de veau aux girolles, asperges, pommes vertes et shizo ; ou encore, versant dessert, tarte fine aux fruits de saison, crème citron et basilic. Rien de surprenant lorsque l'on sait que Cyril Bermon, le chef, a déjà un très solide parcours derrière lui ! Une belle adresse.

Chatomat

CUISINE MODERNE • ÉPURÉ

6 r. Victor-Letalle
01 47 97 25 77 (réservation conseillée)
Ménilmontant

PLAN : B2
Fermé lundi, dimanche et le midi

Menu 40 €

Petite par la taille, mais grande par la qualité ! Nichée dans une ruelle improbable à deux pas du métro Ménilmontant, cette table discrète compte nombre d'aficionados. À sa tête, un couple de talent – Alice Di Cagno et Victor Gaillard – qui signe une courte carte aussi vive que savoureuse... Trois entrées, trois plats, trois desserts, mais tous les bénéfices d'une expérience déjà longue, d'un vrai sens de l'invention et de la passion du beau produit. Création d'un jour : carpaccio de veau, huîtres et chou-fleur... Tous les jeunes gourmets de l'Est parisien en sont "fans" sur les réseaux sociaux : réservation indispensable.

Dilia

CUISINE CRÉATIVE • BISTRO

1 r. d'Eupatoria
09 53 56 24 14
www.dilia.fr
Ménilmontant

PLAN : B1
Fermé août, dimanche et lundi

Menu 20 € (déjeuner en semaine), 44/60 €

Dans un angle de rue à l'ombre de Notre-Dame-de-la-Croix, en plein cœur du quartier de Ménilmontant, œuvre un chef italien aux solides références. Sa cuisine est construite autour de quelques bons produits : gnocchis à la betterave, huître et raifort ; pigeon, oignon, arroches rouges et groseilles... Des intitulés volontairement simples, mais qui cachent de jolies associations de saveurs et une inventivité de tous les instants. Quant au décor, il la joue volontairement vintage, avec ces tables en bois patinées par le temps et ces murs légèrement décrépits... Pile dans l'air du temps parisien !

Le Jourdain

N

CUISINE TRADITIONNELLE • BISTRO

101 r. des Couronnes
01 43 66 29 10 (réservation conseillée)
www.restaurantlejourdain.com
M Jourdain

PLAN : B1
Fermé 3 semaines en août, vacances de Noël, dimanche et lundi

Formule 15 € – Menu 18 € (déjeuner en semaine) – Carte 20/30 €

Après avoir passé plusieurs années à l'étranger pour son travail (Argentine, Espagne), le jeune propriétaire a posé ses valises dans une petite rue du 20e arrondissement... au grand bonheur des riverains ! Vieux parquets, mobilier patiné, murs blancs ou mis à nu, luminaires originaux d'inspiration *fifties*, comptoir de service : aucun doute, c'est le bistrot contemporain dans toute sa splendeur. À midi, l'ardoise promet de belles saveurs du marché, avec un menu déjeuner à prix modiques ; le soir, changement d'ambiance culinaire avec une sélection de petites assiettes façon tapas, à dominante marine : croquettas de poulpe avec une sauce piquillos, rillettes de lieu noir aux noisettes, ceviche du jour, etc. Dans une ambiance conviviale, on s'attarde volontiers un peu tard, en sirotant un bon petit vin nature... et l'on se réjouit, en partant, des prix doux.

Lou Tíap

CUISINE DU SUD-OUEST • CONVIVIAL

81 r. de Bagnolet
01 43 70 77 93
www.loutiap.fr
M Alexandre Dumas

PLAN : C2
Fermé mercredi midi, dimanche et lundi

Formule 20 € – Menu 35 € – Carte 44/61 €

Les habitants de l'Est parisien connaissent bien Anne Escoffier et Olivier Laterrot, qui ont fait pendant 17 ans les beaux jours de L'Hermès, dans le 19e arrondissement. Les voici dorénavant voisins du Père-Lachaise, à la tête de ce Lou Tíap dédié à la cuisine du Sud-Ouest. Les deux comparses se considèrent comme des "aubergistes" au sens noble du terme. Experts en convivialité, ils font régner une atmosphère pleine de vie dans leur repaire au décor mi-contemporain, mi-rustique. Aux fourneaux, Olivier mitonne asperges rôties, côte de cochon noir de Bigorre, soufflé au pruneau d'Agen, et, en saison, le fameux lièvre à la royale "comme le faisait mon oncle Claude"... Le tout accompagné des vins choisis par Anne, qui évoque chaque producteur avec passion. De vrais aubergistes, oui !

Le Petit Vingtième

CUISINE TRADITIONNELLE • DE QUARTIER

381 r. des Pyrénées
01 43 49 34 50
Jourdain

PLAN : B1
Fermé 6-23 août, lundi midi, mardi midi et dimanche

Formule 17 € – Menu 20 € (déjeuner en semaine) – Carte 30/42 €

Un ancien professeur de français, reconverti dans la cuisine, a réhabilité cet atelier textile du quartier Jourdain : en guise de résultat, on découvre un restaurant charmant, avec son parquet, son carrelage bleuté au sol, ses poutres apparentes et son mobilier de bistrot... À la carte, pas d'esbroufe mais une vraie volonté de faire plaisir, à travers une savoureuse cuisine de tradition, qui privilégie le bio et les artisans du quartier (fromager, boucher, etc.). Crème de cèpes aux girolles, magret de canard en teriyaki, poire pochée au vin rouge... Les produits frais sont cuisinés avec sincérité et justesse, dans le respect des saisons, et c'est bien là le principal.

Le Tablier Rouge

CUISINE TRADITIONNELLE • BISTRO

40 r. de la Chine
01 46 36 18 30 (réservation conseillée)
www.letablierrouge.com
Gambetta

PLAN : C1
Fermé 1 semaine début mai, 3 semaines en août, samedi midi, lundi soir et dimanche

Formule 17 € – Menu 20 € (déjeuner)/36 € – Carte 36/44 €

Geoffroy Cesbron Lavau est ce que l'on appelle... un passionné ! Amoureux des bons vins, il a d'abord mené une affaire d'importation viticole au Royaume-Uni, avant de se jeter à corps perdu dans sa deuxième passion : la cuisine. Il est aujourd'hui à la tête de ce Tablier Rouge, situé à deux pas de la place Gambetta : un sympathique bistrot à vins, qu'il tient avec Tara, son épouse britannique. La carte célèbre joliment la tradition française – poitrine de veau farcie, gigot d'agneau rôti, profiteroles – avec une pointe d'Angleterre, of course (fish and chips, notamment). Le tout s'accompagne, comme on peut l'imaginer, d'un beau choix de vins : près de 150 références, dont 70 % bio et naturels, entre grands crus et petits prix !

...et autour de Paris

Toutes les adresses par département, jusqu'à 40 kilomètres autour de Paris.

91 ▸ Essonne **476**

92 ▸ Hauts-de Seine **480**

77 ▸ Seine-et-Marne **500**

93 ▸ Seine-St-Denis **502**

94 ▸ Val de Marne **507**

95 ▸ Val d'Oise **513**

78 ▸ Yvelines **518**

B. Rieger / hemis.fr

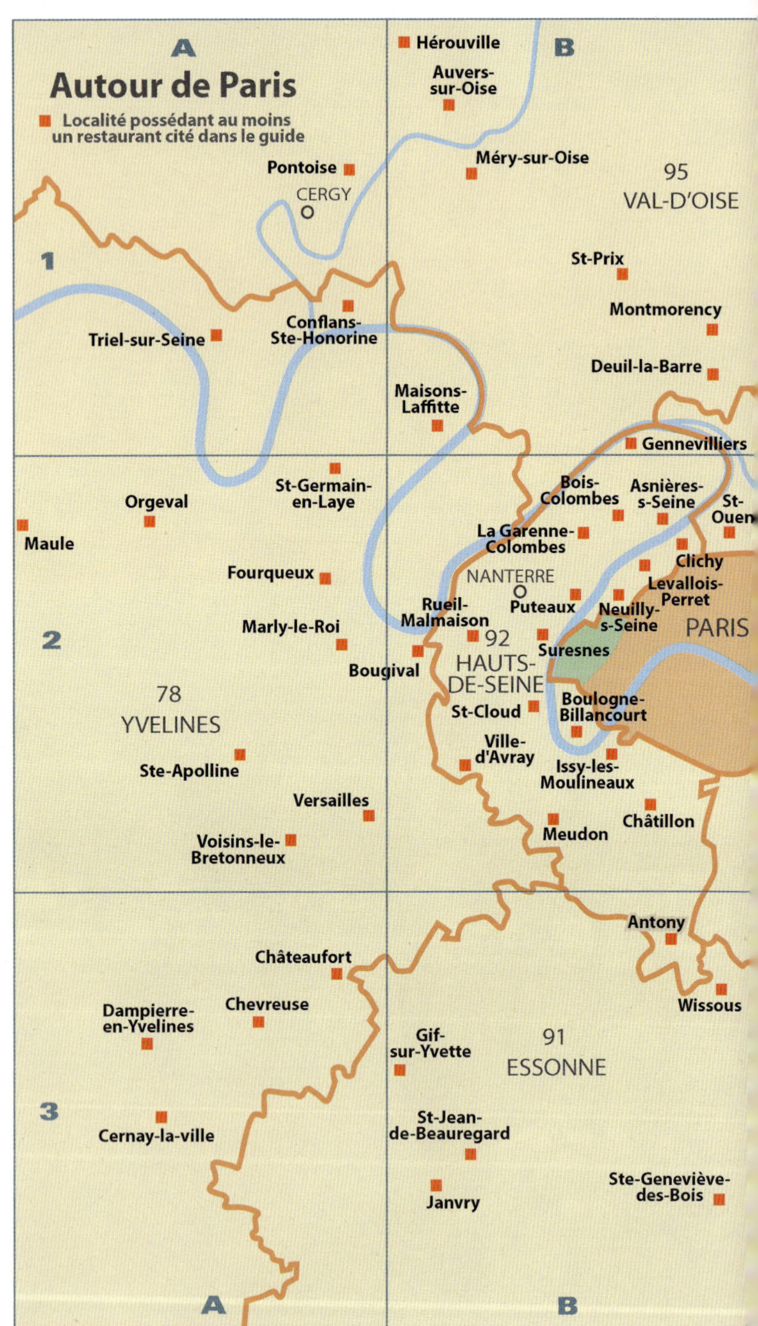
A
Autour de Paris
Localité possédant au moins un restaurant cité dans le guide
B
Hérouville
Auvers-sur-Oise
Pontoise
CERGY
Méry-sur-Oise
95
VAL-D'OISE
1
St-Prix
Montmorency
Conflans-Ste-Honorine
Triel-sur-Seine
Deuil-la-Barre
Maisons-Laffitte
Gennevilliers
St-Germain-en-Laye
Orgeval
Maule
Bois-Colombes
Asnières-s-Seine
St-Ouen
La Garenne-Colombes
Clichy
Fourqueux
NANTERRE
Levallois-Perret
Rueil-Malmaison
Puteaux
Neuilly-s-Seine
PARIS
Marly-le-Roi
2
92
HAUTS-DE-SEINE
Suresnes
Bougival
78
YVELINES
St-Cloud
Boulogne-Billancourt
Ville-d'Avray
Ste-Apolline
Issy-les-Moulineaux
Versailles
Châtillon
Meudon
Voisins-le-Bretonneux
Antony
Châteaufort
Chevreuse
Dampierre-en-Yvelines
Wissous
Gif-sur-Yvette
91
ESSONNE
3
Cernay-la-ville
St-Jean-de-Beauregard
Janvry
Ste-Geneviève-des-Bois
A
B

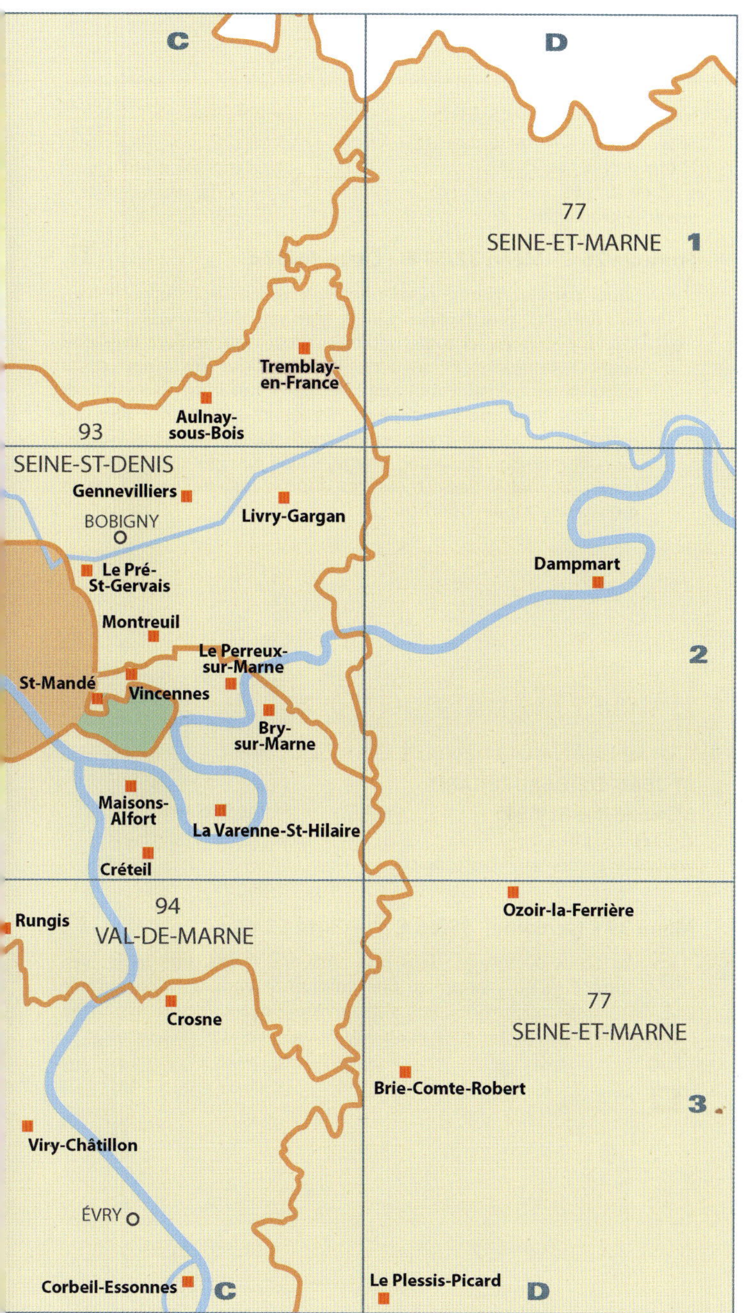
C
D
77
SEINE-ET-MARNE
1
Tremblay-
en-France
Aulnay-
sous-Bois
93
SEINE-ST-DENIS
Gennevilliers
Livry-Gargan
BOBIGNY
Le Pré-
St-Gervais
Dampmart
Montreuil
Le Perreux-
sur-Marne
2
St-Mandé
Vincennes
Bry-
sur-Marne
Maisons-
Alfort
La Varenne-St-Hilaire
Créteil
Ozoir-la-Ferrière
Rungis
94
VAL-DE-MARNE
Crosne
77
SEINE-ET-MARNE
Brie-Comte-Robert
3
Viry-Châtillon
ÉVRY
Corbeil-Essonnes
C
Le Plessis-Picard
D

La Table d'Antan

CUISINE DU SUD-OUEST • CLASSIQUE

STE-GENEVIÈVE-DES-BOIS
38 av. Grande-Charmille-du-Parc (près de l'hôtel de ville) ✉ 91700
✆ 01 60 15 71 53
www.latabledantan.fr

PLAN : B3
Fermé 7-27 août, dimanche soir, mardi soir, mercredi soir et lundi sauf fériés

Formule 26 € – Menu 32/51 € – Carte 46/82 €

Située dans un quartier résidentiel, voici une maison qui porte bien son nom. Ici, pas d'extravagance, mais un décor bourgeois (tissu mural, lustres en fer forgé, tables rondes coquettement dressées, fauteuils tapissiers) et un accueil tout sourire de la part de la patronne. Un agréable moment à deux ou entre amis, pour savourer la cuisine de Pierre Julien. En professionnel aguerri, il réalise des préparations aussi bien classiques qu'orientées Sud-Ouest. Goûtez à la compression de saumon fumé, suivie du gigot de canard aux bolets. Et pour le dessert, essayez donc le millefeuille à la crème mousseline vanille Bourbon !

L'Atelier Gourmand

CUISINE TRADITIONNELLE • ÉLÉGANT

ST-JEAN-DE-BEAUREGARD
5 Grande-Rue ✉ 91940
✆ 01 60 12 31 01
www.lateliergourmand-restaurant.fr

PLAN : B3
Fermé 9-16 avril, 6-27 août, 24 décembre-1er janvier, samedi midi et dimanche

Menu 39 € (semaine), 55/65 € 🍷 – Carte 53/65 €

Au cœur du village, dans une ancienne ferme, une table bien nommée : on y apprécie une cuisine de tradition bien tournée et toute fraîche (le chef s'approvisionne auprès du maraîcher voisin). Cadre classique et agréable, face au jardin clos de murs.

Aux Armes de France

CUISINE MODERNE • COSY

CORBEIL-ESSONNES
1 bd Jean-Jaurès ✉ 91100
✆ 01 60 89 27 10
www.aux-armes-de-france.fr

PLAN : C3
Fermé 1er-15 août, lundi soir, samedi midi et dimanche

Formule 37 € – Menu 49/71 € – Carte 44/58 €

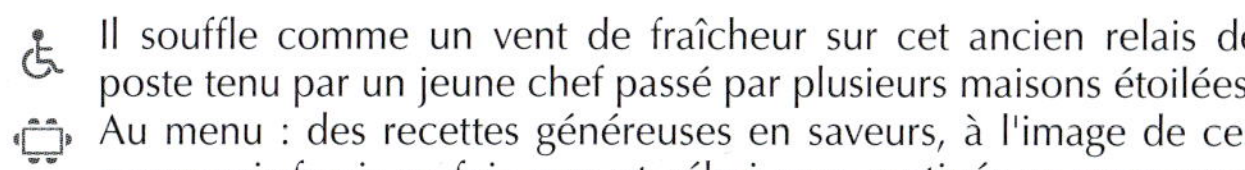

Il souffle comme un vent de fraîcheur sur cet ancien relais de poste tenu par un jeune chef passé par plusieurs maisons étoilées. Au menu : des recettes généreuses en saveurs, à l'image de ces macaronis farcis au foie gras et céleri-rave, gratinés au parmesan. Ambiance feutrée, accueil charmant.

Bonne Franquette

CUISINE CLASSIQUE • BISTRO

JANVRY
1 r. du Marchais ✉ 91640
✆ 01 64 90 72 06
www.bonnefranquette.fr

PLAN : B3
Fermé 2 semaines en mai, 26 août-12 septembre, 23 décembre- 9 janvier, samedi midi, dimanche et lundi

Formule 33 € – Menu 41 €

Cette petite auberge, située face au château (17e s.) d'un joli village francilien, se distingue par une ambiance éminemment chaleureuse. La cuisine, savoureuse et renouvelée au fil des saisons, s'accompagne de délicieux vins à prix raisonnables. Ne manquez pas la spécialité maison : la cervelle de veau meunière aux câpres.

La Grange aux Dîmes

CUISINE MODERNE • RUSTIQUE

WISSOUS

3 r. André-Dolimier ✉ 91320
✆ 01 69 81 70 08
www.grangeauxdimes.com

PLAN : B3

Fermé 1 semaine en février, 1 semaine à Pâques, 3 semaines en août, samedi, dimanche et fériés

Menu 38 € – Carte environ 65 €

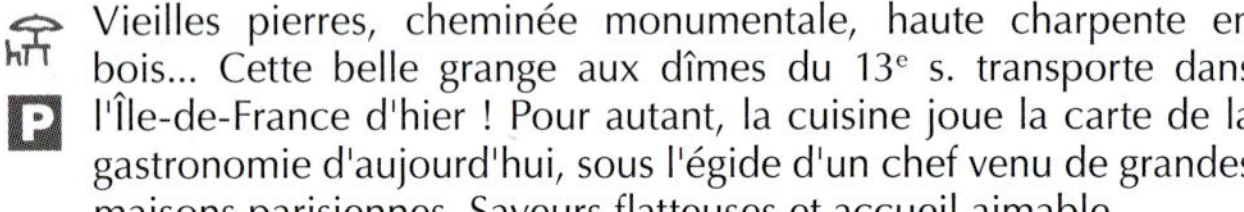

Vieilles pierres, cheminée monumentale, haute charpente en bois... Cette belle grange aux dîmes du 13e s. transporte dans l'Île-de-France d'hier ! Pour autant, la cuisine joue la carte de la gastronomie d'aujourd'hui, sous l'égide d'un chef venu de grandes maisons parisiennes. Saveurs flatteuses et accueil aimable.

La Maison du Pressoir

CUISINE MODERNE • BISTRO

CROSNE

34 av. Jean-Jaurès ✉ 91560
✆ 01 69 06 49 83
www.lamaisondupressoir.fr

PLAN : C3

Fermé 4-13 février, 29 juillet-22 août, dimanche soir, lundi et mardi

Formule 21 € – Menu 26 € (déjeuner en semaine), 31/58 €

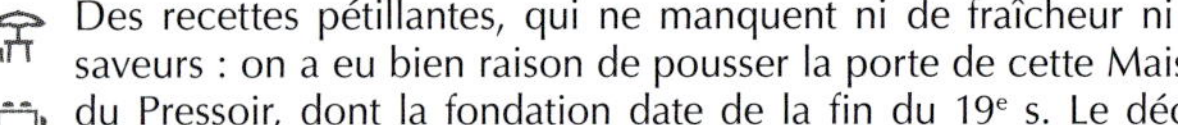

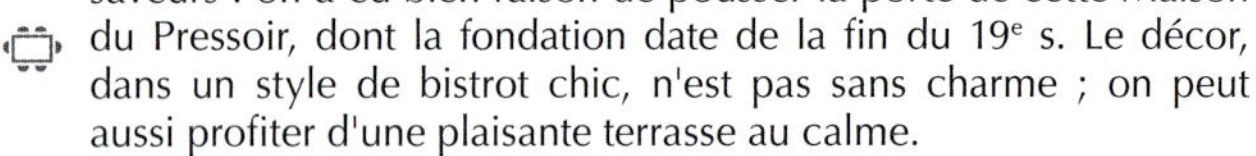

Des recettes pétillantes, qui ne manquent ni de fraîcheur ni de saveurs : on a eu bien raison de pousser la porte de cette Maison du Pressoir, dont la fondation date de la fin du 19e s. Le décor, dans un style de bistrot chic, n'est pas sans charme ; on peut aussi profiter d'une plaisante terrasse au calme.

Le Marcigny

CUISINE TRADITIONNELLE • FAMILIAL

VIRY-CHÂTILLON

27 r. Danielle-Casanova ✉ 91170
✆ 01 69 44 04 09 (réservation conseillée)
www.lemarcigny.fr

PLAN : C3

Fermé dimanche soir et lundi

Menu 29/39 €

A/C

La Bourgogne mise à l'honneur ! Ce petit restaurant à succès porte le nom du village dont est originaire l'épouse du chef. Plats traditionnels, pain maison et vins régionaux.

Les Saveurs Sauvages

CUISINE MODERNE• CONTEMPORAIN

GIF-SUR-YVETTE

4 r. Croix-Grignon (face à la gare RER) ✉ 91190
✆ 01 69 07 01 16
www.lessaveurssauvages.fr

PLAN : B3

Fermé 5-25 août, vacances de Noël, dimanche et lundi

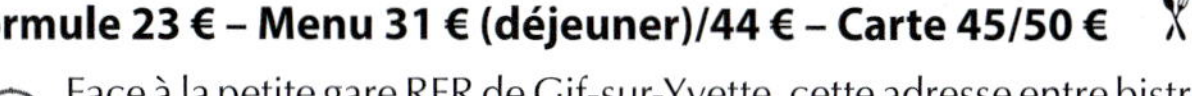

Formule 23 € – Menu 31 € (déjeuner)/44 € – Carte 45/50 €

A/C

Face à la petite gare RER de Gif-sur-Yvette, cette adresse entre bistrot et gastro nous accueille dans un bel intérieur contemporain. La cuisine, soignée et goûteuse, est traversée de quelques touches asiatiques – le chef est d'origine vietnamienne. Vous y retournerez avec plaisir : le menu change tous les jours !

92 Le Corot ✿

CUISINE MODERNE • ÉLÉGANT

VILLE-D'AVRAY
Hôtel Les Étangs de Corot
55 r. de Versailles ✉ 92410
✆ 01 41 15 37 00 (réservation conseillée)
www.etangs-corot.com

PLAN : B2
Fermé 3 semaines en août, 2-18 janvier, dimanche soir, mercredi midi, lundi et mardi

Menu 48 € (déjeuner en semaine), 95/130 € – Carte 100/145 €

Roberta Valerio/Le Corot

Une salle bourgeoise intimiste et feutrée, parée de belles reproductions du peintre Corot – qui immortalisa les étangs voisins –, et dont la rotonde donne sur un splendide jardin... Tout, ici, est propice à un moment de douceur et de contemplation. On apprécie tout particulièrement la cuisine du jeune chef, excellent technicien, dont les assiettes frappent par leur fraîcheur, leur légèreté et leur esthétisme. D'un filet de saint-pierre parfaitement rôti, accompagné d'une purée et chips d'artichauts, à un ris de veau braisé rehaussé d'une marmelade de citron et de quelques chanterelles, on passe un délicieux moment en compagnie de cette cuisine de grand caractère, raffinée et bien ancrée dans son époque.

ENTRÉES

- Foie gras rôti, anguille fumée, oxalis et blettes-mûres
- Langoustine juste saisie à la benoîte urbaine

PLATS

- Homard bleu de l'atlantique, corps lustré à la bisque
- Pigeonneau du Poitou rôti à la sauge

DESSERTS

- Tarte au citron, sorbet faisselle
- Soufflé au café, glace à la mélisse

L'Escarbille ✿

CUISINE MODERNE • ÉLÉGANT

MEUDON
8 r. Vélizy ✉ 92190
✆ 01 45 34 12 03
www.lescarbille.fr

PLAN : B2
Fermé 3 semaines en août, 24 décembre-2 janvier, dimanche et lundi

Menu 52 € (déjeuner en semaine), 59/79 €

L'Escarbille

Contre les voies de chemin de fer, l'ancien buffet de la gare est devenu un restaurant résolument gourmet, à l'atmosphère chic et contemporaine – la décoration, dans des tons orange et marron, est signée Alberto Bali. On déguste ici les recettes d'un chef expérimenté (également patron de l'Angélique, à Versailles), secondé par une équipe de confiance. En cuisine, le produit a le beau rôle, préparé et assaisonné avec justesse ; on accompagne ces douceurs de vins de petits producteurs sélectionnés avec minutie. À noter que l'on peut également prendre son repas sur la terrasse, assez vaste, et profiter d'un service de voiturier très pratique. Une attachante Escarbille.

ENTRÉES

- Tarte de sot-l'y-laisse et de girolles, pannacotta au lard
- Langoustines rôties, courgette, pêche et verveine

PLATS

- Pigeon en crapaudine, petits pois à la française et jus lié au foie gras
- Turbot meunière, endives caramélisées et crème légère à la citronnelle

DESSERTS

- Soufflé à la pistache de Sicile, sorbet cacao
- Vacherin aux fraises mara des bois et gariguette, éclats de meringue au basilic

92 L'Escargot 1903 ✿

CUISINE MODERNE • COSY

PUTEAUX
18 r. Charles-Lorilleux ✉ 92800
✆ 01 47 75 03 66
www.lescargot1903.com

PLAN : B2
Fermé samedi et dimanche

Formule 35 € – Menu 39 € (déjeuner), 59/75 €

Michelin

L'Escargot 1903 s'est offert une cure de jouvence et accueille un jeune chef aux solides références – il travaillait précédemment chez Kei, à Paris. Sa cuisine, centrée sur le marché, fait des étincelles : dressages soignés, belle finesse de l'ensemble, associations de saveurs harmonieuses, etc. On se régale par exemple d'une sériole marinée, mangue verte et concombre au charbon – une entrée qui fait forte impression –, ou encore d'un onglet de bœuf irlandais et concassée de tomates. Ici, chaque heure a son charme : à midi, le menu déjeuner à 39€ défie toute concurrence, et au dîner, vous vous laisserez porter par un menu mystère inventé par le chef. Et si l'été est là, vous irez sûrement vous régaler sur l'une des deux agréables terrasses...

ENTRÉES

- Gnocchis, lard de Colonnata, sauce roquette et yaourt, sésame noir et parmesan
- Tourteau, curry vert et pomme granny smith

PLATS

- Onglet de bœuf irlandais, pommes soufflées, concassé de tomates au miso blanc
- Daurade grise meunière au sésame noir et citron d'Iran

DESSERTS

- Compotée de prunes au gingembre, crème mirabelle
- Chocolat, croustillant cacahouètes et fleur de sel

MaSa ✿

CUISINE CRÉATIVE • TENDANCE

BOULOGNE-BILLANCOURT

112 av. Victor-Hugo ✉ 92100
✆ 01 48 25 49 20
www.masa-paris.fr
Ⓜ Marcel Sembat

PLAN : B2

Fermé 3 semaines en août, 25 décembre-1er janvier, samedi et dimanche

Formule 42 € – Menu 49 € (déjeuner), 80/125 €

MaSa

Ne soyez pas surpris en vous asseyant : ici, il n'y a pas de carte, et les menus n'indiquent pas les plats... Mais si on vous laisse dans l'expectative, c'est pour mieux vous séduire ensuite ! Avec de très beaux produits (œuf de Marans, bœuf de Coutancie, canette de Challans) et au gré des arrivages quotidiens, le chef réalise une cuisine ludique et inspirée, n'hésitant pas à jouer la carte de la surprise au détour d'une recette. Les préparations sont légères et bien équilibrées ; on les accompagne d'une jolie sélection de vins au verre. Un mot enfin sur le décor contemporain, repensé dans des tons noir et blanc, et sur l'agréable terrasse arborée, à l'arrière, au calme.

ENTRÉES

- Couteau jumbo, chorizo, riz vénéré et kumquat
- Phô de homard

PLATS

- Pigeonneau, langoustine, betterave et mûre
- Filet de merlan de ligne en habit vert

DESSERTS

- Chocolat et poivron rouge
- Concombre aloé vera caviar

Barbezingue

CUISINE TRADITIONNELLE • BISTRO

CHÂTILLON
14 bd de la Liberté ✉ 92320
✆ 01 49 85 83 50
www.barbezingue.com

PLAN : B2
Fermé 3 semaines en août, dimanche soir et lundi

Menu 25/42 € – Carte 25/35 €

Drôle de nom pour un étonnant concept : le Barbezingue fait restaurant, table d'hôte (buffet à l'étage) et... barbier le vendredi matin ! Fauteuil ad hoc, beau zinc et casiers à bouteilles : ici, le mélange des genres ne nuit pas à la qualité, ce qui ravit Châtillonnais et Parisiens. La cuisine est canaille, savoureuse et limpide, comme le talent du chef, Thierry Faucher (L'Os à Moelle, Paris 15e), qui maîtrise ses recettes : salade de pigeon et de lentilles, aile de raie et légumes provençaux ou encore épaule de lapin confite. En prime, une terrasse pour l'apéritif (ou le digestif) et un terrain de pétanque. Plus qu'un concept, un lieu de vie !

Le Chefson 

CUISINE TRADITIONNELLE • BISTRO

BOIS-COLOMBES
17 r. Ch.-Chefson ✉ 92270
✆ 01 42 42 12 05 (réservation conseillée)

PLAN : B2
Fermé 1 semaine vacances de février, août, lundi soir, samedi et dimanche

Formule 24 € – Menu 30/40 € 

Dans une petite rue résidentielle – et confidentielle – de Bois-Colombes, le Chefson, très apprécié de la clientèle locale, joue sereinement la carte bistrot : comptoir garni de bouteilles, tables en bois nappées de blanc et suggestions du jour à l'ardoise. Atmosphère conviviale dans la salle principale (ou plus intime et cossue à l'arrière) et plaisir de partager une cuisine simple, copieuse et riche en saveurs... Le chef honore les produits du marché et concocte de bons plats traditionnels : crépinettes de ris de veau, carpaccio de Saint-Jacques marinées aux épices et à l'huile d'olive... Bref, on y revient !

Le St-Joseph

CUISINE TRADITIONNELLE • BISTRO

LA GARENNE-COLOMBES
100 bd de la République ✉ 92250
✆ 01 42 42 64 49
www.restaurantlesaintjoseph.fr

PLAN : B2
Fermé 2 semaines en mai, 3 semaines en août, samedi midi, dimanche et le soir sauf vendredi et samedi

Menu 31 € – Carte 32/46 €

Le garde-manger de Denis Jublan, c'est une corne d'abondance... Il faut dire que ce chef hors pair ne travaille que des produits frais, et uniquement les meilleurs. Ses viandes, ses légumes, sa vanille : tout est sélectionné avec soin, tout a une histoire. Il vous dira qu'il n'y a pas de secret, mais tout de même ! En plus de vénérer les produits, il sait aussi les cuisiner à la perfection. On se régale d'un paleron de veau braisé, d'un dos de bar au yuzu, ou d'une cocotte d'escargots au chorizo et champignons... et à la fin du repas, on repart avec une certitude : son petit bistrot de quartier est une vraie pépite !

À La Coupole

CUISINE TRADITIONNELLE • FAMILIAL

NEUILLY-SUR-SEINE
3 r. de Chartres ✉ 92200
✆ 01 46 24 82 90
Ⓜ Porte Maillot

PLAN : B2
Fermé vacances de printemps, août, samedi, dimanche et fériés

Formule 31 € – Menu 40 €

Un lieu chic et sobre, d'esprit feutré (boiseries sombres, tons crème et chocolat), où l'on savoure une bonne cuisine traditionnelle. Parmi les spécialités de la maison : le foie gras et les abats, ris et rognons en tête !

L'Ambassade des Terroirs

CUISINE CLASSIQUE • BISTRO

GENNEVILLIERS
45 r. Pierre-Timbaud ✉ 92230
✆ 01 47 98 39 26
www.ambassadedesterroirs.com

PLAN : B1
Fermé 3 semaines en août, samedi midi, lundi soir et dimanche

Formule 20 € – Menu 34 € – Carte 40/70 € 

La philosophie de la maison ? Des produits labellisés rigoureusement sélectionnés, du circuit court, du bio ! Avec tout cela, les deux associés proposent une bonne cuisine du terroir, savoureuse et cuisinée avec application. La bonne adresse des environs.

L'Audacieux

CUISINE CRÉATIVE • DE QUARTIER

LEVALLOIS-PERRET
51 r. Danton ✉ 92300
✆ 01 47 59 94 17
www.pierrelambert.fr
Ⓜ Anatole France

PLAN : B2
Fermé 1 semaine en février, 3 semaines en août, samedi midi, dimanche et lundi

Menu 42 € (déjeuner en semaine), 50/82 € 

"De l'audace, encore de l'audace, toujours de l'audace", disait Danton. De cela, Pierre Lambert, le chef de ce restaurant de poche, n'en manque pas, signant une cuisine inspirée et originale, où les saveurs asiatiques surprennent et la technique sublime le produit. Essayez le menu-surprise, c'est un bol d'air frais !

Au Père Lapin

CUISINE TRADITIONNELLE • BISTRO

SURESNES
10 r. du Calvaire ✉ 92150
✆ 01 45 06 72 89
www.auperelapin.com

PLAN : B2
Fermé dimanche soir

Formule 28 € – Menu 34 € (déjeuner en semaine) – Carte 39/54 €

Dîner face à la tour Eiffel, ça vous dit ? Dans ce cas, installez-vous sur la terrasse du Père Lapin, pour savourer une bonne cuisine de bistrot sans prétention. Un conseil : ne passez pas à côté des glaces artisanales. Par mauvais temps, on prend place dans une salle au décor contemporain... et l'on n'est pas malheureux !

La Barrière de Clichy

CUISINE TRADITIONNELLE • CLASSIQUE

CLICHY
1 r. de Paris ✉ 92110
✆ 01 47 37 05 18
www.labarrieredeclichy.com
Ⓜ Mairie de Clichy

PLAN : B2
Fermé août, samedi, dimanche et fériés

Formule 29 € – Menu 38 € (déjeuner en semaine), 50/65 € – Carte 45/85 €

Nappes blanches, argenterie, décor feutré, menu dégustation qui change avec les saisons : un bon restaurant traditionnel, tenu par un couple avenant et animé par le désir de bien faire.

Le Bistrot d'Oscar

CUISINE TRADITIONNELLE • BISTRO

LEVALLOIS-PERRET
1 pl. du Maréchal-de-Tassigny ✉ 92300
✆ 01 47 59 00 82
Ⓜ Louise Michel

PLAN : B2
Fermé 2 semaines en août, samedi, dimanche et fériés

Formule 22 € – Menu 30 € (déjeuner) – Carte 34/52 €

Ici, on joue la carte bistrot ! Cabillaud façon "fish and chips", selle d'agneau farcie à la mozzarella... Les plats sont généreux et bien ficelés, parfumés à souhait, et surfent entre les saveurs d'hier et d'aujourd'hui. Et pour ceux qui veulent profiter du grand air, direction la terrasse !

La Boutarde

CUISINE TRADITIONNELLE • BISTRO

NEUILLY-SUR-SEINE
4 r. Boutard ✉ 92200
✆ 01 47 45 34 55 (réservation conseillée)
www.laboutarde.com
Ⓜ Pont de Neuilly

PLAN : B2
Fermé 3 semaines en août, vacances de Noël, samedi et dimanche

Formule 30 € – Menu 36/62 € 

Un vrai bistrot ! Service décontracté, boiseries, ardoise du jour suivant l'inspiration du chef, et belle cuisine traditionnelle dans l'assiette : Saint-Jacques rôties, côte de veau, brioche caramélisée et glace à la vanille... C'est bon, tout simplement.

Le Café des Artistes

CUISINE MODERNE • BISTRO

VILLE-D'AVRAY

Hôtel Les Étangs de Corot
55 r. de Versailles ✉ 92410
✆ 01 41 15 37 00
www.etangs-corot.com

PLAN : B2

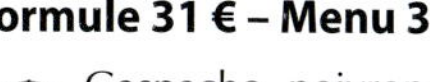

Formule 31 € – Menu 36 €

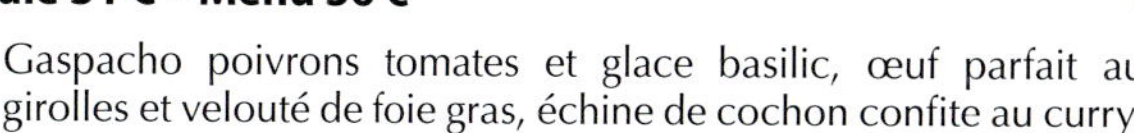

Gaspacho poivrons tomates et glace basilic, œuf parfait aux girolles et velouté de foie gras, échine de cochon confite au curry... Une cuisine contemporaine goûteuse et inspirée, réalisée avec de beaux produits, que l'on ira volontiers déguster en terrasse, en contemplant distraitement le charmant jardin. Bucolique !

Chez Michel

CUISINE TRADITIONNELLE • BISTRO

BOULOGNE-BILLANCOURT

4 r. Henry-Martin ✉ 92100
✆ 01 46 09 08 10
Ⓜ Porte de St-Cloud

PLAN : B2

Fermé août, 24 décembre-2 janvier, samedi midi et dimanche

Formule 15 € – Menu 30 €

Lasagnes d'asperges vertes, turbot aux girolles, meringue aux fruits rouges... Dans le bistrot de Michel, les plats varient avec le marché : fraîcheur et simplicité. Une adresse sympathique, appréciée par la clientèle d'affaires au déjeuner.

Chez Madeleine

CUISINE LIBANAISE • DE QUARTIER

BOULOGNE-BILLANCOURT
39 r. de Paris ✉ 92100
✆ 01 46 89 46 57
Ⓜ Boulogne Jean Jaurès

PLAN : B2
Fermé août, lundi soir, samedi midi et dimanche

Formule 20 € – Menu 40 € – Carte environ 36 €

En toute convivialité – on est accueilli ici comme si l'on faisait partie de la famille –, Madeleine régale ses clients d'une cuisine libanaise gorgée de soleil : mezzes chauds et froids, brochettes de viande marinées et grillées, mouhalabieh en dessert, etc. Des préparations goûteuses et pleines de fraîcheur : un régal !

Les Écuries de Richelieu

CUISINE TRADITIONNELLE • CLASSIQUE

RUEIL-MALMAISON
21 r. du Dr-Zamenhof ✉ 92500
✆ 01 47 08 63 54
www.ecuries-richelieu.com

PLAN : B2
Fermé samedi midi, dimanche soir et lundi

Formule 29 € – Menu 35 € 

Nichées dans une élégante bâtisse du 17e s., ces Écuries de Richelieu vous accueillent dans une salle voûtée et fraîche, où vous dégusterez une jolie cuisine traditionnelle autour d'un court menu. Bon rapport qualité-prix.

Le Garde-Manger

CUISINE TRADITIONNELLE • BISTRO

ST-CLOUD

21 r. d'Orléans ✉ 92210
✆ 01 46 02 03 66
www.legardemanger.com

PLAN : B2
Fermé dimanche soir

Formule 17 € – Carte 30/40 €

Dans son garde-manger, le chef stocke de beaux produits et concocte une jolie cuisine bistrotière, pile dans la tendance. Et tendance, son restaurant l'est aussi, avec ses grandes ardoises, ses lampes indus' et son comptoir très... néobistrot !

Jarrasse L'Écailler de Paris

POISSONS ET FRUITS DE MER • ÉLÉGANT

NEUILLY-SUR-SEINE

4 av. de Madrid ✉ 92200
✆ 01 46 24 07 56 (réservation conseillée)
www.jarrasse.com
Ⓜ Pont de Neuilly

PLAN : B2
Fermé 3 semaines en août, samedi et dimanche

Menu 48 € – Carte 66/115 € 

Un restaurant au décor intimiste et original où les luminaires ont, par exemple, la forme d'oursins. Dans l'assiette, on se régale de produits de la mer en provenance directe des petits bateaux de pêche bretons. Fraîcheur garantie !

Jean Chauvel - Le 3 B

CUISINE MODERNE • CONTEMPORAIN

BOULOGNE-BILLANCOURT
33 av. Général-Leclerc ✉ 92100
✆ 01 55 60 79 95
www.jeanchauvel.fr
Ⓜ Billancourt

PLAN : B2
Fermé 3 semaines en août, samedi midi, dimanche et lundi

Formule 26 € – Menu 34 € (déjeuner), 76/98 €

Retour aux sources dans le restaurant familial, pour ce chef d'origine bretonne étoilé au Perreux-sur-Marne. Au menu, une cuisine du produit et des saisons, façon carte blanche. On retiendra notamment les calamars au saté, et en dessert, le pain perdu, qui nous ramène tous en enfance...

Macaille

CUISINE TRADITIONNELLE • VINTAGE

SURESNES
29 quai Gallieni ✉ 92150
✆ 01 41 44 77 80
www.macaille.fr

PLAN : B2
Fermé dimanche et lundi

Menu 30 € – Carte 40/45 €

Sur les quais, à deux pas de la Défense, cette ancienne brasserie a adopté les atours d'un appartement de famille, dont les espaces, modulables et décorés de façon différente, évoquent les pièces d'antan. Betterave et fromage de chèvre, pièce de merlu, tiramisu de fraises... cuisine fraîche de saison, comme à la maison !

La Machine à Coudes

CUISINE MODERNE • SIMPLE

BOULOGNE-BILLANCOURT

35 r. Nationale ✉ 92100
✆ 01 47 79 05 06 (réservation conseillée)
www.lamachineacoudes.fr
Ⓜ Billancourt

PLAN : B2

Fermé 1 semaine en août, 1 semaine en décembre, samedi midi, dimanche et lundi

Menu 32 € (déjeuner en semaine), 39/48 € – Menu unique

La jeune propriétaire, Marlène Alexandre-Buisson, a imaginé ce petit bistrot attachant, avec son décor de briques apparentes, ses vieilles étagères et ses... machines à coudre en guise de tables ! Elle s'est adjoint les services d'un chef talentueux, qui joue la partition néo-bistrot avec finesse et efficacité : on se régale.

Manufacture

CUISINE MODERNE • BRANCHÉ

ISSY-LES-MOULINEAUX

20 espl. Manufacture (face au 30 r. E.-Renan) ✉ 92130 ✆ 01 40 93 08 98
www.restaurantmanufacture.com
Ⓜ Corentin-Celton

PLAN : B2

Fermé 3 semaines en août, samedi et dimanche

Formule 31 € – Menu 39 €

A/C

Cette manufacture de tabac (1904) est devenue un sympathique restaurant design. Petit comptoir, cuisines ouvertes sur la salle, jolie terrasse, carte classique – joue de bœuf braisé au vin rouge, poêlée d'encornets et piments doux – et propositions de saison : reconversion réussie !

Mon Bistrot

CUISINE MODERNE • BISTRO

BOULOGNE-BILLANCOURT

33 r. Marcel-Dassault ✉ 92100
✆ 01 47 61 90 10
www.mon-bistrot.fr
Ⓜ Porte de St-Cloud

PLAN : B2

Fermé 1 semaine en février, 3 semaines en août, samedi, dimanche et fériés

Formule 29 € – Carte 37/57 € 

A/C Tourteau décortiqué et flan de crustacés, tarte au citron revisitée à la façon du chef, et, tous les jeudis, viande d'Argentine cuite à la plancha... Un néobistrot convivial et plutôt cosy pour une cuisine bistrotière d'aujourd'hui, fraîche et bien ficelée.

La Passerelle

CUISINE MODERNE • TENDANCE

ISSY-LES-MOULINEAUX

172 quai de Stalingrad ✉ 92130
✆ 01 46 48 80 81
www.lapasserelle-issy.com

PLAN : B2

Fermé août, dimanche et lundi

Formule 34 € – Menu 40 € (déjeuner en semaine), 80 € 🍷/95 € – Carte 63/88 €

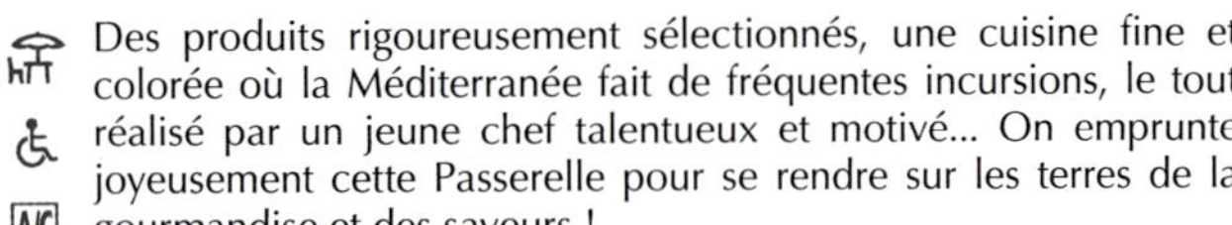

Des produits rigoureusement sélectionnés, une cuisine fine et colorée où la Méditerranée fait de fréquentes incursions, le tout réalisé par un jeune chef talentueux et motivé... On emprunte joyeusement cette Passerelle pour se rendre sur les terres de la gourmandise et des saveurs !

A/C

Le Patte Noire

CUISINE MODERNE • COSY

RUEIL-MALMAISON

56 r. du Gué ✉ 92500

09 81 20 81 69

www.lepattenoire.com

PLAN : B2

Fermé 14-22 août, 1 semaine en septembre, 1er-4 janvier, dimanche soir et lundi

Formule 29 € – Menu 35/99 € – Carte 52/85 €

A/C

Inutile de montrer patte blanche pour espérer manger dans ce restaurant du centre-ville ! Derrière les fourneaux, le chef réalise une cuisine bien dans l'air du temps avec de beaux produits. Dans l'assiette, les assaisonnements sont bons, les cuissons réussies. Accueil et service tout sourire.

La Plantxa

CUISINE MODERNE • CONVIVIAL

BOULOGNE-BILLANCOURT

58 r. Gallieni ✉ 92100

01 46 20 50 93 (réservation conseillée)

www.plantxa.com

Ⓜ Porte de St-Cloud

PLAN : B2

Fermé 2 semaines en août, dimanche et lundi

Formule 32 € – Menu 55 € – Carte 34/49 €

Depuis l'arrivée de Juan Arbelaez, jeune chef colombien, la recherche et l'originalité règnent en maîtres dans les cuisines de la Plantxa. En toute décontraction, "comme à la maison", on se régale de ses assiettes percutantes et soignées, où les associations de saveurs tombent toujours juste. Décoiffant !

Quai de Meudon

CUISINE TRADITIONNELLE • TENDANCE

MEUDON
10 rte des Gardes ✉ 92190
✆ 01 40 95 24 60
www.quaidemeudon.com

PLAN : B2
Fermé 2 semaines en août et dimanche soir

Formule 26 € – Carte 35/55 € 

Cette ancienne gare, avec ses poutres métalliques et ses rivets, vous rappelle quelque chose ? Normal : elle a été bâtie par les équipes d'Eiffel pour l'exposition universelle de 1889... Les plats sont intéressants et bien réalisés ; la terrasse, au deuxième étage, offre une belle vue sur les îles de la Seine... Courez-y !

Ribote

CUISINE MODERNE • CONVIVIAL

NEUILLY-SUR-SEINE
17 r. Paul-Chatrousse ✉ 92200
✆ 01 47 47 73 17
Ⓜ Pont de Neuilly

PLAN : B2
Fermé 3 semaines en août, 1 semaine à Noël, samedi et dimanche

Formule 22 € – Carte 40/50 € 

Fringant, ce néo-bistrot ouvert au début 2015 ! En cuisine, on trouve un duo de chef trentenaires ; ils composent une cuisine légère et parfumée, bien dans l'air du temps, dans un esprit "so bistronomie" : ceviche de haddock au fenouil, filet de canette au jus de wasabi... Un souffle d'air frais sur Neuilly !

La Romantica

CUISINE ITALIENNE • ÉLÉGANT

CLICHY
73 bd Jean-Jaurès ✉ 92110
01 47 37 29 71
www.laromantica.fr
Ⓜ Mairie de Clichy

PLAN : B2
Fermé samedi midi et dimanche

Menu 41 € (déjeuner), 51/92 € – Carte 50/100 €

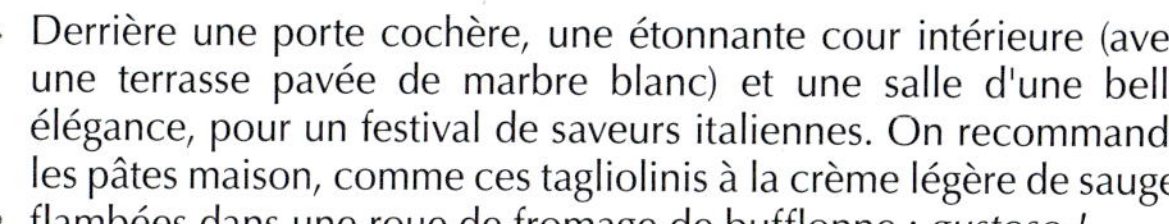

Derrière une porte cochère, une étonnante cour intérieure (avec une terrasse pavée de marbre blanc) et une salle d'une belle élégance, pour un festival de saveurs italiennes. On recommande les pâtes maison, comme ces tagliolinis à la crème légère de sauge, flambées dans une roue de fromage de bufflonne : *gustoso !*

Saperlipopette !

CUISINE MODERNE • DESIGN

PUTEAUX
9 pl. du Théâtre ✉ 92800
01 41 37 00 00 (réservation conseillée)
www.saperlipopette1.fr

PLAN : B2

Formule 25 € – Menu 36/40 € – Carte 47/63 €

N'hésitez pas à venir vous restaurer de ce côté de Puteaux, non loin de la Défense : cette ancienne brasserie a subi un sacré lifting, devenant un restaurant chaleureux et branché. La cuisine, façon bistrot chic – côte de bœuf et côte de veau sont toujours à l'ardoise – est généreuse et bien tournée. Service attentionné.

Le 7 à Issy

CUISINE TRADITIONNELLE • CONVIVIAL

ISSY-LES-MOULINEAUX
7 rond-point Victor-Hugo ✉ 92130
✆ 01 46 45 22 12
www.7aissy.fr
Ⓜ Corentin-Celton

PLAN : B2
Fermé 1er-25 août, 24-30 décembre, lundi soir, samedi midi et dimanche

Formule 28 € – Menu 36/49 € – Carte 42/61 €

A/C Jarret et fondant de veau cuits façon pot-au-feu, dos de cabillaud à la plancha et vinaigrette de betterave… Ici, on savoure une cuisine traditionnelle copieuse et bien ficelée. Habitués et hommes d'affaires ne boudent pas leur plaisir !

La Table de Cybèle

CUISINE MODERNE • BISTRO

BOULOGNE-BILLANCOURT
38 r. de Meudon ✉ 92100
✆ 01 46 21 75 90
www.latabledecybele.com
Ⓜ Billancourt

PLAN : B2
Fermé dimanche et lundi

Formule 26 € – Menu 31 € (déjeuner en semaine) – Carte 42/56 € dîner

À la tête de ce néobistrot né à Billancourt en 2013 œuvre un couple franco-américain, et c'est Cybèle, née à San Francisco, qui officie en cuisine, signant des recettes originales, axées sur les bons produits. La Table de Cybèle est si jolie…

La Tour de Marrakech

CUISINE NORD-AFRICAINE • EXOTIQUE

ANTONY

72 av. Division-Leclerc ✉ 92160
✆ 01 46 66 00 54
www.latourdemarrakech.com

PLAN : B3
Fermé août et lundi

Formule 22 € – Menu 34 € 🍷 – Carte 30/50 €

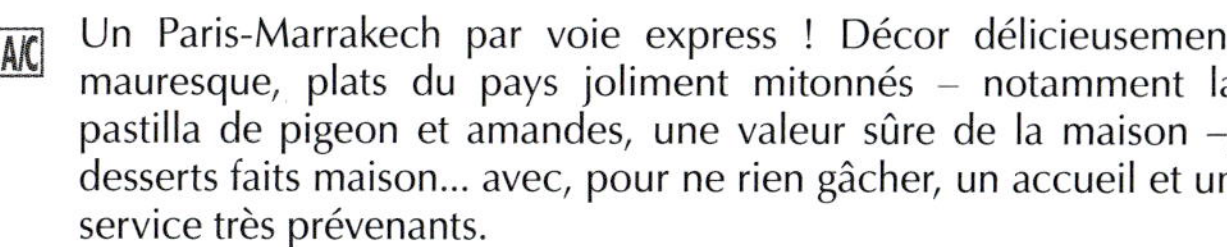

A/C Un Paris-Marrakech par voie express ! Décor délicieusement mauresque, plats du pays joliment mitonnés – notamment la pastilla de pigeon et amandes, une valeur sûre de la maison –, desserts faits maison... avec, pour ne rien gâcher, un accueil et un service très prévenants.

Le Van Gogh

CUISINE MODERNE • TRADITIONNEL

ASNIÈRES-SUR-SEINE

1 Port Van-Gogh (accès par le Pont de Clichy) ✉ 92600
✆ 01 47 91 05 10
www.levangogh.com

PLAN : B2
Fermé 6-24 août, 17-26 décembre et dimanche soir

Menu 36/59 € 🍷 – Carte 48/85 €

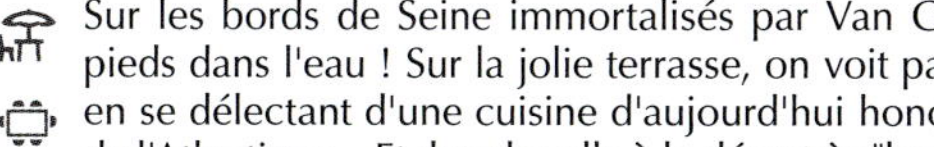

Sur les bords de Seine immortalisés par Van Gogh, presque les pieds dans l'eau ! Sur la jolie terrasse, on voit passer les péniches en se délectant d'une cuisine d'aujourd'hui honorant les poissons de l'Atlantique... Et dans la salle à la déco très "bateau", on apprécie la vue sur les cuisines.

La Fabrique

CUISINE MODERNE • DESIGN

BRIE-COMTE-ROBERT

1 bis r. du Coq-Gaulois ✉ 77170

✆ 01 60 02 10 10

www.restaurantlafabrique.fr

PLAN : D3

Fermé 1 semaine en mars, août, 24 décembre-2 janvier, mardi soir, mercredi soir, samedi midi, dimanche et lundi

Formule 28 € – Menu 35 € (déjeuner) – Carte 50/65 €

Ce loft d'esprit industriel est bien caché au bout d'une petite allée, et il fait bon s'y régaler dans une atmosphère jeune et décontractée... Une adresse d'aujourd'hui, qui décline une cuisine moderne et volontiers créative, avec quelques fulgurances !

La Gueulardière

CUISINE CLASSIQUE • ÉLÉGANT

OZOIR-LA-FERRIÈRE

66 av. du Gén.-de-Gaulle ✉ 77330

✆ 01 60 02 94 56

www.la-gueulardiere.com

PLAN : D3

Fermé dimanche soir

Menu 39/78 € – Carte 68/120 €

En place depuis presque 30 ans, Alain Bureau est un vrai chef à l'ancienne, un authentique artisan, inconditionnel du "fait maison" : foie gras, saumon fumé, ou encore millefeuille caramélisé... Classique par ses racines, actuelle par son inspiration, sa cuisine séduit ! Cadre élégant et raffiné, superbe terrasse.

La Mare au Diable

CUISINE CLASSIQUE • AUBERGE

LE PLESSIS-PICARD
77550
01 64 10 20 90
www.lamareaudiable.fr

PLAN : D3
Fermé 3 semaines en août, dimanche soir et lundi sauf fériés

Menu 35 € (déjeuner en semaine)/47 € – Carte 62/92 €

Amateurs de vieilles pierres, vous apprécierez cette demeure du 15e s. tapissée de vigne vierge et de glycine, ses poutres, sa grande cheminée, son parc bucolique… Un décor qui charma en son temps George Sand ! Le classicisme est de mise dans l'assiette, mais aussi quelques spécialités italiennes, origines du chef obligent.

Le Quincangrogne

CUISINE MODERNE • CONVIVIAL

DAMPMART
7 r. de l'Abreuvoir 77400
01 64 44 44 80
www.hotel-restaurant-lequincangrogne.fr

PLAN : D2
Fermé 31 juillet-25 août, 1er-11 janvier, dimanche soir, lundi et mardi

Menu 38/85 € – Carte 72/89 € 

Franck Charpentier, chef passé par de nombreuses tables étoilées, est aux commandes de cet établissement installé en bord de Marne. Il a conçu une carte simple, axée sur les produits régionaux – œuf mollet de la ferme de la Marche, canette de la ferme de Dagny, maigre doré au beurre Bordier… Des préparations précises et convaincantes.

93 SEINE-ST-DENIS

Auberge des Saints Pères ✿

CUISINE CRÉATIVE • ÉLÉGANT

AULNAY-SOUS-BOIS

212 av. de Nonneville ✉ 93600

✆ 01 48 66 62 11

www.auberge-des-saints-peres.fr

PLAN : C1

Fermé 3 semaines en août, lundi midi, mercredi soir, samedi midi et dimanche

Formule 32 € – Menu 44/76 €

Auberge des Saints Pères

Il faut reconnaître au chef de cette Auberge des Saints Pères un incontestable mérite : celui de la régularité ! Il continue, année après année, à proposer une cuisine créative et sophistiquée, à grand renfort de techniques complexes et de mariages de saveurs inattendus... sans oublier un usage astucieux des herbes et des épices. Huîtres sur une brunoise de fruits acidulés, crème froide de cocos de Paimpol ; échine de marcassin saupoudrée de genièvre, céleri et soupe à l'oignon... L'originalité de cette cuisine, associée à une maîtrise des fondamentaux (cuissons, assaisonnements) explique sans doute la bonne cote locale de l'établissement dans les environs. L'épouse du chef assure efficacement l'accueil et le service ; le décor, dans des teintes chocolat assez épurées, se révèle plaisant.

ENTRÉES

- Tranche d'échine séchée, foie gras, melon et céleri
- Carpaccio de dorade assaisonné à la main de bouddha et à la graine de grenade acidulée

PLATS

- Cabillaud rôti, sarrasin cuisiné comme une paella
- L'idée d'un burger de bœuf Black Angus, polenta au cheddar et foie gras

DESSERTS

- Millefeuille chocolat blanc et wasabi
- Une variante du paris-brest

La Jument Verte

CUISINE MODERNE • TENDANCE

TREMBLAY-VIEUX-PAYS
43 rte de Roissy ✉ 93290
✆ 01 48 60 69 90
www.aubergelajumentverte.fr

PLAN : C1
Fermé août, samedi, dimanche et fériés

Formule 26 € – Menu 30/53 € – Carte 45/70 € 

Près du parc des expositions de Villepinte et de l'aéroport de Roissy, voici une auberge utile pour s'échapper des événements nationaux et des vols internationaux ! Pause gourmande assurée, le midi comme le soir, avec dans l'assiette des plats actuels et savoureux, réalisés à base de produits frais choisis ; le chef n'hésite pas à y intégrer des notes inventives et à nous surprendre avec des saveurs inattendues. On s'installe dans une salle au décor simple et avenant, ou sur la terrasse, en été. Et pourquoi donc cette jument verte de l'enseigne ? C'est un hommage au roman éponyme de Marcel Aymé.

L'Amourette

CUISINE TRADITIONNELLE • BISTRO

MONTREUIL
54 r. Robespierre ✉ 93100
✆ 01 48 59 99 94
www.lamourette.fr
Ⓜ Robespierre

PLAN : C2
Fermé 1er-8 mai, 3 semaines en août, 24 décembre-1er janvier, samedi, dimanche et fériés

Formule 15 € – Menu 19 € (déjeuner en semaine)/30 € – Carte 28/56 €

Il se dit que les Parisiens n'aiment pas passer le périph'... Et si les "banlieusards", de leur côté, avaient de bonnes raisons de snober la capitale ? C'est le cas à Montreuil avec cet amour de bistrot, animé et convivial, où l'on sert de belles assiettes de tradition : assiette de cochonnailles, tête de veau...

Au Pouilly Reuilly

CUISINE TRADITIONNELLE • BISTRO

LE PRÉ-ST-GERVAIS
68 r. André-Joineau ✉ 93310
✆ 01 48 45 14 59

PLAN : C2
Fermé août, samedi midi, lundi soir et dimanche

Formule 25 € – Menu 32 € – Carte 35/80 €

A/C

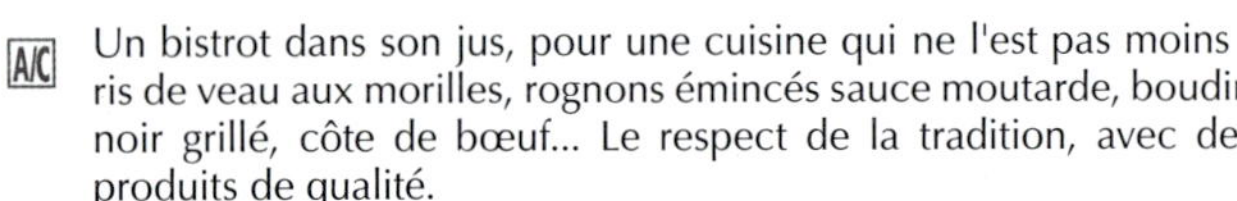

Un bistrot dans son jus, pour une cuisine qui ne l'est pas moins : ris de veau aux morilles, rognons émincés sauce moutarde, boudin noir grillé, côte de bœuf... Le respect de la tradition, avec des produits de qualité.

Le Coq de la Maison Blanche

CUISINE TRADITIONNELLE • VINTAGE

ST-OUEN
37 bd Jean-Jaurès ✉ 93400
✆ 01 40 11 01 23
www.lecoqdelamaisonblanche.com
Ⓜ Mairie de St-Ouen

PLAN : B2
Fermé samedi en juillet-août et dimanche

Menu 32 € – Carte 43/92 €

A/C

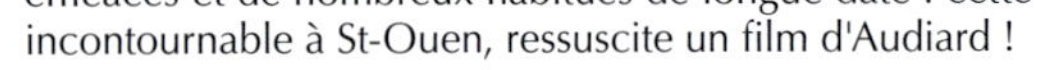

Une cuisine très traditionnelle (tête de veau sauce ravigote, coq au vin, etc.), un authentique décor estampillé 1950, des serveurs efficaces et de nombreux habitués de longue date : cette adresse, incontournable à St-Ouen, ressuscite un film d'Audiard !

Ma Cocotte

CUISINE TRADITIONNELLE • BRANCHÉ

ST-OUEN **PLAN : B2**

106 r. des Rosiers ✉ 93400
✆ 01 49 51 70 00
www.macocotte-lespuces.fr
Ⓜ Porte de Clignancourt

Formule 26 € – Carte 31/64 € 

Nichée dans les puces de St-Ouen, une cantine chic signée "by Philippe Starck". La déco joue la carte du loft contemporain chaleureux, la cuisine celle des classiques – bien troussés – dont on ne se lasse pas : poulet fermier à la broche, fish and chips de Portobello, etc. Cette cocotte a la cote !

A/C

La Petite Marmite

CUISINE TRADITIONNELLE • CLASSIQUE

LIVRY-GARGAN **PLAN : C2**

8 bd de la République ✉ 93190
✆ 01 43 81 29 15
www.lapetitemarmite-livrygargan.com

Fermé vacances de février, 8-31 août, dimanche soir et mercredi

Menu 35 € – Carte 45/134 € 

Un auvent couvert de chaume, une salle tout en bois, des banquettes douillettes... Cette Petite Marmite réchauffe les cœurs ! Aux commandes œuvre un duo complémentaire ; monsieur au marché et madame en cuisine : saumon fumé au bois de hêtre, tatin, profiteroles, etc., le tout accompagné de bons bordeaux.

La Puce

CUISINE MODERNE • BISTRO

ST-OUEN
17 r. Ernest-Renan ✉ 93400
✆ 01 40 12 63 75
Ⓜ Mairie de St-Ouen

PLAN : B2
Fermé 2-17 avril, 3 semaines en août, dimanche, lundi et fériés

Formule 18 € 🍷 – Menu 36 € – Carte environ 42 €

À un saut de puce des puces de St-Ouen, cette Puce-là ne fait pas faux bond à la qualité : dans ce bistrot sympathique, on apprécie ravioles au foie gras et lentilles à la crème de porto blanc, ch'tiramisu aux spéculos, etc. Des plats bien tournés, aux prix raisonnables, comme les vins. De quoi mettre la puce à l'oreille !

Villa9Trois

CUISINE MODERNE • DESIGN

MONTREUIL
28 r. Colbert ✉ 93100
✆ 01 48 58 17 37
www.villa9trois.com
Ⓜ Mairie de Montreuil

PLAN : C2
Fermé dimanche soir

Menu 39/48 € – Carte 50/70 €

Une jolie demeure ancienne, un décor bourgeois et design, une grande terrasse sous les arbres, une cuisine en prise sur les dernières tendances... Cette Villa du "9Trois" est un havre pour une clientèle, disons-le, dorée. Dress code : chic et décontracté.

La Bourgogne

CUISINE MODERNE • ÉLÉGANT

MAISONS-ALFORT

164 r. Jean-Jaurès ✉ 94700
✆ 01 43 75 12 75
www.restaurant-labourgogne.com

PLAN : C2

Fermé 4-22 août, 24 décembre-2 janvier, samedi midi et dimanche

Menu 36/56 € 🍷 – Carte 51/88 €

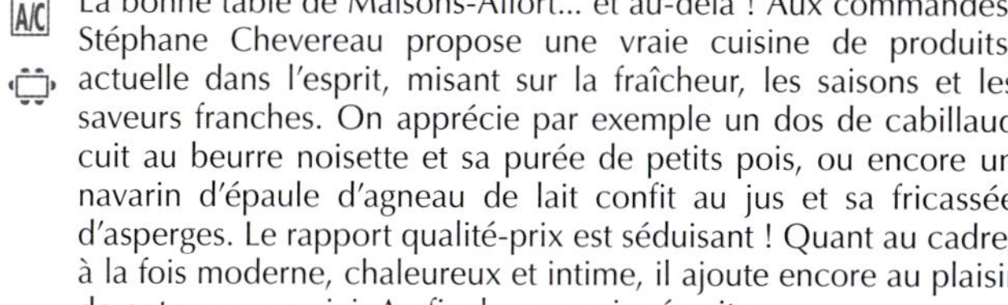

La bonne table de Maisons-Alfort... et au-delà ! Aux commandes, Stéphane Chevereau propose une vraie cuisine de produits, actuelle dans l'esprit, misant sur la fraîcheur, les saisons et les saveurs franches. On apprécie par exemple un dos de cabillaud cuit au beurre noisette et sa purée de petits pois, ou encore un navarin d'épaule d'agneau de lait confit au jus et sa fricassée d'asperges. Le rapport qualité-prix est séduisant ! Quant au cadre, à la fois moderne, chaleureux et intime, il ajoute encore au plaisir de notre passage ici. Au final, une vraie réussite...

La Rigadelle

POISSONS ET FRUITS DE MER • TRADITIONNEL

VINCENNES

23 r. de Montreuil ✉ 94300
✆ 01 43 28 04 23 (réservation conseillée)
Ⓜ Château de Vincennes

PLAN : C2

Fermé 13 août-7 septembre, dimanche soir, lundi et mardi

Formule 26 € – Menu 28/58 € – Carte 45/73 €

Un couple discret œuvre à la tête de cette petite adresse du centre de Vincennes, et sa modestie n'a d'égale que son mérite. La carte fait la part belle à de superbes produits (notamment de la mer, avec des arrivages directs de Bretagne). Le poisson est ici préparé en aïoli, en bouillabaisse ou en cotriade par un chef qui connaît parfaitement son métier. De plus, il fait évoluer ses recettes petit à petit, touche par touche, afin de suivre les saisons. Un vrai travail d'artisan, doublé d'un bel investissement. Décidément, une adresse pleine de goût et de mérite !

L'Ambassade de Pékin

CUISINE CHINOISE • EXOTIQUE

ST-MANDÉ **PLAN : C2**

6 av. Joffre ✉ 94160
✆ 01 43 98 13 82
Ⓜ St-Mandé-Tourelle

Menu 13 € (déjeuner en semaine)/24 € – Carte 20/91 €

A/C Cette Ambassade au décor typique représente non seulement Pékin, mais aussi le Sichuan, le Vietnam, la Thaïlande, etc. Au menu, donc, un joli éventail de spécialités asiatiques, parmi lesquelles les crevettes à l'ail et au poivre, ou le canard laqué.

L'Ardoise

CUISINE TRADITIONNELLE • BISTRO

LE PERREUX-SUR-MARNE **PLAN : C2**

22 bd de la Liberté ✉ 94170
✆ 01 43 24 18 31

Fermé août, dimanche, lundi et fériés

Formule 18 € – Carte 30/50 € 

Le credo du patron : "je ne fais que ce que je maîtrise bien." Son baron d'agneau aux herbes, son parmentier de boudin basque ou encore son riz au lait lui donnent raison ! Son petit bistrot – avec le mobilier patiné et les murs couleur beurre frais qui vont bien – est épatant.

Auberge du Pont de Bry - La Grappille

CUISINE MODERNE • AUBERGE

BRY-SUR-MARNE

3 av. du Gén.-Leclerc ✉ 94360
✆ 01 48 82 27 70
www.lagrappille.fr

PLAN : C2
Fermé 16-31 août, lundi et mardi

Formule 25 € – Menu 35 € (semaine)/65 € – Carte 49/65 €

A/C

Aux commandes de cette auberge, un chef de métier qui fait preuve de savoir-faire et sélectionne des ingrédients de qualité pour rehausser les saveurs des recettes – même les plus traditionnelles : tête de veau, kouign amann, cassoulet de homard à l'andouille de Guémené...

Château des Îles

CUISINE MODERNE • TENDANCE

LA VARENNE-ST-HILAIRE

85 quai Winston-Churchill ✉ 94210
✆ 01 48 89 65 65
www.chateau-des-iles.com

PLAN : C2
Fermé lundi en août et dimanche soir

Menu 46/80 € – Carte 60/92 €

Dans le calme de cette charmante adresse, le chef réalise une cuisine au goût du jour, évoluant au fil des saisons ; on l'accompagne d'un vin de Bordeaux choisi dans une imposante carte. À savourer en terrasse pendant les beaux jours !

A/C

Faim et Soif

CUISINE MODERNE • DESIGN

LA VARENNE-ST-HILAIRE
28 r. St-Hilaire ✉ 94210
✆ 01 48 86 55 76
www.faimetsoif.com

PLAN : C2
Fermé 1 semaine en août, dimanche et lundi

Carte 53/75 €

A/C Un restaurant de poche, cosy et confortable, à la déco colorée : l'endroit parfait pour soigner sa faim et sa soif ! On se retrouve ici pour déguster des mets appétissants, ceux d'une vraie cuisine de produits, bien dans l'air du temps et renouvelée chaque semaine.

La Grange des Halles

CUISINE MODERNE • CONTEMPORAIN

RUNGIS
28 r. Notre-Dame ✉ 94150
✆ 01 46 87 08 91
www.la-grange-des-halles.webnode.fr

PLAN : C3
Fermé 3 semaines en août, lundi soir, samedi midi et dimanche

Menu 27 € (déjeuner)/45 € – Carte 48/63 € 

Rungis, ce n'est pas seulement le célèbre marché connu de tous les chefs, mais aussi un vieux bourg, où se trouve cette Grange au look atypique – tableaux contemporains, banquettes en velours... Homard du vivier, millefeuille à la vanille de Madagascar : la cuisine est calée sur les saisons et, évidemment, le marché.

L'Hédoniste

CUISINE TRADITIONNELLE • INTIME

VINCENNES
26 r. de Montreuil ✉ 94300
01 43 74 98 62 (réservation conseillée)
Château de Vincennes

PLAN : C2
Fermé 3 semaines fin juillet-début août, vacances de Noël, dim. et lundi

Formule 18 € – Menu 32 € – Carte 35/57 €

Au centre de Vincennes, ce petit restaurant à l'atmosphère intimiste propose une cuisine du marché et de saison ; les deux associés, bretons, s'autorisent de nombreux clins d'œil à leur région. Spécialité maison : les escargots moelleux au saté et au bleu...

Les Magnolias

CUISINE CRÉATIVE • ÉLÉGANT

LE PERREUX-SUR-MARNE
48 av. de Bry ✉ 94170
01 48 72 47 43
www.lesmagnolias.com

PLAN : C2
Fermé 7-27 août, samedi midi, dimanche et lundi

Menu 42 € (déjeuner en semaine), 58/147 € – Carte environ 68 €

Ces Magnolias se sont imposés en douceur auprès des gourmets du Perreux-sur-Marne. Le chef met un soin particulier dans la présentation de ses plats, goûteux et volontiers créatifs. Autour de lui, en cuisine et dans l'élégante salle, s'affaire une jeune équipe soucieuse de bien faire.

Les Mets de Mo

CUISINE CRÉATIVE • ÉLÉGANT

CRÉTEIL

29 av. Pierre-Brossolette ✉ 94000
✆ 01 48 98 49 52
www.lesmetsdemo.com

PLAN : C2

Fermé 7-21 août, dimanche et lundi

Formule 29 € – Menu 32/110 € – Carte 55/72 €

Des plats créatifs et instinctifs, aux influences multiples, dans lesquelles les épices sont utilisés à bon escient ; de bons produits frais issus des circuits courts... Pas besoin d'avoir fait de grandes études pour comprendre comment cette table a gagné les cœurs (et les ventres) des Cristoliens. Irrésistible !

Le Chiquito ✿

CUISINE CLASSIQUE • ÉLÉGANT

MÉRY-SUR-OISE

3 r. de l'Oise, La Bonneville (1,5 km par D922, rte de Pontoise) ✉ 95540
✆ 01 30 36 40 23
www.lechiquito.fr

PLAN : B1
Fermé dimanche et lundi

Menu 64/77 € – Carte environ 65 €

Le Chiquito

Quelle histoire, ce Chiquito ! Saviez-vous qu'il s'agit d'un ancien bar-tabac et épicerie de village, transformé en restaurant en 1969 ? Difficile de se figurer cette parenthèse passée tant le cadre de cette maison francilienne du 17e s., élégant et plein de cachet, l'enfilade de salles bourgeoises, l'accueil, des plus prévenants, évoquent immédiatement une certaine idée de l'élégance bourgeoise. Et que dire de la cuisine d'Alain Mihura, passé chez de grands chefs étoilés, sinon qu'elle honore le plus beau classicisme, par sa précision et la finesse de ses saveurs ? Ses spécialités font claquer les langues de plaisir : cuisses de grenouilles au jus de persil, ris de veau au beurre mousseux et paris-brest... Quelque chose d'éternel au pays de la gourmandise. La belle carte des vins, avec plus de 250 références, conforte ce charmant tableau. Une demeure tout en délicatesse, vivement recommandable.

ENTRÉES

- Tête de veau laquée, médaillons de crevettes sauvages et gribiche d'avocat
- Cuisses de grenouilles, escargots et croquettes d'ail au jus de persil

PLATS

- Tronçon de turbot rôti, mousseline de chou-fleur et sauce carotte-fenouil
- Ris de veau au beurre mousseux

DESSERTS

- Paris-brest
- Macaron aux trois chocolats, cœur caramel au beurre

Auberge du Cheval Blanc

CUISINE MODERNE • TENDANCE

PONTOISE
47 r. de Gisors ✉ 95000
✆ 01 30 32 25 05

PLAN : A1
Fermé 1er-22 août, samedi midi, dimanche et lundi

Formule 32 € – Menu 43/65 € – Carte 47/78 €

L'Auberge du Cheval Blanc, c'est surtout la personnalité de Laurence Ravail, chef truculente et passionnée, intarissable sur les produits et les vignerons qu'elle adore (belle sélection de vins). Ses assiettes ne mentent pas : colorées et savoureuses, elles mêlent recettes nouvelles et ingrédients bio.

Auberge Ravoux

CUISINE TRADITIONNELLE • BISTRO

AUVERS-SUR-OISE
52 r. du Gén.-de-Gaulle (face à la mairie) ✉ 95430
✆ 01 30 36 60 60 (réservation conseillée)
www.maisondevangogh.fr

PLAN : B1
Ouvert début mars à fin novembre et fermé dimanche soir, mercredi soir, jeudi soir, lundi et mardi

Menu 34/39 € – Carte 51/63 €

Non loin du cimetière où il repose, l'âme de Van Gogh plane encore sur "sa" dernière auberge. Les bons produits du Vexin sont ici travaillés par un chef d'expérience, dans la droite ligne de la tradition : terrine de canard aux pistaches, filets de hareng et saumon mariné à l'ancienne, tarte Tatin...

Au Cœur de la Forêt

CUISINE TRADITIONNELLE • AUBERGE

MONTMORENCY
av. du Repos-de-Diane (accès par chemin forestier) ✉ 95160
✆ 01 39 64 99 19
www.aucoeurdelaforet.com

PLAN : B1
Fermé 15-25 février, août, jeudi soir, dimanche soir et lundi

Formule 39 € – Menu 49 €

À l'issue d'un chemin cahotant, vous voilà bien au cœur de la forêt... Si le dépaysement est garanti, la cuisine suit sans détour la voie de la tradition : au menu, rien que des valeurs sûres, au gré du marché ! Cadre élégant et champêtre, comme il se doit, avec une jolie terrasse face aux frondaisons.

Hostellerie du Prieuré

CUISINE TRADITIONNELLE • BISTRO

ST-PRIX
74 r. Auguste-Rey ✉ 95390
✆ 01 34 27 51 51
www.restaurantduprieure.com

PLAN : B1
Fermé 5-20 août, samedi midi, lundi midi et dimanche

Formule 24 € – Carte 47/58 €

Banquettes, nappes à carreaux, objets anciens... Dans ce village pittoresque, cette jolie auberge ravit les amoureux d'autrefois – et la salle avec sa cheminée, les romantiques ! À la carte, pas de nostalgie : foie gras poêlé aux girolles, fricassée d'écrevisses et ris de veau, macaron glacé au caramel...

Hostellerie du Nord

CUISINE CLASSIQUE • BOURGEOIS

AUVERS-SUR-OISE

6 r. du Gén.-de-Gaulle ✉ 95430
✆ 01 30 36 70 74
www.hostelleriedunord.fr

PLAN : B1

Fermé samedi midi, dimanche soir et lundi

Formule 55 € – Menu 65/85 €

Élégance et confort distinguent cet ancien relais de poste, fréquenté au 19e s. par de nombreux peintres. Le chef, Joël Boilleaut, est une vraie figure, dont le rigoureux savoir-faire s'exprime à travers une palette de recettes sûres et soignées. Idéal pour marcher sur les traces des impressionnistes !

Verre Chez Moi

CUISINE MODERNE • INTIME

DEUIL-LA-BARRE

75 av. de la Division-Leclerc ✉ 95170
✆ 01 39 64 04 34
www.restaurant-verrechezmoi.com

PLAN : B1

Fermé vacances de février, 1 semaine début mai, 3 semaines en août, lundi soir, samedi midi et dimanche

Formule 30 € – Menu 36 € (déjeuner) – Carte 39/67 €

Une belle surprise que cette discrète maison de ville, tenue par un jeune sommelier passionné : à l'unisson de ses vins "coup de cœur" – surtout de petits propriétaires –, on déguste une cuisine très appétissante, fine et parfumée. L'été venu, profitez de la jolie cour sur l'arrière. Arrêt recommandé Verre Chez Moi !

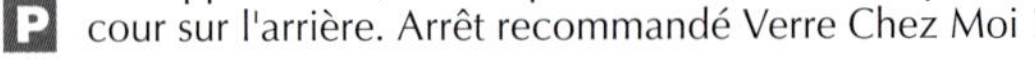

Les Vignes Rouges

CUISINE TRADITIONNELLE • AUBERGE

HÉROUVILLE

95300
01 34 66 54 73
www.vignesrouges.fr

PLAN : B1
Fermé 1er-10 mai,
3 semaines en août,
2-12 janvier, dimanche soir,
lundi et mardi

Menu 38 € – Carte 51/71 €

A/C La tradition est de mise dans cette maison surannée, au cœur de ce village proche d'Auvers-sur-Oise (l'enseigne fait d'ailleurs référence à une œuvre de Van Gogh). De bonnes saveurs au menu : foie gras poêlé, andouillette braisée au chablis...

78 Le Camélia ✿

CUISINE MODERNE • ÉLÉGANT

BOUGIVAL

7 quai Georges-Clemenceau ✉ 78380
✆ 01 39 18 36 06
www.lecamelia.com

PLAN : B2

Fermé 1 semaine vacances de printemps, 3 semaines en août, 1 semaine vacances de Noël, dimanche et lundi

Formule 32 € – Menu 49/82 € – Carte 100/130 € 

Le Camelia

Les plus anciens (ou les hommes de goût) s'en souviennent : le Camélia était l'ancien restaurant de l'illustre cuisinier Jean Delaveyne, pionnier de la nouvelle cuisine et mentor (entre autres) de Michel Guérard, Joël Robuchon, Jacques Chibois... En retrait de la Seine, cette auberge à l'avenante façade moderne a récemment été transformée dans l'esprit d'un bistrot chic et feutré, avec cuisines ouvertes sur la salle : une métamorphose réussie. On apprécie d'autant mieux l'œuvre du chef : des recettes inventives, suaves et délicates, réalisées au gré du marché. Ainsi cette tomate et truffe, explosant de saveurs, ou ce beau tronçon de filet de turbot, pour finir sur un clafoutis cerise, dessert de l'enfance. Le lieu est raffiné, la cuisine hume l'air du temps, le service est jeune et aimable. Une adresse définitivement sympathique, qui ne s'est pas laissée dévorer par sa prestigieuse histoire.

ENTRÉES

- Salade de homard aux fruits de saison
- Salade de langoustines

PLATS

- Sole rôtie au jus d'herbes
- Noix de ris de veau rôtie

DESSERTS

- Soufflé au citron vert
- Millefeuille aux fruits de saison

Gordon Ramsay au Trianon ✿

CUISINE CRÉATIVE • ÉLÉGANT

VERSAILLES
Hôtel Trianon Palace
1 bd de la Reine ✉ 78000
✆ 01 30 84 50 18
www.trianonpalace.com

PLAN : A2
Fermé 6 août-4 septembre, 1er -30 janvier, dimanche, lundi et le midi

Menu 143/199 € – Carte 125/175 €

Trianon Palace

Inauguré en 1910 à la lisière du parc du château, l'hôtel Trianon Palace impose sa silhouette autoritaire aux promeneurs qui s'en approchent. Un lieu tout indiqué pour accueillir le travail – et le caractère bien trempé ! – de Gordon Ramsay, déjà triplement étoilé à Londres.

Le chef écossais supervise la mise à jour régulière de la carte – mise en œuvre au quotidien par le chef Frédéric Larquemin –, qui célèbre de beaux produits et joue principalement sur la simplicité et la pertinence des recettes. Une créativité bien maîtrisée, de jolies saveurs... on passe un très agréable moment en ces lieux, d'autant que le cadre n'est pas en reste : une élégante et lumineuse salle à manger baroque, dont les baies vitrées donnent directement sur le parc...

SPÉCIALITÉS

- Pressé de foie gras et canard fumé, pommes vertes, cresson et gelée au madère
- Raviolo de langoustine et homard, sauce à l'oseille
- Canard et foie gras rôti, lavande, miel et poivre du Sichuan
- Turbot de ligne braisé, radis, câpres, coques et sauce au champagne
- Meringue gourmande au chocolat praliné, poire rôtie acidulée au cassis
- Baba et ananas rôti épicé au gingembre, crème glacée au rhum brun et raisins

78 La Table des Blot - Auberge du Château ✿

YVELINES

CUISINE MODERNE • AUBERGE

DAMPIERRE-EN-YVELINES
1 Grande-Rue ✉ 78720
✆ 01 30 47 56 56
www.latabledesblot.com

PLAN : A3
Fermé février, août, décembre, dimanche soir, lundi et mardi

Menu 50/80 € – Carte 57/77 € XXX

Alban Jimenez/La Table des Blot Auberge du Château

Cette belle et élégante auberge du 17e s. a conservé sa salle opulente, ses poutres rustiques et sa cheminée, et en dépit des touches modernes, on reconnait ici la douce langueur bourgeoise, synonyme de bien-être des appétits. A l'aise dans cet univers qui donne des gages au temps qui passe, le talent du chef et les saisons rythment la créativité des recettes. Prenons l'excellente tranche de terrine de lapin, travaillée à l'ancienne, ou le beau et épais filet de turbot : nous sommes en présence d'un homme qui aime son métier. Et le dessert, variation en trois préparations autour du chocolat, confirme l'intuition. Le service, très professionnel, valorise cette partition maîtrisée, exécutée par un chef exigeant et passionné. C'est coloré, parfumé, plein de saveurs. L'accueil chaleureux invite à prolonger l'étape - on peut en effet réserver une jolie chambre façon maison de campagne.

ENTRÉES

- Tête de veau pressée, parfumée au gingembre et ravigote
- Foie gras de canard et girolles en terrine

PLATS

- Homard tout décortiqué fumé à la livèche
- Ris de veau du Limousin cuit au poêlon

DESSERTS

- Soufflé au chocolat, l'autre mi-cuit, le dernier glacé
- Le paris-brest rafraichi "ananas-yuzu"

La Table du 11 ✿

CUISINE MODERNE • COSY

VERSAILLES

11 r. St -Honoré (transfert prévu 1er trimestre au 8 r. de la Chancellerie) ✉ 78000
✆ 09 83 34 76 00
www.latabledu11.com

PLAN : A2

Fermé 1 semaine en février, août, dimanche et lundi

Menu 38 € (déjeuner en semaine), 65/80 €

La Table du 11

Difficile de réprimer son enthousiasme en évoquant le travail de Jean-Baptiste Lavergne-Morazzani, le jeune chef de cette Table du 11. Après l'obtention de l'étoile en 2016, il a redoublé d'efforts, avec le soutien d'une équipe soudée et efficace, pour convertir toujours plus de gourmands dans cette ville où les bonnes tables ne manquent pas. Son credo : le naturel, à tous points de vue. Une carte courte et sans fioritures, un menu unique qui évolue tous les quinze jours, une attention particulière aux saisons... et, dans l'assiette, une sélection de produits vraiment nature : bio en général, issus de la pêche et de l'élevage durables, etc. Et tout cela devrait prendre une dimension supplémentaire à l'avenir, puisque la table doit déménager en 2017 dans le cadre intemporel de la Cour des Senteurs.

SPÉCIALITÉS

- Cuisine du marché

78 YVELINES

Le Village ✿

CUISINE MODERNE • INTIME

MARLY-LE-ROI

3 Grande-Rue ✉ 78160
✆ 01 39 16 28 14 (réservation conseillée)
www.restaurant-levillage.fr

PLAN : A2

Fermé 2 semaines en août, 1 semaine en janvier, samedi midi, dimanche soir et lundi

Formule 40 € – Menu 50/132 € – Carte 138/270 € XX

Le Village

Ces diables de chefs japonais sont partout... et c'est tant mieux ! Prenez cette jolie auberge, sise dans une ruelle pittoresque du vieux Marly. Quoi de plus français que l'avenante façade aux tons bleu canard, puis, passé la porte, la plaisante petite salle intimiste aux tons rouge carmin, décorée de tableaux et de photos de plats ? Pourtant, en cuisine, on parle japonais. Le chef, né au Japon, signe des préparations très maîtrisées, riches de jolis accords, de textures et de saveurs. Ainsi ce Goi cuon (rouleau de printemps) de homard, la dorade rose gros yeux comme dans un aquarium, ou les deux asperges en tempura sur un carpaccio d'asperges vertes... Pareil à Jésus, le chef se plaît à multiplier les petits pains (nous vous laissons la surprise). A Marly, la France inspire l'Asie, à moins que ce ne soit le contraire... Laissez votre palais décider.

ENTRÉES

- Goï cuôn de homard breton et foie gras en terrine
- Entrée de saison selon l'inspiration du chef

PLATS

- Pigeonneau d'Anjou en croûte de gros sel de Guérande aromatisé
- Faux-filet de bœuf de Kobe simplement poêlé, duxelles de shiitakes façon gyoza

DESSERTS

- Soufflé chaud au yuzu de Kôchi légèrement poivré, sorbet au yuzu
- Douceur de saison

Abbaye des Vaux de Cernay ‹O (N)

CUISINE TRADITIONNELLE • ROMANTIQUE

CERNAY-LA-VILLE

PLAN : A3

rte d'Auffargis ✉ 78720
01 34 85 23 00
www.abbayedecernay.com

Formule 32 € – Menu 55/85 € – Carte 70/95 € XXX

Dans le magnifique cadre de cette abbaye cistercienne, les salles à manger s'ornent de belles voûtes et ogives : un écrin de choix pour la belle cuisine de tradition préparée par le chef. Tourteau à la gelée de mangue et dentelle de sarrasin, bar sauvage à l'ail des ours et risotto aux coquillages... Réjouissant.

P

L'Angélique ‹O

CUISINE MODERNE • CONVIVIAL

VERSAILLES

PLAN : A2

27 av. de St-Cloud ✉ 78000
01 30 84 98 85
www.langelique.fr

Fermé 3 semaines en août, 24 décembre-5 janvier, dimanche et lundi

Menu 52 € (déjeuner en semaine), 61/81 € – Carte environ 70 € XX

Régis Douysset, chef de l'Escarbille à Meudon, fait coup double : il a placé ici des fidèles en salle comme en cuisine, tous au service d'une cuisine gastronomique travaillée dans les règles. Un conseil : préférez la salle de l'étage, sensiblement plus chaleureuse !

Au Fulcosa

CUISINE MODERNE • CONVIVIAL

FOURQUEUX
2 r. du Mal.-Foch ✉ 78112
✆ 01 39 21 17 13
www.aufulcosa.fr

PLAN : A2
Fermé 1 semaine en février, 1 semaine en juillet, 3 semaines en août, dimanche et lundi

Formule 14 € – Menu 39 € – Carte 34/44 € 

Au Moyen Âge, Fourqueux portait le nom de Fulcosa, "fougère" en latin, car la plante tapissait les forêts alentour... Les jeunes propriétaires ont le sens de l'histoire ! Dans un décor chaleureux – mobilier en bois, tableaux en exposition –, ils nous régalent d'une bonne cuisine de saison, entre tradition et innovation.

Au Bord de l'Eau

CUISINE TRADITIONNELLE • FAMILIAL

CONFLANS-STE-HONORINE
15 quai Martyrs-de-la-Résistance ✉ 78700
✆ 01 39 72 86 51

PLAN : A1
Fermé 3 semaines en août, lundi sauf fériés et le soir sauf samedi

Menu 31 € (déjeuner en semaine), 45/67 € 

Cet ancien bistrot de bateliers des bords de Seine abrite un sympathique restaurant familial. Le décor intérieur rend hommage à la batellerie conflanaise. Cuisine traditionnelle.

La Belle Époque

CUISINE MODERNE • ÉLÉGANT

CHÂTEAUFORT
10 pl. de la Mairie ✉ 78117
✆ 01 39 56 95 48
www.labelleepoque78.fr

PLAN : A3
Fermé 2-22 août,
dimanche et lundi

Formule 30 € – Menu 39 € (semaine)/75 € – Carte 68/81 €

L'enseigne ne ment pas : derrière une devanture digne d'une auberge d'autrefois, on découvre un décor d'une sobre élégance, au noir et blanc très "début de siècle", assorti d'une jolie terrasse dominant la vallée de Chevreuse. Mais le chef signe une cuisine dans le goût de... notre époque.

La Case de Babette

CUISINE CRÉOLE • ROMANTIQUE

MAULE
2 r. St-Vincent ✉ 78580
✆ 01 30 90 38 97 (réservation conseillée)
www.lacasedebabette.com

PLAN : A2
Fermé 3 semaines en août,
dimanche et lundi

Formule 24 € – Menu 29 € (déjeuner en semaine) – Carte 48/70 €

Babette de Rozières, fameuse chroniqueuse culinaire, a plus d'un tour dans son sac ! Au cœur du joli bourg de Maule, elle rend hommage à sa Guadeloupe natale avec une cuisine ensoleillée, débordante de saveurs. Le service est assuré avec attention et professionnalisme, et l'on mange au son d'une discrète musique des îles...

Cazaudehore

CUISINE CLASSIQUE • ÉLÉGANT

ST-GERMAIN-EN-LAYE
Hôtel La Forestière
1 av. du Président-Kennedy ⊠ 78100
✆ 01 30 61 64 64
www.cazaudehore.fr

PLAN : A2
Fermé dimanche soir en août et de novembre à mars et lundi

Formule 39 € – Menu 59/110 € – Carte 46/85 €

Ambiance chic et cosy, décor dans l'air du temps, délicieuse terrasse sous les acacias, cuisine soignée et belle carte des vins... Une vraie histoire de famille depuis 1928.

P

Le Clos de Chevreuse

N

CUISINE MODERNE • TRADITIONNEL

CHEVREUSE
33 r. de Rambouillet ⊠ 78460
✆ 01 30 52 17 41
www.leclosdechevreuse.net

PLAN : A3
Fermé 9-30 août, dimanche soir, mardi soir et mercredi

Formule 20 € – Menu 25 € (déjeuner en semaine)/45 € – Carte 55/65 €

Le chef, dont le parcours est évocateur (il a passé sept ans au Bristol, entre autres), compose ici des préparations équilibrées et soignées, autant d'un point de vue des saveurs que sur le plan esthétique. L'été, on court s'installer sur la coquette terrasse fleurie, au calme de la cour.

Le 10

CUISINE MODERNE • ÉPURÉ

ST-GERMAIN-EN-LAYE

10 r. des Louviers ✉ 78100
✆ 01 34 51 04 24
www.lestablesdegalilee-le10.fr

PLAN : A2
Fermé dimanche soir et lundi

Menu 35 € (déjeuner en semaine)/89 € – Carte 47/87 €

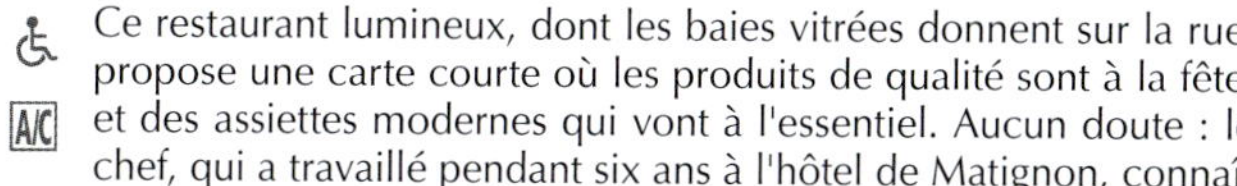

Ce restaurant lumineux, dont les baies vitrées donnent sur la rue, propose une carte courte où les produits de qualité sont à la fête, et des assiettes modernes qui vont à l'essentiel. Aucun doute : le chef, qui a travaillé pendant six ans à l'hôtel de Matignon, connaît bien son métier.

La Ferme de Voisins

CUISINE MODERNE • AUBERGE

VOISINS-LE-BRETONNEUX

4 r. Port-Royal ✉ 78960
✆ 01 30 44 18 18
www.lafermedevoisins.fr

PLAN : A2
Fermé 9-17 avril, 5-21 août, 24-30 décembre, samedi midi et dimanche

Formule 31 € – Menu 48/68 €

On accède à ce joli corps de ferme du 19e s. par une cour fleurie, qui fait office de terrasse l'été venu. La carte, plutôt courte, met en valeur les incontournables de la maison – sucettes de gambas, tête de veau "irremplaçable" – et recèle des plats goûteux et créatifs. Une belle adresse à découvrir au plus vite.

La Maison des Bois

CUISINE TRADITIONNELLE • AUBERGE

STE-APOLLINE
78370
01 30 54 23 17
www.lamaisondesbois.fr

PLAN : A2
Fermé dimanche soir, mardi soir et mercredi

Menu 47 € – Carte 64/80 €

Dans la même famille depuis 1926, cette auberge typique, couverte de vigne vierge, affiche un décor des plus classiques. Même esprit à la carte, avec des recettes traditionnelles et des suggestions du marché. Terrasse ombragée sous un vieux marronnier.

Moulin d'Orgeval

CUISINE CLASSIQUE • TRADITIONNEL

ORGEVAL
200 r. de l'Abbaye (*1,5 km au Sud*) 78630
01 39 75 85 74
www.moulindorgeval.com

PLAN : A2
Fermé 23 décembre-2 janvier et dimanche soir

Formule 33 € – Menu 51/64 € – Carte 54/64 €

La grande salle de restaurant donnant sur la pièce d'eau, le mobilier en rotin, les tentures... Tout ici a un petit côté rétro. Plusieurs menus sont proposés (cuisine du monde, de la mer, de saison ; beau chariot de desserts...) et l'on vient là comme à la campagne. Option "brasserie" au déjeuner.

Ore

N

CUISINE CLASSIQUE • CONTEMPORAIN

VERSAILLES

pl. d'Armes (Pavillon Dufour-Château de Versailles - 1er étage) ✉ 78000
✆ 01 30 84 12 96
www.ducasse-chateauversailles.com

PLAN : A2
Fermé le soir et lundi

Formule 22 € – Carte 45/70 €

Ore, c'est la bouche, en latin. Un nom d'une simplicité désarmante pour cet endroit tout simplement exceptionnel : un pavillon du 17e s. aménagé au cœur du château de Versailles. Alain Ducasse est le Roi Soleil de ces lieux, y faisant appliquer la loi culinaire qu'on lui connaît : celle de la naturalité, et d'un hommage sans cesse renouvelé au beau produit.

Pavillon Henri IV

CUISINE CLASSIQUE • ÉLÉGANT

ST-GERMAIN-EN-LAYE

Hôtel Pavillon Henri IV
19 r. Thiers ✉ 78100
✆ 01 39 10 15 15
www.pavillonhenri4.fr

PLAN : A2
Fermé samedi midi et dimanche soir

Formule 35 € – Menu 57/120 € 🍷 – Carte 62/88 €

L'un des atouts de ce restaurant est sans conteste son superbe panorama sur la vallée de la Seine. Un cadre exceptionnel où l'on vient savourer une cuisine classique et de beaux produits ; on y inventa les pommes soufflées et la béarnaise !

La Plancha

CUISINE MODERNE • COSY

MAISONS-LAFFITTE

5 av. de St-Germain ✉ 78600
✆ 01 39 12 03 75
Ⓜ Maisons-Laffitte

PLAN : C2

Fermé
15 juillet-23 août, dimanche soir, mardi et mercredi

Formule 26 € – Menu 36/67 € – Carte 56/69 € 

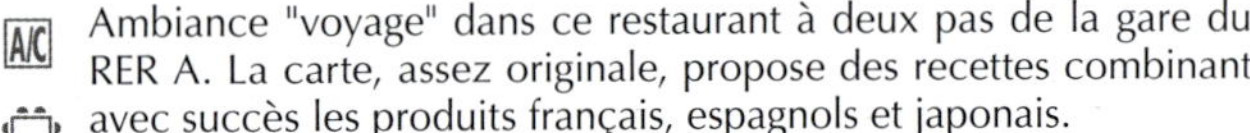

Ambiance "voyage" dans ce restaurant à deux pas de la gare du RER A. La carte, assez originale, propose des recettes combinant avec succès les produits français, espagnols et japonais.

St-Martin

CUISINE TRADITIONNELLE • SIMPLE

TRIEL-SUR-SEINE

2 r. Galande (face à la poste) ✉ 78510
✆ 01 39 70 32 00 (réservation conseillée)
www.restaurantsaintmartin.com

PLAN : A1

Fermé 2 semaines en août, vacances de Noël, mercredi et dimanche

Formule 21 € – Menu 30/40 € 

Proche d'une jolie église gothique du 13e s. et des bords de Seine, un restaurant à l'atmosphère familiale. Au menu, des recettes de tradition ou plus actuelles, et des suggestions qui varient selon le marché. Simple et bien tourné.

Le Tastevin

CUISINE CLASSIQUE • ÉLÉGANT

MAISONS-LAFFITTE

9 av. Eglé ✉ 78600
✆ 01 39 62 11 67
www.letastevin-restaurant.fr

PLAN : C2
Fermé 2 semaines en août, dimanche soir et lundi

Formule 39 € – Menu 48 € (déjeuner en semaine)/96 € – Carte 85/106 €

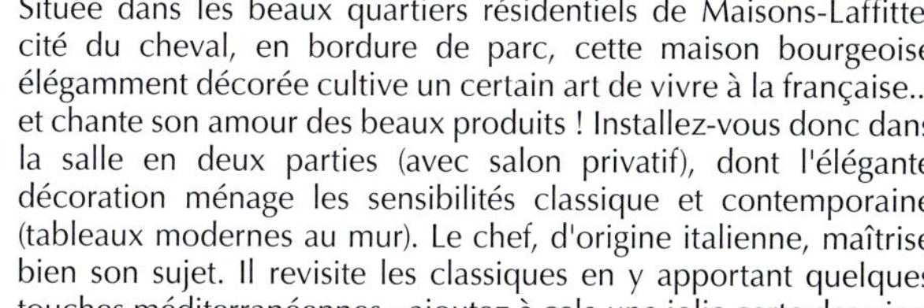

Située dans les beaux quartiers résidentiels de Maisons-Laffitte, cité du cheval, en bordure de parc, cette maison bourgeoise élégamment décorée cultive un certain art de vivre à la française... et chante son amour des beaux produits ! Installez-vous donc dans la salle en deux parties (avec salon privatif), dont l'élégante décoration ménage les sensibilités classique et contemporaine (tableaux modernes au mur). Le chef, d'origine italienne, maîtrise bien son sujet. Il revisite les classiques en y apportant quelques touches méditerranéennes - ajoutez à cela une jolie carte des vins. Cette paisible maison bourgeoise, alanguie au soleil de Maisons-Laffite comme un gros chat, est complétée d'un petit jardin entretenu et d'une belle terrasse, donnant sur celui-ci.

La Tour

VIANDES • BISTRO

VERSAILLES

6 r. Carnot ✉ 78000
✆ 01 39 50 58 46
www.restaurant-yvelines.com

PLAN : A2
Fermé dimanche soir

Carte 31/69 €

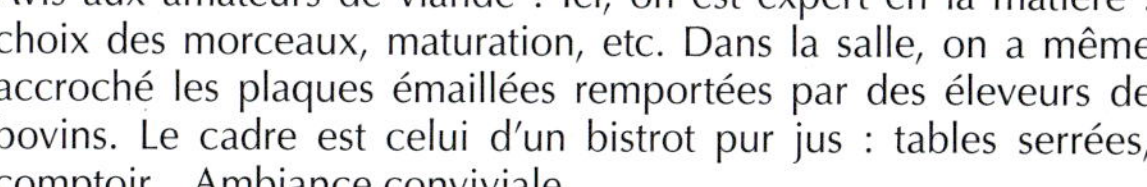

Avis aux amateurs de viande ! Ici, on est expert en la matière : choix des morceaux, maturation, etc. Dans la salle, on a même accroché les plaques émaillées remportées par des éleveurs de bovins. Le cadre est celui d'un bistrot pur jus : tables serrées, comptoir... Ambiance conviviale.

Le Wauthier by Cagna

CUISINE MODERNE • BISTRO

ST-GERMAIN-EN-LAYE
31 r. Wauthier ✉ 78100
01 39 73 10 84
www.restaurant-wauthier-by-cagna.fr
Saint-Germain-en-Laye

PLAN : A2
Fermé 3 semaines en août, 1 semaine en janvier, mercredi midi, dimanche et lundi

Formule 28 € – Menu 35 € (déjeuner en semaine)/69 € – Carte environ 55 €

Risotto du Piémont au homard et beurre blanc, escalopes de ris de veau braisées, mousseline de céleri et sauce Albufera... Une cuisine bien dans l'air du temps, réalisée avec de bons produits du marché : voilà la promesse de cette sympathique maison sangermanoise au joli intérieur de bistrot chic. Service attentionné.

Zin's à l'Étape Gourmande

CUISINE MODERNE • CONVIVIAL

VERSAILLES
125 r. Yves-Le-Coz ✉ 78000
01 30 21 01 63 (réservation conseillée)
www.arti-zins.fr

PLAN : A2
Fermé 2 semaines en août, samedi midi, dimanche et lundi

Formule 30 € – Menu 39/46 € – Carte environ 54 € 

Une vraie étape gourmande, dans le quartier de Porchefontaine. Faire le marché tous les deux jours, ne proposer que du fait-maison (à part le pain) et une large collection de vins : tel est le sacerdoce du chef, Alain Zinsmeister ! L'hiver, on mange au coin du feu et, l'été, sur la jolie terrasse à l'arrière...

MICHELIN

VRAI !

La fréquence des freinages et des accélérations en ville use davantage vos pneus ! Dans les embouteillages, armez-vous de patience et conduisez en douceur.

La pression des pneus agit uniquement sur la sécurité...

FAUX !

Au-delà de la tenue de route et de la consommation de carburant, une sous pression de 0,5 Bar diminue de 8 000 km la durée de vie de vos pneus. Pensez à vérifier la pression environ une fois par mois, surtout avant un départ en vacances ou un long trajet.

Si vous êtes confrontés à des ***conditions hivernales occasionnelles****, allant de la pluie soudaine, aux chutes de neige ou au verglas, vous pouvez opter pour* ***un seul type de pneu.***
?
VRAI !
Le pneu révolutionnaire ***MICHELIN CrossClimate*** vous garantit mobilité et praticité quels que soient les aléas climatiques. C'est le tout premier pneu été avec une certification hiver !

Équiper
ma voiture
avec **2 pneus hiver**
me garantit
une sécurité
maximum...
?
FAUX !
En hiver, en dessous de 7°C notamment,
pour une meilleure tenue de route, vos quatre
pneus doivent être identiques et changés
en même temps.
2 PNEUS HIVER SEULEMENT =
la tenue de route de votre véhicule n'est pas
optimale.
4 PNEUS HIVER =
c'est le choix d'une **meilleure sécurité**
dans les virages, en descente
et en cas de freinage.
Si vous êtes
régulièrement confrontés
à la pluie, à la neige ou au verglas,
optez pour un pneu de la gamme
MICHELIN Alpin.
Cette gamme vous offre confort
et précision de conduite pour
affronter les obstacles
de l'hiver.
MICHELIN

MICHELIN S'ENGAGE

MICHELIN EST LE **N°1 MONDIAL DES PNEUS ÉCONOMES EN ÉNERGIE** POUR LES VÉHICULES LÉGERS.

POUR **SENSIBILISER LES PLUS JEUNES À LA SÉCURITÉ ROUTIÈRE,** MÊME EN DEUX-ROUES : DES ACTIONS DE TERRAIN ONT ÉTÉ ORGANISÉES DANS **16 PAYS** EN 2015.

QUIZ

1 POURQUOI BIBENDUM, LE BONHOMME MICHELIN, EST BLANC ALORS QUE LE PNEU EST NOIR ?

Le personnage de Bibendum a été imaginé à partir d'une pile de pneus, en 1898, à une époque où le pneu était fabriqué avec du caoutchouc naturel, du coton et du soufre et où il est donc de couleur claire. Ce n'est qu'après la Première guerre mondiale que sa composition se complexifie et qu'apparaît le noir de carbone. Mais Bibendum, lui, restera blanc !

2 SAVEZ-VOUS DEPUIS QUAND LE GUIDE MICHELIN ACCOMPAGNE LES VOYAGEURS ?

Depuis 1900, il était dit alors que cet ouvrage paraissait avec le siècle, et qu'il durerait autant que lui. Et il fait encore référence aujourd'hui, avec de nouvelles éditions et la sélection sur le site Book a table/MICHELIN Restaurants dans quelques pays.

3 DE QUAND DATE « BIB GOURMAND » DANS LE GUIDE MICHELIN ?

Cette appellation apparaît en 1997 mais dès 1954 le Guide MICHELIN signale les « repas soignés à prix modérés ». Aujourd'hui, on le retrouve sur le site et dans l'application mobile Book a table/ MICHELIN Restaurants.

Si vous voulez en savoir plus sur Michelin en vous amusant, visitez l'Aventure Michelin et sa boutique à Clermont-Ferrand, France :

www.laventuremichelin.com

Index des plans

1er ▶	Palais-Royal • Louvre • Tuileries • Les Halles	52
2e ▶	Bourse	84
3e ▶	Le Marais • Beaubourg	104
4e ▶	Île de la Cité • Île St-Louis • St-Paul	118
5e ▶	Panthéon • Jardin des plantes • Mouffetard	130
6e ▶	St-Germain-des-Prés • Quartier latin • Luxembourg	148
7e ▶	Tour Eiffel • École Militaire • Invalides	178
8e ▶	Champs-Élysées • Concorde • Madeleine	216
9e ▶	Opéra • Grands Boulevards	266
10e ▶	Gare de l'Est • Gare du Nord • Canal St-Martin	286
11e ▶	Nation • Voltaire • République	302
12e ▶	Bastille • Bercy • Gare de Lyon	322
13e ▶	Place d'Italie • Gare d'Austerlitz • Bibliothèque Nationale de France	334
14e ▶	Montparnasse • Denfert-Rochereau	344
15e ▶	Porte de Versailles • Vaugirard • Beaugrenelle	362
16e ▶	Étoile • Trocadéro • Passy • Bois de Boulogne	384
17e ▶	Palais des Congrès • Wagram • Ternes • Batignolles	420
18e ▶	Montmartre • Pigalle	446
19e ▶	La Villette • Cité des Sciences • Buttes-Chaumont	458
20e ▶	Père Lachaise • Belleville	466

Autour de Paris 474

Autour de Paris : Index des localités citées

A
Antony 499
Asnières-sur-Seine 499
Aulnay-sous-Bois 502
Auvers-sur-Oise 514, 516

B
Bois-Colombes 484
Bougival 518
Boulogne-Billancourt 483, 489, 490, 492, 493, 494, 495, 498
Brie-Comte-Robert 500
Bry-sur-Marne 509

C – D
Cernay-la-Ville 523
Châteaufort 525
Châtillon 484
Chevreuse 526
Clichy 487
Conflans-Sainte-Honorine 524
Corbeil-Essonnes 477
Créteil 512
Crosne 478
Dampierre-en-Yvelines 520
Dampmart 501
Deuil-la-Barre 516

F – G
Fourqueux 524
La Garenne-Colombes 485
Gennevilliers 486
Gif-sur-Yvette 479

H – I – J – L
Hérouville 517
Issy-les-Moulineaux 493
Janvry 477
Levallois-Perret 486, 488
Livry-Gargan 505

M
Maisons-Alfort 507
Maisons-Laffitte 530, 531
Marly-le-Roi 522
Maule 525
Méry-sur-Oise 513
Meudon 481, 496
Montmorency 515
Montreuil 503, 506

N – O
Neuilly-sur-Seine 485, 488, 491, 496
Orgeval 528
Ozoir-la-Ferrière 500

P – R – S
Le Perreux-sur-Marne 508, 511
Le Plessis-Picard 501
Le Pré-Saint-Gervais 504
Pontoise 514
Puteaux 482, 497
Rueil-Malmaison 490, 495
Rungis 510
Saint-Cloud 491
Sainte-Apolline 528
Saint-Germain-en-Laye 526, 527, 529, 532
Saint-Jean-de-Beauregard 476
Saint-Mandé 508
Saint-Ouen 504, 505, 506
Saint-Prix 515
Ste-Geneviève-Des-Bois 476
Suresnes 487, 492

T – V – W
Tremblay-Vieux-Pays 503
Triel-sur-Seine 530
La Varenne-Saint-Hilaire 509, 510
Versailles 519, 521, 523, 529, 531, 532
Ville-d'Avray 480, 489
Vincennes 507, 511
Viry-Châtillon 479
Voisins-le-Bretonneux 527
Wissous 478

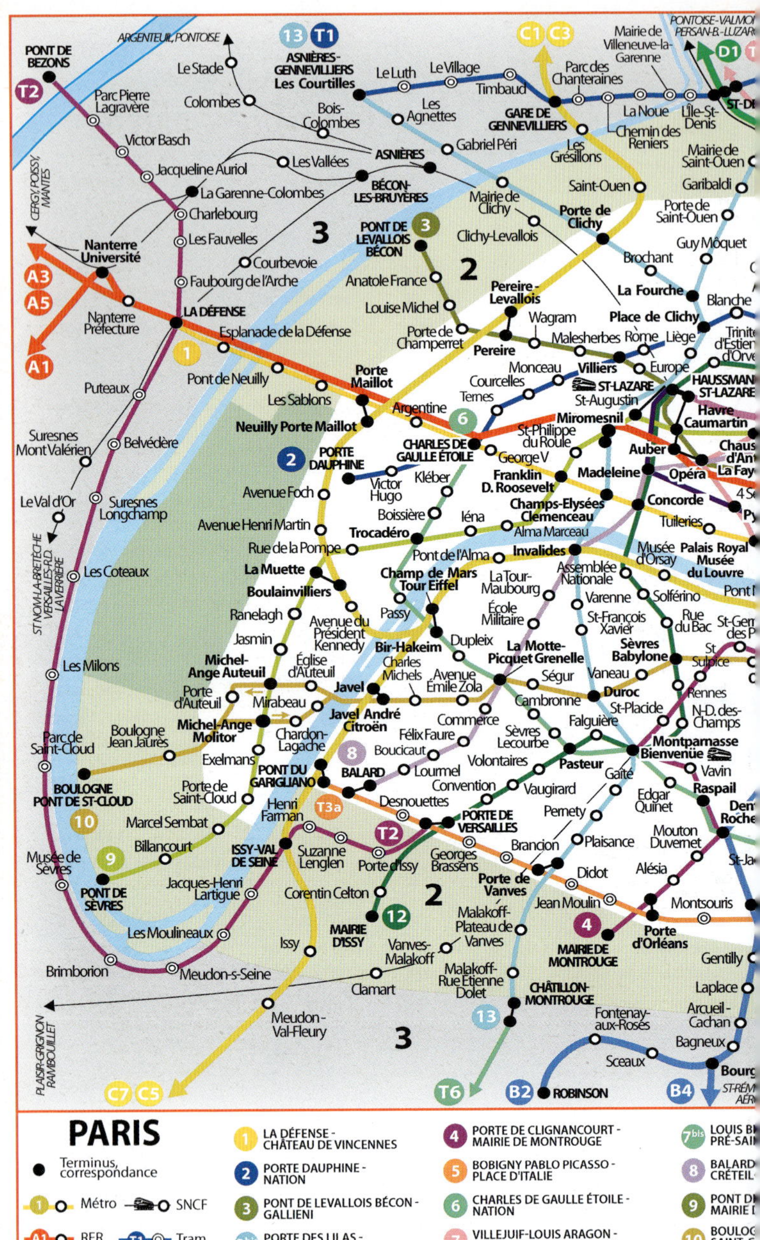
ARGENTEUIL, PONTOISE
13
T1
C1
C3
Mairie de Villeneuve-la-Garenne
PONT DE BEZONS
T2
Le Stade
ASNIÈRES-GENNEVILLIERS Les Courtilles
Le Luth
Le Village
Timbaud
Parc des Chanteraines
D1
Parc Pierre Lagravère
Colombes
Bois-Colombes
Les Agnettes
GARE DE GENNEVILLIERS
La Noue
L'Île-St-Denis
Chemin des Reniers
Victor Basch
Gabriel Péri
Les Grésillons
Mairie de Saint-Ouen
CERGY, POISSY, MANTES
Jacqueline Auriol
Les Vallées
ASNIÈRES
La Garenne-Colombes
BÉCON-LES-BRUYÈRES
Saint-Ouen
Garibaldi
Mairie de Clichy
Porte de Saint-Ouen
Charlebourg
PONT DE LEVALLOIS BÉCON
3
Porte de Clichy
Les Fauvelles
Clichy-Levallois
Guy Môquet
Nanterre Université
3
Courbevoie
Brochant
A3
A5
Faubourg de l'Arche
Anatole France
2
Pereire-Levallois
La Fourche
Blanche
Louise Michel
LA DÉFENSE
Nanterre Préfecture
Wagram
Place de Clichy
Esplanade de la Défense
Porte de Champerret
Malesherbes
Rome
Liège
Pereire
1
A1
Monceau
Villiers
Europe
Puteaux
Pont de Neuilly
Porte Maillot
Courcelles
ST-LAZARE
Les Sablons
Ternes
St-Augustin
Havre Caumartin
Argentine
6
Miromesnil
Suresnes Mont Valérien
Belvédère
Neuilly Porte Maillot
St-Philippe du Roule
CHARLES DE GAULLE ÉTOILE
Auber
George V
2
PORTE DAUPHINE
Franklin D. Roosevelt
Madeleine
Opéra
Kléber
Victor Hugo
Le Val d'Or
Suresnes Longchamp
Avenue Foch
Champs-Elysées Clemenceau
Concorde
Boissière
Iéna
Tuileries
Avenue Henri Martin
Trocadéro
Alma Marceau
Rue de la Pompe
Pont de l'Alma
Invalides
Musée d'Orsay
Palais Royal Musée du Louvre
ST-NOM-LA-BRETÈCHE VERSAILLES-R.D. LA VERRIÈRE
Les Coteaux
La Muette
Champ de Mars Tour Eiffel
La Tour-Maubourg
Assemblée Nationale
Boulainvilliers
Varenne
Solférino
Ranelagh
Avenue du Président Kennedy
Passy
École Militaire
St-François Xavier
Rue du Bac
Jasmin
Bir-Hakeim
Dupleix
La Motte-Picquet Grenelle
Sèvres Babylone
St Sulpice
Les Milons
Michel-Ange Auteuil
Église d'Auteuil
Charles Michels
Avenue Émile Zola
Ségur
Vaneau
Porte d'Auteuil
Javel
Duroc
Rennes
Mirabeau
Cambronne
St-Placide
N.-D.-des-Champs
Michel-Ange Molitor
Javel André Citroën
Commerce
Falguière
Parc de Saint-Cloud
Boulogne Jean Jaurès
Chardon-Lagache
Félix Faure
Sèvres Lecourbe
Montparnasse Bienvenüe
8
Boucicaut
Exelmans
PONT DU GARIGLIANO
BALARD
Lourmel
Volontaires
Pasteur
Gaîté
Vavin
Convention
Raspail
BOULOGNE PONT DE ST-CLOUD
Porte de Saint-Cloud
Henri Farman
T3a
Desnouettes
Vaugirard
Edgar Quinet
10
Marcel Sembat
PORTE DE VERSAILLES
Pernety
T2
Mouton Duvernet
Billancourt
ISSY-VAL DE SEINE
Suzanne Lenglen
Brancion
Plaisance
9
Musée de Sèvres
Georges Brassens
Porte d'Issy
Didot
Alésia
PONT DE SÈVRES
Jacques-Henri Lartigue
Porte de Vanves
Corentin Celton
2
Jean Moulin
Montsouris
Malakoff-Plateau de Vanves
12
4
Porte d'Orléans
Les Moulineaux
MAIRIE D'ISSY
Issy
Vanves-Malakoff
MAIRIE DE MONTROUGE
Gentilly
Brimborion
Meudon-s-Seine
Clamart
Malakoff-Rue Etienne Dolet
Laplace
CHÂTILLON-MONTROUGE
13
Fontenay-aux-Roses
Arcueil-Cachan
Meudon-Val-Fleury
3
Bagneux
PLAISIR-GRIGNON RAMBOUILLET
Sceaux
C7
C5
T6
B2
ROBINSON
B4
PARIS
Terminus, correspondance
Métro
SNCF
RER
Tram
1 LA DÉFENSE - CHÂTEAU DE VINCENNES
2 PORTE DAUPHINE - NATION
3 PONT DE LEVALLOIS BÉCON - GALLIENI
3bis PORTE DES LILAS - GAMBETTA
4 PORTE DE CLIGNANCOURT - MAIRIE DE MONTROUGE
5 BOBIGNY PABLO PICASSO - PLACE D'ITALIE
6 CHARLES DE GAULLE ÉTOILE - NATION
7 VILLEJUIF-LOUIS ARAGON - LA COURNEUVE 8 MAI 1945

Théâtre Gérard Philipe
T5
SAINT-DENIS UNIVERSITÉ
13
La Courneuve-6 Routes
Hôtel de Ville de La Courneuve
Le Bourget
Drancy
MARCHÉ DE ST-DENIS
Cosmonautes
Stade Géo André
B3
B5
Basilique de St-Denis
Hôpital Delafontaine
LA COURNEUVE-8 MAI 1945
AÉROPORT CHARLES DE GAULLE MITRY-CLAYE
Pierre de Geyter
Cimetière-de St-Denis
La Courneuve-Aubervilliers
Danton
Maurice Lachâtre
ST-DENIS PORTE DE PARIS
Fort d'Aubervilliers
7
Drancy-Avenir
Hôpital Avicenne
Carrefour Pleyel
Stade de France St-Denis
La Plaine Stade de France
Aubervilliers-Pantin Quatre Chemins
Gaston Roulaud
Escadrille Normandie-Niémen
4
PORTE DE LA CHAPELLE
12
FRONT POPULAIRE
La Ferme
Libération
J. Rostand
PORTE DE CLIGNANCOURT
Simplon
T3b
Colette Besson
Rosa Parks
Canal St-Denis
Ella Fitzgerald
Pantin
Hôtel de Ville de Bobigny
5
A. Delaune
Jules Joffrin
Marcadet Poissonniers
Porte d'Aubervilliers
Porte de la Villette
BOBIGNY-PABLO PICASSO
Pont de Bondy
Lamarck-Caulaincourt
Delphine Seyrig
Petit Noisy
T1
Abbesses
Château Rouge
Marx Dormoy
Crimée
Corentin Cariou
Église de Pantin
NOISY-LE-SEC
Barbès Rochechouart
Riquet
Porte de Pantin
Bobigny-Pantin Raymond Queneau
Pigalle
Anvers
La Chapelle
Laumière
Hoche
Stalingrad
Ourcq
E2
E4
Gare du Nord
LOUIS BLANC
Butte du Chapeau Rouge
St-Georges
Jaurès
Buttes Chaumont
Danube
PRÉ-ST-GERVAIS
7bis
2
N.-D.-de Lorette
Cadet
Poissonnière
Magenta
Bolivar
Hôpital Robert Debré
BONDY, MEAUX VILLIERS-S-MARNE, PROVINS
Gare de l'Est
Château Landon
Colonel Fabien
Botzaris
MAIRIE DES LILAS
Le Peletier
Télégraphe
Richelieu Drouot
Grands Boulevards
Château d'Eau
Jourdain
PORTE DES LILAS
11
Jacques Bonsergent
Pyrénées
Place des Fêtes
3bis
Goncourt
Belleville
Adrienne Bolland
Bourse
Bonne Nouvelle
Strasbourg Saint-Denis
St-Fargeau
Couronnes
Séverine
Sentier
Temple
République
Pelleport
Étienne Marcel
Parmentier
Ménilmontant
GAMBETTA
Porte de Bagnolet
3
Pyramides
Arts et Métiers
Réaumur-Sébastopol
Rue Saint-Maur
GALLIENI
Les Halles
Filles du Calvaire
Oberkampf
Père Lachaise
Mairie de Montreuil
Louvre Rivoli
Rambuteau
Richard Lenoir
Saint-Ambroise
Philippe Auguste
Marie de Miribel
9
MAIRIE DE MONTREUIL
CHÂTELET LES HALLES
St-Sébastien Froissart
Voltaire
Alexandre Dumas
Porte de Montreuil
DISNEYLAND PARIS
CHÂTELET
Hôtel de Ville
Chemin Vert
Charonne
Croix de Chavaux
Cité
St-Paul
Bréguet-Sabin
Avron
Maraîchers
Robespierre
Mabillon
Pont Marie
Bastille
Rue des Boulets
Buzenval
Saint-Michel Notre-Dame
Ledru-Rollin
2
T3b
A4
Cluny La Sorbonne
Maubert Mutualité
Sully Morland
Faidherbe Chaligny
NATION
PORTE DE VINCENNES
St-Mandé
Vincennes
Gare de Lyon
Reuilly Diderot
6
Fontenay-s-Bois
Cardinal Lemoine
Jussieu
Picpus
T3a
Bérault
A2
CHÂTEAU DE VINCENNES
Luxembourg
GARE D'AUSTERLITZ
Quai de la Rapée
Montgallet
Alexandra David-Néel
Port Royal
Place Monge
10
Daumesnil
Bel Air
1
Censier-Daubenton
Campo Formio
St-Marcel
Bercy
Dugommier
Montempoivre
Les Gobelins
Chevaleret
Quai de la Gare
Michel Bizot
Glacière
PLACE D'ITALIE
Nationale
Bibliothèque F. Mitterrand
Cour St-Émilion
Porte Dorée
5
14
OLYMPIADES
Baron Le Roy
Porte de Charenton
Cité Universitaire
Corvisart
Tolbiac
Liberté
Avenue de France
Charenton-Écoles
Stade Charléty
Maison Blanche
Porte d'Ivry
Maryse Bastié
École Vétérinaire de Maisons-Alfort
Poterne des Peupliers
Pierre et Marie Curie
Ivry-s-Seine
Maisons-Alfort Stade
Maisons-Alfort Les Juilliottes
Porte de Choisy
Le Kremlin-Bicêtre
Porte d'Italie
7
MAIRIE D'IVRY
Vitry-s-Seine
Créteil-L'Échat
Villejuif Léo Lagrange
Maison-Alfort Alfortville
Créteil-Université
Villejuif-Paul Vaillant-Couturier
Les Ardoines
Le Vert de Maisons
Créteil-Préfecture
7
T7
VILLEJUIF-LOUIS ARAGON
C2
C4
C6
D2
D4
8
CRÉTEIL-POINTE DU LAC
11 CHÂTELET - MAIRIE DES LILAS
12 FRONT POPULAIRE - MAIRIE D'ISSY
13 CHÂTILLON MONTROUGE-ST-DENIS UNIVERSITÉ/ASNIÈRES GENNEVILLIERS
14 ST-LAZARE - OLYMPIADES
T1 ASNIÈRES-GENEVILLIERS - NOISY-LE-SEC
T2 PORTE DE VERSAILLES - PONT DE BEZONS
T3a PONT DU GARIGLIANO - PORTE DE VINCENNES
T3b PORTE DE VINCENNES - PORTE DE LA CHAPELLE
T5 MARCHÉ DE ST-DENIS - GARGES-SARCELLES
T6 CHÂTILLON-MONTROUGE - VIROFLAY-RIVE DROITE
T7 VILLEJUIF-LOUIS ARAGON - PORTE DE L'ESSONNE
T8 ST-DENIS PORTE DE PARIS - ÉPINAY-ORGEMONT/VILLETANEUSE-UNIVERSITÉ

Michelin Travel Partner
Société par actions simplifiées au capital de 11 288 880 EUR
27 cours de l'Île Seguin - 92100 Boulogne Billancourt (France)
R.C.S. Nanterre 433 677 721

Dépot légal décembre 2016

Imprimé en Italie
Compogravure : Nord Compo, Villeneuve-d'Ascq (France)
Impression, Brochure : Printer Trento, Trento (Italie)
Sur papier issu de forêts gérées durablement